"东线文库" 总策划 王鼎杰

ENDGAME AT STALINGRAD

斯大林格勒

—— 三部曲 ★ 苏德战争1942.11 ——

修订版

终局

第三部·卷一

上册

5

[美] 戴维·M.格兰茨 [美] 乔纳森·M.豪斯 著

小小冰人 译

台海出版社

ENDGAME AT STALINGRAD: BOOK ONE: NOVEMBER 1942. THE STALINGRAD TRILOGY, VOLUME 3 (MODERN WAR STUDIES) by DAVID M. GLANTZ WITH JONATHAN M. HOUSE
Copyright:2014 by the University Press of Kansas
This edition arranged with UNIVERSITY PRESS OF KANSAS through Big Apple Agency, Inc., Labuan, Malaysia. Simplified Chinese edition copyright: 2017 ChongQing Zven Culture communication Co., Ltd

版贸核渝字（2015）第205号

图书在版编目（CIP）数据

斯大林格勒三部曲. 第三部. 终局. 卷一 /（美）戴维·M. 格兰茨,（美）乔纳森·M. 豪斯著；小小冰人译. -- 北京：台海出版社, 2017.5

书名原文：Endgame at Stalingrad:Book One: November1942; The Stalingrad Trilogy,Volume3
ISBN 978-7-5168-1499-4

Ⅰ.①斯… Ⅱ.①戴… ②乔… ③小… Ⅲ.①斯大林格勒保卫战(1942-1943) - 史料 Ⅳ.①E512.9

中国版本图书馆CIP数据核字(2017)第180639号

斯大林格勒三部曲 . 第三部 . 终局 . 卷一（修订版）

著　　者：[美]戴维·M.格兰茨　[美]乔纳森·M.豪斯　译　者：小小冰人

责任编辑：高惠娟　　　　　　　　策划制作：指文文化
视觉设计：舒正序　　　　　　　　责任印制：蔡　旭

出版发行：台海出版社
地　　址：北京市东城区景山东街20号　　邮政编码：100009
电　　话：010 - 64041652（发行，邮购）
传　　真：010 - 84045799（总编室）
网　　址：www.taimeng.org.cn/thcbs/default.htm
E - mail：thcbs@126.com

经　　销：全国各地新华书店
印　　刷：重庆大美印刷有限公司
本书如有破损、缺页、装订错误，请与本社联系调换

开　　本：787mm×1092mm　　　　1/16
字　　数：600千　　　　　　　　　印　　张：40.5
版　　次：2019年11月第2版　　　　印　　次：2019年11月第1次印刷
书　　号：ISBN 978-7-5168-1499-4

定　　价：149.80元（此卷共2册）

"东线文库"总序

泛舟漫长的人类战争史长河，极目四望，迄今为止，尚未有哪场陆战能在规模上超过二战时期的苏德战争。这场战争挟装甲革命与重工业革命之双重风潮，以德、苏两大军事体系二十年军改成果为孤注，以二战东线战场名扬后世。强强相撞，伏尸千里；猛士名将，层出不穷。在核恐怖强行关闭大国全面战争之门七十年后的今天，回首望去，后人难免惊为绝唱。在面对那一串串数字和一页页档案时，甚至不免有传说时代巨灵互斫之苍茫。其与今人之距离，似有千年之遥，而非短短的七十春秋。

但是，如果我们记得，即便是在核武器称雄的时代，热战也并未绝迹，常规军事力量依然是大国达成政治诉求的重要手段；而苏德战争的胜利者苏联，又正是冷战的主角之一，直到今天，苏系武器和苏式战法的影响仍具有全球意义。我们就会发现，这场战争又距离我们是如此之近。

要知道这场战争究竟离我们有多近，恰恰要先能望远——通过对战争史和军事学说发展史的长程回顾，来看清苏德战争的重大意义。

正如俾斯麦所言："愚人执着于自己的体验，我则师法他者的经验。"任何一个人、一个组织的直接性体验总是有限的，但如能将别人的间接经验转化为自己的直接体验，方是智者之所为。更高明的智者又不仅仅满足于经验的积累，而是能够突破经验主义的局限，通过学说创新形成理论体系，从而在经验和逻辑、事实与推理之间建立强互动，实现真正的以史为鉴和鉴往知来。

无怪乎杜普伊会说："军事历史之所以对军事科学的发展至关重要，是因为军事科学不像大多数其他学科那样，可在实验室里验证它们的理论和假说。军事试验的种种形式，如野战演习、对抗演习和实兵检验等，都永远不会再现战争的基本成分：致命环境下对死亡的恐惧感。此类种种试验无疑是非常有益的，但是，这种益处也只能是在一定程度上的。"[1]但这绝不等于说战争无法研究，只能在战争中学战争。突破的关键即在于如何发挥好战争史研究的作用。所以杜普伊接着强调："像天文学一样，军事科学也是一门观测科学。正如天文学家把天体作为实验室（研究对象），而军人的真正的实验室则永远是军事历史。"[2]

从这个角度上讲，苏德战争无疑是一个巨型实验室，而且是一个直接当下，具有重大特殊意义的实验室。

回顾战争史册，不难发现，受技术手段的局限，战场的范围长期局限在指挥官的目力范围之内。故而，在这个时期，战争行为大致可以简化为两个层级，一为战略（strategy），一为战术（tactic）。

战术是赢得战斗的方法，战略则是赢得战争的方法。战之术可以直接构成战之略的实施手段。一般而言，战争规模越有限，战争结局越由战斗决定，战略与战术的边界便越模糊。甚至可以出现"一战定乾坤"的戏剧性结局。这又进一步引发出战局和会战两个概念。

所谓战局，就是英语中的Campaign，俄语的кампания，德语的Feldzug。Campaign的词源是campus，也就是营地。因为在罗马时代，受当时的技术条件限制，军队每年会有一个固定的季节性休战期，是为宿营时期。这样就可以很清晰地划分出以年度为单位的"战局"。相对不同的是德语Feldzug的词根有拖、拉、移动的意思，对弈中指移动棋子。已隐约可见机动战的独特传统。但三方对战局的理解、使用并无本质不同。

而会战（英语中的Battle，俄语的Битва，德语的Schlacht）则是战斗的放大。换言之，在早期西方军事学说体系中，战略对应战局，战术对应战斗，而"会战"则是战略与战术的交汇地带，战局与战斗的中间产物。在早期冷兵器战争时代，会战较为简单，很多时候就是一个放大的战术行动和缩小的战略行动。但是，随着技术的变革，社会结构、动员体系、战争规模的巨变，会战组织越来越复杂，越来越专业，逐渐成为一个独立于战略和战术之外的层级。拿破仑的战争艺术，归根结底其实就是会战的艺术。

但是，拿破仑并未发展出一套会战学说，也没有形成与之相表里的军事制度和军事教育体系，反而过于依赖自己的个人天赋，从而最终走向不归路。得风气之先的是普鲁士军队的改革派三杰（沙恩霍斯特、格奈瑟瑙、克劳塞维茨），收功者则是促成德意志统一的老毛奇。普德军事体系的发展壮大，正是研究透彻了拿破仑又超越了拿破仑，在战略和战术之间增加了一个新层级——Operation，从根本上改变了军事指挥和军事学术研究范式。所谓"Operation"，本有操作、经营、（外科）手术等多层含义，其实就是战略实施中的落实性操作。是因为战术已经无法直接构成战略的实施手段而增加的新环节。换言之，在德军军事体系中，Operation是一个独立的、高度专业化的军事行动层级。

　　与之相表里，普德军事系统又形成了现代参谋制度，重新定义了参谋，并形成了以参谋军官为核心的现代军官团，和以参谋教育为核心的现代军校体系。参谋总部其实是一个集研究、教育、指挥为一体的复合结构。参谋总长管理陆军大学，而陆军大学的核心课程即为战争史研究，同时负责将相关研究兵棋化、实战化、条令化。这种新式参谋主要解决的就是Operation Level的问题，这与高级统帅思考战略问题，基层军官、士官思考战术问题正相等同。

　　普法战争后，普鲁士式参谋总部制度迅速在全球范围内扩散，举凡英法俄美意日等列强俱乐部成员国，无不效法。但是，这个制度的深层驱动力——Operation Level的形成和相应学说创新，则长期为德军秘而不宣，即便是其亲传弟子，如保加利亚、如土耳其、如日本，均未得其门径窍奥，其敌手如法、如英、如俄、如美，亦均茫然不知其所以然。

　　最早领悟到德军作战层级独创性和重要性的军队，正是一战后涅槃重生的苏联红军。

　　苏军对德语的Operation进行了音译，是为Операция，也就是日后中苏合作时期经苏联顾问之手传给我军的"战役"概念。换言之，所谓战役学，其实就是苏军版的Operation学说。而美军要到冷战期间才明白这一点，并正式修改其军事学说，在Strategy和Tactic之间增设Operation这个新层级。

　　与此同时，英美体系虽然在战役学层次反应迟钝，却看到了德、苏没有看到的另一个层次的变化——战争的巨变不仅发生在传统的战略、战术之间，更发生在战略之上。

　　随着战争本身的专业性日趋强化，军人集团在战争中的发言权无形中也被强化，而文官和文人战略家对战争的介入和管控力逐渐弱化。但正如克劳塞维茨强调指出的那样，战争是政治的延续。[3]因而，战争只是手段，不是目的。无论军事技术如何变化，这一个根本点不会变化。但现代战争的发展却导致了手段高于目的的客观现实，终于在一战中造成了莫大的灾难。战争的胜利不等于政治的胜利这一基本事实，迫使战争的胜利者开始反思固有战争理论的局限性，逐渐形成了"大战略"（Grand Strategy）的观念，这就在英美体系中形成了大战略（又称国家战略、总体战略、高级战略）、分类战略（包括军事战略、经济战略、外交战略、文化战略等等）、战术的三级划分。大战略不再像传统战略那样执着于打赢战争，而是追求战争背后的终极目标——政治目的。因为此种战略在国家最高决策层面运作，所以美国学界又将大战略称为国家战略。用美国国防部的定义来说明，即："国家战略是平时和战时在使用武装力量的同时，发展和运用国家的政治、经济和心理力量，以实现国家目标的艺术和科学。"

冷战初期，美国以中央情报局、国家安全委员会、民营战略智库（如兰德公司）、常青藤联盟高校人才库相呼应的制度创新，其实就是建立在大战略学说领先基础上的国家安全体系创新。[4]而德军和苏军受传统"战略-战局"概念的束缚，均未看清这一层变化，故而在宏观战略指导上屡屡失误，只能仰赖希特勒、斯大林这样的战略怪才，以杰出个体的天赋弥补学说和制度的不足，等于又回到了拿破仑困境之中。

从这个角度上看二战，苏德战争可以说是两个走在战役学说创新前列的军事体系之间的超级碰撞。同为一战失败者的德、苏，都面对一战式的堑壕难题，且都嗅到了新时代的空气。德国的闪电战与苏军的大纵深战役，其实是两国改革派精英在同一场技术革命面前，对同一个问题所做出的不同解答。正是这种军事学说的得风气之先，令两国陆军在军改道路上走在列强前列。二战期间两国彗星撞地球般的碰撞，更进一步强化了胜利者的兼容并蓄。冷战期间，苏军的陆战体系建设，始终以这个伟大胜利为基石，不断深化。

在这个基础上再看冷战，就会发现，其对抗实质是美式三级体系（大战略、战略、战术）与苏式三级体系（战略、战役、战术）的对抗。胜负关键在于谁能先吸取对方之所长，弥补己方之所短。结果，苏联未能实现大战略的突破，建立独立自主的大战略学说、制度、教育体系。美国却在学科

化的战略学、国际政治学和战争史研究的基础上，建立了自己的Operation
Level，并借力新一轮技术变革，对苏军进行创造性的再反制。这个连环反
制竞争链条，一直延续到今天。虽然俄军已暂时被清扫出局，但这种反制的
殷鉴得失却不会消失，值得所有国家的军人和战史研究者注目。而美国借助
遏制、接触战略，最终兵不血刃地从内部搞垮苏联，亦非偶然。

正是这种独特的历史地位，决定了东线史的独特重要性，东线研究本身
也因而成为另一部波澜壮阔的历史。

可以说，苏军对苏德战争最具切肤之痛，在战争期间就不断总结经验教
训。二战后，这个传统被继承下来，形成了独特的苏军式研究。与此同时，美
国在二战刚刚结束之际就开始利用其掌握的资料和德军将领，进行针对苏军的
研究。众多德军名将被要求撰写关于东线作战的报告。[5]但是，无论是苏军的
研究还是美军的研究，都是内部进行的闭门式研究。这些成果，要到很久之
后，才能公之于世。而世人能够看到的苏德战争著述，则是另一个景象。

二战结束后的最初十五年，是宣传品与回忆录互争雄长的十五年。作
为胜利者的苏联，以君临天下的优越感，刊行了一大批带有鲜明宣传色彩的
出版物。[6]与之相对应，以古德里安、曼施坦因等亲身参与东线鏖战的德国
军人为代表的另一个群体，则以回忆录的形式展开反击。[7]这些书籍因为是
失败者痛定思痛的作品，著述者本人的军事素养和文笔俱佳，故而产生了远
胜过苏联宣传史书的影响力，以至于很多世人竟将之视为信史。直到德国档
案资料的不断披露，后人才逐渐意识到，这些名将回忆录因成书年代的特殊
性，几乎只能依赖回忆者的主观记忆，而无法与精密的战史资料互相印证。
同时，受大环境的影响，这些身为楚囚的德军将领大多谋求：一、尽量撇清
自己的战争责任；二、推卸战败责任（最常用的手法就是将所有重大军事行
动的败因统统归纳为希特勒的瞎指挥）；三、宣传自身价值（难免因之贬低
苏联和苏军）。而这几个私心又迎合了美国的需求：一、尽快将西德纳入美
国领导的反苏防务体系之中，故而必须让希特勒充分地去当替罪羊，以尽快
假释相关军事人才；二、要尽量抹黑苏联和苏军，以治疗当时弥漫在北约体
系内的苏联陆军恐惧症；三、通过揭批纳粹政体的危害性，间接突显美国制
度的优越性。

此后朱可夫等苏军将领在后斯大林时代刊行的回忆录，一方面固然是苏联内部政治生态变化的产物，但另一方面也未尝不可说是对前述德系著述的回击。然而，德系回忆录的问题同样存在于苏系回忆录之中。两相对比，虽有互相校正之效，但分歧、疑问更多，几乎可以说是此亦一是非、彼亦一是非，俨然是在讲两场时空悬隔的战争。

结果就是，苏德战争的早期成果，因其严重的时代局限性，而未能形成真正的学术性突破，反而为后人的研究设置了大量障碍。

进入六十年代后，虽然各国关于东线的研究越来越多，出版物汗牛充栋，但摘取桂冠的仍然是当年的当事人一方。幸存的纳粹党要员保罗·卡尔·施密特（Paul Karl Schmidt）化名保罗·卡雷尔（Paul Carell），在已有研究的基础上，大量使用德方资料，并对苏联出版物进行了尽量全面的搜集使用，更对德国方面的幸存当事人进行了广泛的口述历史采访，在1964年、1970年相继刊行了德军视角下的重量级东线战史力作——《东进：苏德战争1941—1943》和《焦土：苏德战争1943—1944》。[8]

进入七十年代后，研究趋势开始发生分化。北约方面可以获得的德方档案资料越来越多，苏方亦可通过若干渠道获得相关资料。但是，苏联在公布己方史料时却依然如故，仅对内进行有限度的档案资料公布。换言之，苏联的研究者较之于北约各国的研究者，掌握的史料更为全面。但是，苏联方面却没有产生重量级的作品，已经开始出现军事学说的滞后与体制限制的短板。

结果，在这个十年内，最优秀的苏德战争著作之名被英国军人学者西顿（Albert Seaton）的《苏德战争》摘取。[9]此时西方阵营的二战研究、希特勒研究和德军研究均取得重大突破，在这个整体水涨的背景下，苏德战争研究自然随之船高。而西顿作为英军中公认的苏军及德军研究权威，本身即带有知己知彼的学术优势，同时又大力挖掘了德国方面的档案史料，从而得以对整个苏德战争进行全新的考订与解读。

继之而起者则有英国学者约翰·埃里克森（John Ericsson）与美国学者厄尔·齐姆克（Earl F. Ziemke）。

和西顿一样，埃里克森（1929年4月17日—2002年2月10日）也曾在英军中服役。不同之处则在于：

　　其一，埃里克森的研究主要是在退役后完成。他先是进入剑桥大学圣约翰学院深造，1956年苏伊士运河危机爆发后作为苏格兰边民团的一名预备军官被重新征召入役。危机结束后，埃里克森重启研究工作，1958年进入圣安德鲁大学担任讲师，开始研究苏联武装力量。1962年，埃里克森首部著作《苏军总部：1918—1941年》出版，同年在曼彻斯特大学出任高级讲师。1967年进入爱丁堡大学高级防务研究所任职，1969年成为教授，研究重心逐渐转向苏德战争。

　　其二，埃里克森得益于两大阵营关系的缓和，能够初步接触苏军资料，并借助和苏联同行的交流，校正之前过度依赖德方档案导致的缺失。而苏联方面的战史研究也取得了较大的进展，足以为这种校正提供参照系，而不像五六十年代时那样只能提供半宣传品性质的承旨之作。同时，埃里克森对轴心国阵营的史料挖掘也更全面、细致，远远超过了之前的同行。关于这一点，只要看一看其著述后面所附录的史料列目，即可看出苏德战争研究的史料学演进轨迹。

　　埃里克森为研究苏德战争，还曾专程前往波兰，拜会了苏军元帅罗科索夫斯基。这个非同凡响的努力成果，就是名动天下的"两条路"。

　　所谓"两条路"，就是1975年刊行的《通往斯大林格勒之路》与1982年刊行的《通往柏林之路》。[10]正是靠了这两部力作，以及大量苏军研究专著，埃里克森在1988—1996年间成为爱丁堡大学防务研究中心主任。[11]

　　厄尔·齐姆克（1922年12月16日—2007年10月15日）则兼有西顿和埃里克森的身影。出生于威斯康星州的齐姆克虽然在二战中参加的是对日作战，受的也是日语训练，却在冷战期间华丽转型，成为响当当的德军和苏军研究权威。曾在硫磺岛作战中因伤获得紫心勋章的齐姆克，战后先是在天津驻扎，随后复员回国，通过军人权利法案接受高等教育，1951年在威斯康星大学获得学位。1951—1955年，他在哥伦比亚的应用社会研究所工作，1955—1967年进入美国陆军军史局成为一名官方历史学家，1967—1977年在佐治亚大学担任全职教授。其所著《柏林战役》《苏维埃压路机》《从斯大林格勒到柏林：德国在东线的失败》《从莫斯科到斯大林格勒：东线的抉择》《德军东线北方战区作战报告，1940—1945年》《红军，1918—1941

年：从世界革命的先锋到美国的盟友》等书，对苏德战争、德军研究和苏军研究均做出了里程碑般的贡献，与埃里克森堪称双峰并峙、二水分流。[12]

当《通往柏林之路》刊行之时，全球苏德战争研究界人士无人敢想，仅仅数年之后，苏联和华约集团便不复存在。苏联档案开始爆炸性公布，苏德战争研究也开始进入一个前人无法想象的加速发展时代，甚至可以说是一个在剧烈地震、风暴中震荡前行的时代。在海量苏联史料的冲击下，传统研究纷纷土崩瓦解，军事界和史学界的诸多铁案、定论也纷纷根基动摇。埃里克森与齐姆克的著作虽然经受住了新史料的检验，但却未能再进一步形成新方法的再突破。更多的学者则汲汲于立足新史料，急求转型。连保罗·卡雷尔也奋余勇，在去世三年前的1993年刊行了《斯大林格勒，第6集团军的覆灭》。奈何宝刀已老，时过境迁，难以再掀起新的时代波澜了。

事实证明，机遇永远只向有准备、有行动力的人微笑，一如胜利天秤总是倾斜于能率先看到明天的一方。风起云涌之间，新的王者在震荡中登顶，这位王者就是美国著名苏军研究权威——戴维·格兰茨（David Glantz）。

作为一名参加过越战的美军基层军官，格兰茨堪称兼具实战经验和学术积淀。1965年，格兰茨以少尉军衔进入美国陆军野战炮兵服役，并被部署到越南平隆省的美国陆军第2军的"火力支援与协调单元"（Fire Support Coordination Element，FSCE，相当于军属野战炮兵的指挥机构）。1969年，格兰茨返回美国，在陆军军事学院教授战争史课程。1973年7月1日，美军在陆军训练与条令司令部下开设陆军战斗研究中心（Combat Studies Institute，CSI），格兰茨开始参与该中心的苏军研究项目。1977—1979年他出任美国驻欧陆军司令部情报参谋办公室主任。1979年成为美国陆军战斗研究所首席研究员。1983年接掌美国陆军战争学院（United States Army War College）陆战中心苏联陆军作战研究处（Office of Soviet Army Operations at the Center for Land Warfare）。1986年，格兰茨返回利文沃思堡，组建并领导外国军事研究办公室（Foreign Military Studies Office，FMSO）。在这漫长的研究过程中，格兰茨不仅与美军的苏军研究同步前进，而且组织翻译了大量苏军史料和苏方战役研究成果。[13]

1993年，年过半百的格兰茨以上校军衔退役。两年后，格兰茨刊行了里程碑著作《巨人的碰撞》。[14]这部苏德战争新史，系格兰茨与另一位美国军人学者乔纳森·M.豪斯（Jonathan M. House）合著，以美军的苏军研究为基石，兼顾苏方新史料，气势恢宏地重构了苏德战争的宏观景象。就在很多人将这本书看作格兰茨一生事功的收山之作的时候，格兰茨却老当益壮，让全球同行惊讶地发现，这本书根本不是终点线，而是格兰茨真正开始斩将搴旗、攻城略地的起跑线：

1998年刊行《泥足巨人：大战前夜的苏联军队》[15]《哈尔科夫：1942年东线军事灾难的剖析》。[16]

1999年刊行《朱可夫的最大失败：1942年火星作战的灾难》[17]《库尔斯克之战》。[18]

2001年刊行《巴巴罗萨：1941年希特勒入侵俄罗斯》[19]《列宁格勒之围1941—1944，900天的恐怖》。[20]

2002年刊行《列宁格勒之战1941—1944》。[21]

2003年刊行《斯大林格勒会战之前：巴巴罗萨，希特勒对俄罗斯的入侵》[22]《八月风暴：苏军在满洲的战略攻势》[23]《八月风暴：苏联在满洲的作战与战术行动》。[24]

2004年与马克·里克曼斯波尔（Marc J. Rikmenspoel）刊行《屠戮之屋：东线战场手册》。[25]

2005年刊行《巨人重生：大战中的苏联军队1941—1943》。[26]

2006年刊行《席卷巴尔干的红色风暴：1944年春苏军对罗马尼亚的攻势》。[27]

2009年开始刊行《斯大林格勒三部曲第一部：兵临城下（1942.4—1942.8）》[28]和《斯大林格勒三部曲第二部：决战（1942.9—1942.11）》。[29]

2010年刊行《巴巴罗萨脱轨：斯摩棱斯克之战·第一卷·1941年7月10日—9月10日》。[30]

2011年刊行《斯大林格勒之后：红军的冬季攻势》。[31]

2012年刊行《巴巴罗萨脱轨：斯摩棱斯克之战·第二卷·1941年7月10日—9月10日》。[32]

2014年刊行《巴巴罗萨脱轨：斯摩棱斯克之战·第三卷·1941年7月

10日—9月10日》[33]《斯大林格勒三部曲第三部：最后的较量（1942.12—1943.2）》。[34]

2015年刊行《巴巴罗萨脱轨：斯摩棱斯克之战·第四卷·地图集》。[35]

2016年刊行《白俄罗斯之战：红军被遗忘的战役1943年10月—1944年4月》。[36]

这一连串著述列表，不仅数量惊人，质量亦惊人。盖格兰茨之苏德战史研究，除前述立足美军对苏研究成果、充分吸收新史料及前人研究成果这两大优势之外，[37]还有第三个重要优势，即立足战役层级，竭力从德军和苏军双方的军事学说视角，双管齐下，珠联璧合地对苏德战争中的重大战役进行深度还原。

其中，《泥足巨人》与《巨人重生》二书尤其值得国人注目。因为这两部著作不仅正本清源地再现了苏联红军的发展历程，而且将这个历程放在学说构造、国家建设、军事转型的大框架内进行了深入检讨，对我国今日的军事改革和军事转型研究均具有无可替代的重大意义。

严谨的史学研究和实战导向的军事研究在这里实现了完美结合。观其书，不仅可以重新认识那段历史，而且可以对美军专家眼中的苏军和东线战史背后的美军学术思想进行双向感悟。而格兰茨旋风业已在多个国家掀起重重波澜。闻风而起者越来越多，整个苏德战争研究正在进入新一轮的水涨阶段。

如道格拉斯·纳什（Douglas Nash）的《地狱之门：切卡瑟口袋之战》（2002）[38]，小乔治·尼普（George Nipe Jr.）的《在乌克兰的抉择：1943年夏季东线德国装甲作战》（1996）[39]《最后的胜利》（2000）[40]以及《鲜血·钢铁·神话：党卫军第2装甲军与通往普罗霍罗夫卡之路》（2013）[41]均深得作战研究之精髓，且能兼顾史学研究之严谨，从而将老话题写出新境界。

此外，旅居柏林多年的新西兰青年学者戴维·斯塔勒（David Stahel）于2009年刊行的《"巴巴罗萨"与德国在东线的失败》[42]，以及美国杜普伊研究所所长、阿登战役与库尔斯克战役模拟数据库的项目负责人克里斯托弗·劳伦斯（Christopher A. Lawrence）2015年刊行的《库尔斯克：普罗霍罗夫卡之战》[43]，均堪称卓尔不群，又开新径。前者在格兰茨等人研究的基础上，重新回到德国视角，探讨了巴巴罗萨作战的复杂决策过程。整书约40%的内容是围绕决策与部署写作的，揭示了德国最高统帅部与参谋本部等各部门的战略、作战观念差异，以及战前一系列战术、技术、后勤条件对实战的影响，对"巴巴罗萨"作战——这一人类历史上最宏大的地面作战行动进行了精密的手术解剖。后者则将杜普伊父子的定量分析战史法这一独门秘籍发扬到极致，以1662页的篇幅和大量清晰、独特的态势图，深入厘清了普罗霍罗夫卡之战的地理、兵力、技战术和战役部署，堪称兼顾宏观、中观、微观的全景式经典研究。曾在英军中服役的高级军医普里特·巴塔（Prit Buttar）同样以半百之年作老当益壮之后发先至，近年来异军突起，先后刊行了《普鲁士之战：苏德战争1944—1945》（2010）、《巨人之间：第二次世界大战中的波罗的海战事》（2013）、《帝国的碰撞：1914年东线战争》（2014）、《日耳曼优先：1915年东线战场》（2015）、《俄罗斯的残息：1916—1917年的东线战场》（2016）。[44]这一系列著作兼顾了战争的中观与微观层面，既有战役层级的专业剖析，又能兼顾具体人、事、物的栩栩如生。且从二战东线研究追溯到一战东线研究，溯本追源，深入浅出，是近年来不可多得的佳作。

　　行文及此，不得不再特别指明一点：现代学术著述，重在"详人之所略，略人之所详"。绝不可因为看了后出杰作，就将之前的里程碑著作废书不观。尤其对中国这样的后发国家而言，更不能限在"第六个包子"的思维误区中。所谓后发优势，无外乎是能更好地以史为鉴，以别人的筚路蓝缕为我们的经验教训。故而，发展是可以超越性布局的，研究却不能偷懒。最多是随着研究的深入，实现阅读、写作的加速度，这是可取的。但怀着投机取巧的心态，误以为后出者为胜，从而满足于只吃最后一个包子，结果必然是欲速不达，求新而不得新。

　　反观我国的苏德战史研究，恰处于此种状态。不仅新方法使用不多，新史料译介有限，即便是经典著述，亦乏人问津。更值得忧虑之处在于，基础学科不被重视，军事学说研究和严肃的战争史研究长期得不到非军事院校的重视，以至连很多基本概念都没有弄清。

　　以前述战局、战役、会战为例：

汉语	战局	战役	会战
英语	Campaign	Operation	Battle
俄语	кампания	Операция	Битва
德语	Feldzug	Operation	Schlacht

比如科贝特的经典著作*The Campaign of Trafalgar*[45]，就用了"Campaign"而非"Battle"，原因就在于这本书包含了战略层级的博弈，而且占据了相当重要的篇幅。这其实也正是科贝特极其自负的一点，即真正超越了具体海战的束缚，居高临下又细致入微地再现了特拉法尔加之战的前因后果，波澜壮阔。故而，严格来说，这本书应该译作"特拉法尔加战局"。

我国军事学术界自晚清以来就不甚重视严肃的战争史研究和精准的学说体系建立。国民党军队及其后身——今日的台军，长期只有一个"会战"概念，后来虽然引入了Operation层级，但真正能领悟其实质者甚少[46]，而且翻译为"作战"，过于具象，又易于引发误解。相反，大陆方面的军事学术界用"战役"来翻译苏军的Операция，胜于台军用"作战"翻译Operation。因为战役的"役"也正如战略、战术之"略"与"术"，带有抽象性，不会造成过于具象的刻板误解，而且战略、战役、战术的表述也更贯通流畅。但是，在对"战役"进行定义时，却长期没有立足战争史演变的实践，甚至形成如下翻译：

汉语	作战、行动	战役	会战
英语	Operation	Campaign Operation Battle	Battle Operation
俄语	—	Операция кампания	Битва
德语	Operation	Feldzug Operation	Schlacht Operation

但是，所谓"会战"是一个仅存在于国–台军的正规军语中的概念。在我军的严格军事学术用语中，并无此一概念。所以才会有"淮海战

役"与"徐蚌会战"的不同表述。实质是长期以来用"战役"一词涵盖了Campaign、Operation和Battle三个概念，又没有认清苏俄军事体系中的Операция和英德军语中的Operation实为同一概念。其中虽有小异，实具大同。而且，这个概念虽然包含具体行动，却并非局限于此，而是一个抽象军事学说体系中的层级概念。而这个问题的校正、解决又绝非一个语言问题、翻译问题，而是一个思维问题、学说体系建设问题。

正因为国内对苏德战争的理解长期满足于宣传品、回忆录层级的此亦一是非、彼亦一是非，各种对苏军（其实也包括了对德军）的盲目崇拜和无知攻击才会同时并进、甚嚣尘上。

因此之故，近数年来，我多次向多个出版大社建议，出版一套"东线文库"，遴选经典，集中推出，以助力于中国战史研究发展和军事学术范式转型。其意义当不限于苏德战史研究和二战史研究范畴。然应之者众，行之者寡。直到今年六月中旬，因缘巧合认识了指文公司的罗应中，始知指文公司继推出卡雷尔的《东进：苏德战争1941—1943》《焦土：苏德战争1943—1944》，巴塔的《普鲁士之战：苏德战争1944—1945》和劳斯、霍特的回忆录《装甲司令：艾哈德·劳斯大将东线回忆录》《装甲作战：赫尔曼·霍特大将战争回忆录》之后，在其组织下，小小冰人等国内二战史资深翻译名家们，已经开始紧锣密鼓地翻译埃里克森的"两条路"，并以众筹方式推进格兰茨《斯大林格勒》三部曲之翻译。经过一番沟通，罗先生对"东线文库"提案深以为然，乃断然调整部署，决定启动这一经典战史译介计划，并与我方团队强强联合，以鄙人为总策划，共促盛举，以飨华语读者。罗先生并嘱我撰一总序，以为这一系列的译介工作开宗明义。对此，本人自责无旁贷，且深感与有荣焉。

是为序。

王鼎杰

*王鼎杰，知名战略、战史学者，主张从世界史的角度看中国，从大战略的视野看历史。著有《复盘甲午：重走近代中日对抗十五局》《李鸿章时代》《当天朝遭遇帝国：大战略视野下的鸦片战争》。现居北京，从事智库工作，致力于战略思维传播和战争史研究范式革新。

1. ［美］T. N. 杜普伊，《把握战争——军事历史与作战理论》，北京：军事科学出版社，2001。第2页。

2. 同上。

3. ［德］克劳塞维茨，《战争论》，第1册，北京：商务印书馆，1995。第43—44页。

4. 这就是为什么很多优秀制度被一些后发国家移植后往往不见成效，甚至有反作用的根源。其原因并非文化的水土不服，而是忽视了制度背后的学说创新。

5. 战争结束后美国陆军战史部（Historical Division of the U.S.Army）即成立德国作战史分部［Operational History（German）Section］，监督被俘德军将领，包括蔡茨勒、劳斯、霍特等人，撰写东线作战的回忆录，劳斯与霍特将军均以"装甲作战"（Panzer Operation）为主标题的回忆录即诞生于这一时期。可参见：［奥］艾哈德·劳斯著，［美］史蒂文·H. 牛顿编译，邓敏译、赵国星审校，《装甲司令：艾哈德·劳斯大将东线回忆录》，北京：中国长安出版社，2015年11月第一版。［德］赫尔曼·霍特著，赵国星译，《装甲作战：赫尔曼·霍特大将战争回忆录》，北京：中国长安出版社，2016年3月第一版。

6. 如国内在五六十年代译介的《苏联伟大卫国战争史》《苏联伟大卫国战争简史》《斯大林的军事科学与苏联伟大卫国战争》《苏军在伟大卫国战争中的辉煌胜利》等等。

7. 此类著作包括古德里安的自传《闪击英雄》、曼施坦因的自传《失去的胜利》、梅林津所写的《坦克战》、蒂佩尔斯基希的《第二次世界大战史》等等。

8. Paul Carell, Hitler Moves East, 1941−1943, New York: Little, Brown; First Edition edition, 1964; Paul Carell, Scorched Earth, London: Harrap; First Edition edition, 1970.

9. Albert Seaton, The Russo−German War 1941−1945, Praeger Publishers; First Edition edition, 1971.

10. John Ericsson, The Road to Stalingrad: Stalin's War with Germany (Harper&Row, 1975); John Ericsson, The Road to Berlin: Continuing the History of Stalin's War With Germany (Westview, 1983).

11. John Ericsson, The Soviet High Command 1918−1941: A Military−Political History (Macmillan, 1962); Panslavism (Historical Association, 1964); The Military−Technical Revolution (Pall Mall, 1966); Soviet Military Power (Royal United Services Institute, 1976); Soviet Military Power and Performance (Archon, 1979); The Soviet Ground Forces: An Operational Assessment (Westview Pr, 1986); Barbarossa: The Axis and the Allies (Edinburgh, 1994); The Eastern Front in Photographs: From Barbarossa to Stalingrad and Berlin (Carlton, 2001).

12. Earl F. Ziemke, Battle for Berlin: End of the Third Reich (Ballantine Books, 1972); The Soviet Juggernaut (Time Life, 1980); Stalingrad to Berlin: The German Defeat in the East (Military Bookshop, 1986); Moscow to Stalingrad: Decision in the East (Hippocrene, 1989); German Northern Theatre Of Operations 1940−45 (Naval&Military, 2003); The Red Army, 1918−1941: From Vanguard of World Revolution to US Ally (Frank Cass, 2004).

13. 这些翻译成果包括：Soviet Documents on the Use of War Experience, I, II, III (Routledge,1997); The Battle for Kursk 1943: The Soviet General Staff Study (Frank Cass,1999); Belorussia 1944: TheSoviet General Staff Study (Routledge, 2004); The Battle for L'vov: The Soviet General Staff Study (Routledge,2007); Battle for the Ukraine: The Korsun'−Shevchenkovskii Operation (Routledge, 2007).

14. David M. Glantz&Jonathan M. House, When Titans Clashed: How the Red Army Stopped Hitler, University Press of Kansas; First Edition edition, 1995.

15. David M. Glantz, Stumbling Colossus: The Red Army on the Eve of World War (Kansas, 1998).

16. David M. Glantz, Kharkov 1942: Anatomy of a Military Disaster (Sarpedon, 1998).

17. David M. Glantz, Zhukov's Greatest Defeat: The Red Army's Epic Disaster in Operation Mars (Kansas, 1999).

18. David M. Glantz&Jonathan M House, The Battle of Kursk (Kansas, 1999).

19. David M. Glantz, Barbarossa: Hitler's Invasion of Russia 1941 (Stroud, 2001).

20. David M. Glantz, The Siege of Leningrad, 1941−1944: 900 Days of Terror (Brown, 2001).

21. David M. Glantz, The Battle for Leningrad, 1941−1944 (Kansas，2002).

22. David M. Glantz, Before Stalingrad: Barbarossa, Hitler's Invasion of Russia 1941 (Tempus, 2003).

23. David M. Glantz, The Soviet Strategic Offensive in Manchuria, 1945: August Storm (Routledge，2003).

24. David M. Glantz, The Soviet Operational and Tactical Combat in Manchuria, 1945: August Storm (Routledge, 2003).

25. David M. Glantz&Marc J. Rikmenspoel, Slaughterhouse: The Handbook of the Eastern Front (Aberjona, 2004).

26. David M. Glantz, Colossus Reborn: The Red Army at War, 1941−1943 (Kansas, 2005).

27. David M. Glantz, Red Storm Over the Balkans: The Failed Soviet Invasion of Romania, Spring 1944 (Kansas, 2006).

28. David M. Glantz&Jonathan M. House, To the Gates of Stalingrad: Soviet−German Combat Operations, April−August 1942 (Kansas, 2009).

29. David M. Glantz&Jonathan M. House, Armageddon in Stalingrad: September−November 1942 (Kansas, 2009).

30. David M. Glantz, Barbarossa Derailed: The Battle for Smolensk,Volume 1, 10 July−10 September 1941 (Helion&Company, 2010).

31. David M. Glantz, After Stalingrad: The Red Army's Winter Offensive 1942−1943 (Helion&Company, 2011).

32. David M. Glantz, Barbarossa Derailed: The Battle for Smolensk,Volume 2, 10 July−10 September 1941 (Helion&Company, 2012).

33. David M. Glantz, Barbarossa Derailed: The Battle for Smolensk,Volume 3, 10 July−10 September 1941 (Helion&Company, 2014).

34. David M. Glantz&Jonathan M. House, Endgame at Stalingrad: December 1942−February 1943 (Kansas, 2014).

35. David M. Glantz, Barbarossa Derailed: The Battle for Smolensk,Volume 4, Atlas (Helion&Company, 2015).

36. David M. Glantz&Mary Elizabeth Glantz, The Battle for Belorussia: The Red Army's Forgotten Campaign of October 1943−April 1944 (Kansas, 2016).

37. 格兰茨的研究基石中，很重要的一块就是马尔科姆·马金托什（Malcolm Mackintosh）的研究成果。之所以正文中未将之与西顿等人并列，是因为马金托什主要研究苏军和苏联政策、外交，而没有进行专门的苏德战争研究。但其学术地位及对格兰茨的影响是不容忽视的。

38. Douglas Nash, Hell's Gate: The Battle of the Cherkassy Pocket, January−February 1944 (RZM, 2002).

39. George Nipe Jr. , Decision in the Ukraine: German Panzer Operations on the Eastern Front, Summer 1943 (Stackpole, 1996).

40. George Nipe Jr. , Last Victory in Russia: The SS-Panzerkorps and Manstein's Kharkov Counteroffensive, February-March 1943 (Schiffer, 2000).

41. George Nipe Jr. , Blood, Steel, and Myth: The Ⅱ. SS-Panzer-Korps and the Road to Prochorowka (RZM, 2013).

42. David Stahel, Operation Barbarossa and Germany's Defeat in the East (Cambridge, 2009).

43. Christopher A. Lawrence, Kursk: The Battle of Prokhorovka (Aberdeen, 2015).

44. 普里特·巴塔先生的主要作品包括：Prit Buttar, Battleground Prussia: The Assault on Germany's Eastern Front 1944-45 (Ospery, 2010); Between Giants: The Battle of the Baltics in World WarⅡ (Ospery, 2013); Collision of Empires: The War on the Eastern Front in 1914 (Ospery, 2014); Germany Ascendant: The Eastern Front 1915 (Ospery, 2015); Russia's Last Gasp, The Eastern Front, 1916-1917 (Ospery, 2016).

45. Julian Stafford Corbett, The Campaign of Trafalgar (Ulan Press, 2012).

46. 参阅：滕昕云，《闪击战——迷思与真相》，台北：老战友工作室/军事文粹部，2003。该书算是华语著作中第一部从德军视角强调"作战层级"重要性的著作。

前言

　　阿道夫·希特勒的第三帝国国防军及其盟国军队在斯大林格勒与约瑟夫·斯大林的苏联红军展开激烈厮杀，11月，红军发起反攻，这场史诗般的战役就此到达高潮。自轴心国军队向东突击、跨过苏联南部以来，时间已过去约6个月。这段时间里，轴心国入侵者重创了防御中的苏军，毙伤100多万红军将士，前进600多公里，一举到达高加索山脉北坡和伏尔加河畔的斯大林格勒。虽然红军屡遭挫败，一次次遏止并击退入侵者的尝试徒劳无获，但1942年10月，他们终于在斯大林格勒瓦砾遍地的街道上阻挡住轴心国军队。德国独裁者及其军队的声誉危在旦夕，希特勒命令德军最精锐的集团军——弗里德里希·保卢斯将军的第6集团军——不惜一切代价攻占斯大林格勒。激烈的战斗耗尽了第6集团军的实力，失望的希特勒别无选择，只得将轴心盟友的军队投入前线。

　　正如一年前所做的那样，斯大林和苏军最高统帅部巧妙地利用了希特勒肆无忌惮的野心，这种野心驱使德军远远超出了其能力的极限。1942年夏季和秋季确认并利用轴心国军队防御弱点的尝试屡屡受挫后，苏军最高统帅部终于以精心策划的"天王星"行动做到了这一点，这是苏军一系列以星座命名的反攻行动中最重要的一个，旨在击败轴心国军队，夺取苏联人所称的"伟大卫国战争"中的战略主动权。"天王星"反击战期间，红军以三个方面军发起进攻，一举击败、歼灭了两个罗马尼亚集团军的主力，并将德国第6集团军和第4装甲集团军的半数力量包围在斯大林格勒，彻底颠覆了德军的进攻势头。接下来的10周，红军实施防御，挫败了德军救援第6集团军的两次尝试，粉碎了意大利第8集团军和匈牙利第2集团军，重创德国第4装甲集团军和第2集团军，并将德国第6集团军歼灭在斯大林格勒的废墟中。东线作战序列中的50余万德军士兵被粗暴地抹去，希特勒的盟友们惊恐地见到战争态势突然发生了变化，胜利者陡然沦为被征服者。总之，轴心国在斯大林格勒的惨败是这场战争的转折点，因为德国及其军队再也无法从这场灾难中彻底恢复过来。

本三部曲的前两部描述了这场灾难的由来：第一部讲述的是德军攻向高加索和斯大林格勒这场虚假的胜利进军，第二部叙述的是斯大林格勒城内残酷的消耗战，事实证明，这场消耗战对整场战役至关重要，一如斯大林格勒战役对于整个战争的重要性。前两部都大量使用了新近公开的档案资料，以辨别、佐证、祛除自战争结束以来关于这场战役一直盛行于世的神话。

与斯大林格勒战役相关的神话，是基于既往历史资料来源自然产生的一种副产品。70年来，德国第6集团军在斯大林格勒废墟中的毁灭深深地吸引了历史学家和公众。尽管这个主题深具魅力，相关著作汗牛充栋，但这场悲剧的诸多原因和事件并不为后人知晓。正如本三部曲前两部业已证明的那样，斯大林格勒争夺战只能在德军整场战役的背景下加以理解，而这场战役最初对夺取这座城市并无兴趣。侵略者真正的目标是高加索油田，但他们在距离这一目标很近处失败了。这场失利的广泛原因几乎与导致德军1941年失败的原因如出一辙：后勤补给线过度延伸、未能集中力量对付单一目标、组织机构越来越复杂、苏联红军的行动。

造成我们集体误解这场战役的第二个原因是，交战双方的参与者根据他们的记忆撰写回忆录，几乎没有使用官方记录。冷战期间，德国方面的许多记录似乎不可避免地遗失了，而苏军参战人员，例如瓦西里·崔可夫和格奥尔吉·朱可夫，也仅局限于他们自己的回忆。

误解斯大林格勒战役的第三个原因是，至少在西方，人们普遍接受了关于整场战争的德方神话。为自身的失败寻找借口，甚至以某种合乎逻辑的方式重新编排相关记忆，这是人类的本性使然，尽管一个过于简单化的解释背后，经常是复杂、纷乱的过程。因此，大多数德军东线生还者提供的字面真相，实际上是他们为失败寻找的借口（也许是无意识的）。在这类记述中，德军生还者记住的是他们的进军势如破竹，几乎没有遭遇抵抗，直到卷入斯大林格勒被炸毁的各条街道。然后（也只有在此之后），德国人的集体记忆是，笨拙但狂热的敌人以上百场作战行动耗尽了他们的实力。待德军大伤元气后，苏军便以压倒性攻势打垮了侧翼的罗马尼亚和意大利军队，这才得以包围并歼灭第6集团军。这种集体辩解认为，即便如此，如果不是希特勒的胡乱干预和保卢斯令人难以置信的不作为，被围的第6集团军仍有可能脱困。本部的重点在于阐述犯错的并非希特勒一人，以及红军已变得极其强大，第6集团军虚弱不堪，保卢斯根本无法率部突出重围，与德军救援部队会合。

至于德军失败和苏军获胜的其他原因，我们留给读者们探寻，本部和前两部对此都有详尽的阐述。简单说来，虽然交战双方都付出了极大的勇气，并遭受了令人难以置信的痛苦，但红军最终胜出，就此开始了收复苏联国土的漫长征途。

与前两部的主题一样，第三部以全新的文件证据为基础，审视那些存有争议的问题和流传甚广的神话。本部与前两部的主要区别是与这一时期作战行动相关的疑问和神话的数量问题。简言之，这段时间的战斗中充斥着颇具争议、悬而未决的疑问，最显著的如下：

· 是谁提出了"天王星"行动的概念？

· "天王星"攻势为何能赢得胜利？

· 第6集团军是否能突出包围圈，或者被解救？

· 德军救援行动为何失败？

· 谁该为第6集团军的败亡负主要责任？

除了各种广泛的传统资料来源，本部还使用了此前从未提供给研究者的两大类文件资料。第一类包括德国第6集团军作战日志中的大量记录，战争结束后，这份作战日志消失不见了，现在已被重新找到并予以出版。第二类是苏联（俄罗斯）新近公开的大量档案资料，其中包括红军总参谋部每日作战概要摘录；最高统帅部、国防人民委员会（NKO）和红军总参谋部下达的各种命令和指示；以及大多数时候都在斯大林格勒城内作战的苏军第62集团军及辖内各师、各旅的作战日志。

由于持续存在的争议和神话构成了这一时期的特点，我们认为有必要审慎地将许多文件的英译本加入本部，正是根据这些文件，我们得出了自己的判断和结论。这些文件和另外一些以图表和表格方式呈现的详尽证据构成了本部一二卷的实质。这是对第三部的补充，也提供了接受、拒绝或仅仅是证实我们的结论所必要的确凿证据。因此，与前两部一样，本部提供了斯大林格勒战役后期阶段前所未有的细节，以及新的观点、解释和评价。

这一部只集中于苏德双方的策划和在斯大林格勒周边实施的作战行动。具体说来，重点是第6集团军包围圈内外的战斗，包括德军救援行动的发起和失利；红军竭力向奇尔河、顿河和阿克赛河扩大合围对外正面；顿河方面军和斯大林格勒方面军消灭包围圈内第6集团军的行动。因此，本部只对西南方面军和沃罗涅日方面军策划、实施的"小土星"攻势以及斯大林格勒方面军（后改为南方面军）发起的科捷利尼科沃、托尔莫辛攻势做出简要叙述。

由于红军1942年12月下半月和1943年1月在斯大林格勒南部和西部地区发动的攻势极其庞大，增补的第四部将阐述本三部曲范围外的军事行动。具体说来，包括与斯大林格勒关系不大，但对第6集团军的最终命运具有重要影响的作战行动，例如：

·西南方面军和沃罗涅日方面军打击意大利第8集团军的"小土星"行动
·斯大林格勒方面军（南方面军）打击德国第4装甲集团军、罗马尼亚第4集团军、德国第1装甲集团军的科捷利尼科沃和罗斯托夫进攻战役
·沃罗涅日方面军和西南方面军打击匈牙利第2集团军的奥斯特罗戈日斯克—罗索希进攻战役
·布良斯克方面军主力和沃罗涅日方面军打击德国第2集团军的沃罗涅日—卡斯托尔诺耶进攻战役
·西南方面军和斯大林格勒方面军在顿巴斯东部地区打击"弗雷特—皮科"集团军级支队和"霍利特"集团军级集群的攻势
·外高加索方面军在北高加索地区打击德国第1装甲集团军和第17集团军的攻势

如果没有诸多个人和机构的支持，根本无法完成如此庞大的研究工作。在这方面，我们必须再次感谢詹森·马克，既因为他个人提供的慷慨帮助，也是为了他在澳大利亚悉尼"跳跃骑士"出版社推出的关于斯大林格勒战术记述的开创性著作。另外还有威廉·麦克罗登，他毕生致力于编写详细、准确的德军战时作战序列，与我们分享了他的大量研究成果。

对本部而言，还有两个人最应该感谢，他们的德文和敏锐的战争知识被证明是不可或缺的。出色的德国军事历史学家罗梅迪奥·格拉夫·冯·图恩–霍恩施泰因博士慷慨无私地自愿对本部手稿做出评价。他花了很多时间阅读这份稿件，并对其各个方面做出评判，指出其中的错误之处，确定必要的资料来源，还纠正了我们对德文的频频曲解。洛塔尔·蔡德勒博士是一名经历过战争的老兵，他在德军第168步兵师服役了两年多时间，两次负伤，他翻译了许多页德国文件，并与我们分享了他的大量笔记和另外一些战时日记。两位的慷慨协助都是为了使本部更加准确、更加客观。我们对他们的无私帮助深表谢意。

一如既往，我们要衷心感谢玛丽·安·格兰茨为编辑、校对这份手稿发挥的重要作用。

戴维·M.格兰茨
宾夕法尼亚州卡莱尔

乔纳森·M.豪斯
堪萨斯州利文沃思

CONTENTS 目录

MAP 地图目录

第一章
灾难的框架

挫折

　　1942年9月，阿道夫·希特勒敏锐地意识到，他的"机会之窗"正在关闭。15个月前德国入侵苏联时，希特勒和他的高级顾问们自信地认为，他们可以在苏联西部边境地区以一系列合围歼灭红军，这些战斗必然会导致苏联政权土崩瓦解。可事实恰恰相反，红军和苏联政府展现出异乎寻常的顽强，尽管战争前6个月阵亡、负伤、被俘了近450万名士兵，但他们仍在战斗。[1]另外，虽说红军经常自取灭亡，但为了保卫祖国，他们奋不顾身地发起顽强进攻，扑向强大的敌人，重创了进攻中的德军。红军削弱了希特勒大肆吹嘘的装甲矛头，并给德军步兵造成严重耗损，他们发起的数百场（如果不是数千场的话）进攻逐渐耗尽了侵略者的实力。这直接导致德军1941年9月—10月间在苏联北部的列宁格勒接近地，以及11月在苏联南部的罗斯托夫遭遇到了前所未有的败绩，12月，"巴巴罗萨"行动到达了惊人的高潮，德军又在莫斯科地域惨败。在莫斯科城下，红军高级将领们惊愕地看见，他们对进攻中的德军发起的绝望反击突然取得了胜利。没过一个月，这些局部反冲击已发展为多重反突击，最终演变成一场雄心勃勃的全面反攻，其范围囊括了从波罗的海至黑海的整条战线。

　　但是，这些挫折并未遏止希特勒的进攻狂潮，也无法扑灭他赢得全面胜利的欲望。1942年4月，苏军的冬季反攻分崩离析，5月份，红军在哈尔科夫和克里木地区展开的规模较小的攻势以令人尴尬的惨败而告终。1942年6月末和7

月初，德军重新发起代号为"蓝色行动"的新攻势。虽然德军胜利穿过顿巴斯东部地区，跨过顿河进入外高加索山区，但他们没能赢得胜利。到9月份时，德军仍在苦战，最终的胜利依然遥不可及。

由于希特勒已于1941年12月对美国宣战，故认为1942年年终前，必须在政治和军事上在东线取得某种稳定的结果，这样便可以抗击美国日趋加强的力量。[2]从经济上看，"蓝色"行动迄今为止未能解决德国对石油的迫切需求。[3]A集团军群1942年8月8日占领了苏联东南部规模较小的迈科普油田，却发现撤离的苏军已将该地区所有油井和炼油厂破坏殆尽。位于车臣和阿塞拜疆的格罗兹尼油田规模更大，极具诱惑力，但A集团军群司令威廉·李斯特元帅似乎无力完成最后几百公里的冲刺，以夺取这些奖品。他面临的最大问题是集团军群所需的补给物资必须穿过顿河畔罗斯托夫这一瓶颈，然后将火车上的物资交给卡车和畜力车，经长途跋涉运往高加索山区。另外，由于德国人在改造、使用苏联铁路系统方面遭遇到了困难，为高加索地区提供补给实际上将以损害对斯大林格勒的进攻为代价。

李斯特进军受阻不仅仅是因为身后漫长、脆弱的补给线，在前方，苏军日趋加强的战斗力也发挥了重要作用。1942年，面对德军的进击，苏联红军寸土必争，不断发起（尽管有些拙劣的）反冲击和反突击，延缓、削弱了侵略者，希特勒和他的主要顾问们却对此视而不见。一些苏军部队像去年夏季那样被歼灭，红军依然严重缺乏指挥员和参谋人员，他们需要这些人组织武器和后勤支援，建立起野战集团军和更大编制的部队。尽管如此，在1941—1942年的惨败中生存下来的苏军将士，其能力和意志日趋增强。希特勒认为他的将领过于谨慎，这其实是面对能力不断提高的对手的必然反应。实际上，如果不是德军步步进逼，再加上急于取胜的约瑟夫·斯大林督促红军在未获得有效指挥控制的情况下过早地发起多次反击，苏联红军也许会更具威胁。由于准备仓促，协同不佳，这些过早发起的反击使人员和武器一再遭受到损失。悲惨的现实是，进攻中的红军部队依然缺乏必要的技能，无力克服德军预有准备的防御，更不必说与经验丰富的德军装甲部队在开阔的战场上展开机动作战了。

在斯大林格勒地区指挥B集团军群的马克西米利安·冯·魏克斯大将面临的问题，与李斯特在高加索山区的困境如出一辙，甚至更加复杂。"蓝色"行动最初的作战指令（1942年4月4日签发的第41号元首令）几乎没有提及伏尔加河畔的这座工业城市和交通枢纽。德军的目标是高加索油田，他们本打算绕过这座城市，仅以炮击和轰炸使其丧失效用。[4]但斯大林格勒犹如一块磁铁，渐渐吸住了德军，这主要是因为它的名字赋予其重要的宣传意义。[5]但B集团军群缺乏足够的兵力夺取该城，并将苏军发起的一系列反击引向城市两侧。德国第6集团军司令、装甲兵上将弗里德里希·保卢斯之所以能到达斯大林格勒并缓慢地将其肃清，是因为集团军群司令魏克斯不断调整部队，为保卢斯提供援兵，维系他的进攻行动。另外，为了将少量德军师投入斯大林格勒和高加索山区，德国人不得不以轴心国军队掩护其漫长、脆弱的左翼。因此，截至1942年10月初，匈牙利第2集团军、意大利第8集团军和罗马尼亚第3集团军先后投入斯大林格勒西北方，沿顿河担任侧翼掩护，另外，罗马尼亚第6、第7军（计划于11月20日编为罗马尼亚第4集团军）继续掩护伏尔加河以西地域和城市南部。但意大利、匈牙利和罗马尼亚军队的兵力和武器都很匮乏，根本无力抗击苏军的猛烈反击。虽说德军调派了几个反坦克炮兵连和其他专业单位加强这些卫星国军队，但德军战线的两翼缺乏重武器，很容易招致一场大规模机械化突击。[6]

相比之下，在斯大林格勒城内，瓦西里·伊万诺维奇·崔可夫中将指挥第62集团军实施防御，他们获得了充足的援兵——尽管有时候只是勉强够用——决不让这座城市落入德国人之手。在斯大林格勒废墟历时两个月的逐屋苦战中，德军丧失了机动作战的一切优势，近距离交战限制了德军战斗轰炸机和炮兵发挥效力。实际上，崔可夫的部下故意贴近德军突击部队，这样，德军战机和火炮便无法开火，生怕误伤己方部队。截至9月底，保卢斯已成功肃清城市南部的大半部分，但第6集团军元气大伤。每个德军步兵团或装甲掷弹兵团只能拼凑出几百名战斗兵继续遂行进攻，而崔可夫的部下死守着城市北部的工厂区。为维系进攻，保卢斯不得不在市中心与城外侧翼防区之间来回调动工兵和步兵单位。

希特勒对此沮丧不已，他认为属下们辜负了他的期望。德军战地指挥官每次以自己的判断或其他方式忽视希特勒的意愿，都只会加剧他的怀疑。但希特勒的失望并非完全没有道理，他的将领们坚信，必须歼灭苏联的军事力量，但这只是战术或战役目标，他们忽视了攫夺更多石油的既定战略目标。[7]在希特勒看来，"蓝色"行动已沦为一系列漫长、错失良机的作战行动，这帮目光短浅、过于谨慎的职业军人试图劝阻他不要沿正确的方向赢得胜利。鉴于这些将领过去曾多次犯过错，希特勒这个颇具创造性的赌徒自然倾向于遵循自己的本能。

7月13日，由于进军行动过度谨慎，希特勒解除了陆军元帅费多尔·冯·博克的职务，集团军群司令一职由魏克斯接任。两个月后，这位领导人又对其他高级将领失去了耐心。9月9日，他派出唯命是从的德国武装力量最高统帅部（OKW）参谋长威廉·凯特尔元帅，要求李斯特辞职。但希特勒没有给A集团军群选派新司令官，接下来的两个月里，他要求A集团军群辖下的两位集团军司令直接向他汇报情况，隔天一次！9月24日，自1939年起便为希特勒忠心效力的德国陆军总参谋长弗朗茨·哈尔德将军被迫辞职，希特勒还暗示让他退出现役。另外，继任的总参谋长也不再掌管总参军官的任命，希特勒将这项权力移交给他的副官鲁道夫·施蒙特。[8]但这种人事变动只是加剧了德军的指挥问题，并未给前线带去任何改善。因此，希特勒越来越不愿会见他的属下，宁愿通过库尔特·蔡茨勒将军下达相关指令，接替哈尔德出任陆军总参谋长的蔡茨勒初来乍到，积极性相对较高。

虽说蔡茨勒有着纳粹政权支持者的名声，但他是个合格的总参谋长。他迅速关注起了那个让哈尔德罢官去职的问题，特别是德军缺乏兵力同时夺取高加索油田和斯大林格勒。他还敏锐地意识到大本营内的有害气氛，希特勒屡屡公开怀疑、藐视他的专业顾问。

10月中旬，这位新任总参谋长约见希特勒，在这场非公开简报会上谈及他对战略态势的评估。由于这场会晤没有目击者，我们只能根据蔡茨勒本人的记述获知会谈情况。不过，根据他在接下来一个月里采取的行动，这位总参谋长很可能向希特勒呈交了一份坦率的评估。如果是这样，那么蔡茨勒提出的两个重点颇具先见之明：

2：东线最危险的地段无疑是漫长、防御薄弱的侧翼，从斯大林格勒延伸至"中央"集团军群右侧分界线。另外，据守这一地段的是我方最虚弱、最不可靠的部队，罗马尼亚人、意大利人和匈牙利人……

4：与1941年相比，俄国人得到了更好的训练和更好的领导。[9]

据蔡茨勒说，希特勒静静地听着，没有打断他，但随后礼貌地驳回了蔡茨勒的全部论据，认为他的评估太过悲观。[10]与魏克斯和保卢斯会谈时，这位领导人展现出同样的乐观，显然认为他依然信赖的这些部下需要鼓励——如果不称之为直接激励的话。

可是，将希特勒描述为一个拙劣的外行，指责他忽视侧翼所受的威胁也是不公平的。9月份，他曾多次下令加强那里的防御。根据魏克斯的建议，希特勒9月13日下达了一道元首令，要求夺取斯大林格勒后，准备进行有限的进军，从而肃清并确保侧翼，特别是朝阿斯特拉罕这一方向，伏尔加河在其附近汇入里海。这项计划甚至调派了稀缺的预备队师，例如第29摩步师和第14装甲师，以确保这场进军取得胜利。对希特勒和第6集团军来说不幸的是，苏军在斯大林格勒的顽强防御又持续了两个月，结果使9月13日的元首令变得毫无意义。[11]从德国人的角度看，斯大林格勒似乎是1942年的最后一战。实际上，从某种程度上说，斯大林格勒之战是德国第6集团军为即将到来的冬季夺取住房的角逐。

自9月份起，希特勒频频对顿河侧翼表示担心。他一再就斯大林内战期间的经历提醒身边的参谋人员，当年，谢苗·米哈伊洛维奇·布琼尼的骑兵第1集团军从察里津向罗斯托夫发起一场快速推进。因此，希特勒命令德国空军沿顿河北岸加强对渡口和疑似集结区的打击。10月14日，他下达了1号作战令，23日又签发了1号作战令的补充令，这进一步表露出他的不安。这些命令要求德军采取一些防御措施，包括在顿河以南地域构设后方阵地。但希特勒是个个性强烈的人，他讨厌那些只顾提醒他风险，却不管他对这些风险几乎无能为力的下属。例如，蔡茨勒10月27日报告，苏联政府正为即将发起的攻势展开一场大规模宣传运动。希特勒拒不接受这份报告，反而担心起加强"中央"集团军群的问题，该集团军群部署在莫斯科对面。[12]

东线并非希特勒唯一的问题。西欧和地中海的局势变得对德国不利时，他力图加强德军的防御。为守卫克里特岛、英吉利海峡群岛和北非，德国付诸种种努力，甚至调用了东线的稀缺资源。11月3日，希特勒最青睐的将领埃尔温·隆美尔公然违抗元首的命令，率部撤离阿拉曼。这种抗命激起了希特勒对职业军人们的怒火，作为发泄，他把几名参谋撤职。六天后，为回应英美联军入侵西北非，德国占领了法国南部过去未被占领的地区。

另外，在11月中旬至关重要的两个星期里，希特勒其实并不在乌克兰文尼察代号为"狼人"的大本营。为纪念1923年的啤酒馆政变，这位领导人11月7日离开文尼察，去慕尼黑进行一年一度的演讲。在巴伐利亚州首府，元首公开宣布保卢斯的第6集团军已夺取斯大林格勒，他错误地认为这份公告会加强部队的决心。他的属下信誓旦旦地汇报说，这番演讲重新激励起保卢斯集团军筋疲力尽的突击部队。此后，希特勒一直待在德国，不是四处奔波就是去贝希特斯加登度假，直到11月23日。虽然他不断接到前线的报告，但这种缺席隔绝了他与蔡茨勒及OKH（陆军总司令部）人员的每日接触。人们很容易将这种缺席归因于他在潜意识中希望躲避棘手的情况，但除了斯大林格勒，这位领导人肯定还有其他问题。

1942年11月的德国军队

1942年10月—11月的僵局反映出德国战争机器的局限性。1941年德国入侵苏联时，19个装甲师和15个摩步师为德军提供了突击利刃，但德国军队的主力依然由118个依靠步行、马匹实施机动的步兵和骑兵师组成。这支依赖炮兵、靠60多万匹骡马运送补给物资的入侵大军跨过苏联欠发达的交通网，恶劣的环境给马匹造成的损失远远大于对汽车的影响。[13]而德国的盟友装备和机动性更加逊色，例如罗马尼亚仅有的装甲师，配备的大多是过时的坦克。

为进行1942年的战役，德国投入数个装甲师和武装党卫队摩托化师，后者的战斗力与陆军装甲部队相当。但就整体而言，德军地面部队1942年的战斗力可能不及前一年，这是因为车辆、班组支援武器和马匹在1941—1942年冬季遭受严重损失，更不必说在"巴巴罗萨"战役中阵亡或致残的经验丰富的德军官兵了。对苏作战的最初7个月，除了伤亡近100万人外，德军还损失了41000多辆卡车和207000匹马，在大多数步兵师里，马匹是炮兵和后勤单位的主要机动手段。火炮、反坦克炮和迫击炮的损失超过13600门，德国空军有4903架飞机毁于战损和事故。[14]

这些损失从未能获得彻底弥补。为准备1942年的"蓝色"行动，德国人优先补充遂行新攻势的"南方"集团军群，各机械化部队理应达到编制力量的85%；但在稍北面，每个装甲师得到的坦克只够配备一个装甲营，而非去年的2—3个装甲营。南面，第1装甲集团军辖内的某些装甲师同样如此。这些装甲营得到的是同型号坦克的不同变型。例如，三号和四号坦克根据不同的主炮分为"长身管"型和"短身管"型；大体而言，长身管高速火炮具有更强的装甲侵彻力。

步兵师在资源分配方面的情况更加糟糕。在"北方"和"中央"集团军群，75个步兵师中有69个师从9个步兵营减少为6个，其炮兵也从每个连4门火炮减少为3门。这些师的马匹和车辆也大幅度减少，导致他们很难快速部署兵力应对敌人发动的进攻。虽然德国空军很不情愿地答应腾出一些地勤人员，但这些潜在的补充兵并未移交给陆军，而是组建为空军野战师，这些师既没有重武器，也缺乏经验丰富的参谋人员。[15]

使情况进一步复杂化的是，东线的大多数师并未撤至后方接受休整和补充，他们不得不实施重组，继续坚守前线防区。因此，即使在1942年夏季攻势发起前，大多数德军师的战斗力也无法同1941年相提并论。由于拥有生产优先权，1942年战役开始时，德国空军的实力（东线拥有2750架飞机）与1941年（2770架）大体相当。[16]但是，这些数字隐瞒了经过近三年的战争后，机组人员训练水平的下降。

这就是1942年7月初第二次大规模攻势发起时德国军队的状况，4个月后，这支军队又一次大伤元气。接连不断的作战行动、脆弱的后勤补给、敌人持续的抵抗消耗了德军的人员、马匹和车辆。以1942年初以第1骑兵师为基础组建而成的第24装甲师为例，该师在整场攻势中充当突击先锋，并协助步兵部队肃清斯大林格勒城。1942年6月28日至10月31日，该师的11000名将士阵亡、重伤、失踪了5870人；约100辆坦克中的36辆彻底损毁，还有许多作战车辆因战斗和过度磨损而无法使用。另有2791人身负轻伤，但仍留在各自的单位中，而该师在这4个月里只获得了2298名补充兵。10月31日晨，第24装甲师集结力量再度发起市区突击时，实际上已沦为一股步兵力量，辖2个装甲掷弹兵团、1个摩托车营和1个战斗工兵营，只剩下41名军官和960名战斗兵员。[17]

截至11月中旬，实力严重受损的第6集团军共计107982人，编有16个师，也就是说，平均每个师6748人。前线步兵部队甚至比这些数字反映的更为虚弱。除了兵力不足，德军薄弱的后勤体系无法满足前线部队对弹药和燃料的需求，第6集团军也没有建立起冬季食物储备。平均而言，第6集团军每日获得的补给物资仅为其需求量的一半。随着冬季临近斯大林格勒周边贫瘠的草原，德国人的马匹严重营养不良，其中有许多未能活着转移到冬季康复中心。[18]经过几个月的战斗，加之口粮供应不太稳定，患病的士兵也很多。德国空军的战斗损失较小，但在恶劣条件下持续作战，其实力同样遭到消耗。因此，支援"蓝色"行动的第4航空队，7月初尚有1600架战机，9月份就只剩下了950架。在此期间，这些战机中只有550架能够投入战斗，随着酷寒气候的到来，这个数字还将下降。[19]

面临这些问题的不仅仅是在斯大林格勒长期遭遇困苦的德军部队。截至11月初，竭力夺取高加索油田的A集团军群也趋于强弩之末。11月5日晨，从16个月前的出发地向东推进了2000公里的第13装甲师，被伊万·伊万诺维奇·马斯连尼科夫中将的外高加索方面军北方集群切断、包围在奥尔忠尼启则郊外。虽然第1装甲集团军最终将该师从包围圈内救出，但第13装甲师丢弃了大多数技术装备和大批伤员。在争夺奥尔忠尼启则的激战中，第13装甲师和第3装甲军辖内的另外2个师损失惨重，苏联方面称，他们摧毁或缴获了40辆坦克、7辆装甲运兵车、70门火炮、2350辆汽车、183辆摩托车、100多万发子弹和大批其他物资，并击毙5000余名德国和罗马尼亚士兵。[20]

OKH承认其东线作战部队整体实力虚弱，遂于1942年10月8日给师以上各指挥部下达指令，要求他们腾出10%的人员充当补充兵，并以未参与作战的所有支援单位组成"警戒支队"，以应对突发情况。6周后，苏军发起进攻，这些规模、编制不一的警戒支队证明，他们为恢复一条脆弱的防线发挥了重要作用。[21]

简而言之，到11月初，德军已筋疲力尽，除了守住既有阵地，无力遂行进攻行动，除非气候好转并获得足够的援兵。由于希特勒一直不愿对德国经济和民众实施全面动员，为东线的第三场战役重建部队至少会和第二次的时候同样艰难。

德军战地指挥官

就连那些在希特勒大换血中留任的将领也并不总是一帆风顺。保卢斯这位忠实的工作狂毕生致力于成为一名总参军官，长期以来一直是希特勒最青睐的将领，但这种地位将使他沦为牺牲品，支离破碎的第6集团军早已大伤元气，他还试图肃清并守住斯大林格勒城。

东线的诸多德军将领中，有两位将在日后的战事中成为关键人物。第一个是刚刚获得元帅权杖的弗里茨-埃里希·冯·曼施泰因，1942年5月，他率部肃清了克里木半岛的苏军，7月初一举攻克塞瓦斯托波尔要塞。1942年11月20日，他正准备率领第11集团军在维捷布斯克发起一场新攻势时，希特勒召见了他，要他去解决苏军对斯大林格勒发动的第一轮反攻打开的巨大缺口。生于1887年的曼施泰因身形消瘦，是个讲求纪律、能力出众、相当自负的人。在即将到来的危机中，他几乎完成了自己受领的堪称"无米之炊"的任务，以寥寥无几、残破不全的德军师遏止并扭转了苏军的反攻。虽然曼施泰因最终没能救出保卢斯的部队，但他以一连串出色的运动战遏止了苏军庞大的攻势，挽救了东线大批德国军队。[22]

曼施泰因的伟大成就和厚脸皮的自我吹嘘在很大程度上掩盖了另一位同行的杰出表现，他就是埃瓦尔德·冯·克莱斯特大将。生于1881年的克莱斯特是个坚定的保皇党和基督徒，他对纳粹主义厌恶至极，致使他于1938年退出现役。战争爆发后，克莱斯特又被召回，这位经验丰富的老骑兵展现出对机动作战的熟练把握，1942年，他率领第1装甲集团军一路杀至高加索油田门前。如前所述，11月初，苏军的拼死抵抗、冬季气候和不断延长的补给线使克莱斯特在高加索山区陷入困境。曼施泰因指挥着新组建的"顿河"集团军群竭力阻挡苏军进攻大潮时，克莱斯特也面临着同样的困难，他的任务是把整个A集团军群撤回罗斯托夫地区。这番壮举最终为他赢得了元帅权杖。[23]

1942年11月的红军

"蓝色"行动期间，苏军遭受的痛苦远甚于他们的德国对手。1942年6月28日至11月18日，抗击德军攻势的红军和红海军，因作战和疾病死亡了694000人，这个数字还不包括高加索地区阵亡的近20万人。[24]尽管——也许正因为——莫斯科的苏军最高统帅部下达了详细指令，但数个苏军野战集团军在7月—8月德军进攻初期就不复存在了。

斯大林格勒城内的损失最为严重。1942年9月14日至10月26日，9个红军师和5个独立旅渡过伏尔加河进入已成废墟的市区，但到11月1日，崔可夫掌握的兵力（最多5万人）并不比2个月前更多。所有援兵都消耗在城市争夺战这口沸腾的大锅中，各个团的可用兵力寥寥无几。德国第6集团军11月初耗尽兵力时，城市北部苏军日趋萎缩的登陆场似乎已濒临崩溃，这一点不足为奇。[25]

可是，尽管前线部队依然虚弱，但苏军11月的整体结构和战斗力还是强于7月。经过一番堪称奇迹的努力，苏联人先于1941年将数百个兵工厂东迁至乌拉尔山区，1942年春夏季，这些工厂生产出大批武器装备。这场非凡的动员使红军得以弥补巨大的技术装备损失并继续投入新组建的部队，这种状况是其对手梦寐以求的。当然，组建新部队，而不是重新装备现有部队，其代价是将缺乏经验的新部队投入战斗。但1942年间，国防人民委员会采用了这样一种做法：他们以残破不全的部队的指挥机构作为新编部队的核心，这就解决了新部队缺乏经验的问题。

苏联政府遵循苏联的军事学说和1941年的经验，继续组建新集团军、重建旧集团军和其他大编制部队，这些有生力量大多成为最高统帅部预备队，留待侵略者耗尽力量后投入战斗。例如，苏军最高统帅部10月23日组建起近卫第1、第2集团军作为其战略预备队，并把他们分别配属给西南方面军和西方面军。[26]自1941年7月以来，红军首次组建起两个满编野战集团军，每个集团军编有2个步兵军（每个军辖3个师）和1个机械化军，外加炮兵和战斗支援单位。这些部队代表着一种清醒的决定，至少某些指挥员和参谋可以将这些复杂的诸兵种合成部队整合进战斗中。

机械化军是快速部队的最新发展，其组建目的是在对等的条件下抗击德军。德军1941年的入侵粉碎了红军庞大、装备拙劣、缺乏训练的坦克部队。在1941年剩下的日子里，苏军最高统帅部将残余的坦克编入步兵支援旅，有些旅只有46辆坦克，而独立坦克营配备的坦克更少。但在莫斯科城下的激战中，一些苏军坦克旅指挥员生还下来，并学会了如何指挥自己的部队。这些人成为下一代机械化部队，也就是1942年的坦克军的领导者。虽然被称为"军"，但苏军坦克军仅相当于一个实力较弱的德军装甲师。1942年7月，常见的坦克军编有7200—7600人，配备146—180辆坦克。[27]

推动这些新部队诞生的是红军汽车装甲坦克总部部长雅科夫·尼古拉耶维奇·费多连科中将。费多连科使用了苏联军工厂的大量新产品，并以英国和美国提供的少量装备为补充，打算在1942年组建28个坦克军。第一批坦克军在战斗中证明实力太弱，无法维系长的时间作战行动，于是，费多连科开始组建机械化军，机械化军编有1—2个坦克旅，外加3个机械化旅，每个机械化旅配备39辆中型坦克和以卡车搭载的步兵。根据具体的编制表，一个机械化军拥有的坦克数量大致在175—204辆之间。[28]

起初，这些新组建的坦克、机械化军遭遇到一些初期问题，部分原因是缺乏专用设备，例如履带式装甲运兵车、回收车和电台。更糟糕的是，尽管许多军长颇具能力，但这些军经常与传统的步兵和骑兵部队混编为结构复杂的"坦克集团军"，1942年夏季，苏军将4个坦克集团军投入战场。这些集团军不仅要处理辖内部队机动性和装甲防护的差异，其参谋和指挥员也对率领如此庞大、繁复的部队毫无准备。结果，一些早期坦克军在1942年夏秋季的战斗中损失惨重，面对德军的攻势，第一批坦克集团军土崩瓦解。但是，残酷的战争学校再一次培养出指挥员和技术人员，使他们掌握了操控机械化部队的能力。

苏军新获得的装备并不仅仅是坦克或坦克部队。总的来说，更多的武器装备使红军得以组建起更加专业的单位。例如1942年间，NKO组建了192个反坦克炮兵团，苏军消耗、遏制德军机械化突击的能力日益增强，这些反坦克炮兵团发挥了重要作用。虽说这些团在1942年的战斗中损失了31个，但到年底时，NKO将其反坦克力量加强了500%以上，反坦克炮总数增加了4117门。[29]野战炮和火箭炮的数量也迅速增加。尽管红军直到1944年才增加了配备给各个师的火炮数量，但他们继续组建起大批非师级的火炮、火箭炮和高射炮单位。10月31日，NKO着手准备即将发起的反攻，将多个最高统帅部预备队团编入18个炮兵师和类似数量的高射炮师。每个炮兵师最初编有3个榴弹炮团、3个野炮团、3个反坦克炮团或2个高射炮团，共计168门或144门火炮。这些部队的指挥和控制遭遇到了许多机械化单位都会遇到的问题，但这些师的组建标志着苏军高级指挥员迈出了重要的一步：他们有能力指挥得到极大扩充的部队。[30]

希特勒对他的将领们失去信心时，斯大林对某些属下的信赖却与日俱增。随着1942年战役的进行，这位苏联领导人继续实施全面掌控，但他越来越信任红军高级指挥员和参谋人员的专业性。就连那些打了败仗的指挥员也没有遭受严厉惩处，而这种惩罚恰恰是和平时期的大清洗和1941年战役初期的特点。[31]

斯大林对指挥员们重拾信心表现在很多方面，他设立了新的勋章和奖章，还给军官们提供了与众不同的军装。[32]苏军指挥员重新获得信任，最重要的标志可能是国防人民委员会1942年10月9日颁布的307号令，这道命令从表面上恢复了武装部队的统一指挥。苏军各级指挥员得到了指挥部队的全部权力，方面军和集团军层面的政治委员和政治军官降为"军事委员会成员"，而在较低指挥层面上，他们担任负责政治事务的副手。此举明确表明，斯大林信任他那些军事、政治方面的专业人员。最高苏维埃主席团的法令证实了NKO的命令："内战期间红军设立的军事委员制度是基于对军事指挥员的不信任……目前抗击德国侵略者的卫国战争已将我们的指挥员紧密团结在一起，并造就了一大批具有才干的新指挥员，他们已积累起经验，将誓死捍卫他们作为军官的荣誉。"[33]斯大林完成这种转变时，在德国一方，希特勒却对属下们的能力和忠诚嗤之以鼻。

另外，苏军最高统帅部10月16日下达了关于大编制坦克部队作战部署的325号令。斯大林签署了这份命令，实际上这是一份以往作战行动经验教训的摘要，日后的行动将汲取这些教训。当然，改善无法一蹴而就，但根据325号令，坦克和机械化军将作为独立部队部署，专门用于机动战，而不是分成零零碎碎的单位支援步兵。只有在苏军明显占据数量优势的情况下，坦克指挥员才能迎战德军坦克。[34]即将到来的冬季战役将是对这种构想的首次考验，但这些决定清楚地表明，饱受诟病的苏联红军战斗力正不断加强。

苏军战地指挥员

红军中能干的指挥员非常多，许多人将在即将到来的战役中脱颖而出。至少5位高级将领已在新攻势发起前声名鹊起，他们都将在随后的战斗中再添新功。45岁的格奥尔吉·康斯坦丁诺维奇·朱可夫是斯大林最为青睐的将领。

俄国内战期间和之后，在红军骑兵部队服役的朱可夫表现出色，1939年8月，他在满洲哈勒欣河击败了狂妄的日本关东军。为表彰他的杰出表现，1940年6月，斯大林任命他为基辅特别军区司令员，1941年1月，朱可夫出任红军总参谋长兼第一副国防人民委员。

作为斯大林战时最高统帅部的创始成员，朱可夫成为苏联领导人最中意的"协调员"，1941年间，他奔波于各个受威胁地区，协调当地的防御和反击。1941年9月在列宁格勒、10月—11月在莫斯科组织的顽强防御为朱可夫赢得了长盛不衰的名声。1941年12月至1942年4月，他策划、实施了红军在莫斯科地区发起的第一次大规模反攻。尽管他专心致志、通常都很无情地实施作战行动，他指挥的部队也的确挽救了斯大林的首都，但未能实现最高统帅部雄心勃勃的战略目标。

1942年7月，遂行"蓝色"行动的德军横扫苏联南部时，朱可夫的西方面军多次发起反击，徒劳地试图将德国人的注意力和兵力从南方的主要目标吸引开。斯大林1942年8月任命朱可夫为最高副统帅后，这位将军发起了一连串蔚为壮观的反击，打击德国"中央"集团军群设在莫斯科以西"勒热夫—维亚济马"突出部的防御。虽然这场大规模攻势没能实现歼灭敌突出部守军的最终目标，但重创了德国第9集团军。朱可夫的攻势还把德军战役预备队牵制在了苏德战线中央地段，而此时南线德军迫切需要预备力量来赢得斯大林格勒地域的胜利。随后，为重演一年前他在列宁格勒和莫斯科的壮举，朱可夫9月份赶赴斯大林格勒，组织斯大林格勒方面军对城市西北面科特卢班地域的德军装甲部队发起多次打击。这些血腥、代价高昂的进攻失败了，但庞大的"自杀式"突击决定性地破坏了德国第6集团军以装甲部队实施突袭、一举攻占斯大林格勒的计划，最终将这座以斯大林的名字命名的城市变成第6集团军的坟墓。因此，1942年秋季时，无情而又精明的朱可夫依然是斯大林最信赖的战地指挥员，为策划红军1942年11月—12月一系列雄心勃勃的反攻发挥了重要作用。[35]

47岁的亚历山大·米哈伊洛维奇·华西列夫斯基上将时任红军总参谋长，对战争中的苏联具有同样重要的作用。他是少数几名赢得斯大林信任的军人之一，部分原因是1941年保卫首都期间，大多数政府人员撤离，但身为重要参谋人员的华西列夫斯基毅然留在莫斯科。他是红军总参谋部之父、苏联元帅鲍里斯·米哈伊洛维奇·沙波什尼科夫的门徒。华西列夫斯基是最高统帅部最具能力的成员[①]，也是斯大林第二信赖的将领，仅次于朱可夫。这位前步兵军官并未享受到斯大林"骑兵集团"的特殊待遇，而是凭着自己的成绩一路向前，1937年从总参学院毕业后，他加入了红军总参谋部。

短短四年时间，华西列夫斯基便从上校晋升为上将，1940年5月出任总参作战部第一副部长，为红军在和平时期最后几个月的防御和动员计划发挥了重要作用。德国发起入侵后，斯大林1941年8月任命华西列夫斯基为总参作战部部长兼副总参谋长。协助策划红军1941和1942年间大多数主要作战行动的同时，华西列夫斯基还在这些战役中担任"最高统帅部代表"，成为斯大林的"麻烦解决者"。1942年年底的反攻期间，他将多次重演这一角色。[36]

安德烈·伊万诺维奇·叶廖缅科是俄国内战期间红军"骑兵集团"的另一名成员。德国入侵苏联后，他迅速成为苏军高级将领，并获得了"苏联的古德里安"这一绰号。叶廖缅科以大胆和顽强著称，1941年7月—8月率领西方面军在斯摩棱斯克地域与德军展开激战，9月份指挥布良斯克方面军徒劳地试图阻挡古德里安向南攻往基辅，10月份率领该方面军守卫莫斯科西南接近地，在战斗中负伤。由于叶廖缅科"斗士"的名声，苏军最高统帅部在德军"蓝色"行动高潮期间任命他为东南方面军司令员，负责守卫斯大林格勒。身居高位的叶廖缅科不仅在战斗中几度负伤，还屡次受到斯大林的冷言批评，但叶廖缅科和他的政治委员尼基塔·谢尔盖耶维奇·赫鲁晓夫指挥着东南方面军及相邻的斯大林格勒方面军。他能留在如此重要的岗位上，表明这位50岁的将领作为一个办事有条不紊（尽管并非才华出众）的指挥员，深得斯大林的信任。[37]而叶廖缅科通过策划苏联红军即将在斯大林格勒地域发起的反攻，证明斯大林并未信错人。

这群出众的红军将领中的第四位是46岁的康斯坦丁·康斯坦丁诺维奇·罗科索夫斯基，1942年间，他成为红军最具才干的指挥员。内战期间，他指挥骑兵营和骑兵团时声名鹊起，20世纪20—30年代先后指挥过骑兵旅、师、

---

① 译注：华西列夫斯基直到1945年2月才正式成为最高统帅部大本营成员。

军。大清洗期间，罗科索夫斯基被捕入狱，但获得铁木辛哥和朱可夫的力保，1941年6月，德国入侵前夕，罗科索夫斯基获释，出任基辅特别军区机械化第9军军长。此后，红军在"巴巴罗萨"战役中遭到一连串惨败，罗科索夫斯基却赢得了红军首席"救火队员"的美誉，1941年6月末，他率领机械化第9军参加了边境交战，在斯摩棱斯克地域历时两个月的激战中指挥"亚尔采沃"特别集群，莫斯科战役期间指挥第16集团军。许多苏军高级将领遭遇败绩，但罗科索夫斯基赢得了胜利。与同时代的许多红军将领不同，罗科索夫斯基不愿为毫无把握的胜利白白牺牲将士们的性命，这使他赢得了士兵们的爱戴。罗科索夫斯基的能力也获得了最高统帅部的奖励，1942年7月，他出任布良斯克方面军司令员，3个月后又被任命为顿河方面军司令员。[38]

　　最后要说的是尼古拉·费多罗维奇·瓦图京上将，作为一名高级参谋人员，其出色的才能已获得承认，他将在斯大林格勒反击战中证明自己也是一位能干的战地指挥员。这位经验丰富的总参军官是一名参加过内战的老兵，当过连级指挥员，后担任各种重要的参谋职务，1940年出任基辅特别军区参谋长，伟大的卫国战争前夕，他成为红军副总参谋长兼作战部部长。"巴巴罗萨"战役初期，40岁的瓦图京担任西北方面军参谋长，精心策划了7月—8月在索利齐和旧鲁萨地区对德国"北方"集团军群的大规模反击，赢得了最高统帅部的高度赞誉。虽说这两场进攻均以失败告终，但德军猝不及防，几个重要的师遭到重创，导致"北方"集团军群向列宁格勒的进军延误了4周之久，最终使朱可夫在当年9月成功守住了列宁格勒。作为一名大胆、能力出众的斗士，瓦图京继续崭露头角，1941年10月，他组织并率领一个特别战役集群阻挡德国"中央"集团军群向加里宁的推进，从而使德军没能切断莫斯科与列宁格勒之间的交通线。[39]

　　鉴于他取得的功绩，最高统帅部任命急于得到前线指挥职务的瓦图京为沃罗涅日方面军司令员，率部抗击遂行"蓝色"行动的德军。瓦图京展现出他大胆的特性和不断增强的技能，1942年7月—8月在沃罗涅日地区多次发起反突击，延缓了德军向斯大林格勒的推进，并对B集团军群北翼构成致命威胁。1942年10月，德军进攻大潮在斯大林格勒的废墟中衰退时，苏军最高统帅部派瓦图京指挥新组建的西南方面军，该方面军将在即将发起的斯大林格勒反击战中发挥重要作用。

上述这五位杰出的斗士已在斯大林格勒战役前赢得广泛的赞誉，除了他们，1942年秋季斯大林格勒和高加索地区激烈而又绝望的战斗还为红军造就了整整一代集团军级、军级和师级指挥员，他们的共同特点是斗志顽强、经历过战斗的考验。另外，18个月的战事还催生了另外一批具有专业特长的红军将领。除了组建、部署装甲部队的专家费多连科将军，红军各兵种的新专家脱颖而出，例如空军部队的亚历山大·亚历山德罗维奇·诺维科夫将军、炮兵部队的尼古拉·尼古拉耶维奇·沃罗诺夫将军、工程兵部队的米哈伊尔·彼得罗维奇·沃罗比耶夫将军和总后勤部部长安德烈·瓦西里耶维奇·赫鲁廖夫将军。这些专家会同总参高级军官及华西列夫斯基、铁木辛哥（他担任最高统帅部代表）等高级将领，策划、协调需要他们的专业知识鼎力相助的大规模行动。[40]

因此，斯大林格勒反击战需要方面军、集团军指挥员的领导力和专业才能，他们已在战斗中证明了自己的能力，如果这场反攻赢得胜利，后续攻势将造就一批能力、经验俱佳的集团军、军、师、旅级指挥员。这批在斯大林格勒战役中得到锻造、考验和强化的新生将领，将率领红军走向最终的胜利。

缩略语

BA-MA: Bundesarchiv Miltärarchiv（德国军事档案）
NAM: National Archives Microfilm（国家档案馆缩微胶片）
TsAMO: Tsentral'nyi arkhiv Ministerstva Oborony（国防部中央档案馆）
VIZh: Voenno-istoricheskii zhurnal（《军事历史》杂志）
VVI: Vestnik voennoi informatsii（军事信息通报）

注释

1. G.F.克里沃舍夫（主编），《二十世纪苏联的伤亡和作战损失》，克莉丝汀·巴纳德译（伦敦：格林希尔图书出版社；宾州梅卡尼克斯堡：斯塔克波尔图书出版社，1997年），第94页。这个数字还应加上几百万遇难或被强制劳动的平民。这本著作的最新增补版是G.F.克里沃舍夫（主编）的《伟大卫国战争揭秘，损失卷》（*Velikaia Otechestvennaia bez grifa sekretnosti. Kniga poter'*，莫斯科：维契出版社，2009年）。

2. 霍斯特·布格、维尔纳·拉姆、赖因哈德·施通普夫、贝恩德·韦格纳，《德国与第二次世界大战，第6卷，全球战争：冲突扩大为世界大战及战争主动权的转移，1941—1943》，埃瓦尔德·奥泽斯等人译（英国牛津：克拉伦登出版社，2001年），第126—130页。

3. 这一点可参阅乔尔·海沃德的《希特勒寻求石油：经济因素对军事战略的影响，1941—1942年》一文，刊登在《战略研究》杂志总第18期，1995年12月第4期，第94—135页。

4. 第41号元首令可参阅休·R. 特雷弗-罗珀主编的《从闪电战到失败：希特勒的战争指令，1939—1945年》（纽约，芝加哥：霍尔特、莱因哈特＆温斯顿出版社，1964年），特别是第117和第119页。

5. 这一点可参阅罗尔夫-迪特尔·米勒、格尔德·R. 乌贝夏尔的《希特勒的东线战争，1941—1945年：批评性评估》，布鲁斯·D. 利特尔译（英国牛津普罗维登斯：博格翰图书出版社，1997年），第113页。

6. 《战争经验研究资料集》，第8期（1943年8—10月）【*Sbornik materialov po izucheniiu opyta voiny, No. 8 (avgust-oktiabr 1943 g.)*，莫斯科：军事出版社，1943年】中的《顿河前线罗马尼亚第3集团军和意大利第8集团军的分组和编成》（*Gruppirovka i sostav 3 Rumynsko i 8 Italianskoi armii na Donu*）一文，第24—36页；马克·阿克斯沃西、科尔内尔·斯卡费什和克里斯蒂安·克拉丘诺尤，《第三轴心第四盟友：欧战中的罗马尼亚军队，1941—1945年》（伦敦：兵器和铠甲出版社，1995年）；《第二次顿河防御战中的意大利第8集团军，1942年12月11日—1943年1月31日》（L '8'Armata Italiana nella Seconde Battaglia Difensiva Del Don，罗马：陆军部，总参军史办，1946年）；《意大利军队在俄国前线的作战行动，1943—1944年》【*Le Operationi della Unita Italiane Al Fronte Russo (1943-1944)*，罗马：陆军部，总参军史办，1977年】。

7. 杰弗里·朱克斯，《希特勒的斯大林格勒决策》（伯克利：加州大学出版社，1985年），第70—72页；布格等，《德国与第二次世界大战，第6卷》，第990—991页。

8. 厄尔·F.齐姆克、麦格纳·E.鲍尔，《从莫斯科到斯大林格勒：东线决战》（华盛顿特区：美国陆军军事历史中心，1987年），第377—378页；布格等，《德国与第二次世界大战，第6卷》，第1057—1058页。

9. 蔡茨勒1942年10月中旬向希特勒所作的简报，摘自西摩·弗里丁与威廉·理查森合编的《致命的决定》，康斯坦丁·菲茨吉本译（纽约：威廉·斯隆联合出版社，1956年），第139页。

10. 同上，第137—139页。

11. 布格等，《德国与第二次世界大战，第6卷》，第1084—1086页。

12. 杰弗里·朱克斯，《希特勒的斯大林格勒决策》，第83—88页；蔡茨勒的报告可参阅西摩·弗里丁与威廉·理查森合编的《致命的决定》，第142—143页；乔治·E.布劳，《德国对苏战争：策划和行动，1941—1942年》，陆军部手册，No：20-261a（华盛顿特区：陆军部，1955年），第170—171页；布格等，《德国与第二次世界大战，第6卷》，第1114—1118页。

13. 戴维·M.格兰茨、乔纳森·M.豪斯，《巨人的碰撞：红军是如何阻止希特勒的》（劳伦斯：堪萨斯大学出版社，1995年），第30—33页；关于德军对马匹的依赖，可参阅理查德·L.迪纳多的《马匹与二战中的德国军队》（康涅狄格州韦斯特波特：格林伍德出版社，1991年），特别是第40—43页。

14. 克劳斯·莱因哈特，《莫斯科——转折点：希特勒1941—1942年冬季的战略失败》，卡尔·基南译（牛津：牛津大学出版社，1992年），第367—370页。火炮损失包括4262门反坦克炮、5990门反坦克榴弹炮、1942门榴弹炮和1411门步兵炮。本书对德军实力恢复的探讨主要引自莱因哈特的著作。

15. 齐姆克和鲍尔，《从莫斯科到斯大林格勒：东线决战》，第111、第293—295页；弗朗茨·哈尔德，《哈尔德战时日记，1939—1942年》，查尔斯·伯迪克、汉斯-阿道夫·雅各布森编辑（加利福尼亚州诺瓦托：要塞出版社，1988年），第613—615页；蒂莫西·A.雷，《坚守：二战期间德军在东线的防御学说，战前至1943年》（堪萨斯州利文沃思堡：作战研究协会，1986年），第112—113页。

16. 齐姆克和鲍尔，《从莫斯科到斯大林格勒：东线决战》，第296页；威廉姆森·穆雷，《德国空军》（巴尔的摩：航海和航空出版社，1985年），第112—119页。

17. 詹森·D.马克，《"跳跃骑士"的覆亡：第24装甲师在斯大林格勒，1942年8月12日—11月20日》（澳大利亚悉尼：跳跃骑士出版社，2003年），第333—334页。

18. 布格等，《德国与第二次世界大战，第6卷》，第1091—1095；兵员的短缺是根据第1106页的图表计算而来。

19. 乔尔·S.A.海沃德，《止步于斯大林格勒：德国空军和希特勒在东线的失败，1942—1943年》（劳伦斯：堪萨斯大学出版社，1998年），第195页。

20. A.A.格列奇科，《高加索会战》（Bitva za Kavkaz，莫斯科：军事出版社，1973年），第211页；威廉·蒂克，《高加索和石油：1942—1943年高加索地区的苏德战事》，约瑟夫·G.威尔士译（加拿大温尼伯：J.J.费多罗维奇出版社，1995年），特别是第231—237页。

21. 布格等，《德国与第二次世界大战，第6卷》，第1114—1115页。

22. 参阅康瑞利·伯内特（主编）的《希特勒的将领》（纽约：格鲁夫·韦登费尔德出版社，1989年）一书中理查德·卡弗撰写的文章，第221—246页；曼施泰因的回忆录，《失去的胜利》，安东尼·G.鲍威尔译（芝加哥：亨利·莱格尼里出版社，1958年），第261—386页，不出所料，他把1941—1943年的战事失利归咎于希特勒。

23. 参阅康瑞利·伯内特（主编）的《希特勒的将领》一书中小塞缪尔·W.米查姆撰写的文章，第249—263页。

24. G.F.克里沃舍夫（主编），《二十世纪苏联的伤亡和作战损失》，第123—126页。

25. 戴维·M.格兰茨、乔纳森·M.豪斯，《决战斯大林格勒，1942年9月—11月：斯大林格勒三部曲第二卷》（劳伦斯：堪萨斯大学出版社，2009年），图表第45和第46。

26. 最高统帅部9954275、994276号指令，签发于1942年10月23日，引自V.A.佐洛塔廖夫（主编）的《最高统帅部大本营：1942年的文献资料》（*Stavka VGK: Dokumenty i materialy 1942*），刊登在《俄罗斯档案：伟大卫国战争》【*Russkii arkhiv: Velikaia Otechestvennaia, 16（5-2）*莫斯科：特拉出版社，1996年】，第442—443页，以下简称为佐洛塔廖夫，《最高统帅部1942》，并附以相应的页数。这些指令还在两个新组建的近卫集团军内组建起近卫机械化第1、第2军。

27. O.A.洛西科，《伟大卫国战争中，苏联坦克部队的组建和作战使用》（*StroiteVstvo i boevoe primenenie Sovetskikh tankovykh voisk v gody Velikoi Otechestvennoi voiny*，莫斯科：军事出版社，1979年），第44—77页。

28. Iu.P.巴比奇、A.G.巴耶尔，《伟大卫国战争中，苏联军备和地面部队编制的发展》（*Razvitie vooruzheniia i organitzatsii Sovetskikh sukhoputnykh voist v gody Velikoi Otechestvennoi voiny*，莫斯科：伏龙芝军事学院，1990年），第44—45页；另可参阅戴维·M.格兰茨的《巨人重生：战争中的苏联红军，1941—1943年》（劳伦斯：堪萨斯大学出版社，2005年），第218—236页。

29. 格兰茨，《巨人重生：战争中的苏联红军，1941—1943年》，第297页。关于反坦克炮的损失，可参阅A.N.扬钦斯基的《伟大卫国战争中，最高统帅部预备队反坦克歼击炮兵的作战部署》（*Boevoe ispol'zovanie istrebitel'no-protivotankovoi artillerii RVGK v Velikoi Otechestvennoi voine*，莫斯科：伏罗希洛夫学院，1951年），绝密，第25—26页。

30. 格兰茨，《巨人重生：战争中的苏联红军，1941—1943年》，第290—291页。另可参阅巴比奇和巴耶尔的《伟大卫国战争中，苏联军备和地面部队编制的发展》，第53页。

31. 关于这一点可参阅杰弗里·罗伯茨的《斯大林的战争：从世界大战到冷战，1939—1953年》（康涅狄格州纽黑文：耶鲁大学出版社，2006年），第27、第123、第159页。

32. 同上，第133页。

33. 证实国防人民委员会307号令的最高苏维埃主席团法令引自齐姆克和鲍尔的《从莫斯科到斯大林格勒：东线决战》，第438—439页。国防人民委员会307号令全文可参阅V.A.佐洛塔廖夫（主编）的《俄罗斯档案：伟大卫国战争，苏联国防人民委员会命令，1941年6月22日—1942年》【*Russkii arkhiv: Velikaia Otechestvennaia: Prikazy narodnogo Komissara oborony SSSR 22 iiunia 1941 g.-1942 g. T.13 (2-2)*，莫斯科：特拉出版社，1997年】，第326—327页，以下简称为佐洛塔廖夫，《国防人民委员会1941—1942》，并附以相应的页数。另可参阅约翰·埃里克森的《通往斯大林格勒之路》（纽约：哈珀＆罗出版社，1975年），第452页；肯尼斯·斯列普扬，《斯大林的游击战：二战中的苏联游击队》（劳伦斯：堪萨斯大学出版社，2006年），第244页。

34. 路易斯·C.罗图多（主编），《斯大林格勒战役：1943年苏军总参谋部研究》（华盛顿特区：帕加马-布拉西国际防务出版社，1989年），第78—79页；理查德·N.阿姆斯朗，《红军坦克指挥员：装甲近卫军》（宾夕法尼亚州阿特格伦：希弗出版社，1994年），第21—22页；约翰·埃里克森，《通往斯大林格勒之路》，第450—453页。

35. 关于朱可夫的生平和作用，可参阅他"授权"的回忆录《回忆与思考，第一、第二册》（莫斯科：进步出版社，1985年）；格奥尔吉·康斯坦丁诺维奇·朱可夫，《朱可夫元帅最伟大的战役》，西奥多·沙巴德译（纽约：库柏广场出版社，2002年）；奥托·普勒斯顿·钱尼，《朱可夫》（诺曼：奥克拉荷马大学，1996年）。另可参阅维托·安菲洛夫撰写的"格奥尔吉·康斯坦丁诺维奇·朱可夫"一文，刊登在哈罗德·舒克曼（主编）的《斯大林的将领》（纽约：格罗夫出版社，1993年）第343—360页；戴维·M. 格兰茨，《朱可夫最大的败仗：红军1942年火星行动的惨败》（劳伦斯：堪萨斯大学出版社，1999年）；另外，对朱可夫指挥才能的分析，可参阅M.A.加列耶夫的《朱可夫元帅：伟大而又独特的指挥艺术》（*Marshal Zhukov:Velichie i unikal'nost' polkovodcheskogo iskusstva*，莫斯科：东方大学出版社，1996年）。

36. 杰弗里·朱克斯撰写的"亚历山大·米哈伊洛维奇·华西列夫斯基"一文，刊登在舒克曼（主编）的《斯大林的将领》第275—285页。另可参阅亚历山大·M·华西列夫斯基的《毕生的事业》（莫斯科：进步出版社，1976年），以及俄文未删节版《毕生的事业（两卷本）》（Delo vsei zhizni，莫斯科：政治书籍出版社，1989年）。

37. 叶廖缅科回忆录的节略本，可参阅A.I.叶廖缅科的《艰难的开端》（莫斯科：进步出版社，1966年），未删节版可参阅A.I.叶廖缅科的《战争初期》（*V nachale voiny*，莫斯科：守护者出版社，2006年）和《惩罚的年代》（*Gody vozmezdiia*，莫斯科：科学出版社，1969年）。关于他在斯大林格勒战役中发挥的重要作用，可参阅A.I.叶廖缅科的《斯大林格勒：方面军司令员笔记》（*Stalingrad: Zapiski komanduiushchego frontom*，莫斯科：军事出版社，1961年）。叶廖缅科的著作在赫鲁晓夫"解冻"历史审查期间得以出版，极为准确和坦率。

38. 罗科索夫斯基回忆录的节略本，可参阅K.罗科索夫斯基的《军人的天职》（莫斯科：进步出版社，1970、1985年），未删节版可参阅K.K.罗科索夫斯基的《军人的天职》（*Soldatskii dolg*，莫斯科：呼声出版社，2000年）。最新的传记是弗拉基米尔·代涅斯撰写的《罗科索夫斯基：机动战天才》（*Rokossovsky: Genii manevra*，莫斯科：亚乌扎—艾克斯摩出版社，2008年）。一篇较短的传记文章是理查德·沃夫撰写的"罗科索夫斯基"，刊登在哈罗德·舒克曼主编的《斯大林的将领》一书第177—198页。

39. 令人遗憾的是，瓦图京没能留下回忆录，因为1944年3月初，他死于乌克兰游击队之手。关于他最好的传记当属Iu.D.扎哈罗夫的《瓦图京大将》（*General armii Vatutin*，莫斯科：军事出版社，1985年）；S.库利奇金的《瓦图京》（莫斯科：军事出版社，2001年）；戴维·M. 格兰茨撰写的"尼古拉·费多罗维奇·瓦图京"一文，刊登在舒克曼（主编）的《斯大林的将领》第287—300页。

40. 这方面的一个例子是，由于消灭被包围在城市周围的大股敌军需要精心组织、持续的火力，最高统帅部委派沃罗诺夫策划、协调在斯大林格勒地域展开的"指环"行动。

第二章
苏军的战略策划
"天王星"计划之起源

弗里德里希·保卢斯和瓦西里·崔可夫为夺取、据守斯大林格勒城内废墟中的一座座独立建筑物消耗着各自的野战集团军时,更大的战事在他们周围继续进行。正如前文所述,希特勒需要应对的不仅仅是高加索地区的僵局,还有北非的败局,特别是1942年10月份最后一周在阿拉曼的失利,这场战役以英国第8集团军11月初向西发起进攻而告终。他的对手约瑟夫·斯大林同样失望不已,认为英国和美国没有为苏联提供足够的支援。虽然根据租借法案提供的武器装备1942年开始大批运抵,但斯大林一直要求开辟真正的"第二战线",他的意思是英美联军应当对西北欧发动大举进攻。[1]

与此同时,苏军最高统帅部认为1941年12月在莫斯科城下发起反击,挫败"巴巴罗萨"行动不仅仅是一场历史性的"逆转",他们坚信这种胜利完全可以重演,只需组织另一场反攻击败"蓝色"行动即可。因此,德军1942年9月到达斯大林格勒地区后,莫斯科开始策划一场大规模反攻,意图包围第6集团军,全歼A、B集团军群,从而重新掌握主动权。

这个计划演变为苏军在斯大林格勒的胜利,其实情被双方的虚荣心和私利所掩盖。德方参与者把这场灾难的责任推得一干二净,将失败的原因归咎于希特勒。相比之下,苏军指挥员和参谋人员的记述,从20世纪60年代初赫鲁晓夫的"去斯大林化"起,直至今日的俄罗斯联邦,一直遭到苏联国内政治变动的扭曲。苏联方面不同时期的回忆录和其他相关记述,要么夸大,要么贬低了斯大林、朱可夫、华西列夫斯基、叶廖缅科和其他主要人物的作用。

谁提出了"天王星"计划？历史上的争论

一般说来，对这个问题较有影响力的解释遵循的是苏联元帅朱可夫的说法。朱可夫称，根据他的战略方针，最高统帅部1942年9月12日—13日在克里姆林宫会议期间开始策划斯大林格勒反击战。据他说，这场反攻是独一无二的，因为它为实施反攻的难题提供了一个"不同解决方案"——也就是说，这场反攻将发起深远突击，合围斯大林格勒地域的所有轴心国部队。相比之下，最高统帅部自1942年8月底以来寻求的"旧解决方案"只是一场浅近合围，苏军将从斯大林格勒北部（顿河与伏尔加河之间的陆桥）和南部（别克托夫卡登陆场和湖区）发起进攻，将德国第6集团军主力包围、歼灭在斯大林格勒附近。苏军一直未能突破德军设在斯大林格勒外围的侧翼防线，现在，他们将寻求一场更加宽大的合围，目标是德军阵地西北面和南面实力较弱的卫星国军队。

作为深受斯大林信任的最高副统帅，朱可夫在回忆录中第一个宣称自己是这项庞大计划的制定者，该回忆录1969年首次出版。朱可夫描述了1942年9月12日—13日与斯大林的数次会晤，他和华西列夫斯基构思了一个"不同解决方案"的概念，并将其呈交给斯大林，他把该方案描述为"一场大规模战役，以免把我们正在编组和已经编组好的预备队消耗在局部的战役中"。[2]实际上，1973年出版的华西列夫斯基回忆录中也有类似的描述。但这两本回忆录与原斯大林格勒方面军司令员A.I.叶廖缅科将军对策划斯大林格勒反击战的说法截然不同。叶廖缅科的回忆录出版于1961年，适逢赫鲁晓夫"去斯大林化"进程期间，与苏联历史审查"解冻"密切相关，他在回忆录中指出，1942年10月6日和9日，他向最高统帅部发去建议，首次提出对德国第6集团军实施深远合围的概念。实际上，这个利用德国卫星国军队明显弱点的概念，演变成了"天王星"行动的蓝图。另外，叶廖缅科称"天王星"计划的雏形用了几个月才渐渐成熟，10月份最终成为他的蓝图："在斯大林格勒发动反攻的概念首次出现在我的脑海时，我还在莫斯科（8月1日—2日），它渐渐成熟、强化，最终成为一个具体的计划，并在城市防御作战期间进入实际准备阶段。反攻的准备工作开始于斯大林格勒保卫战最困难的阶段，8—9月，当时我和N.S.赫鲁晓夫指挥着两个方面军。"[3]叶廖缅科继续阐述了一些战斗经验，这成为他建议发起一场深远突击、合围斯大林格勒地域轴心国军队的理由：

我们的第一个措施当然是选择有利的打击方向，并为进攻行动准备好恰当的出发阵地。为此，我们不得不采取行动，以免敌人洞悉我方意图。所以，8月底时，斯大林格勒方面军最右翼的第21和第63集团军成功地实施了一场行动，在鲁别然斯基（Rubezhanskii）、科托夫斯基（Kotovskii）、别利亚耶夫斯基（Beliaevskii）附近，以及拉斯波平斯卡亚（Raspopinskaia）和克列茨卡亚（Kletskaia）地域的顿河右岸夺取并拓宽登陆场，这些行动旨在援助斯大林格勒守军。近卫第1集团军扩大了顿河小弯曲部新格里戈里耶夫斯卡亚（Novo-Grigor'evskaia）的登陆场，并前出至小梅洛夫斯基（Malo-Melovskii）、小亚尔基（Malye Iarki）、绍欣（Shokhin）、锡罗京斯卡亚（Sirotinskaia）一线。

9月25日至10月4日期间，南面也遂行了两场重要行动：

第一个行动旨在夺取［斯大林格勒南部］湖泊间的隘路，为即将发起的攻势创造有利条件，这些隘路目前被敌人所控制。遂行进攻的第57和第51集团军出色地完成了任务……第57集团军前出至察察（Tsatsa）—谢姆金（Semkin）一线，这样便夺取了萨尔帕湖（北）、察察湖、巴尔曼察克湖之间的隘路通道。

第二个行动是对萨多沃耶（Sadovoe）的进攻，由第57集团军遂行。[4]

虽说叶廖缅科10月初提出的方案与"天王星"行动的最终计划存在明显差异，但档案证据明确表明，确实是叶廖缅科提出了反攻的总体概念。

大批新公开的俄罗斯档案，以及斯大林格勒地域危险的战斗进程，都证实了叶廖缅科的说法。这些证据中最重要的是斯大林约见日志的条目，这是他日常活动的日程表，详细记录了斯大林逐时逐分与主要军事、文职顾问及下属的会面。虽然日志中并不包括这些会晤所讨论事项的记录，但可以确定哪些人参加了会晤，根据他们的职务，大致可以推断出会谈的内容。这份材料证明，朱可夫和华西列夫斯基的说法显然并不正确。

例如，约见日志并未提及8月31日至9月26日斯大林与朱可夫有过任何会面，9月9日至21日，他也没有召见华西列夫斯基。当然，这并不排除斯大林的两位亲信通过电话或电传打字机向他提出建议的可能性，但表明反攻计划真正的构思者不在莫斯科。[5]可以肯定，朱可夫不太可能在其他任何地方商讨这项大胆的建议，只会与最高统帅面谈。朱可夫出席的其实是9月27日—29日举行，10月初结束的会议，最高统帅部在会上接受了1942年秋季发起多重战略反攻的构想。

另外，斯大林格勒地域的实际战斗进程也表明朱可夫和华西列夫斯基的说法是错误的。1942年10月份的第一周结束前，苏军包围并击败斯大林格勒地域德国第6集团军的一切努力严格遵循着"旧解决方案"——也就是说，从斯大林格勒北面的陆桥、城市南面的别克托夫卡登陆场和湖区发起进攻，打击斯大林格勒侧翼的德军。实际上，无数次的失败促使叶廖缅科提出了一个完全"不同的解决方案"，即深远合围，但最高统帅部随后下达的一道指令要求继续在科特卢班和别克托夫卡地域发动反击。因此，"天王星"行动的构想显然是最高统帅部与诸方面军司令员深入商讨后形成的，主要基于这些高级指挥员提出的具体建议。

下文是对红军11月反攻这一战略策划的简要叙述，主要资料来源是斯大林的约见记录，最高统帅部和方面军重要的指示、命令和其他策划文件。本三部曲的副卷中含有战略、战役策划的详细时间表，以及最重要的规划文件的完整译本[①]。

反攻的构想

红军对德军1941年攻势的应对清楚地表明，斯大林的倾向和苏联军事学说都强调进攻行动，即便在总体战略防御阶段亦是如此。例如，1942年5月苏军在哈尔科夫和克里木半岛发起的灾难性攻势，旨在粉碎虚弱的德国卫星国军队，突破敌防线，从而破坏预料中的德军夏季攻势。[6]德军7月份发起"蓝色"

---

① 译注：该副卷未引进。

行动后，苏军最高统帅部下意识的反应是发起一系列反击，顽强地试图在多处攻破德国B集团军群的左翼，其战线从沃罗涅日地域沿顿河向东南方延伸，直至科特卢班、顿河与伏尔加河之间的陆桥。斯大林决心沿前线其他地段遂行强有力的攻势，阻止或至少减缓德军的推进，于是，红军在博尔霍夫、日兹德拉、勒热夫和更北面的杰米扬斯克发起激烈、血腥、通常徒劳无获的进攻。与1941年的情况相同，斯大林和他的主要军事顾问们坚信，只有通过数百次小规模打击进行消耗，才能给德军"蓝色"行动带来致命的结局。

鉴于苏军对德国B集团军群近处和远处的侧翼不断发起反击，加之德国人非常清楚1941年12月莫斯科门前发生的事情，回想起来，他们居然对苏军11月19日实施的"天王星"攻势毫无准备，这一点令人难以置信。但是，一个主要原因可以解释为何德国人依然相信他们可以成功地挡住苏军发起的任何进攻。他们的信心源自一种对自身优势与生俱来的信念，另外，德军过去多次击败过苏军的反击，通常都很轻松，这一事实也加强了他们的信心。例如，自希特勒6月28日发动"蓝色"攻势以来，德国及其卫星国军队成功挫败了红军发起的不下8场反击，对方力图击败或至少减缓德军穿过顿巴斯东部向斯大林格勒旁的伏尔加河的进军。苏军的诸次反击如下：

・7月6日—26日：布良斯克方面军坦克第5集团军、第60、第40集团军和"奇比索夫"集群反复在沃罗涅日地域发起反突击。

・7月23日—31日：斯大林格勒方面军坦克第1、第4集团军和第62集团军在顿河大弯曲部发起反突击，布良斯克方面军在沃罗涅日地域重新发起进攻。

・8月23日—29日：斯大林格勒方面军辖下的"科瓦连科"、"什捷夫涅夫"集群，对位于顿河与伏尔加河之间陆桥、科特卢班地域的第6集团军第14装甲军发起向心反突击。

・9月3日—12日：斯大林格勒方面军坦克第4、近卫第1集团军和第24、第66集团军，在朱可夫的指挥下，对位于顿河与伏尔加河之间陆桥、科特卢班—叶尔佐夫卡地域的第6集团军第14装甲军发起进攻。

・9月18日—10月2日：斯大林格勒方面军近卫第1集团军、第24和第66集团军发起进攻，打击科特卢班地域的第6集团军第14装甲军。

・9月29日—10月7日：斯大林格勒方面军第57、第51和第64集团军在斯大林格勒南部的别克托夫卡和湖区发起进攻，打击德国第4装甲集团军的防御。

・10月20日—26日：顿河方面军第24和第66集团军发起进攻，打击科特卢班地域的第6集团军第14装甲军。

・10月24日—11月2日：斯大林格勒方面军第64集团军对库波罗斯诺耶地域发起进攻，打击德国第4装甲集团军的防御。

在7月份的前两场反击中，苏军最高统帅部试图阻止或放慢实施"蓝色"行动的德军，使其无法进抵战略纵深。起初，苏军力图打垮德国B集团军群位于沃罗涅日地区的右翼，然后沿顿河攻向东南方。这些反击失败后，苏军再度发起突击，意图击败并歼灭充当德军先头部队的第6集团军，7月下旬以第62、第64集团军实施正面进攻，并以坦克第1、第4集团军打击第6集团军侧翼。不幸的是，这些行动均以失败告终，德军在斯大林格勒南北两面到达伏尔加河，将苏军第62集团军困在城内。此后，苏军最高统帅部在8月下旬和9月中旬又发起两场进攻，意图在斯大林格勒北面和西北面突破德军狭窄的走廊，并恢复一条从市区向西北方延伸的连贯防线。随后，9月下旬至10月初的反击战期间，苏军最高统帅部试图以一场浅近突击合围德军——这就是所谓的"旧解决方案"。红军的这些反击，每次都以从南北两面发起的向心突击为开始，他们投入数个集团军，从科特卢班和叶尔佐夫卡地域向南攻击，从斯大林格勒南面的别克托夫卡登陆场和湖区向北进攻，力图将德国第6集团军包围在斯大林格勒地域。这些进攻行动通常很猛烈且损失惨重，但均未能突破牢牢掌握城区80%的第6集团军。

因此，到9月下旬和10月初，在苏军最高统帅部的某些人和在斯大林格勒附近参战的许多方面军及集团军司令员看来，情况很明显，继续以"旧解决方案"将第6集团军逐出斯大林格勒的尝试纯属徒劳——如果不称之为彻头彻尾的自杀的话。这种现实，再加上斯大林格勒方面军司令员叶廖缅科将军的建议，最终促使苏军最高统帅部彻底改变了进攻计划，他们放弃了旧解决方案，并采纳了一个新构想，以一场深远突击合围并歼灭斯大林格勒地域的所有轴心国部队——这场反攻的代号为"天王星"。[7]

　　由于"天王星"行动的构想与红军自1942年7月下旬以来实施的进攻行动截然不同，因而在两个明显但至关重要的现实背景下审视苏军的策划过程至关重要：首先是随着"蓝色"行动的演变，B集团军群及充当其先头部队的第6集团军越来越虚弱；其次是鉴于斯大林格勒旷日持久的激战和遭遇到的极大困难，制定"天王星"计划需要较多策划时间。就第一点而言，截至1942年11月，B集团军群已过度拉伸，集团军群辖下的诸集团军、军和师实力严重耗损，守卫其脆弱侧翼的是更加虚弱、经验不足的卫星国军队。第二点，与最高统帅部7—9月组织的疯狂反击不同（就这一点来说，与1942年12月和1943年1月临时发起的一些后续行动也不一样），"天王星"行动这一构思的发展随着苏军状况的起伏而断断续续。反复不定的策划过程反映出苏军最高统帅部一直不确定斯大林格勒守军能否守住这座城市。因此，"天王星"计划至少用了数周时间精心策划、反复修改、进行耗时而又乏味的准备。尽管这种不确定性给予最高统帅部及其下辖的各方面军更多时间集结兵力、武器和弹药，但也使另一个问题变得含糊不清：何时将这些部队投向何处？

　　至于红军各兵团和部队，那些参加过以往战斗的单位有经验的人员较多，反攻前的训练时间也较为充裕。新组建的部队同样获得了训练时间，这是因为最高统帅部不愿将他们投入战斗，打算留给稳步发展的反攻计划。诚然，进攻准备的各个方面几乎都存在问题，最突出的是至关重要的后勤领域。但是，与红军过往的努力相比，"天王星"行动是苏军在战争期间发起的第一场深思熟虑、充分准备的攻势。虽然第62集团军10月份的境况岌岌可危，但斯大林和他的将领们以钢铁般的意志等待着敌人耗尽实力、苏军彻底作好反攻准备，这在战争期间也是首次。[8]

　　正如前文和本三部曲第一、第二部描述的那样，自1942年7月下旬以来，作为最高统帅部的主要策划机构，总参作战部一直考虑着在苏联南部发起进攻的各种选择。至少有一次，这些选择中包括一个粗略的尝试，以实现所谓的"不同解决方案"。例如，德国人6月28日发起"蓝色"行动后没几天，当月出任红军总参谋长的华西列夫斯基建立起一个参谋组，由费多尔·叶菲莫维奇·博科夫少将领导，他们的任务是为斯大林格勒接近地的战略反攻拟制解决方案。1941年8月至1942年7月，博科夫一直担任总参谋部政治委员，自8月初起成为负责组织问题的副总参谋长，由于华西列夫斯基经常赶赴前线，总参的实际工作由博科夫领导。《战争年代的总参谋部》一书的作者谢尔盖·马特维耶维奇·什捷缅科将军时任总参作战部东南方向处处长。博科夫后来对什捷缅科的描述是，"一个非常好的人，出色的党务工作者，但没有受过参谋业务方面的训练"①。⁹

在华西列夫斯基的指导下，博科夫和他的同事拟制了一些反攻的构想。其中最重要的一个是在7月下旬由三个方面军发起一场总攻，具体如下：

> 以三个方面军的兵力发起一场反攻的草案由总参作战部拟制，计划投入布良斯克、沃罗涅日、（第一次组建的）斯大林格勒方面军，配合南方面军的部队。这个构想是沿从叶列茨至顿河畔卡拉奇600公里的战线发起一系列进攻，歼灭德国A、B集团军群，前出至希格雷—沃尔昌斯克一线，以及北顿涅茨河（参见地图1）。主要突击由布良斯克方面军与沃罗涅日方面军毗邻的侧翼遂行，攻向库皮扬斯克，前出至敌突击集团的深远后方。该计划的特点是作战思想宏大，但此时的苏联军队没有足够的兵力实现这一构想。¹⁰

出于本三部曲第一部分析的各种原因，这场攻势最终沦为两个协同欠佳的反突击。第一个进攻由斯大林格勒方面军第62、第64集团军和坦克第1、第4集团军在7月下旬发起，打击顿河大弯曲部的德国第6集团军。同一时期发起的第二个进攻由布良斯克方面军"奇比索夫"集群和第60、第40集团军一部在沃罗涅日地域遂行。虽然这两场反突击均以失败告终，但其战略构想却证明朱可夫和华西列夫斯基的说法与事实不符，据他们称，"寻求一种不同解决方案的想法出现在1942年9月12日的最高统帅部会议上，它将从根本上改变苏德前线的战略态势。"实际上，最高统帅部已经考虑，甚至还策划了一个"不同解决方案"，尽管由于红军突击部队实力不济和缺乏经验，经过激烈的战斗之后失败了。

---

① 译注：此处有误，这段话是什捷缅科对博科夫的评价。

地图 1 1942 年 7 月 27 日，红军总参作战部的反攻构想

此后，整个8月、9月和10月初，苏军最高统帅部的进攻策划严格集中于迟滞B集团军群的推进和防止第6集团军攻陷斯大林格勒这两件燃眉之急。普遍的看法是，斯大林、朱可夫、华西列夫斯基和最高统帅部其他成员专注于眼前的防御作战，无法为即将发起的一场全面反攻制定任何总体概念。这种犹如激光般的专注促使红军从8月23日至10月7日在斯大林格勒地域发起四次反突击。实际上，斯大林8月29日将朱可夫派往斯大林格勒方面军后方的卡梅申（Kamyshin）后，朱可夫亲自策划、组织、监督了最初的反突击。

8月底到达目的地后，朱可夫赶往卡梅申附近的小伊万诺夫卡（Malaia Ivanovka），视察斯大林格勒方面军司令部，与相关人员商讨了斯大林格勒地域的作战情况。随后他又探访了方面军辅助指挥所和近卫第1集团军司令部，与斯大林格勒方面军副司令员V.N.戈尔多夫中将、斯大林派驻该地区的政治代表G.M.马林科夫、近卫第1集团军司令员K.S.莫斯卡连科中将、斯大林格勒方面军参谋长D.N.尼基舍夫少将、斯大林格勒方面军作战处长I.N.鲁赫列少将一同展开工作。此后，朱可夫留在该地区协助策划、协调、监督作战行动，直至9月26日。朱可夫在回忆录中称，他9月12日返回莫斯科，在那里待了两天，与斯大林和最高统帅部会晤，提出了一个"不同解决方案"的构想，可是，斯大林约见日志这两天的记录中并未出现朱可夫的名字。[11]

朱可夫在斯大林格勒地区逗留的一个月期间，严格遵循着"旧解决方案"的构想，即以浅近合围击败、歼灭德国第6集团军。因此，朱可夫亲自策划、协调了斯大林格勒方面军坦克第4、近卫第1集团军、第24和第66集团军9月3日—12日从科特卢班和叶尔佐夫卡地域，以及该方面军近卫第1集团军、第24和第66集团军9月18日—10月2日发起的反突击。9月26日返回莫斯科前，朱可夫还下令并帮助策划了东南方面军（后改称斯大林格勒方面军）第57、第51、第64集团军9月29日至10月7日从斯大林格勒南部的别克托夫卡登陆场和湖区发起的进攻。朱可夫的功劳是，尽管这些进攻失败了（就和1941年9月、12月发生在列宁格勒及莫斯科的情况一样），但朱可夫的"旧解决方案"攻势挽救了斯大林格勒，彻底打乱了第6集团军雄心勃勃的进攻计划。

事实证明，即便朱可夫9月26日返回莫斯科后，他仍以三种基本方式继续致力于"旧解决方案"，力图对斯大林格勒地域的德军达成浅近合围。首先，他认为红军先前在该地域失利的主要原因是混乱、无效的指挥控制，他建议斯大林和最高统帅部重组部队，以加强他们的防御能力。根据朱可夫的提议，最高统帅部9月28日下达命令，解散了一直由叶廖缅科统一指挥的斯大林格勒方面军和东南方面军，以两个新方面军替代，并赋予他们更具针对性的任务和更加明确的防御职责。[12]

　　新成立的顿河方面军辖斯大林格勒北面和西北面的6个集团军（第63、第21集团军、坦克第4、近卫第1集团军和第24、第66集团军）。顿河方面军司令员最适合的人选似乎是叶廖缅科的副手戈尔多夫将军，但朱可夫告诉斯大林，虽然戈尔多夫是个能干的策划者，但他个性太强，经常与下属发生冲突。鉴于朱可夫本人的严厉作风，读者们可以想象戈尔多夫的做派是多么霸道！于是，方面军司令员一职由康斯坦丁·康斯坦丁诺维奇·罗科索夫斯基中将担任，这位45岁的骑兵有着波兰和俄罗斯血统。9月中旬，朱可夫已将罗科索夫斯基调至斯大林格勒，协助自己协调作战行动。实际上，几份相关记述指出，9月21日—24日的危机期间，朱可夫已派他这位门徒接替叶廖缅科担任斯大林格勒方面军司令员。[13]不管怎样，罗科索夫斯基都是一位经验丰富的方面军司令员，在即将发起的进攻中，他将有出色的表现。新组建的斯大林格勒方面军规模缩小了，但仍由叶廖缅科指挥，他掌握着位于斯大林格勒及其南部的5个集团军（第62、第64、第57、第51、第28集团军），这就使这位原东南方面军司令员得以专注于市区的防御战。

　　其次，为改善作战策划，最高统帅部清理了两个方面军中被朱可夫视为"无用者"的指挥干部，戈尔多夫和叶廖缅科的作战处长鲁赫列将军被解除职务。第三点最为重要，朱可夫不顾两位方面军司令员的反对，坚持要求他们10月份继续在科特卢班和别克托夫卡地域实施反突击。虽说不一定成功，但此举将对保卢斯第6集团军保持压力，阻止B集团军群和第6集团军增援斯大林格勒遥远侧翼卫星国军队的防御，为策划日后的反攻创造有利条件。

　　红军发起的这些反突击未能削弱或减缓第6集团军对城市的突击，却成为重要的催化剂，证明对斯大林格勒德军实施浅近合围的旧解决方案全然无效。具体说来，一次次血腥的失利说服了斯大林和最高统帅部的其他成员，在很大程度上也包括两位方面军司令员，在太靠近市区处发起进攻根本无法奏效。

尽管红军的一再失利没能削弱德国第6集团军对斯大林格勒城内崔可夫第62集团军的围困，但斯大林显然已批准最高统帅部和总参谋部开始策划一场全面反攻。[14]1942年9月27日—29日，朱可夫、华西列夫斯基、博科夫和其他重要军事行动策划者在克里姆林宫斯大林的办公室举行会议，制订出一系列最高统帅部指令，要求在几个前线地段发起重大反攻（各次会议的详情和下达的具体指令，可参阅副卷附录2A）。这些会议上商讨的议题，与朱可夫所说的9月12日—13日讨论的问题非常一致，这就意味着反攻计划的制定其实比人们原先认为的晚两周。9月29日克里姆林宫的最后一次会议结束后，朱可夫立即返回斯大林格勒地区，与顿河方面军、斯大林格勒方面军司令员商讨执行"天王星"行动的问题。他在那里一直待到10月3日。因此，关于"天王星"行动（以及"火星"行动）形式、力量和时机的实质性讨论于9月27日开始，并在10月份的第一周加紧进行时，朱可夫正在前线与他的指挥员们商讨相关事宜。这位最高副统帅10月3日返回莫斯科后，再次与最高统帅部讨论了进攻问题，这一次，他手中掌握着几位方面军司令员的建议。

10月1日—13日，"不同解决方案"的胜利

策划周期这一阶段最重要的发展分别出现在10月1日—6日，初步讨论"天王星"和"火星"行动；10月6日—9日，罗科索夫斯基、叶廖缅科和后者的政委赫鲁晓夫将他们的建议发给最高统帅部；10月10日—13日，朱可夫将"天王星"和"火星"行动的最终草案呈交斯大林审核（参见副卷附录2B）。最重要的是斯大林与朱可夫、最高统帅部派驻斯大林格勒地区的代表华西列夫斯基、方面军司令员罗科索夫斯基和叶廖缅科之间往来的命令和建议。这番仓促的交流开始于10月5日，最高统帅部通知叶廖缅科和罗科索夫斯基，除了考虑在斯大林格勒地域发起一场大反攻，还要在城市南北两面实施反突击，协助防御中的第62集团军；最高统帅部还要求他们在10月6日日终前对大反攻提出自己的建议。[15]

叶廖缅科和赫鲁晓夫没有同华西列夫斯基商讨，而是在10月6日直接联系了最高统帅部。他们提交的冗长报告不仅对寻求浅近合围（旧解决方案）的智慧提出质疑，还建议发起一场更为广阔的合围（不同解决方案），以确保战斗胜利。

这位方面军司令员和他的政委声称："我们需要寻找歼灭斯大林格勒地域敌军的解决方案，以强大的突击集群从北面发起打击，攻向卡拉奇，从南面攻向阿布加涅罗沃和西南方，并从第57和第51集团军的防线冲向卡拉奇。"对这个不同解决方案，他们的理由是基于以往作战经历的四个重要判断：

　　1. 位于我意图突破地域之敌战斗力虚弱，这就为我军快速突破敌防线提供了机会，而且，众所周知，时间因素在反攻中具有特殊重要性。

　　2. 侧翼之敌的战斗力低下，因此我们计划在宽大正面达成突破，便于突破后掩护我们自己的侧翼。实际上，我们不会进入一条狭窄的通道，而是沿宽大正面发起突击，从而创造出这样一种态势：在我们的打击下，敌人无法集结起足够的预备力量加强其侧翼出现的大缺口，另外，通过深入敌军后方，摧毁、破坏敌人的指挥控制和后勤。

　　3. 敌人可用作预备力量的部队将被牵制在远离我军计划突破地段处，特别是在北翼（敌军主要集中在斯大林格勒附近和城内）。

　　4. 在顿河南岸和斯大林格勒南部湖区间的隘路，我军已占据较为有利的登陆场。[16]

　　叶廖缅科和赫鲁晓夫向斯大林提交建议时，认为这场反攻将由斯大林格勒方面军和顿河方面军执行，显然不知道斯大林组建第三个方面军（西南方面军）的决定。尽管如此，这仍是个大胆的解决方案，在最高统帅部内引起了共鸣。没过24小时，10月7日23点05分，华西列夫斯基给顿河方面军、斯大林格勒方面军发去两道几乎完全相同的指令，命令他们遵照最高统帅部的要求为斯大林格勒侧翼发起的反突击拟制计划。华西列夫斯基并不知道叶廖缅科提交的建议，可能是因为他还没有见到。简短而又严厉的指令发至顿河方面军，副本抄送斯大林格勒方面军，具体如下：

　　为击败斯大林格勒之敌，根据最高统帅部大本营的指示，斯大林格勒方面军司令员应拟制计划，以第57集团军获得加强的左翼和第51集团军朝察察湖和通杜托沃这一总方向发起进攻。

进攻日期——大约在10月20日。

实施这一行动的同时，顿河方面军的中央部队［近卫第1集团军、第24、第66集团军］应朝科特卢班—阿列克谢耶夫卡这一总方向发起会同突击，为此，除了已部署在前线的部队外，你方面军获准使用新到达的7个师。

实施你们最近几天提及的行动，朝斯大林格勒发起短促突击，不必考虑已下达的命令。

我要求你们在10月10日前提交你们的决定和对作战计划的说明，以便最高统帅部审核批准。[17]

48小时内，罗科索夫斯基和叶廖缅科提交了各自的反突击计划草案，他们都遵照斯大林的意愿行事，但对这些进攻能否奏效持保留意见。叶廖缅科和赫鲁晓夫大胆地呈交了报告，没有理会最高统帅部的指示，而是扩展了他们10月6日所提的建议，以实施"不同解决方案"。斯大林格勒方面军10月9日11点17分签发的报告部分如下（完整报告可参阅副卷附录2C）：

以上述作战行动击败敌斯大林格勒集团，突击方向的选择至关重要。

对于这个问题，我已经考虑了一个月，我认为顿河方面军较为有利的突击方向是从克列茨卡亚—锡罗京斯卡亚防线攻向卡拉奇。

这是主要突击。

该突击方向的优势是：

（1）我们可以轻而易举地歼灭敌人最虚弱的部队，这对激励我军士气具有重要意义。

（2）第21集团军迅速推进，在规定时间内完成任务，也将对此产生影响。

（3）在卡拉奇地域到达敌人的主要交通线，在卡拉奇—韦尔佳奇地域渡过顿河。

到达这一地区后，最为重要的是，我们应牵制敌人在斯大林格勒地域展开行动的坦克和机械化部队，将他们与我军主要突击隔开，这就意味着我们将以零打碎敲的方式消灭顿河西岸和南岸的敌人。

从顿河以东的科特卢班地域发起进攻不会赢得任何胜利，因为敌人可以将斯大林格勒地域的部队调至该处，进攻行动必然失败，就像我们之前多次尝试过的那样。

我对进攻计划的构想是什么呢？

近卫骑兵第3军和2~3个机械化旅将在这场行动中发挥决定性作用，虽然进军途中会遭遇种种困难，但他们应在24小时内前出至卡拉奇地域，在那里破坏从韦尔佳奇至卡拉奇的所有渡口，并占领一条正面向东的防线。这样，我们就能以1个骑兵师堵住顿河东岸之敌，以1个机械化旅担任掩护，沿利西奇卡河构设正面朝西的防线，炸毁河上的所有渡口，并在不同地段沿重要方向埋设地雷。[18]

叶廖缅科这份计划的独到之处，是建议进攻方向远离德军防御最为严密的科特卢班地域，他提出利用德国第6集团军侧翼罗马尼亚部队的虚弱性。叶廖缅科建议，以顿河方面军第21集团军在克列茨卡亚地域，以他自己的第57和第51集团军在斯大林格勒南部实施突破。此后，近卫骑兵第3军发起突袭和牵制行动，"特别骑兵集群"和"工兵及爆破专家组成的强有力的独立支队"应夺取从韦尔佳奇至卡拉奇一线的顿河河段，摧毁德军设在塔钦斯卡亚（Tatsinskaia）和莫罗佐夫斯克（Morozovskaia）的机场和基地，炸毁科捷利尼科沃车站（Kotel'nikovo）的铁路枢纽和仓库。[19]虽然这是一项大规模突袭的计划，但叶廖缅科的建议为一场全新攻势的构想提供了基础。

从本质上说，叶廖缅科并没有为反攻提供一份草案，他的电报推荐了一个完全不同的打法，这是对"旧解决方案"的挑战，并建议最高统帅部着手拟制"不同解决方案"。虽说这份计划几乎与最高统帅部最终批准的"天王星"行动如出一辙，但仍存在重要差异（参见地图2）。首先，前者保留了目前的指挥控制关系，要求顿河方面军构成合围行动的北钳，以第21集团军和一个获得加强的骑兵军从顿河南岸的克列茨卡亚、锡罗京斯卡亚登陆场发起突击。其次，即便获得3个机械化旅的加强，向南突击的近卫骑兵第3军实力也远远弱于最终计划为遂行纵深突击而投入的满编坦克集团军、独立骑兵和坦克军。实际上，正如一位俄罗斯历史学家指出的那样，这场突击充其量不过是一场强化的突袭，获胜的可能性很有限。[20]第三点，虽然叶廖缅科建议发起的合围比先前的尝试更为庞大，但远不及"天王星"行动从谢拉菲莫维奇和克列茨卡亚地域

地图 2　1942 年 10 月 6 日—9 日，斯大林格勒方面军司令员叶廖缅科将军的反攻构想

发起的最终突击。最后一点，叶廖缅科计划的重点是夹击顿河畔卡拉奇，但"天王星"计划将以西南方面军的突击部队攻向卡拉奇以西的奇尔河一线，此举将对德军位于塔钦斯卡亚和莫罗佐夫斯克的主要补给基地构成威胁。

尽管叶廖缅科的"不同解决方案"与最高统帅部最终采纳的"天王星"方案有很大不同，但很明显，叶廖缅科的计划促使斯大林及其主要顾问在制定"天王星"计划时接受了较为激进的构思。顺便说一句，有充分的证据表明，最高统帅部的某些成员已经在考虑实施一场更加深远的合围。1942年8月份最后一周，最高统帅部决定发起进攻，在谢拉菲莫维奇和克列茨卡亚地域夺取顿河南岸的登陆场，这一点证明了上述判断。

如果说叶廖缅科的报告有助于说服最高统帅部采取完全不同的解决方案，那么，罗科索夫斯基呈交的草案则强化了叶廖缅科的建议。这份报告由罗科索夫斯基、军事委员会委员热尔托夫（军政委级）、参谋长马利宁少将共同起草，10月9日22点40分签发。报告首先阐述了德军第113步兵师、第60、第3摩步师和第16装甲师设立的强大防御体系。报告中称，"敌人在博罗金、博罗德金农场、库兹米希和112.7高地部署的部队最为密集"，罗科索夫斯基和他的同事们指出，"一个月来，敌人据守的阵地已获得强化。他们构设起支撑点，辅以碉堡、战壕、交通壕、雷区，个别地段还搭设了铁丝网"。另外，不愿发起进攻的顿河方面军军事委员会还强调了敌军防御的深度和大批战术预备队的存在。

罗科索夫斯基提出的行动方案与最高统帅部推行的构想截然不同，详细阐述方案前，他先解释了更改计划的理由："鉴于步兵师数量不足，似乎无法组织起行动，对科特卢班发起一场主要突击。"随后，他坦率地描述了方面军辖内部队的残破状况：

（a）经过数月激战，近卫第1集团军、第24和第66集团军辖内各步兵师已严重受损，每个师的战斗兵员不超过一个营。方面军没有补充兵，无法恢复这些部队的战斗力。中央［莫斯科］也未对此加以统筹。

（b）用于突破和扩大战果的主力部队包括7个已到达的步兵师。

（c）你们建议沿科特卢班—阿列克谢耶夫卡方向发起突破并扩大战果，

但这些部队根本不够。这种情况下，突破敌防线至少需要4个步兵师，扩大突破需要3个步兵师，至少还需要3个满编步兵师掩护突击集群，以抗击敌人从西面和西南面发起的反冲击。[21]

尽管如此，罗科索夫斯基、热尔托夫和马利宁还是尽职尽责地向最高统帅部提交了一份新行动计划，坚称他们的部队将做好准备，奉命在10月20日晨发起进攻。

叶廖缅科和罗科索夫斯基提交建议后，10月10日—12日，朱可夫、华西列夫斯基、最高统帅部和红军总参谋部开始拟制一场扩大的反攻计划，并将"不同解决方案"纳入其中。与此同时，他们还下达了一系列指令，旨在加强红军对斯大林格勒的防御，为即将到来的大反攻改善出发阵地，并在相关地域集结充足的部队，以确保进攻行动赢得胜利。其中一组指令要求第62集团军据守伏尔加河中的岛屿及其东岸，并为他们提供了援兵，以确保该集团军能够完成这项任务，另外还命令顿河方面军辖内诸集团军控制并改善顿河南岸的登陆场。另一组指令将骑兵第4军转隶斯大林格勒方面军，预计不久后将以几个满编军组建起近卫第1、第2集团军，并把对日后进攻行动至关重要的多个师和其他编制力量调入最高统帅部预备队，接受休整和补充。第三组指令（其中的一些至今不为人知）推延了计划中对莫斯科以西勒热夫和维亚济马地域德军的进攻，力图协调沿整条战线发起的攻势；另外，这些指令还加强了实施与"天王星"行动相配合的攻势——首先是"火星"行动（参见下文）——的几个方面军。这些工作10月13日结束，朱可夫和华西列夫斯基将"天王星"行动草案呈交斯大林。斯大林予以批准后，反攻的准备工作就紧锣密鼓地展开了。

10月14日—31日，"天王星"计划形成

从10月中旬到月底，最高统帅部专注于组建一个策划、实施反攻的指挥机构，并为顺利实施这场反攻集结所需的兵力（参阅副卷附录2D）。最高统帅部这段时间签发的许多指令只是延续了10月10日—13日开始的进程，也就是改善既有防御，对现有部队加以休整和补充，并组建新部队，提高作战区域苏军部队的指挥控制能力。但是，10月15日—16日签发的170668、170669、

170670号令要求顿河方面军和斯大林格勒方面军继续沿原方向发起毫无效果的攻势，从斯大林格勒北面的科特卢班和叶尔佐夫卡地域，从城市南面的别克托夫卡和湖区投入进攻（参见本三部曲第二部）。这些命令看似冷酷无情，但进攻行动具有重要意义：确保了第62集团军在城内的防御不至于崩溃，并使德国人相信，苏军最高统帅部仍力图救援第62集团军，或试图以浅近合围的手段歼灭第6集团军。

　　除了这些指令，苏军最高统帅部最重要的举措是组建起新的西南方面军，将其纳入苏联南部红军的指挥控制体系，并为西南方面军和其他方面军提供了必要的兵力，以便顺利实施"天王星"反攻。10月22日2点50分，最高统帅部采取初步措施，下令在10月31日前组建起西南方面军。该方面军最初编有坦克第5集团军、第63和第21集团军，将成为"天王星"行动至关重要的北钳。后来，正如华西列夫斯基所说的那样，"为保密起见，组建西南方面军一事，一直拖到10月底才有了书面决定。"[22]鉴于瓦图京方面军在"天王星"行动总体计划中的重要性，该方面军的组建表明，"天王星"行动的策划工作实际上开始于9月底和10月初，而非朱可夫所说的9月初。

　　除了为新组建的西南方面军指定编成和防区分界线（沿顿河及其南部，位于沃罗涅日方面军与顿河方面军之间），最高统帅部还命令该方面军以近卫第1集团军领率机构为基础组建司令部，并指示NKO各重要部门负责人为西南方面军提供指挥干部、人员、武器、通信单位和装备、至关重要的运输和后勤机构。西南方面军司令部设在谢拉菲莫维奇以北120多公里处的新安年斯卡亚（Novo-Annenskaia），瓦图京中将任司令员，原沃尔霍夫方面军参谋长G.D.斯捷利马赫少将任参谋长。[23]

　　次日，最高统帅部又签发了三道与西南方面军相关的指令。第一道指令将第21和第63集团军转隶该方面军，10月28日午夜生效；第二道指令规定了该方面军与沃罗涅日方面军的分界线，10月31日生效。[24]瓦图京方面军获得步兵力量和相应的防区后，10月22日24点，最高统帅部又从相邻的沃罗涅日方面军抽调骑兵和炮兵单位加强西南方面军。这些援兵包括久经沙场的骑兵第8军、1个步兵师和5个炮兵团。为强调保密的重要性，最高统帅部命令这些调动的部队只能在夜间行进，不仅要做好防空隐蔽，还必须保持无线电静默，直到11月

3日进入新阵地为止。调动期间，所有命令靠口头传达，骑兵军将电台留下，以迷惑敌人，使他们弄不清该军的实际位置。[25]

除了组建新南方面军，最高统帅部开始将现有的步兵师和旅纳入新组建的步兵军，其目的是为了削减下属指挥部的数量，从而改善各集团军的指挥和控制。例如，10月22日，最高统帅部命令NKO于11月15日前在利佩茨克州拉年堡地区（Ranenburg）组建近卫步兵第13军。不久之后，莫斯科决定以该军为核心，在12月前组建起近卫第2集团军。[26]至少有一份资料来源指出，10月22日夜幕降临时，红军总参谋部的兵力调动方案基本上与11月18日晚"天王星"行动的配置表相一致。[27]

10月23日，最高统帅部下令组建近卫第1、第2集团军，他们将为即将发起的"天王星"反攻充当先锋，可能的话，这场反攻将扩展为斯大林所期盼的、涵盖了整个冬季战役的战略攻势。[28]两个近卫集团军的编制类似，分别成立于11月10日和25日，各辖2个近卫步兵军，共计6个步兵师，其中4个是近卫师，并获得1个强大的近卫机械化军的加强。其编成如下：

近卫第1集团军（原预备队第4集团军）——驻扎在勒季谢沃

　近卫步兵第4军

　　近卫步兵第35师

　　近卫步兵第41师

　　步兵第195师

　近卫步兵第6军

　　近卫步兵第38师

　　近卫步兵第44师

　　步兵第266师

　近卫机械化第1军（以近卫步兵第1师为基础组建）

近卫第2集团军（原预备队第1集团军）——驻扎在坦波夫

　近卫步兵第1军

　　近卫步兵第24师

　　近卫步兵第33师

步兵第98师

　近卫步兵第13军

　　近卫步兵第3师

　　近卫摩托化步兵第2师（由近卫步兵第49师更名而来）

　　步兵第387师

　近卫机械化第2军（以近卫步兵第22师为基础组建）

　　同一天，最高统帅部开始重组斯大林格勒地域的部队，还下令重组后勤和其他后方支援单位。根据最高统帅部的命令，红军总参谋部给西南方面军、沃罗涅日方面军、顿河方面军司令员和NKO各总部负责人下达了一道综合指令，要求他们重组方面军的后方单位（参阅副卷附录2E）。华西列夫斯基签署的这道指令为西南方面军确立了新的分界线，沿进入该地域的主铁路线为三个方面军建立起管理站，规定了每日分配给沃罗涅日方面军和顿河方面军的火车数量，并要求NKO各总部负责人向三个方面军提供弹药、燃料和食物的具体数额。[29]

　　月底前，一直在加速加强新组建的西南方面军。其间最重要的举措出现在10月25日1点，斯大林与博科夫、什捷缅科会晤后，最高统帅部下达指令，为西南方面军提供额外的火力，这对该方面军日后完成其任务至关重要。具体说来，这道指令将罗科索夫斯基顿河方面军辖内的大批骑兵、坦克和炮兵部队转隶瓦图京西南方面军。援兵中包括步兵第293、第277师、近卫骑兵第3军和坦克第4军（11月2日前完成），以及步兵第226和333师（11月3日前完成）。命令中还要求4个152毫米榴弹炮团、1个76毫米榴弹炮团、5个76毫米反坦克歼击炮兵团、1个45毫米反坦克歼击炮兵团、5个防空地域85毫米高射炮兵团和2个防空地域85毫米高射炮兵营，连同所有人员、武器、弹药和运输工具，11月3日前悉数转隶瓦图京方面军。

　　正如先前的指令规定的那样，最高统帅部要求部队的调动在夜间进行，以防敌军空袭，并和以前一样，使用无线电欺骗手段，命令只以口头传达。另外，最高统帅部这一次还指示NKVD机构"采取措施，清理各个师驻地和行军路线上的一切可疑人员"。[30]

次日，博科夫通知瓦图京的参谋长，斯大林亲自下达命令，10月28日前将3个配备KV重型坦克的近卫坦克团和2个喷火坦克营调拨给方面军辖下的第21集团军。[31]

最后，10月28日，斯大林强化了他已采取的严格保密措施，隐蔽向西南方面军及参加"天王星"和"火星"行动的各方面军增派部队的调动。指令中规定的保密措施很快成为红军发起一切进攻行动前的标准作业程序。例如，指令中明确拒绝了某些方面军司令员撤离前线后方25公里警戒区内重要设备的要求（参阅副卷附录2F）。[32]

11月1日—18日，最后的准备

因此，截至10月底，苏军实施"天王星"行动并在苏德前线其他地段发起相关攻势的决心已定。遂行此次反攻的指挥控制机构已成立，西南方面军掌握着执行这项任务的大部分兵力，并采取了严格的保密措施，以确保这场反攻出乎德国人的意料。这项工作完成后，在最高统帅部和总参谋部的指导、监督下，各方面军开始准备、完善他们最后的进攻计划，并采取了各种必要的准备措施，以发起这场投入兵力多达100万人的战略攻势。

10月份的一系列活动主要发生在斯大林的办公室、最高统帅部和总参谋部，但也包括瓦图京、罗科索夫斯基、叶廖缅科这些斯大林格勒地域方面军指挥员的重要参与和投入。之后，11月1日—18日，"天王星"计划的大多数调整和改进以及反攻的准备工作，都在前线进行（参阅副卷附录2G）。例如，朱可夫和华西列夫斯基在此期间几乎一直与参与行动的各方面军及其辖内各集团军的指挥员们进行协商，并监督诸方面军准备进攻计划。斯大林这两位重要军事代表的随行人员是红军各兵种最出色的专家，包括负责炮兵的N.N.沃罗诺夫和N.D.雅科夫列夫上将，负责航空兵和远程航空兵的A.A.诺维科夫和A.E.戈洛瓦诺夫上将①，以及坦克和机械化部队负责人Ia.N.费多连科上将②。这些专

---

① 译注：诺维科夫和戈洛瓦诺夫此时都是中将。
② 译注：费多连科此时是中将。

家在他们的专业范畴内商讨了进攻行动的每一个方面，如果有些问题无法解决，他们便与各自的部门联系，寻求解决之道。除了这些专家，朱可夫和华西列夫斯基还要求红军总参谋部战争经验研究处处长P.P.韦奇内少将收集、分析、使用过去的战争经验，以改善红军在日后作战行动中的表现。

更重要的是，朱可夫和华西列夫斯基与准备遂行反攻的各方面军、集团军司令员们进行了面对面的商讨，负责率领快速部队实施最重要、最复杂、最灵活的机动任务的指挥员们也参与其中，包括机械化第4军、机械化（坦克）第13军军长V.T.沃利斯基和T.T.沙普金少将①。另外，朱可夫和华西列夫斯基还咨询重要的下级指挥员，明确他们无法解决的问题，然后就这些问题向最高统帅部和总参谋部求助。这反过来促使最高统帅部就指挥控制、协调作战行动、为机动部队提供援兵等问题下达了一系列新指令。

这些新指令以11月1日1点30分至4点45分之间签署的三道命令为开始。第一道命令将西南方面军辖下的第63集团军更名为近卫第1集团军，11月4日23点生效。D.D.列柳申科中将指挥的近卫第1集团军仍编有近卫步兵第4、第6军、近卫机械化第1军，以及步兵第1、第153和第197师。[33]这道指令还任命第63集团军原司令员库兹涅佐夫中将为西南方面军副司令员。[34]第二道命令4点15分签发，将新组建的机械化第17、第61、第62旅和这些旅配属的3个坦克团（坦克第44、第176、第163团）提供给斯大林格勒方面军，构成坦克第13军的核心力量。[35]几分钟后，第三道命令接踵而至，加强了罗曼年科将军坦克第5集团军的指挥和控制，任命丹尼洛夫少将为集团军参谋长，Ia.S.福卡诺夫少将为副司令员。[36]

这段时间里的某一刻，朱可夫要求为瓦图京方面军提供额外的空中支援，并关注了沃罗涅日方面军和西南方面军为即将到来的反攻所策划的大规模空中行动的协调问题。斯大林11月4日9点55分做出回复，他指出："我再给您派一个歼击机师，以加强费多罗夫［瓦图京的化名］；我把沃罗热伊金派给您，协调西南方面军和沃罗涅日方面军的空中行动。"电报结尾处，斯大林催促朱可夫赶快回

①译注：沙普金为中将，但他指挥的是骑兵第4军；机械化第13军军长是塔纳希申上校。

莫斯科："我请您再次给莫斯科来电，然后您去看看阿列克谢耶夫〔加里宁方面军司令员普尔卡耶夫〕。有必要与您商讨急切紧迫的事宜。"[37]

斯大林提及的紧急事项显然是最终批准"天王星"和"火星"计划，并给诸参战方面军下达命令。实际上，朱可夫与西南方面军的协作在11月4日晚到达了高潮，方面军指挥和参谋人员在地图上拟制出计划，代号为"乌兰"（天王星）行动（参见地图3）。这份图上计划的实际起草者是方面军作战处处长S.P.伊万诺夫少将。[38]11月5日，加里宁方面军和西方面军命令辖内诸集团军为"火星"行动拟制计划。据斯大林的约见日志记载，朱可夫11月6日回到莫斯科。他与斯大林、西方面军的科涅夫和布尔加宁、近卫第1集团军的列柳申科、总参谋部的博科夫举行会晤，当晚又返回前线。这次会议显然是对"天王星"和"火星"行动的整体构想加以最后的修订。[39]

与此同时，红军总参谋部加快了新步兵军的组建工作，以改善进攻行动的组织控制。例如，11月5日，总参命令预备队第4集团军司令员11月10日前"将编入近卫第1集团军的步兵第153和第197师的指挥工作"纳入步兵第14军。指令中还要求红军总干部部和NKO其他各总部为该军军部提供人员，并指示总通信部、总炮兵部和总"部队组建和人员补充"部为新组建的军补充一个通信营，为军属炮兵增加一个军部连，并增添后勤单位和设施。[40]

虽然进攻准备工作进展顺利，但朱可夫11月8日给叶廖缅科和罗科索夫斯基发去电报，将进攻推迟至11月13日（斯大林已批准）。这些要求"伊万诺夫〔叶廖缅科的化名〕和顿佐夫〔罗科索夫斯基的化名〕亲启"的电报中写道："重新安置定于11月13日。""重新安置"（pereselenie）这个词是斯大林和最高统帅部提及"天王星"行动时所用的代号。[41]两位方面军司令员肯定知道这个词的意思，但没有证据表明崔可夫和第64集团军司令员舒米洛夫清楚即将发生的事情。

这一推延有几个原因，这些原因显然会在最高统帅部、朱可夫及各方面军司令员往来的电报中加以讨论。推延的原因包括为遂行进攻必须重组部队而造成的延误，特别是斯大林格勒方面军编成内的第64集团军；方面军司令员们要求调拨援兵和其他支援物资；支援反攻行动的飞机数量明显不足。例如，11月9日，副总参谋长博科夫回复了F.I.戈利科夫上将的电报，一天前，这位沃罗

地图 3 1942 年 11 月 4 日，斯大林格勒反攻计划（天王星行动）

涅日方面军司令员发来电报，要求给他调拨援兵①。博科夫在回电中指出，最高统帅已批准了他的要求："审核了您加强方面军左翼的要求后，斯大林同志决定调拨3个步兵师和2个步兵旅由您支配。"除了提供这些援兵到达时间的信息外，电报中还介绍了他们的"战斗特点"，这些特点对许多参加反攻、缺乏经验的师和旅而言非常典型（参阅副卷附录2H）。这些步兵师的兵力从7891—9746人不等，步兵旅约为3514—6019人。他们要么按照缩减的编制表组建而成，要么需要补充人员和装备，都缺乏训练有素的士兵，都被评为"稚

---

① 译注：戈利科夫当时是中将。

嫩"，需要"更多时间进行训练并加强凝聚力"。[42]

朱可夫与叶廖缅科、第51集团军司令员会晤后，斯大林格勒方面军司令员11月9日给麾下各集团军下达命令，谈及他们在即将发起的反攻中将要执行的任务。随后，根据各集团军和快速集群指挥员们的意见，斯大林格勒方面军在11月12日日终前完成了图上作业。[43]

在此期间，朱可夫于11月11日用"博多"机给斯大林发去一份电报，这是一种保密电传机，用于各方面军与最高统帅、最高统帅部之间的通信。他汇报了自己在斯大林格勒方面军的工作情况，并告诉斯大林，进攻发起时间再度推延至11月15日。电报中强调了再次推延行动的一些原因：

两天来，我在叶廖缅科处工作。我亲自察看了第51和第57集团军当面之敌的阵地。我与各师长、军长和集团军司令员详细研究了即将实施的"天王星"计划的任务。检查后证实，托尔布欣处对"天王星"计划的准备工作进行得较好……

我已命令实施战斗侦察，并根据获得的情报修正作战计划和集团军司令员的决心。

波波夫工作得不错，熟悉自己的业务。

由于没有领到运输车辆和马匹，最高统帅部拨给叶廖缅科的两个步兵师（第87和第315师）到目前为止仍未启运。

机械化旅只到了1个。

弹药补给和前送工作进行得不好。部队缺乏实施"天王星"计划的炮弹。

无法在预定期限完成战役准备。我已令1942年11月15日前完成准备工作。

必须立即给叶廖缅科调拨100吨防冻液，否则机械化部队无法前进。尽快将步兵第87和第315师调来。火速给第51和第57集团军运送棉衣和弹药，运抵时间不得迟于1942年11月14日。

康斯坦丁诺夫［朱可夫的化名］[44]

斯大林11月12日凌晨4点又给朱可夫下达了一项命令，揭示出推延"天王星"行动的另一个原因——飞机不足：

如果伊万诺夫［叶廖缅科］和费多罗夫［瓦图京］处航空兵的准备不能令人满意，那么战役就会以失败而告终。对德作战的经验表明，只有在夺取制空权的前提下，才有可能赢得战役胜利。在这种情况下，我航空兵应完成三项任务：

第一：我航空兵的行动集中在突击部队进攻地域内，压制德寇航空兵并可靠地掩护我方部队。

第二：不断轰炸进攻部队当面之敌，为我突击部队开辟道路。

第三：以持续的轰炸和强击追击退却之敌，以便将其完全消灭，并使之无暇沿附近的防线掘壕据守。

如果诺维科夫认为我航空兵目前尚不能完成这些任务，那就最好将战役推迟一些时间，以积蓄更多的航空兵力量。

请与诺维科夫和沃罗热伊金谈谈，向他们解释这一点，并把你们总的意见告我。

瓦西里耶夫［斯大林的化名］[45]

红军总参谋部在"天王星"反攻的准备期间发挥了积极作用，为参战各方面军提供建议和具体支持，并检查、批评了他们的准备工作，以发现问题并提出恰当的解决办法。这里仅举两个例子，总参谋部11月14日下达了两道指令，均由博科夫签署。第一道指令发给顿河方面军，尖锐地批评了罗科索夫斯基方面军变更部署的工作：

总参谋部通过相关渠道获悉：

1. 坦克第4军的部队调往新集结区期间在白昼行进。

2. 对俘虏的审讯表明，敌人知道第65集团军的准备工作。

3. 步兵第252、第258师、近卫步兵第27师调往第65集团军期间运输工具不足，方面军为协助第65集团军而提供的运输工具也不够：［具体说来］11月6日提供的50辆汽车中有29辆无法使用，运送各种物资的工作已中断（由于补给物资不足，步兵第252、第258师、近卫步兵第27师所需要的战斗负载只得到62—63%，由于缺乏棉衣，步兵第252师冻死三人，近卫步兵第27师冻死六人）。

派往各集团军的补充兵尚未得到棉衣，途中已有两名补充兵冻死。

我要求你们把解决上述问题所采取的措施告知总参谋部。[46]

第二道指令表明，总参谋部的批评并不仅限于遂行任务的方面军和集团军。这道指令申斥了预备队第10集团军，因为该集团军辖下步兵第87和第315师在向前部署、调往斯大林格勒方面军的过程中发生了延误（参阅副卷附录2I）。[47]很明显，最高统帅部、最高统帅部代表朱可夫和华西列夫斯基、红军总参谋部采取的这些和另外一些补救措施，使斯大林对准备工作的速度和性质相当满意。最高统帅11月15日13时10分发给朱可夫的一封电报表明了这一点，电报中写道：

费多罗夫［瓦图京］和伊万诺夫［叶廖缅科］重新安置的日期由您酌定，待您返回莫斯科后再向我汇报。如果您认为他们中的某一位应提前或推延一两天重新安置，那我赋予您酌情决定权。

瓦西里耶夫［斯大林］[48]

朱可夫在回忆录中称，他11月13日返回莫斯科，实际上，他16日才回到苏联首都。[49]朱可夫在那里待了3天，与斯大林和最高统帅部共同完成对"天王星"和"火星"计划的最后修订。这些会议一直持续到18日，涉及几乎每一位参与这两场行动的高级指挥员，并产生了大批指示和其他命令，对战略计划做出最后的更改，为遂行进攻的各方面军和集团军提供至关重要的援兵，并根据相关变化和目前的军事态势调整各部队的分界线。在这些会议上，朱可夫和华西列夫斯基行使了他们的决定权，命令西南方面军和顿河方面军第65集团军11月19日发起突击，斯大林格勒方面军11月20日投入进攻——斯大林立即批准了这一决定。[50]

由于斯大林和最高统帅部希望"天王星"和"火星"行动仅仅是一场决定性反攻的第一阶段，整个冬季战役会更加庞大，因此，掌握敌方情报至关重要。基于以往的经验，他们知道德国人善于防御，有能力在东线主要战略地域内调集、有效再部署其兵力，甚至可以从战略纵深和其他主要战区抽调力量。

因此，红军副总参谋长V.D.伊万诺夫少将11月16日给抗击轴心国军队的各方面军下达了一道指令，要求他们立即核实所有轴心国部队的位置（参阅副卷附录2J）。虽然有强有力的证据表明德军正在大规模变更部署，但苏军方面军和集团军层面上的情报部门未能弄清35个德军师的去向。为解决这个问题，伊万诺夫要求这些部门立即采取措施，务必在11月25日前收集到必要的情报，他还明确告诉他们该如何完成这项任务。[51]

除了加紧情报收集和分析，红军总参谋部还设法消除行动执行过程中的不足，特别是作战报告的准确性。出于这个目的，也为了杀鸡儆猴，警示红军各方面军和集团军指挥员，11月16日，伊万诺夫挑出斯大林格勒方面军辖下的第28集团军加以严厉批评，因为担任该集团军先遣支队的步兵第52旅在11月13日被德军歼灭。该旅一直执行着相同的任务，这是他们两周内第三次全旅覆没，伊万诺夫在指令中问道："原因何在？"并要求采取纠正措施，11月20日前对相关责任人做出惩处（参阅副卷附录2K）。[52]

进攻发起前的最后三天，苏军最高统帅部和总参谋部最后调整了西南方面军、顿河方面军、斯大林格勒方面军的编成，并加快了为沃罗涅日方面军调派援兵的工作，一旦"天王星"行动取得成功，这些部队就将投入战斗。这方面的一个例子是，博科夫11月16日命令预备队第4集团军和伏尔加河沿岸军区前调近卫步兵第4、第6军军部，以便接收辖内作战部队，并在最佳时刻增援近卫第1集团军。[53]两天后，博科夫给两个步兵军辖下的作战师下达了详细的调动令，规定了部署至近卫第1集团军战线后方的时间和地点。[54]11月17日，总参谋部指示NKO汽车装甲坦克总部将3个获得休整和补充的坦克旅（第173、第192、第201旅）派往沃罗涅日方面军，预计11月17日至25日间到达。[55]11月18日，博科夫命令预备队第4集团军司令员将步兵第14军转隶西南方面军近卫第1集团军，计划在11月19日后到达。[56]这是"天王星"行动发起前，红军总参谋部签发的最后一道指令。

与此同时，次日动身赶赴前线前，华西列夫斯基于11月18日14时15分完成了进攻发起前最高统帅部的工作，为西南方面军与顿河方面军设立起一道新分界线。这条分界线从萨拉托夫（Saratov）西北方75公里处的阿特卡尔斯克（Atkarsk）起，径直穿过克列茨卡亚镇，南延260公里，穿过巴兰达

（Balanda）和莫特舍沃（Motyshevo）至弗罗洛夫（Frolov）东南方7公里处的舒鲁波夫卡（Shurupovka）；向西南方延伸65公里，跨过顿河至克列茨卡亚；最后从克列茨卡亚南延45公里，经谢利瓦诺夫（Selivanov）至顿河畔卡拉奇西北方42公里处的叶夫谢耶夫（Evseev）。在这些城镇中，除了阿特卡尔斯克、莫特舍沃和舒鲁波夫卡，其他都由西南方面军负责防御。[57]虽然看似普通，但这道指令确定的分界线使西南方面军和顿河方面军的后勤保障更趋合理，将位于阿特卡尔斯克、红亚尔（Krasnyi Iar）和卡梅申的兵站留给了顿河方面军的后方区域。这道指令的下达，结束了苏德战争期间最具决定性的战役的策划工作。

反思

因此，1942年9月27日至11月18日这段时期，苏军最高统帅部、最高统帅部代表、总参高级参谋和指挥员们必须提出"天王星"行动的概念，并对其加以初步规划，同时应对斯大林格勒城内的殊死搏斗。他们的工作非常复杂，不仅仅因为斯大林格勒市区及周边作战态势的变化，以及对崔可夫第62集团军最终命运的关注，还因为这项工作需要绝对保密。故此，虽然方面军司令员们9月29日至10月2日间先后获悉了进攻行动的大体性质，但直到10月21日—22日才了解到这场进攻的确切性质和时间。可以肯定，瓦图京是10月21日到访莫斯科期间获知了这项计划，他在与斯大林会晤时被任命为西南方面军司令员。但进攻发起前，罗科索夫斯基和叶廖缅科都没有被召至莫斯科参加斯大林举行的任何一场策划会议，相反，他们是从视察前线的朱可夫或华西列夫斯基处接受相关指示和命令的。叶廖缅科曾在10月6日和9日向最高统帅部呈交包含进攻大纲的建议，很可能与瓦图京在大致相同的时间了解到了进攻行动的确切性质。至于罗科索夫斯基，正如他后来阐述的那样：

期待已久的时刻即将到来。朱可夫早在10月份就告诉过叶廖缅科和我，很快会发起这场大反攻。他没告诉我们战役的大体日期，但这个消息使我们得以在严格保密的情况下对某些措施加以准备。许多工作是为了迷惑敌军。我们试图让敌人确信，我们将在顿河与伏尔加河之间发起进攻，因而在该地区展开积极行动，同时在战线其他地段模拟进行了构筑工事、挖掘战壕等工程作业……

遵照朱可夫（他当时是最高统帅部代表）的严格指示，只有少数参谋人员知道这场即将到来的进攻。我们的所有进攻准备均在加强防御的幌子下进行。[58]

尽管斯大林密切关注着进展情况，但他对这些专业顾问的信任远远超过年初。因此，斯大林10月1日和2日在克里姆林宫会见华西列夫斯基和各兵种的专家时，朱可夫将"天王星"行动的概念送往前线，9月29日晚些时候至10月30日晚，他视察了顿河方面军和斯大林格勒方面军，将总体计划告知罗科索夫斯基和叶廖缅科，发现问题并加以解决。朱可夫从11月1日，也就是"天王星"行动原定发起日期一个多星期前开始召开会议，与会者包括从师级到方面军级所有参与进攻行动部队的指挥员。据罗科索夫斯基回忆：

11月4日，我和一批参谋人员前往第21集团军开会，该集团军现属西南方面军。朱可夫主持会议。出席会议的是在主要突击方向上遂行进攻的集团军司令员和师长。会议的主要议题是方面军结合部上友邻部队的协同问题。

后来获悉，斯大林格勒方面军也召开了类似的会议……我与集团军司令员巴托夫、加拉宁、扎多夫（他接替了马利诺夫斯基，后者被召回大本营）、鲁坚科和各兵种主任一同拟定了行动细节。此时，大本营进一步明确了我们的任务。[59]

即便在后期阶段，大多数详细策划工作还是由指挥员本人完成，而不是交给他们的参谋人员，以免增加泄密的危险。不仅部分红军高级指挥员不清楚这场新反攻的确切发起时间，苏军在通信和准备工作方面采取的保密措施也使莱因哈德·盖伦不愿预测红军将在何时、何地发起进攻。

"天王星"行动的出现的确令德军情报机构深感意外，但获知最高统帅部打算实施这样一个雄心勃勃的计划时，某些红军指挥员也感到困惑不解。下述事件被一名评论者称为"天王星行动准备期间最具戏剧性的一幕"，据称，机械化第4军长V.T.沃利斯基少将11月17日直接给斯大林写了封信，对实施反攻的构想提出质疑，并奉劝斯大林推延行动，以免遭到惨败。11月18日与斯大林会面的华西列夫斯基对此做出描述：

18点，国防委员会［GKO］在克里姆林宫斯大林的办公室里举行会议。斯大林立即接待了我，并建议我利用他们讨论一系列重大经济问题的这段时间，读一下在即将到来的进攻中将在斯大林格勒方面军地段起决定性作用的机械化第4军军长V.T.沃利斯基写给他的一封信。这位军长在给国防委员会的信中写道，鉴于进攻开始前敌我兵力和兵器对比情况，拟议中的斯大林格勒进攻战役不仅不会成功，在他看来，必定会招致惨败，并造成严重后果。因此，他作为一名忠实的党员，了解参加此次进攻其他指挥员的意见，请求国防委员会立即详细审核为实施这场战役所做出的决定是否现实，请求推迟这场战役，或者将其彻底取消。

国防委员会当然想知道我对这封信的看法。我对这封信感到惊讶：最近几周，写信人一直在积极参加战役准备工作，不论是对整个战役，还是对交给他这个军的任务，都从未表示过任何异议。而且，他还在11月10日最后一次总结会议上向最高统帅部代表和方面军军事委员会保证，他的军将坚决完成任务，然后又报告该军充分做好了战斗准备以及全体官兵的高昂士气。最后我说，在我看来没有任何理由取消已准备就绪的这场进攻或变更其发起时间。

斯大林立即命令接通沃利斯基的电话，与他进行了简短但并不太严厉的交谈，然后告诉我不要太在意这封信，把写信人留在军里，因为他刚刚做出坚决完成任务的保证。至于他是否继续担任军长的问题，要根据该军执行任务的结果再作最后决定，对此，斯大林命令我在战役头几天向他提交专门报告。[60]

无论这番交流是否属实，都强调了一个令人不快的现实：1942年的红军一直无法对德军发起一场成功的攻势。与大多数德军将领一样，许多红军指挥员依然深信他们的军队根本无力战胜其德国对手。参加"天王星"行动的突击部队主要打击罗马尼亚军队，这一事实反映出苏军最高统帅部内部也有类似的担心。这种担心是否合理，就只有时间能够证明了。

约瑟夫·维萨里奥诺维奇·斯大林——苏联共产党中央委员会总书记，苏联国防人民委员，苏联国防委员会主席，苏联武装力量总司令

亚历山大·米哈伊洛维奇·华西列夫斯基上将——苏军总参谋长，总参作战部部长，苏联副国防人民委员，最高统帅部代表

阿列克谢·因诺肯季耶维奇·安东诺夫上将——苏军第一副总参谋长兼总参作战部部长（1942年12月11日后）

费多尔·叶菲莫维奇·博科夫少将——苏军副总参谋长

尼古拉·尼古拉耶维奇·沃罗诺夫上将——苏军炮兵主任，苏联副国防人民委员，最高统帅部代表

亚历山大·亚历山德罗维奇·诺维科夫上将——空军司令员，负责空军的副国防人民委员，协调多个方面军空中行动的最高统帅部代表

注释

1. 双方对"第二战线"发生争执的简要描述，可参阅约翰·埃里克森的《通往斯大林格勒之路》，第394—402页。

2. G.K.朱可夫，《回忆与思考》（*Vospominaniia i razmyshleniia*，莫斯科：新闻出版社，1970年），第382页，下文引用为《回忆与思考》。英文版可参阅格奥尔吉·朱可夫的《回忆与思考》，第二册（莫斯科：进步出版社，1985年），第94页。

3. A.I.叶廖缅科，《斯大林格勒：方面军司令员笔记》，第325—326页。

4. 同上。

5. 杰弗里·罗伯茨，《斯大林的战争：从世界大战到冷战，1939—1953年》，第149页，引自《斯大林克里姆林宫会议室的访客，历史档案第二卷》【*Posetiteli Kremlevskogo Kabineta I.V Stalina," Istoricheskii Arkhiv 2 (1996)*】，第35—38页。

6. 苏军发起的哈尔科夫进攻战役意图突破罗马尼亚部队的防御；而在克里木，苏军打算粉碎半岛东端德国和罗马尼亚掩护部队的防御，曼施泰因第11集团军的主力正在半岛西端围攻塞瓦斯托波尔守军。

7. *inoe reshenie* 这个俄文短语可以译为"不同的（或另一个）解决方案"或"不同的（或另一个）决策（或计划）"。

8. 这方面的一个例子是，在莫斯科城下，苏军的反攻始于12月初因彻底绝望而发起的反冲击，行动取得胜利后（这令苏联人深感意外），朱可夫获得斯大林的批准，12月中旬将反冲击扩大为反突击，1942年1月又将其扩展为一场全面反攻。

9. S.M.什捷缅科，《战争年代的总参谋部，1941—1945年》，第一册，罗伯特·达格利什译（莫斯科：军事出版社，1985年），第121页。斯大林的约见记录表明，博库夫首次与斯大林会晤是在7月23日19点35分至20点30分，列席的还有作战部代理部长P.G.季霍米罗夫少将。另可参阅A.A.切尔诺巴耶夫（主编）的《斯大林的接见：I.V.斯大林会见相关人员日志，1924—1953年》【*Na prieme u Stalina. Tetradi (zhurnaly) zapisei lits, pronyatykh I. V. Stalinym (1924–1953 gg.)*，莫斯科：新计时器出版社，2008年】，第379页。

10. S.米哈列夫，《关于斯大林格勒反攻的概念和策划》（*Orazrabotke zamysla i planirovanii kontrnastupleniia pod Stalingradom*），刊登在VVI第8期（1992年8月），第1页。

11. 切尔诺巴耶夫（主编）的《斯大林的接见》，第384页。实际上，斯大林并未在9月10日—12日召开会议，也没有在13日会见朱可夫。关于俄罗斯历史学家试图按顺朱可夫的说法与实际档案证据之间的矛盾的最新尝试，可参阅V.A.佐洛塔廖夫（主编）的《伟大卫国战争1941—1945：军事历史调查，第二册：转折点》（*Velikaia O techestvennaia voina 1941–1945: Voenno-istoricheskii ocherki v chetyrekh knigakh, Kniga 2: Perelom*，莫斯科：科学出版社，1998年），第36页。书中接受了朱可夫关于是谁提出"天王星"行动的说法，并指出："苏德战线南翼武装力量作战行动的战略计划，9月中旬开始在最高统帅部大本营制定，并通盘考虑1942—1943年的冬季战役——在11月和12月发起。这一计划基于朱可夫和华西列夫斯基9月12日面见斯大林时提出的建议。计划的核心内容是集中3—4个方面军的兵力，对楔入斯大林格勒我军防御的敌集群之两翼发起强有力的打击，该计划旨在达成连续的合围和歼灭，同时建立起积极的对外作战正面。这个初步概念随后得到更准确、更详实的具体化，并采纳了红军总参谋的构想和诸方面军指挥员的建议。代号'天王星'的完整计划10月13日呈交最高统帅审核。这一次，已从以往惨痛经历中得到许多教训的斯大林没有横加干涉，而是完全同意这些军事指挥员的计划，他在反攻计划所附的地图上写下'同意'两个字。一个月后，这份获得更准确定义的计划再次在最高统帅部会议上接受审核。斯大林批准了发起反攻的最终时间，没有提出反对意见，他还同意朱可夫和华西列夫斯基在其他战线准备进攻行动的建议，关键是维亚济马北面。"因此，这份记述试图说服就"谁提出了这项计划"这一问题发生争执的各方，忽略了斯大林的每日约见记录，接受了朱可夫的说法——9月12日—13日，他向斯大林提出了"不同解决方案"。但佐洛塔廖夫的著作承认该计划10月13日被大幅度修改，主要是参照了诸方面军指挥员的建议，从而彻底回避了这一问题。书中还承认将在维亚济马北面发起的"火星"行动是总体战略计划的组成部分。佐洛塔廖夫所作判断的资料来源是朱可夫和华西列夫斯基的回忆录，并未采用其他档案文件。书中的译注指出："苏军最初打算11月9日—10日转入反攻，但11月13日的会议上决定，西南方面军和顿河方面军11月19日发起进攻，斯大林格勒方面军一天后转入反攻。"

12. 佐洛塔廖夫，《最高统帅部1942》，第440—441页；引自档案*TsAMO, f. 148a, op.3763, d. 1071.* 第240页。组建西南方面军的详情，可参阅本三部曲第二部第四章。

13. 罗科索夫斯基临时指挥了斯大林格勒方面军约一周时间，关于这种说法，可参阅哈罗德·舒克曼主编的《斯大林的将领》一书第185—186页；K.K.罗科索夫斯基，《军人的天职》，第187页；基里尔·康斯坦丁诺夫·罗科索夫斯基，《不惜代价的胜利》（*Pobeda ne liuboi tsenoi*，莫斯科：亚乌扎－艾克斯摩出版社，2006年），第153页，书中错误地指出："10月1日，最高统帅部代表「朱可夫」命令罗科索夫斯基接管斯大林格勒方面军（很快更名为顿河方面军）。"实际上，朱可夫是把罗科索夫斯基派至斯大林格勒地域，接管斯大林格勒方面军右翼的4个集团军，率领他们从科特卢班和叶尔佐夫卡地域发起反突击。从这个意义上说，他接替的是戈尔多夫，朱可夫已不再相信后者。在《军人的天职》第185页，罗科索夫斯基批评戈尔多夫是个"骂娘指挥员"，动辄厉声呵斥属下，但没有提及在防御战中接替叶廖缅科一事。

14. 德米特里·沃尔科戈诺夫，《斯大林：胜利与悲剧》，哈罗德·舒克曼翻译编辑（加州罗克林：首要生活方式出版社，1992年），第461—463页；S.米哈列夫，《关于斯大林格勒反攻的概念和策划》，刊登在VVI第8期（1992年8月），第1—5页。华西列夫斯基回忆录1976年版，《毕生的事业》，第188—189页，遵循了朱可夫的说法。另可参阅格兰茨的《朱可夫最大的败仗：红军1942年火星行动的惨败》，第19—20页。

15. S.米哈列夫，《关于斯大林格勒反攻的概念和策划》，刊登在VVI第8期（1992年8月），第1页。

16. A.I.叶廖缅科，《斯大林格勒：伟大的斯大林格勒战役参与者的叙述》（*Stalingrad: Uchastnikam Velikoi bitvy pod Stalingradom posviashchaetsia*，莫斯科：守护者出版社，2006年），第352—353页。

17. 《最高统帅部170644号令，发给顿河方面军司令员罗科索夫斯基同志》（*Direktiva Stavki VGK No. 170644 komanduiushchemu Donskim frontom T. Rokossovskomu*），刊登在V.A.日林（主编）的《斯大林格勒战役：编年史、真相和人物，两卷本》（*Stalingradskaia bitva. Khronika, fakty, liudi: v 2-kh.*，莫斯科：奥尔玛出版社，2002年），第一册，第694页；档案引自*TsAMO RF, f. 48a, op. 1640, d. 27,11.* 第246—247页。

18. 日林，《斯大林格勒战役》，第一册，第707—709页，《斯大林格勒方面军司令员发给最高统帅的2889号报告，关于联合斯大林格勒守军发起行动的计划》（*Doklad komanduiushchego voiskami Stalingradskogo fronta No. 2889 Verkhovnomu Glavnokomanduiushchemu o plane operatsii po ob'edineniiu s voiskami, oboroniaiushchimisia v Stalingrada*）；档案引自TsAMO RF, f. 48a, op. 1161, d. 6,11. 第259—264页；电报，3号副本。

19. 同上。

20. 阿列克谢·伊萨耶夫在《斯大林格勒：伏尔加河后方没有我们的容身处》（*Stalingrad: Za Volgoi dlia nas zemli net*，莫斯科：亚乌扎-艾克斯摩出版社，2008年）第270页指出："总的说来，必须承认A.I.叶廖缅科也是斯大林格勒反攻计划的制定者之一。但他建议以骑兵部队展开行动，力量似乎太过薄弱。该建议与其说是一场反突击，还不如说是一场以破坏敌交通线为目的的突袭。"

21. 佐洛塔廖夫，《最高统帅部1942》，第549—550页；引自档案TsAMO RF, f. 48a, op.1159, d. 2,11.第339—345页；电报，2号副本。罗科索夫斯基提及的7支部队是步兵第226、第219、第252、第62、第277、第293和第333师，1942年春季和夏初，这些师遭到重创，一直在后方接受休整和补充，现在作为满编增援部队重返前线。例如，1942年6月15日，步兵第293师只剩下1374人、6门野炮和3门反坦克炮。经过补充，到1942年10月24日，该师拥有10420人，而规定的编制力量为10868人。参阅伊萨耶夫的《斯大林格勒：伏尔加河后方没有我们的容身处》，第267页。

22. 华西列夫斯基，《毕生的事业》，第219页。

23. 佐洛塔廖夫，《最高统帅部1942》，第440—441页；引自档案TsAMO, f. 148a, op.3763, d. 107 l. 第240页。方面军的右分界线（与沃罗涅日方面军）从勒季谢沃（*Rtishchevo*）、波沃里诺（*Povorino*）、新霍皮奥尔斯克（*Novokhopersk*）、上马蒙、坎捷米罗夫卡延伸至利西昌斯克；左分界线（与顿河方面军）从阿特卡尔斯克、巴兰达、拉科夫卡（*Rakovka*）、克列茨卡亚、谢利瓦诺夫延伸至叶夫谢耶夫。戈利科夫中将接替瓦图京担任沃罗涅日方面军司令员。

24. V.A.佐洛塔廖夫（主编）的《伟大卫国战争中的总参谋部：1942年的文献资料》（*General'nyi shtab v gody Velikoi Otechestvennoi voiny: Dokumenty i materialy 1942*），刊登在《俄罗斯档案：伟大卫国战争》（*Russkii arkhiv: Velikaia Otechestvennaia*），第23册（12—2）（莫斯科：特拉出版社，1999年），第379页；此后简称为"总参谋部1942"，并附以相应的页数。档案引自*TsAMO, f. 48a, op. 3408, d. 99,11.* 第279、280页。

25. 佐洛塔廖夫，《最高统帅部1942》，第441—442页；引自档案*TsAMO, f. 48a, op. 3408, d. 72,11.* 第355—357页。

26. 同上，引自档案*TsAMO, f. 96a, op. 1711, d. 7a, 1.* 第195页。

27. S.米哈列夫，《关于斯大林格勒反攻的概念和策划》，刊登在VVI第8期（1992年8月），第5页。

28. 佐洛塔廖夫，《最高统帅部1942》，第442页；引自档案*TsAMO, f. 148a, op. 3763, d.111,1.* 第38页。

29. 佐洛塔廖夫，《总参谋部1942》，第380—381页；引自档案*TsAMO, f. 48a, op. 3408, d. 99,11.* 第282—283页。

30. 佐洛塔廖夫，《最高统帅部1942》，第443—444页；引自档案*TsAMO, f. 48a, op.3408, d. 72,11.* 第351—354页。

31. 佐洛塔廖夫，《总参谋部1942》，第382页，引自档案*TsAMO, f. 48a, op.3408, d. 113,1.* 第297页。

32. 佐洛塔廖夫，《最高统帅部1942》，第445—446页；引自档案*TsAMO, f. 148a, op.3763, d. 126,11.* 第189—190页。

33. 1941年10月，列柳申科率领近卫步兵第1军在姆岑斯克地域英勇抗击古德里安的第2装甲集群，莫斯科战役期间担任第30集团军司令员，赢得了卓著的声望。

34. 佐洛塔廖夫，《最高统帅部1942》，第446—447页；引自档案*TsAMO, f. 148a, op.3763, d. 124.11.* 第291—292页。

35. 同上，第447页；引自档案*TsAMO, f. 48a, op. 3408, d. 72.11.* 第358—359页。

36. 同上，第448页，档案同上，第360页。

37. 同上；引自档案*TsAMO, f. 148a, op. 3763, d. 126.1.* 第192页。

38. S.米哈列夫，《关于斯大林格勒反攻的概念和策划》，第5页，引自*TsAMO, f. 232, op. 590, d.* 第73页。

39. 朱可夫的回忆录中没有提及11月6日与斯大林的会晤，已出版的朱可夫战时行程记录中也没有提及这场会议，《1941—1945年，伟大卫国战争期间苏联元帅朱可夫的活动纪要》（*Khronika deiatel'nosti Marshala Sovetskogo Soiuza G. K. Zhukova v period Velikoi Otechestvennoi voiny 1941-1945 gg.*），刊登在《前路的里程碑》（*Vekhi frontovogo puti*），VIZh第10期（1991年10月），第25页。斯大林11月6日会晤朱可夫和其他将领的记录，可参阅《斯大林的接见：I.V.斯大林会见相关人员日志，1924—1953年》，第389页。

40. 佐洛塔廖夫，《总参谋部1942》，第383—384页，引自档案*TsAMO, f. 48a,op. 3408, d. 113,1.* 第413页。

41. 日林，《斯大林格勒战役》，第一册，第856页，引自档案*TsAMO RF, t.48a, op. 1640, d. 180,11.* 第361—362页。

42. 佐洛塔廖夫，《总参谋部1942》，第385—386页；引自档案*TsAMO, f. 48a, op. 3408, d. 113, 11.* 第446—447页。电报中称，步兵第129旅和第350师将分别于11月13日和15日到达前线；步兵第172师将于11月17日到达；步兵第267师和第106旅将于11月19日到达。

43. S.米哈列夫，《关于斯大林格勒反攻的概念和策划》，第5页，引自*TsAMO, f. 220, op. 451, d. 3,11.*第327—331页和d. 92（地图）。

44. 朱可夫，《回忆与思考》，第404页。

45. 佐洛塔廖夫，《最高统帅部1942》，第448—449页；引自档案*TsAMO, f. 148a, op. 3763, d. 126. I.*第193页。另可参阅朱可夫的《回忆与思考》，第404—405页。

46. 佐洛塔廖夫，《总参谋部1942》，第388—389页；引自档案*TsAMO, f. 48a,op. 3408, d. 114,1.* 第8页。

47. 同上，第389页，所引档案相同，第11—13页。当天晚些时候，总参谋部命令预备队第10集团军立即将步兵第87、第315师和他们所需要的兵力、装备派往斯大林格勒方面军，不得延误。参见同上，第390页，所引档案相同，第17—18页。

48. 佐洛塔廖夫，《最高统帅部1942》，第449—450页；引自档案*TsAMO, f. 148a, op.3763, d.*

126,1. 第195页。

49. 朱可夫在《回忆与思考》第405页写道："11月13日晨，我们到了斯大林那里。他的情绪很好，详细询问了斯大林格勒的情况和反攻准备工作的进展。"华西列夫斯基在《毕生的事业》第222页附和了朱可夫关于11月13日会晤的说法。但是，这两位将领的名字都未出现在斯大林11月13、14、15日的会见名单上。当月中旬，朱可夫的名字首次出现是在16日，华西列夫斯基在17日。11月18日，两人与斯大林会面，次日返回前线。参见切尔诺巴耶夫（主编）的《斯大林的接见》，第390—391页。

50. 朱可夫，《回忆与思考》，第407页，对这项决定的说法与斯大林约见日志相一致。

51. 佐洛塔廖夫，《总参谋部1942》，第392页；引自档案*TsAMO, f. 48a, op.3408, d. 114, I.* 第30页。

52. 同上，第393页，档案同上，I，第50页。

53. 同上，第392页，档案同上，I，第38页。

54. 同上，第394页，档案同上，II，第61—62页。

55. 同上，第393—394页，档案同上，I，第56页。

56. 同上，第396页，档案同上，II，第68—69页。

57. 佐洛塔廖夫，《最高统帅部1942》，第450页；引自档案*TsAMO, f. 48a, op. 3408, d.72, I.* 第365页。

58. 罗科索夫斯基，《军人的天职》，第194页。罗科索夫斯基在未删减版回忆录中的这番话与1970年军事出版社发行的首版相同。

59. 同上，第195—196页。未删减版罗科索夫斯基回忆录将这次会议的日期从11月3日改为4日。

60. 华西列夫斯基，《毕生的事业》，第224—225页。有趣的是，华西列夫斯基回忆录英文版的编辑彻底删除了这起事件。更为详细的描述可参阅伊萨耶夫的《斯大林格勒：伏尔加河后方没有我们的容身处》，第285—286页，书中描述了斯大林与华西列夫斯基的交流，这是历史学家K.西蒙诺夫1967年采访华西列夫斯基时所做的记录。伊萨耶夫指出："在这起事件的记述中，V.T.沃利斯看上去就像个杞人忧天者，无法承受一场大规模战役准备期间的压力。但如果我们了解沃利斯基军里的坦克兵都是初出茅庐的新兵，几乎没有操纵坦克的经验，再看这位车长写给最高统帅的信就完全不同了。A.M.华西列夫斯基读完V.T.沃利斯基的信后深感惊愕，档案文件使我们对如此详尽的描述产生了怀疑。他是否真不了解参加'天王星'行动的部队的整体实力，这一点值得怀疑。因此，上文引用的与斯大林的谈话似乎纯属杜撰。最有可能的是，进攻行动能取得胜利的决心是因为打击对象是罗马尼亚人。正如后续事件表明的那样——的确如此。"但是，斯大林的每日会见记录证实了华西列夫斯基提及的这次会面。事实是，11月18日18点至23点50分，斯大林会见朱可夫、莫洛托夫、贝利亚、马林科夫（国防委员会成员），18点至22点30分，会见秋列涅夫、马斯连尼科夫、华西列夫斯基和博科夫，这份记录倾向于证实华西列夫斯基的说法。切尔诺巴耶夫（主编），《斯大林的接见》，第391页。

第三章
集结部队
苏军作战序列和"天王星"计划

为反攻重新部署部队

战略和战役部署

经过约六周的精心策划和细心准备，截至11月18日，苏军最高统帅部设法集结起一股令人印象深刻的力量，他们将在斯大林格勒地域发起期待已久的反攻。完全集结后，这股力量包括3个方面军、10个野战集团军、1个坦克集团军、4个空军集团军、66个步兵师、18个步兵和机械化步兵旅、1个歼击旅、6个筑垒地域、5个坦克军、1个机械化军、辖8个骑兵师的3个骑兵军、14个独立坦克旅、4个坦克团、124个最高统帅部预备队火炮/迫击炮团，并获得数十个战斗工兵、工程兵和其他专业兵团及部队的支援。[1]这股力量有100多万名士兵，外加1500多辆坦克、22000门火炮和1500架战机。另外，苏军最高统帅部完成如此庞大的兵力集结时，斯大林格勒城内的激战仍在肆虐，红军一次次对部署在城市西北面和南面的德军发起反突击。最令人惊叹的是，苏军集结这股大军之际，并未停止斯大林格勒城内和其他地段的行动，德军情报部门因而没有发现对方的这场集结。

沿斯大林格勒战略方向实施集结，准备执行"天王星"行动的部队由西南方面军、顿河方面军和斯大林格勒方面军构成。这些部队占据了850公里宽的防区，从斯大林格勒西北方340公里处的顿河畔上马蒙（Verkhnyi Mamon）

向东南方延伸至斯大林格勒北面的伏尔加河，然后沿伏尔加河及其西部地域南延近420公里，直至阿斯特拉罕南面的里海北岸。三个方面军由北至南呈单战略梯次部署，并配以适当的战略预备队，各自的位置如下：

·西南方面军，N.F.瓦图京中将指挥，以近卫第1集团军、坦克第5集团军和第21集团军占据250公里宽的战区，从上马蒙延伸至顿河畔的克列茨卡亚，并获得空军第17和第2集团军的支援。

·顿河方面军，K.K.罗科索夫斯基中将指挥，以第24、第65和第66集团军占据150公里宽的战区，从顿河畔的克列茨卡亚延伸至伏尔加河畔的叶尔佐夫卡，并获得空军第16集团军的支援。

·斯大林格勒方面军，A.I.叶廖缅科上将指挥，以第62、第64、第57、第51和第28集团军占据450公里宽的战区，从斯大林格勒北面伏尔加河畔的雷诺克延伸至阿斯特拉罕南面的里海北岸，并获得空军第8集团军的支援。

与沿斯大林格勒方向展开行动的三个方面军的整体部署一样，参加"天王星"行动的各方面军都呈单梯次配置，基本上没有第二梯队，仅有少量战役预备队。这是因为，尽管苏军为进攻行动集结了大批兵力，但各个方面军缺乏足够的兵力，无法构建更深梯次配置的进攻队列。双方的兵力对比虽然对进攻方有利，但并不是压倒性的。这种比率，再加上各方面军主要突击地域当面之敌的防御特性，以及苏军意图达成战略、战役突然性，使之有必要在初始阶段尽可能多地投入有生力量。这些因素促使各方面军司令员采用了单梯次战役配置。如下文所述，各方面军实施进攻或防御的集团军采用的战术梯次配置，反映出任务、敌我兵力、地形和对进攻发起时的天气预报这些常见因素。

战略和战役指挥

与拟制"天王星"计划时一样，反攻发起后，苏联最高统帅部大本营（就其定义和实际而言，是国家武装力量最高战略领导机构）将在协调、监督方面发挥主导作用。[2]反过来说，策划和实施"天王星"行动时，最高统帅部又接受苏联国防委员会（GKO）的战略指导，在苏联共产党中央委员会总书记、苏联武装力量最高统帅斯大林看来，GKO就是一个虚拟战时内阁。GKO实施集体领导，但由斯大林作最后的决定，GKO指导、监督、支持人民委员会及其辖下各人民委员部、最高统帅部和其他所有涉及战时努力的政府、军事机关和机构的工作。

从斯大林、苏共中央政治局、GKO获得战略指导方针，并从派往战地的代表和各方面军指挥员处得到具体建议后，最高统帅部负责做出关于策划、准备、实施、支援军事战役和战略行动以及组建、部署战略预备队的一切决策。这些任务获得特别顾问们组成的一个常设"顾问团"和红军总参谋部的协助。顾问们为其提供了各种专业知识，从精确的军事问题（例如使用炮兵和坦克力量）到其他重要事务（例如国家安全和对军队的政治控制），范围非常广泛。总参谋部是最高统帅部的主要工作机构，负责拟制所有战略、战役计划，以实施与"天王星"行动相关的具体战役。但在整个过程中，最高统帅部与派往战地的代表和各方面军密切协商，从而协调、修改、批准这些计划。另外，这些计划还涉及其他人民委员会（特别是国防人民委员会，简称NKO）的意见，并要求斯大林和GKO给予批准。一旦这些计划得到批准，行动发起后，最高统帅部、最高统帅部代表和各方面军将在斯大林、党中央和GKO的指导下协调、实施军事行动，并为其提供物资和后勤支援。

所谓的最高统帅部代表在策划、实施"天王星"战略行动的整个过程中发挥了关键作用。这些代表是斯大林精心挑选出来的、经验丰富的元帅和将领，他们被派往前线各方面军，确保作战计划获得恰当的发展和协调，行动发起后得到正确的执行。在"天王星"行动中，最重要的最高统帅部代表是G.K.朱可夫大将、A.M.华西列夫斯基上将和V.V.沃罗诺夫炮兵上将。他们监督、协调了"天王星"行动的所有策划工作，在9月末和10月初的策划工作关键阶段指导了军事行动，组织起指挥和控制工作，并与西南方面军、顿河方面军、斯大林格勒方面军密切配合。在此过程中，他们特别关注的是：坦克、机械化和骑兵军的行动；拟制各种指示、命令和指令；确保战役的保密性；战略和战役交通；坦克、炮兵、步兵间的密切配合和地空协同。

这些最高统帅部代表，与执行"天王星"行动的各方面军司令员一同在一个复杂的指挥网内展开工作，这些指挥所的位置都经过仔细选择，以便更有效地策划、实施反攻。一般说来，指挥网包括方面军主指挥部（距离前线70—

80公里）、方面军前进指挥所（距离前线20—30公里）和方面军辖内诸集团军指挥所。集团军指挥所距离前线8—10公里，与在辅助方向发起行动的集团军相比，在主要突击方向遂行进攻的集团军指挥所的位置更加靠前。

苏军作战序列

西南方面军

"天王星"行动中遂行进攻的三个方面军里，实力最强、最重要的是西南方面军，首先是因为该方面军构成了计划中的北钳，是实施深远合围的两支铁钳中更强的一支。负责制定战役计划，并指导、协调、监督作战行动的方面军军事委员会由N.F.瓦图京中将（方面军司令员）、军级政委A.S.热尔托夫（政委）和G.D.斯捷利马赫少将（参谋长）组成。[3]该方面军250公里宽的作战地幅从上马蒙沿顿河延伸至斯大林格勒西北方115公里处的克列茨卡亚，任务是从谢拉菲莫维奇和克列茨卡亚地域的顿河南岸登陆场发起一场主要突击。

瓦图京麾下的坦克第5集团军和第21集团军构成了"天王星"行动北钳突击集群的核心。为这两个集团军提供支援的是近卫第1集团军，该集团军的任务是掩护方面军突击集群的右翼，并做好向西南方扩大攻势的准备，西南方面军编成内的空军第17集团军和沃罗涅日方面军辖下空军第2集团军的主力提供空中支援。坦克第5集团军和第21集团军以步兵和支援兵种从斯大林格勒西北方110—180公里、谢拉菲莫维奇和克列茨卡亚地域的顿河南岸登陆场突破敌军防御，并以坦克、机械化和骑兵部队向战役纵深扩大突破，前出至方面军的中间和最终目标（参见表1）。

表1：1942年11月19日，西南方面军编成和高级指挥员（缺炮兵和工程兵单位）

西南方面军——N.F.瓦图京中将
  近卫第1集团军——D.D.列柳申科中将；副司令员V.I.库兹涅佐夫中将
    步兵第1、第153、第197、第203、第266、第278师
    近卫机械化第1军——I.N.鲁西亚诺夫少将
      近卫机械化第1、第2、第3旅
      近卫坦克第16、第17团
    独立摩托化步兵第22旅

表 1（接上页）

坦克第5集团军——P.I.罗曼年科少将
　　近卫步兵第14、第47、第50、步兵第119、第159、第346师
　　坦克第1军——V.V.布特科夫坦克兵少将
　　　　坦克第89、第117、第159旅
　　　　摩托化步兵第44旅
　　坦克第26军——A.G.罗金坦克兵少将
　　　　坦克第19、第157、第216旅
　　　　摩托化步兵第14旅
　　骑兵第8军——M.D.鲍里索夫少将
　　　　骑兵第21、第55、第112师
　　近卫坦克第8旅
　　摩托车第8团
　　独立坦克第510、第511营

第21集团军——I.M.奇斯佳科夫中将
　　步兵第63、第76、第96、第277、第293、第333步兵师
　　坦克第4军——A.G.克拉夫钦科坦克兵少将
　　　　坦克第45、第69、第102旅
　　　　摩托化步兵第4旅
　　近卫骑兵第3军——I.A.普利耶夫少将
　　　　近卫骑兵第5、第6、骑兵第32师
　　独立歼击第5旅
　　近卫独立坦克第1、第2、第4团
　　独立反坦克步枪第1、第21、第60、第99营

军第17集团军——S.A.克拉索夫斯基空军中将[①]
　　混编航空兵第1军——V.I.舍甫琴科空军少将
　　　　强击航空兵第267师
　　　　歼击航空兵第288师
　　轰炸航空兵第221师
　　夜间轰炸航空兵第262师
　　歼击航空兵第282师
　　强击航空兵第208、第637师
　　远程侦察航空兵第10中队
　　独立轰炸航空兵第331中队

空军第2集团军（调自沃罗涅日方面军）**——K.N.斯米尔诺夫空军少将**
　　歼击航空兵第205、第207师
　　夜间轰炸航空兵第208师
　　强击航空兵第227师
　　侦察航空兵第50团
　　远程侦察航空兵第324中队

方面军直属部队：没有步兵、坦克、机械化或骑兵兵团

---

① 译注：少将。

※ 资料来源：A.M. 萨姆索诺夫，《斯大林格勒战役》（Stalingradskaia bitva，莫斯科：科学出版社，1983 年），第 569 页；V.A. 佐洛塔廖夫（主编），《伟大卫国战争中的作战部队，1941—1945 年》（Velikaia Otechestvennaia, Deistvuiushchaia armiia 1941–1945 gg，莫斯科：勇气出版社和库奇科沃原野出版社，2005 年）；M.G. 沃扎金（主编），《伟大卫国战争中的集团军指挥员：军事传记辞典》（Velikaia Otechestvennaia Komandarmy: Voennyi biograficheskii slovar，莫斯科 – 茹科夫斯基：库奇科沃原野出版社，2005 年）；M.G. 沃扎金（主编），《伟大卫国战争中的军级指挥员：军事传记辞典》（Velikaia Otechestvennaia Komkory: Voennyi biograficheskii slovar v 2-kh tomakh，莫斯科 – 茹科夫斯基：库奇科沃原野出版社，2006 年）；《1941—1945 年，伟大卫国战争期间苏联武装力量军、师级指挥员》（Komandovanie korpusnogo i divizionnogo zvena Sovetskikh vooruzhennykh sil perioda Velikoi Otechestvennoi voiny 1941–1945 gg，莫斯科：伏龙芝军事学院，1964 年），绝密。

瓦图京的半数力量（包括所有快速部队）来自最高统帅部预备队。这些士兵几乎都是过去参加过战斗的老兵，大多数人夏季和初秋曾在沃罗涅日、顿巴斯东部地域和斯大林格勒接近地的激战中流血负伤。现在，他们经过休整和补充，在经验丰富的指挥员的率领下重返前线，最高统帅部希望他们在即将到来的战斗中，能为迄今为止并不太出色的作战记录增光添彩。

瓦图京部队中最重要的是重新组建的坦克第5集团军，由普罗科菲·洛格维诺维奇·罗曼年科中将指挥，当年8月，他指挥坦克第3集团军参加了西方面军在科泽利斯克地区发起的攻势，并从机械化作战的惨痛教训中学到了许多东西。[4]协助罗曼年科的是他的军事委员会委员，L.G.图马尼扬坦克兵少将[①]和集团军参谋长A.I.丹尼洛夫少将。1942年7月，坦克第5集团军的前身曾以编成内不同的军在沃罗涅日地区发起过壮观但徒劳无获的反突击。少数宝贵的参谋人员和指挥员留在集团军内，他们打算在斯大林格勒地域恢复其受损的声誉（参见本三部曲第二部）。

7月下旬撤离前线后，坦克第5集团军在布良斯克方面军后方的普拉夫斯克接受休整和补充，随后更改部署，悄然南调至西南方面军后方，在谢拉菲莫维奇到达顿河以北地域。在此过程中，罗曼年科集团军扩大为一股强大的力量，编有6个步兵师、2个坦克军、1个骑兵军、1个独立坦克旅、2个独立坦克营、11个反坦克歼击炮兵团、9个炮兵团（4个榴弹炮团和5个野炮团）、3个迫

---

① 译注：图马尼扬此时是师级政委，12月6日晋升少将。

击炮团（外加骑兵第8军的1个团）、3个近卫迫击炮（喀秋莎）团、10个重型近卫迫击炮营（外加坦克第1军的1个营）、1个完整的高射炮师（辖4个团）、5个高射炮团、3个独立高射炮营、1个特种工程兵旅、2个独立工程兵营和5个舟桥营。[5]

坦克第1、第26军构成了坦克第5集团军装甲力量的核心。前者1942年3月31日组建，目前由V.V.布特科夫将军指挥，当年7—8月，该军在卡图科夫将军麾下参加过沃罗涅日地域的激战，表现强于其他军。1941年夏季，布特科夫曾在列佩利和斯摩棱斯克地域的战斗中任机械化第5军副军长，1941年末到1942年，他在汽车装甲坦克总部担任费多连科的副手，9月13日出任坦克第1军军长。[6]11月初，布特科夫的坦克军已经满编，共13559人，171辆坦克；但是，该军向前部署时于11月18日遭到德军空袭，这个数字有所下降。

A.G.罗金将军指挥的坦克第26军组建于1942年7月底，错过了当年夏季的激战，但他们将在"天王星"行动中接受战火的洗礼。罗金的坦克军兵力与坦克第1军大致相当，也有171辆坦克，但部分战车需要修理。[7]罗金在1942年的战绩相当出色，最终在库尔斯克战役期间升任坦克第2集团军司令员。

骑兵第8军也是一支久经沙场、经验丰富的部队。1942年1月15日组建后，先后有过三位指挥员——P.P.科尔尊上校[①]、A.S.扎多夫少将、I.F.卢涅夫上校——当年7—8月参加过沃罗涅日地域的激战。该军现任军长是M.D.鲍里索夫少将，他曾是一名炮兵，1924年转入骑兵部队。20世纪20年代末，他率领一个骑兵团在中亚地区打击巴斯马奇匪帮，1941年夏秋季的"巴巴罗萨"战役初期，他指挥着独立骑兵第31师，先后隶属于中央方面军和布良斯克方面军。由于该师在莫斯科保卫战中表现出色，被授予近卫骑兵第7师的荣誉番号。鲍里索夫随后短期担任近卫骑兵第1军军长，1942年10月出任骑兵第8军军长。[8]"天王星"行动发起前，该军编有2个师，兵力超过16000人。[9]

截至1942年11月20日，坦克第5集团军的总兵力为104196人，其中90600人隶属于作战兵团和部队。该集团军共有2538门火炮/迫击炮和359辆坦克（60

---

① 译注：少将。

辆重型、144辆中型、155辆轻型坦克）。[10]

　　部署在方面军左翼、坦克第5集团军东面的是伊万·米哈伊洛维奇·奇斯佳科夫中将的第21集团军，军事委员会委员是旅级政委P.I.克赖诺夫，参谋长是V.A.彭科夫斯基少将。奇斯佳科夫指挥着6个步兵师，外加坦克第4军、近卫骑兵第3军、1个独立歼击旅、3个独立坦克团、4个独立反坦克步枪营、1个满编炮兵师（辖3个榴弹炮团、2个野炮团、3个反坦克歼击炮兵团）、6个反坦克歼击炮兵团、2个身管炮兵团、3个迫击炮团（外加近卫骑兵第3军的1个团）、3个近卫迫击炮团和近卫骑兵第3军的1个独立近卫迫击炮营。第21集团军还编有1个高射炮师（4个团）、5个高射炮团、1个独立高射炮营和2个独立工程兵营。[11]

　　第21集团军的快速部队是坦克第4军和近卫骑兵第3军，分别由A.G.克拉夫钦科坦克兵少将和I.A.普利耶夫少将指挥。坦克第4军组建于1942年3月31日，曾抗击过遂行"蓝色"行动的德军，1942年7月，该军在米舒林将军的率领下参加过沃罗涅日以西地域的激战。获得补充后，该军继续由米舒林指挥，8月下旬调至科特卢班地域，作为"科瓦连科"集群的组成部分在与德军第14装甲军的战斗中损失惨重（参见本三部曲第一、第二卷）。克拉夫钦科将军9月18日接掌该军后，参加了斯大林格勒方面军和顿河方面军在科特卢班地域发起的两次反突击，该军再次遭受到巨大损失，但其顽强的战斗风格给最高统帅部和方面军司令部留下了深刻印象。[12]克拉夫钦科9月份率领坦克第2军在斯大林格勒接近地的战斗中表现出色，因而获得少将军衔，并指挥坦克第4军参加了在斯大林格勒西北方打击德国第6集团军第14装甲军的重要战斗。尽管几周前损失惨重，但截至11月中旬，最高统帅部和方面军司令部设法为克拉夫钦科提供了159辆坦克，"天王星"行动发起时，该军拥有143辆可用的坦克。[13]

　　正如其"近卫军"番号表明的那样，近卫骑兵第3军是1942年秋季红军三个最杰出的骑兵军之一。该军组建于1941年3月14日，最初的番号是骑兵第5军，战争爆发时是红军仅有的三个骑兵军之一。1941年夏季和秋季，该军在卡姆科夫和克留琴金将军的指挥下参加了基辅地区的激战，1941年12月在叶列茨担任"科斯坚科"集群的先头部队，赢得了战胜德国第2集团军的重大胜利。后一场战役使该军1941年12月26日获得近卫军称号。1942年1—2月，克留琴金的骑兵军参加了布良斯克方面军向奥廖尔发起的未遂攻势，1942年5月，该军在哈尔科夫进攻战役中充当西南方面军的北钳，但这场攻势以失败告终。1942年7月初，普利耶夫将军出任军长，率领该军参加了整个夏季战役。11月中旬时，普利耶夫的近卫骑兵军有22000多人。

普利耶夫可以说是红军在战争期间诞生的两位最优秀的骑兵指挥员之一，1941年8月在斯摩棱斯克，10月在莫斯科地区，他指挥骑兵第50师参加了"多瓦托尔"骑兵集群向德军后方发起的戏剧性突袭。该师荣获近卫骑兵第3师番号后，普利耶夫在莫斯科保卫战期间指挥近卫骑兵第2军；1942年1—2月的巴尔文科沃—洛佐瓦亚进攻战役和1942年5月失败的哈尔科夫进攻战役中，他指挥南方面军新组建的骑兵第5军。"蓝色"行动初期，他出任近卫骑兵第3军军长，7月份率领该军向东撤过顿河，8月下旬，他的军担任斯大林格勒方面军的先锋，一举夺取了至关重要的谢拉菲莫维奇登陆场。[14]

截至1942年11月20日，第21集团军的总兵力为103270人，作战兵力为92056人，共计2520门火炮/迫击炮和199辆坦克（85辆重型、57辆中型、57辆轻型坦克）。[15]

最后是以原第63集团军改编、加强而成的近卫第1集团军，司令员是德米特里·丹尼洛维奇·列柳申科中将，军事委员会委员为旅级政委I.S.科列斯尼琴科，参谋长是I.P.克鲁彭尼科夫少将。根据最高统帅部11月1日的指令，该集团军部署在西南方面军右翼，最初编有近卫步兵第4、第6、近卫机械化第1军和步兵第1、第153、第197师。1941年10月，列柳申科率领近卫步兵第1军在奥廖尔和姆岑斯克成功迟滞了古德里安的第2装甲集群，从而赢得了名声。莫斯科防御、反击战期间，他在西方面军先后指挥过第5、第30集团军。[16]

出于以下几个原因，列柳申科集团军的兵力强于瓦图京麾下的其他集团军。首先，自7月下旬以来，该集团军一直没有参加过激战，各步兵师接近满编，几乎毫发无损。其次，集团军辖内的大多数步兵师较为新锐，因为最高统帅部希望将（应该能成功的）"天王星"攻势扩展为更具雄心的"土星"行动，库兹涅佐夫的集团军[①]将发挥重要作用。最高统帅部期望红军借"土星"

---

① 译注：第63集团军11月4日改为近卫第1集团军，首任司令员是第63集团军原司令员库兹涅佐夫。

行动前出至罗斯托夫地区，也许能在德国A集团军群逃离高加索山区前将其主力堵住。第三点，作为尔后意图的标志，最高统帅部在"天王星"行动发起前将新组建的近卫机械化第1军交给近卫第1集团军，但在具体指令中要求，"天王星"行动成功后才能将该军投入战斗。最后一点，虽然最高统帅部最初并未将近卫步兵第4、第6军调拨给列柳申科集团军，而是给他派去6个单独的步兵师，但预计到该集团军将在"土星"行动中发挥的作用，斯大林最终指定新组建的2个近卫步兵军和步兵第14军，在"天王星"行动发起不久之后立即加入列柳申科集团军。[17]

11月20日，近卫第1集团军编有6个步兵师，每个师都近乎满编；1个机械化军；1个独立摩托化步兵旅；1个身管炮兵团[①]；3个反坦克歼击炮兵团；1个近卫迫击炮团和1个近卫迫击炮营（后者隶属于近卫机械化第1军）；1个高射炮团；1个独立工程兵营；2个舟桥营。[18]集团军总兵力为155069人，作战兵力为142869人，共计3308门火炮/迫击炮和163辆坦克（113辆中型、50辆轻型坦克），这些坦克都配属给近卫机械化第1军。[19]

瓦图京没有预备队，"天王星"行动发起前，西南方面军编有18个步兵师、3个坦克军、1个机械化军、2个骑兵军（辖6个骑兵师）、1个独立坦克旅、3个独立坦克团、2个独立坦克营、1个独立摩托化步兵旅、1个独立歼击旅、1个摩托车团、4个独立反坦克步枪营。这股力量还获得1个炮兵师、12个炮兵团、20个反坦克歼击炮兵团、8个迫击炮团、7个近卫迫击炮团、13个近卫迫击炮营、2个高射炮师、12个独立高射炮团、6个独立高射炮营、1个特种工程兵旅、1个战斗工兵旅、5个工程兵营和7个舟桥营的支援。方面军总兵力为389902人，作战兵力为331984人，并加强有8655门火炮/迫击炮、721辆坦克（145辆重型、314辆中型、262辆轻型坦克）、359架战机（311架可用）。[20]西南方面军辖内各个师的平均兵力为8800人。最高统帅部相信该方面军的实力足以打击并决定性地击败对面罗马尼亚第3集团军6个虚弱的师。

---

① 译注：身管火炮是指有炮管的火炮，这是相对于火箭炮而言的概念。

斯大林格勒方面军

虽然斯大林格勒方面军的实力在遂行进攻的三个方面军中位居第二，但其任务和西南方面军同样重要，因为他们构成了计划中深远合围的南钳。斯大林格勒方面军军事委员会由A.I.叶廖缅科上将（方面军司令员）、旅级政委N.S.赫鲁晓夫和I.S.瓦连尼科夫少将（参谋长）组成。[21]方面军作战地幅的宽度约为450公里，从斯大林格勒北郊的雷诺克沿阿赫图巴河、伏尔加河及其西部地域向南延伸，直至阿斯特拉罕南面的里海北岸。方面军的任务是从斯大林格勒南面5—70公里处的别克托夫卡登陆场和湖区发起"天王星"行动的第二个主要突击。

为遂行这项任务，叶廖缅科方面军以第64、第57和第51集团军组成突击集群。这些集团军的步兵将在城市南面的数个地段突破轴心国军队的防御；坦克第13军和机械化第4军组成的快速集群将构成"天王星"行动的南钳，骑兵第4军向南推进，掩护突击集群的左翼。斯大林格勒方面军右翼，崔可夫第62集团军的残部仍在斯大林格勒城内坚守不断缩小的立足地，他们将实施积极防御，牵制住德国第6集团军仍在城内苦战的部队。斯大林格勒方面军遥远的左翼，实力弱小的第28集团军守卫着阿斯特拉罕接近地和伏尔加河河口，他们将向西推进，掩护叶廖缅科方面军免遭来自南面的威胁，可能的话，同高加索地区的苏军取得联系。斯大林格勒方面军的5个集团军得到空军第8集团军的战机、伏尔加河区舰队的舰艇、斯大林格勒军级防空地域部署在城市周边的高射炮和歼击-截击机的支援。

在最高统帅部看来，斯大林格勒方面军拥有的步兵力量和支援武器足以在斯大林格勒南部的两个主要地段突破轴心国军队的防御。该方面军有足够的坦克和机械化力量扩大突破，进入战役纵深，并到达方面军的中间和最终目标（参见表2）。

叶廖缅科方面军编成内的5个野战集团军在人员和火炮力量方面相对较弱。各集团军的总兵力从54000人至略少于67000人、火炮/迫击炮数量从1093门至1196门不等。[22]鉴于他们抗击的敌人的力量，这一点完全可以理解：9个虚弱的德军师在斯大林格勒城内战斗或防御；2个德国师和1个罗马尼亚步兵师部署在斯大林格勒南郊及其以南地域；4个较弱的罗马尼亚步兵师、1个骑兵师

表2: 1942 年 11 月 19 日，斯大林格勒方面军编成和高级指挥员（缺炮兵和工程兵单位）

斯大林格勒方面军——A.I.叶廖缅科上将

　　第62集团军——V.I.崔可夫中将

　　　　近卫步兵第13、第37、第39、步兵第45、第95、第112、第138、第193、第284、第308师

　　　　步兵第42、第92、第115、第124、第149、第160旅

　　　　坦克第84旅

　　　　独立坦克第506营（坦克第235旅）

　　第64集团军——M.S.舒米洛夫中将

　　　　步兵第7军——S.G.戈里亚切夫少将

　　　　　　步兵第93、第96、第97旅

　　　　近卫步兵第36、步兵第29、第38、第157、第204师

　　　　海军步兵第66、第154旅

　　　　歼击第20旅

　　　　文尼察步校混编学员团

　　　　第118筑垒地域

　　　　坦克第13、第56旅

　　　　独立装甲列车第28营

　　第51集团军——N.I.特鲁法诺夫少将

　　　　近卫步兵第15、步兵第91、第126、第302师

　　　　第76筑垒地域

　　　　机械化第4军——V.T.沃利斯基坦克兵少将

　　　　　　机械化第36、第59、第60旅（分别辖坦克第26、第20、第21团）

　　　　　　独立坦克第55、第158团

　　　　骑兵第4军——T.T.沙普金中将

　　　　　　骑兵第61、第81师

　　　　独立摩托化步兵第38旅

　　　　坦克第254旅

　　第57集团军——F.I.托尔布欣中将

　　　　步兵第169、第422师

　　　　步兵第143旅

　　　　独立"机枪-火炮"第45、第172、第177营（第76筑垒地域）

　　　　坦克第13军——T.I.塔纳希申坦克兵少将[1]

　　　　　　机械化第17、第61、第62旅（分别辖坦克第44、第176、第163团）

　　　　坦克第90、第235旅

　　　　独立摩托车第156营

　　第28集团军——V.F.格拉西缅科中将

　　　　　　近卫步兵第34、步兵第248师

　　　　　　步兵第52、第152、第159旅

　　　　　　第78、第116筑垒地域

　　　　　　独立骑兵团（营）

---

① 译注：上校。

表2：（接上页）

　　　　　近卫坦克第6旅
　　　　　独立坦克第565营
　　　　　独立装甲车第35营
　　　　　独立装甲列车第30、第33、第46营
空军第8集团军——T.T.赫留金空军少将
　　　混编航空兵第2军——I.T.叶廖缅科空军少将
　　　　　歼击航空兵第201、第235师
　　　　　强击航空兵第214师
　　　强击航空兵第206师
　　　混编航空兵第226、第289师
　　　轰炸航空兵第270师
　　　夜间轰炸航空兵第272师
　　　歼击航空兵第268、第287师
　　　侦察航空兵第8团
　　　混编航空兵第23、第282、第633、第655、第932团
　　　运输航空兵第678团
　　　校准航空兵第31、第32中队
　　　高射炮兵第459团
斯大林格勒军级防空地域——E.A.赖宁上校（至1943年2月）
　　　近卫高射炮兵第73、高射炮兵第748、第1077、第1079、第1080、第1082、第1083团
　　　高射炮兵第82、第106、第188、第267营
　　　独立第72、第122、第126、第132、第137、第141、第142、第181号高射装甲列车
　　　歼击航空兵第102师
伏尔加河区舰队——D.D.罗加乔夫海军少将（至1943年2月）
　　　江河舰艇第1、第2支队
　　　独立装甲拖船
方面军直属部队
　　　步兵第300师
　　　第77、第115、第156筑垒地域
　　　坦克第85旅
　　　独立坦克第35、第166旅

※ 资料来源：A.M.萨姆索诺夫，《斯大林格勒战役》，第569页；V.A.佐洛塔廖夫（主编），《伟大卫国战争中的作战部队，1941—1945年》；M.G.沃扎金（主编），《伟大卫国战争中的集团军指挥员：军事传记辞典》；M.G.沃扎金（主编），《伟大卫国战争中的军级指挥员，军事传记辞典》；《1941—1945年，伟大卫国战争期间苏联武装力量军、师级指挥员》，绝密。

之一部、1个摩托化支队位于城市更南面的湖区。但是，各集团军在快速部队实力方面的差异更大，特别是他们的坦克、机械化和骑兵部队。

与从最高统帅部预备队获得大部分兵力的西南方面军不同，斯大林格勒方面军辖内的大多数部队自1942年9月以来一直在斯大林格勒地域激战，特别是第62、第64集团军辖下的各个师和旅。最高统帅部以坦克第13军、机械化第4军、骑兵第4军、步兵第87、第315师、6个步兵旅、1个摩托化步兵旅、3个坦克旅、6个防空地域炮兵团和2个反坦克歼击炮兵团加强斯大林格勒方面军。但坦克第13军在1942年7月末和8月顿河大弯曲部的激战中"严重受损"；步兵第87师9月份在斯大林格勒郊区参战，后调入最高统帅部预备队接受休整和补充；步兵第315师9月份还跟随近卫第1集团军参加了科特卢班地域的战斗。

叶廖缅科麾下实力较强的是费多尔·伊万诺维奇·托尔布欣中将的第57集团军和尼古拉·伊万诺维奇·特鲁法诺夫少将的第51集团军。这两个集团军构成了方面军的突击集群，受领的任务是从两个地段发起主要突击。因此，每个集团军拥有的坦克超过200辆，远远多于方面军辖内另外三个集团军。自1942年8月初以来，托尔布欣集团军作为东南方面军的组成部分，一直在斯大林格勒南部湖区的北半部作战，9月30日后，该集团军转隶斯大林格勒方面军。截至11月18日，第57集团军编有实力强大的坦克第13军、2个步兵师、1个步兵旅、2个坦克旅、3个独立"机枪–火炮"营和1个独立摩托车营。[23]集团军军事委员会包括司令员托尔布欣中将、旅级政委N.E.苏博京、参谋长N.Ia.普里希德科上校。[24]

T.I.塔纳希申上校[①]的坦克第13军虽然番号是"坦克"军，但更像是一个大型机械化军。该军编有3个机械化旅，每个旅辖1个独立坦克团，共计205辆中型、轻型坦克。坦克第13军组建于1942年5月23日，自7月17日以来一直由塔纳希申指挥，隶属于坦克第1集团军，1942年8月在顿河大弯曲部的激战中表现出色，但几乎全军覆没。9月，该军残部在斯大林格勒南面支援第64集团军争夺别克托夫卡登陆场。激烈的战斗使该军辖下的几个坦克旅损失殆尽，最高统

---

①译注：坦克兵少将。

帅部11月1日签发指令，将3个新组建的机械化旅和相应的坦克团运至斯大林格勒地域，最终这些部队重建了坦克第13军。截至11月中旬，塔纳希申军达到满编，共205辆坦克。[25]

截至11月20日，第57集团军的总兵力为66778人，作战兵力为56026人。集团军共有1604门火炮/迫击炮和225辆坦克（4辆重型、122辆中型、99辆轻型坦克）。[26]

特鲁法诺夫将军10月2日接替T.K.科洛米耶茨少将出任第51集团军司令员，该集团军的规模略小于第57集团军。为此，新组建的机械化第4军和骑兵第4军加入其中，以加强该集团军的突击力。第51集团军绝非未经历过激战的菜鸟，集团军1941年10月组建于克里木，当时直属于最高统帅部，第一次参加战斗是当年10—11月在克里木半岛不成功的防御战，抗击曼施泰因率领的德国第11集团军。11月被逐至北高加索地区的塔曼半岛后，该集团军参加了外高加索方面军1941年12月底和1942年1月大胆的"刻赤—费奥多西亚"两栖登陆战，一举收复克里木东端的刻赤半岛。2—5月，第51集团军经历了刻赤地区混乱的战斗，最终再次被逐出克里木半岛，损失惨重。"蓝色"行动期间，科洛米耶茨集团军在罗斯托夫以东沿顿河实施了一场不成功的防御作战，随后撤至斯大林格勒南面的湖区，9—11月，该集团军一直在那里守卫着东南方面军（后改称斯大林格勒方面军）的左翼。[27]

集团军新司令员是尼古拉·伊万诺维奇·特鲁法诺夫，战争爆发时他是机械化第28军参谋长，1941年8月出任外高加索方面军第47集团军参谋长。担任第47集团军副司令员兼后勤部长后，特鲁法诺夫任独立步兵第1军军长，1942年7月短时间指挥第51集团军，病情痊愈后，10月份再度出任第51集团军司令员。[28]

截至1942年11月20日，最高统帅部已经以机械化第4军、骑兵第4军和2个步兵师加强特鲁法诺夫集团军，为其提供了必要的兵力，以便该集团军在"天王星"反攻中发挥重要作用。因此，"天王星"行动发起时，第51集团军编有4个步兵师、1个筑垒地域、1个机械化军、1个骑兵军、1个坦克旅、1个独立摩托化步兵旅、3个炮兵团、3个反坦克歼击炮兵团（外加骑兵第4军和机械化第4军各1个团）、1个迫击炮团、2个近卫迫击炮团、1个高射炮团（隶属于机械化第4军）、3个独立工程兵营和1个舟桥营。[29]集团军军事委员会成员包括司令员特鲁法诺夫、旅级政委A.E.哈列佐夫、参谋长A.I.库兹涅佐夫上校。

第51集团军的装甲铁拳是V.T.沃利斯基坦克兵少将指挥的机械化第4军。这是红军较新的兵团之一，1942年9月18日至10月10日以坦克第28军军部及其残部组建而成，7月末和8月，该军在顿河大弯曲部和斯大林格勒接近地的战斗中几乎全军覆没。机械化第4军组建过程中的指挥员是G.S.罗金少将（并非坦克第26军长A.G.罗金），10月10日组建完毕后由沃利斯基接任。虽说该军较为稚嫩，但大多数指挥员和部分人员颇具作战经验，全军共计20000人，编制力量为220辆坦克。[30]

骑兵第4军编有2个骑兵师，由T.T.沙普金中将指挥，虽然该军1941年12月17日便在中亚军区组建，但几乎没参加过战斗。沙普金率领该军一直待在中亚，1942年10月中旬才奉命加强斯大林格勒方面军第51集团军。该军60%的骑兵是哈萨克族、吉尔吉斯族、乌兹别克族、塔吉克族和土库曼族人。沙普金曾是沙皇军队的一名老兵，内战期间加入反布尔什维克的"白军"一方，后在红军中获得升迁，这种情况极为罕见。[31]

截至11月20日，第51集团军的总兵力为55184人，作战兵力44720人，配有1077门火炮/迫击炮和207辆坦克，其中包括118辆中型和89辆轻型坦克。[32]

斯大林格勒方面军辖内实力较强的第三支部队是瓦西里·菲利波维奇·格拉西缅科中将的第28集团军。该集团军1942年9月9日以斯大林格勒军区和东南方面军的部队组建而成，奉命守卫里海北岸的港口城市阿斯特拉罕以及伏尔加河下游地区。集团军军事委员会由司令员格拉西缅科中将、军级政委A.N.梅利尼科夫和参谋长S.M.罗加切夫斯基少将组成。

格拉西缅科集团军最初直属于最高统帅部，为实施计划中的反攻，该集团军作为斯大林格勒地域部队再部署的组成部分，9月30日转隶斯大林格勒方面军。接掌第28集团军前，格拉西缅科将军1941年6—7月指挥过西方面军命运多舛的第21、第13集团军；9月份任预备队方面军负责后勤的副司令员，10月份任红军后勤部长首席助理，12月任斯大林格勒军区司令员。[33]

截至11月初，第28集团军唯一的对手是德军第16摩步师，该师的几个加强团掩护着B集团军群右翼与A集团军群左翼之间、埃利斯塔以东的广阔区域。"天王星"行动发起前，第28集团军编有2个步兵师、3个步兵旅、2个筑垒地域、1个坦克旅、1个独立坦克营、1个装甲列车营、3辆独立装甲列车、1个近卫迫击炮团、2个独立工程兵营和1个舟桥营。集团军编成内实力最强的部队是近卫步兵第34师，该师1942年8月6日由空降兵第7军改编而成，当时，最高统帅部将9个空降军改编为近卫步兵师，以增援苏联南部陷入困境的部队，近卫步兵第34师就是其中之一。[34]截至11月19日，第28集团军总兵力为64265人，其中作战兵力47891人，拥有1196门火炮/迫击炮和80辆坦克（10辆重型、26辆中型、44辆轻型坦克）。[35]

叶廖缅科方面军辖下实力最弱的是第62和第64集团军，自7月下旬以来，这两个集团军不断卷入激战，损失惨重。从7月和8月初顿河大弯曲部及其南部，以及8月和9月初斯大林格勒接近地的激战中生存下来后，两个集团军竭力据守着伏尔加河西岸的登陆场，第62集团军在斯大林格勒城内，第64集团军位于城市南面的别克托夫卡地域。截至11月，战斗减员将两个集团军辖内的各个师削弱为团级力量，某些师只剩下营级兵力。

瓦西里·伊万诺维奇·崔可夫中将9月9日上任后，第62集团军在两个多月的激战中充当"诱饵"，将德国第6集团军引入斯大林格勒的街道、工厂和其他建筑物内进行一场代价高昂的消耗战（参见本三部曲卷二）。[36]这段时间里，遵照最高统帅部的指示，西南方面军[①]（9月30日后是斯大林格勒方面军）仅为崔可夫提供刚刚够用的援兵，以守住斯大林格勒城的部分地区，牵制、消耗德国第6集团军，并未投入更多部队。这使第62集团军的作战力量保持在50000人左右，但在城内战斗的兵力不到半数。例如，战役期间，该集团军大多数炮兵力量仍留在伏尔加河东岸。第62集团军的部队在斯大林格勒城内消耗殆尽时，斯大林却把大批援兵派往遂行"天王星"行动的各部队，因此，"天王星"行动发起时，第62集团军据守市区的各个师和旅只剩下一具空壳。

"天王星"行动开始时，崔可夫集团军编有10个步兵师（3个近卫师）、6个步兵旅、1个坦克旅、1个独立坦克营、3个身管炮兵团、3个反坦克歼击炮

---

①译注：东南方面军。

兵团、1个迫击炮团（欠1个营）、5个近卫迫击炮团、2个高射炮兵团和2个独立工程兵营。[37]集团军军事委员会由司令员崔可夫中将、师级政委K.A.古罗夫和参谋长N.I.克雷洛夫少将组成。[38]

截至11月20日，由于获得大批师和旅的加强，第62集团军的总兵力为54199人，作战兵力41667人，拥有1237门火炮/迫击炮和23辆坦克（7辆重型、15辆中型、1辆轻型坦克），这些坦克都隶属于集团军辖内的一个坦克旅。[39]此时，第62集团军编成内的10个步兵师，兵力少的只有659人，多的也只有5201人，每个师的平均兵力为2744人。各旅的兵力从271人至3637人不等，平均兵力为1590人。[40]

自9月9日以来，1942年7月下旬组建的第64集团军一直由米哈伊尔·斯捷潘诺维奇·舒米洛夫中将指挥，是斯大林格勒方面军辖下5个野战集团军中实力最弱的一个。[41]第64集团军虽然坦克力量稍强于第62集团军，但兵力和火炮数量不及崔可夫集团军。与斯大林格勒城内的友军一样，舒米洛夫集团军自9月初以来一直竭力据守着伏尔加河西岸的别克托夫卡登陆场。从那时起，该集团军还在城市南面发起过三场大规模反突击和数次规模较小的反冲击，这些进攻行动使集团军辖内的师和旅折损严重。截至11月中旬，第64集团军编有1个规模较小的步兵军（辖3个新组建的步兵旅）、5个步兵师（包括1个近卫师）、2个海军步兵旅、1个独立歼击旅、1个筑垒地域、2个坦克旅、1个步校混编学员团、1个装甲列车营、4个反坦克歼击炮兵团、1个重型近卫迫击炮团（欠2个营）、2个近卫迫击炮团、2个高射炮团和3个独立工程兵营。[42]集团军军事委员会由司令员舒米洛夫中将、旅级政委Z.T.谢尔久克和参谋长I.A.拉斯金少将组成。[43]

第64集团军最主要的步兵部队是近卫步兵第36师，与第28集团军辖下的近卫步兵第34师一样，近卫步兵第36师是1942年8月6日由空降兵第9军改编而成。该师8月中旬在第57集团军辖下、8月末在第64集团编成内作战，抗击德国第4装甲集团军的推进，还为秋季发起的反冲击和反突击行动充当先锋，协助第64集团军守卫别克托夫卡登陆场。[44]与北面的第62集团军不同，11月头两周，第64集团军获得了最高统帅部提供的大批援兵，其中包括来自最高统帅部预备队的步兵第7军（辖3个步兵旅）和调自斯大林格勒方面军预备队的步兵第

38师及坦克第13旅。步兵第38师当年秋季在第64集团军辖内参加过激烈的战斗，9月末撤离前线接受休整和补充。坦克第13旅9月和10月初隶属于坦克第13军，10月底调入方面军预备队，11月初作为独立坦克旅重返第64集团军，为步兵提供支援。

获得这些援兵后，第64集团军11月20日的总兵力为53742人，作战兵力40490人，并获得1093门火炮/迫击炮和40辆坦克（1辆重型、27辆中型、12辆轻型坦克）的加强，这些坦克隶属于坦克第13、第56旅。[45]

总的说来，"天王星"行动发起时，叶廖缅科的斯大林格勒方面军（包括预备队）拥有1个步兵军、24个步兵师（预备队1个）、15个步兵旅、7个筑垒地域（预备队3个）、1个坦克军、1个机械化军、1个骑兵军（辖2个骑兵师）、8个独立坦克旅（预备队1个）、1个摩托化步兵旅、1个独立歼击旅、2个独立坦克团（预备队）和1个独立坦克营。这股力量获得14个炮兵团、18个反坦克歼击炮兵团、3个迫击炮团、14个近卫迫击炮团、1个近卫迫击炮营、4个装甲列车营、1个高射炮师、14个高射炮团、5个高射炮营、1个特种工程兵旅、2个战斗工兵旅、14个工程兵营、6个舟桥营、1个近卫扫雷工兵营和1个独立战斗工兵营的支援。[46]方面军总兵力为367943人，作战兵力为258317人，并获得6739门火炮/迫击炮、575辆坦克（22辆重型、308辆中型、245辆轻型坦克）和782架战机（637架可用）的加强。[47]斯大林格勒方面军每个师的平均兵力为4000—5000人，第62和第64集团军辖内各师实力最弱。苏军最高统帅部相信斯大林格勒方面军的战斗力足以突破斯大林格勒南面4个虚弱的罗马尼亚师的防御，并前出至顿河畔卡拉奇东、东南地域。

顿河方面军

参加"天王星"行动的三个方面军中实力最弱的是顿河方面军，方面军军事委员会由司令员康斯坦丁·康斯坦丁诺维奇·罗科索夫斯基中将、旅级政委A.I.基里琴科和参谋长M.S.马利宁少将组成。[48]该方面军实力虚弱，因为辖内诸集团军9月28日前一直据守在斯大林格勒方面军右翼，自9月3日起即便不断发起徒劳无获的进攻，打击德国第6集团军的左翼。因此，最高统帅部开始策划"天王星"行动时，顿河方面军辖下的步兵师、坦克军和坦克旅实力严重不足。反攻策划和准备期间，罗科索夫斯基的部队一直很虚弱，这是因为援兵主要用于加强遂行主要突击任务的西南方面军和斯大林格勒方面军。因此，"天王星"计划明确赋予罗科索夫斯基方面军一项次要任务——牵制德国第6集团军左翼，掩护并支援瓦图京西南方面军发起的攻势。

为完成受领的任务，顿河方面军的3个集团军（第65、第24、第66集团军）将在150公里宽的作战地幅展开行动，从克列茨卡亚和锡罗京斯卡亚的顿河南岸登陆场，沿顿河向东南方延伸至上格尼罗夫斯基（Verkhnyi Gnilovskii），并向东延伸至叶尔佐夫卡南面的伏尔加河。"天王星"计划要求西南方面军第21集团军从克列茨卡亚地域向南突击时，位于顿河方面军右翼的第65集团军为其提供支援和掩护。作战计划还要求顿河方面军中央和左翼的第24、第66集团军牵制德军，遂行辅助突击，协助歼灭德国第6集团军。空军第16集团军为罗科索夫斯基的方面军提供空中支援。另外，如果"天王星"行动取得成功并困住德国第6集团军，罗科索夫斯基方面军将承担起歼灭被围之

表3：1942年11月19日，顿河方面军编成和高级指挥员（缺炮兵和工程兵单位）

顿河方面军——K.K.罗科索夫斯基上将①
  第24集团军——I.V.加拉宁少将
    步兵第49、第84、第120、第173、第214、第233、第260、第273、第298师
    第54筑垒地域
    独立反坦克步枪第58、第61营
    坦克第16军——A.G.马斯洛夫坦克兵少将（11月19日后转隶方面军）
      坦克第107、第109、第164旅
      摩托化步兵第16旅
    坦克第10旅
    独立装甲车第134、第224、第229营
  第65集团军——P.I.巴托夫中将
    近卫步兵第4、第27、第40、步兵第23、第24、第252、第258、第304、第321师
    独立反坦克步枪第59、第64营
    坦克第91、第121旅
    独立装甲列车第59营
  第66集团军——A.S.扎多夫中将
    步兵第64、第99、第116、第226、第299、第343师

---

① 译注：中将。

表 3（接上页）

  独立反坦克步枪第63营

  坦克第58旅

 空军第16集团军——S.I.鲁坚科空军少将

  歼击航空兵第220、第283师

  强击航空兵第228、第291师

  夜间轰炸航空兵第271师

  近卫轰炸航空兵第10团

  侦察航空兵第325中队

 方面军直属部队

  第159筑垒地域

  独立反坦克步枪第65、第66、第97、第98、第99、第100、第101、第102营

  坦克第64、第148旅

  高射装甲列车第39、第40、第377营

※ 资料来源：A.M. 萨姆索诺夫，《斯大林格勒战役》，第569页；V.A.佐洛塔廖夫（主编），《伟大卫国战争中的作战部队，1941—1945年》；M.G.沃扎金（主编），《伟大卫国战争中的集团军指挥员：军事传记辞典》；M.G.沃扎金（主编），《伟大卫国战争中的军级指挥员：军事传记辞典》；《1941—1945年，伟大卫国战争期间苏联武装力量军、师级指挥员》，绝密。

敌的主要职责，当然，最高统帅部会为此提供增援力量。虽然顿河方面军实力虚弱，但最高统帅部认为，罗科索夫斯基有足够的力量完成这些有限的任务（参见表3）。

  罗科索夫斯基诸集团军面临的最大挑战是，他们进攻的是德军，而不是罗马尼亚军队。过去的战斗表明，这项任务决不轻松。令情况趋于复杂的是，由于方面军辖内的许多师已在9—10月份的战斗中严重耗损，截至11月2日，罗科索夫斯基已下令解散了7个师。[49]这些师的残余人员重新分配给两个集团军内的其他师。此举将三个集团军编成内的31个师减少为24个，虽然其他师的实力稍稍得到了增强。

  顿河方面军辖下的三个集团军中，实力最强的是帕维尔·伊万诺维奇·巴托夫中将指挥的第65集团军。该集团军在方面军右翼占据了一片80公里宽的作战地幅，这是因为巴托夫集团军将遂行方面军的主要突击，支援西南方面军第21集团军，后者将从巴托夫右侧的克列茨卡亚登陆场向南发起进攻。10月22日，第65集团军由坦克第4集团军改编而成，从而结束了先前遭受的讥讽

和嘲笑：坦克第4集团军是一个只有4辆坦克的集团军。集团军司令员巴托夫经验丰富，10月13日出任坦克第4集团军司令员，随后他便忙着将其打造成一个成熟的野战集团军。[50]

巴托夫集团军最初编有3个步兵师、1个筑垒地域、1个坦克旅和1个摩托化步兵旅，4个反坦克歼击炮兵团、1个近卫迫击炮团和2个高射炮团提供支援。到11月1日，集团军辖内的步兵师增加为6个，提供支援的坦克和火炮力量基本相同。[51] "天王星"行动发起时，第65集团军的实力扩充为9个步兵师（其中3个是近卫师）、2个独立反坦克步枪营、2个坦克旅、1个装甲列车营、4个炮兵团（1个榴弹炮团，3个为集团军直属）、1个反坦克歼击炮兵团、5个近卫迫击炮团（1个重型，4个标准）、3个高射炮团、1个工程兵营和1个舟桥营。[52]

对第65集团军来说值得庆幸的是，虽然步兵第24、第258和第321师在先前的战斗中损失惨重，但辖内大多数步兵师并未参加10月下旬科特卢班地域的血腥激战。当然，巴托夫麾下最出色的部队是几个近卫师——具体说来是近卫步兵第4、第27和第40师。但是，近卫步兵第4和第40师8月末参加了克列茨卡亚和锡罗京斯卡亚地域的战斗，而近卫步兵第27师在同一时期抗击着德军第14装甲军向伏尔加河的戏剧性推进。

截至11月20日，第65集团军的总兵力为74709人，作战兵力63187人，外加1922门火炮/迫击炮和49辆坦克（10辆重型、22辆中型、17辆轻型坦克）。[53]

顿河方面军辖内的另外两个集团军（第24和第66集团军）实力不及第65集团军，这是因为他们参加了科特卢班和叶尔佐夫卡地域的反突击。尽管两个集团军在这些反突击行动中损失惨重，用朱可夫的话来说就是"牺牲品"，但这种近乎自杀的进攻为第62集团军守住斯大林格勒城做出了显著的贡献。另外，由于面对着德国第8军和第14装甲军各师预有准备的防御，"天王星"行动期间，实力虚弱的第24和第66集团军唯一能做的只有骚扰、牵制当面之敌。

相比之下，伊万·瓦西里耶维奇·加拉宁少将的第24集团军实力稍强些，部署在顿河方面军中央的科特卢班和库兹米希地域。1942年9月1日，该集团军以预备队第9集团军为基础第四次组建。前三次组建的第24集团军不是在战斗中全军覆没，就是被直接解散了。[54]10月中旬，加拉宁接替D.T.科兹洛夫少将担任第24集团军司令员，他是一名经验丰富的指挥员，1941年在乌克兰指挥过第18集团军，在季赫温指挥过第59集团军，1942年先后担任过西方面军第33集团军副司令员和沃罗涅日方面军副司令员。[55]

在科兹洛夫和加拉宁的指挥下，1942年9月3日—12日，第24集团军率先发起科特卢班地域的反突击；9月18日—22日、9月23日—10月2日、10月9日—11日，该集团军在同一地区的另外三次反突击行动中遂行辅助突击；10月20日—26日，在该地域再度发起的反突击行动中，第24集团军又一次遂行主要突击。结果，集团军辖内各师严重受损，其中4个不得不解散，以确保其他师的战斗力。"天王星"行动发起时，加拉宁集团军编有9个步兵师、1个筑垒地域、1个坦克旅、2个独立反坦克步枪营、3个独立装甲车营、6个炮兵团、2个反坦克歼击炮兵团、4个近卫迫击炮团（1个重型，3个标准）、2个高射炮团、1个工程兵营和4个战斗工兵营。[56]

与罗科索夫斯基顿河方面军辖内其他集团军不同，第24集团军配有一个坦克军——久经沙场的坦克第16军，但只能等进攻发起后才转隶该集团军。这就使第24集团军能够实施一场大规模辅助突击，从卡恰林斯卡亚地域攻向韦尔佳奇，包围沿顿河设防的德军，当然，前提是"天王星"行动取得成功。坦克第16军在A.G.马斯洛夫坦克兵少将的率领下，曾在科特卢班地域的前三次反突击行动中担任装甲先锋，每一次都损失惨重。[57]因此，尽管撤至后方接受了休整和补充，但11月19日加入第24集团军时，该坦克军只有140辆坦克。不过，罗科索夫斯基认为该军的实力足以完成其受领的任务。

虽然顿河方面军和斯大林格勒方面军一贯将各个师在辖内诸集团军之间来回调动，但第24集团军所有师的实力都严重受损。因此，截至11月20日，加拉宁第24集团军的总兵力为68489人，其中作战兵力56409人，但1899门火炮/迫击炮和48辆坦克（21辆重型、14辆中型、9辆轻型和4辆诸如喷火坦克这类特种坦克）至少在一定程度上弥补了集团军的兵力短缺。[58]

罗科索夫斯基麾下实力最弱的是A.S.扎多夫少将的第66集团军，该集团军在顿河方面军左翼据守着奥尔洛夫卡和叶尔佐夫卡的阵地。第66集团军8月27日以最高统帅部预备队的预备队第8集团军组建而成，是朱可夫在8月末至9月初组建的三个集团军之一，用以打击斯大林格勒北面和西北面、德国第6集团军据守顿河与伏尔加河之间防御的第14装甲军。[59]扎多夫是一名经验丰富的骑兵，1941年6月末和7月曾在乌克兰指挥过空降兵第4军，8月至莫斯科保卫战期间，在中央方面军和布良斯克方面军任第3集团军参谋长，1942年5月起指挥骑兵第8军，当年10月出任第66集团军司令员。[60]他是一位素以顽强作战著称的指挥员，第66集团军10月下旬在叶尔佐夫卡地域的表现证明了这一点，但该集团军的战斗力并不足以突破德军第14装甲军的防御。与右翼的加拉宁集团军一样，扎多夫不得不在11月初解散了麾下的4个师，因为这些师已经彻底丧失了战斗力。

"天王星"行动发起时，第66集团军编有6个步兵师、1个坦克旅、1个反坦克步枪营、2个炮兵团、1个反坦克歼击炮兵团、2个迫击炮团、2个近卫迫击炮团、1个高射炮团和2个独立工程兵营。[61]参加"天王星"行动所有部队（包括遭受重创的第62集团军）中实力最弱的这个集团军总兵力仅为51738人，其中作战兵力39457人，有1568门火炮/迫击炮作支援，辖内唯一的坦克旅仅有5辆坦克（2辆中型、3辆轻型）。[62]虽说实力虚弱，但"天王星"行动发起后不久，该集团军就重创了对手（著名的第14装甲军），这在很大程度上要归功于扎多夫的勇猛。

因此，"天王星"行动发起时，罗科索夫斯基的顿河方面军（包括预备队）辖24个步兵师、2个筑垒地域（1个担任预备队）、1个坦克军、6个独立坦克旅（2个担任预备队）、3个独立装甲车营（预备队）、4个独立装甲列车营、13个独立反坦克步枪营（8个担任预备队）。这股作战力量获得13个炮兵团、4个反坦克歼击炮兵团、2个迫击炮团、12个近卫迫击炮团、9个高射炮团、4个独立高射炮营、1个特种工程兵旅、1个战斗工兵旅、8个工程兵营、5个舟桥营和4个战斗工兵营的支援。[63]

顿河方面军总兵力284373人，作战兵力192193人，外加6625门火炮/迫击炮、254辆坦克（72辆重型、90辆中型、88辆轻型、4辆特种坦克）和388架战机（329架可用）。[64]方面军辖内各师平均兵力5850人，第65集团军各师的平均兵力超过7000人，而66和第24集团军各师平均兵力不到4500人。虽然最高统帅部知道顿河方面军缺乏突破德军防御的战斗力，但他们希望该方面军支援并掩护西南方面军的突击集群，可能的话，包围并歼灭被孤立在顿河大弯曲部以西的德军师。

就这样，通过这番艰巨的努力，苏军最高统帅部设法为遂行"天王星"行动集结起一股强大的力量。三个方面军共计1042218人，作战兵力782548人，共投入22019门火炮/迫击炮、1550辆坦克（239辆重型、712辆中型、595辆轻型、4辆特种坦克）和1529架战机（1277架可用）。[65]最高统帅部、最高统帅部代表朱可夫和华西列夫斯基、总参谋部和三位方面军司令员都相信这股力量足以突破罗马尼亚人的防御，包围并歼灭德国第6集团军。

"天王星"计划

背景：更加广阔的战略计划

虽然直到最近才弄明白，但"天王星"行动实际上是一个更大、更复杂的计划的组成部分，这些以太阳系星球命名的计划共同构成了苏军的一场战略攻势，其规模至少与红军1941年12月初期及中旬在莫斯科赢得胜利后制订的计划同样庞大。在这两份计划中，基于他们对作战艺术的理解，苏军最高统帅部的策划者们认为，一场行动再怎么成功也无法击败德军。因此，他们打算投入战略预备队，沿整个苏德战线发起进攻，打开大批突破口，使德国人无法恢复态势。但是，这种战略构思在去年冬季表明，苏军统帅部不仅野心太大，还力不从心。

"天王星"若达成合围，将歼灭德国B集团军群的先头部队。苏军最高统帅部希望在此基础上发起"土星"行动，向西攻往罗斯托夫，消灭B集团军群主力，切断A集团军群撤离高加索山区的通道，将其一举歼灭。近卫第2集团军将在"土星"行动中担任先锋，这股强大的力量一直留在最高统帅部预备队内。如果他们能夺取罗斯托夫这个关键的交通枢纽，就将切断顿河和伏尔加河以南德军的补给，并把德国A集团军群困在高加索山区。

"天王星"行动的姊妹篇代号为"火星"，这场大规模攻势意图打击德国"中央"集团军群据守勒热夫—维亚济马突出部的部队。在那里，德军战线凶险地伸向东北方的莫斯科，三面被红军加里宁方面军和西方面军包围。正如本三部曲第一部描述的那样，1942年8月，朱可夫没能铲除这个突出部，据守在那里的是德国第9集团军和第3装甲集团军之一部。朱可夫并未灰心，他打算再度发起进攻。在9月下旬与斯大林和华西列夫斯基召开的一场会议上，这位顽固的指挥员说服苏联最高统帅，有足够的预备力量在1942年秋季发起两场大规模攻势，一场在斯大林格勒，另一场在勒热夫。

实际上，勒热夫—维亚济马攻势最初计划于10月12日发起，可能与顿河、斯大林格勒方面军在斯大林格勒地域发起的攻势相配合。可是，苏军最高统帅部10月13日决定采取"不同解决方案"，合围斯大林格勒地域的所有德军，"火星"攻势先是推迟到10月28日，由于气候恶劣又被推延数次，最终决定于11月25日发起，也就是沿顿河展开"天王星"反攻的六天后。

从理论上说，这番延误增加了朱可夫赢得胜利的机会，因为"天王星"反攻将把德军战役预备队从"中央"集团军群的防区吸引到南面。[66]"火星"行动发起时，其规模已扩大，对大卢基地域德军的进攻也包括其中，距离远至勒热夫西北方200公里处的杰米扬斯克。对大卢基的突击计划于11月24日开始，也就是加里宁方面军和西方面军在勒热夫南面和西南面发起主要突击的一天前。正如俄罗斯最新的战争史中描述的那样："加里宁方面军和西方面军奉命沿西方向发起'火星'攻势，意图歼灭勒热夫、瑟乔夫卡、奥列尼诺地域的德国第9集团军和第3装甲集团军，并以部分兵力夺取大卢基和新索科利尼基。"[67]

最后，"火星"攻势定于11月24日发起，马克西姆·阿列克谢耶维奇·普尔卡耶夫将军的加里宁方面军，将以辖内突击第3集团军的先遣支队从东面打击德军守卫大卢基的第3装甲集团军。一天后，加里宁方面军和西方面军的主力突击群将同时从西面和东面攻向勒热夫突出部：加里宁方面军辖下2个新组建的机械化军从西面发起突击，设法与伊万·斯捷潘诺维奇·科涅夫将军西方面军从东面投入进攻的1个坦克军和1个骑兵军会合。策划并将监督这场攻势的朱可夫认为，这些快速部队的实力足以突破德军防御，并在突出部根部中央取得会合。一旦他们会师，就将切断勒热夫地域的德军，合兵一处的两股苏军将转向东南方，直扑维亚济马，在那里与P.S.雷巴尔科将军向西突击的坦克第3集团军（8月份沿日兹德拉河的进攻遭遇惨败后，该集团军重新组建）会合。一旦成功，"火星"行动就将构成规模仅次于斯大林格勒的第二个包围圈，A、B集团军群土崩瓦解之际，"中央"集团军群的防线也将被撕开个大口子。[68]

虽然未得到苏联或俄罗斯资料的证实，但苏军一系列以行星冠名的进攻行动，最后一个的代号很可能是"木星"或"海王星"。正如"土星"行动取决于"天王星"的成功，"木星"或"海王星"的策划也建立在"火星"行动的基础上。西方面军将穿过维亚济马，向西发起新突击，而获得加强的加里宁方面军向南攻击前进。他们随后将与赢得勒热夫突出部胜利的部队会合，从而全歼德国"中央"集团军群，收复斯摩棱斯克。

因此，孤立地研究"天王星"行动是没有意义的。欲充分理解苏军最高统帅部遂行"天王星"行动的意图，以及后续战略攻势和整个冬季战役的规模及目的，就必须考虑赋予"天王星"行动全部意义的背景。至于"天王星"行动的历史地位，将于反攻胜利之时确立。

规模、构想和战略任务

在这一庞大战略冒险的背景下，斯大林和苏军最高统帅部投入三个方面军（西南、顿河、斯大林格勒方面军）沿斯大林格勒方向发起行动，遂行"天王星"反攻。[69]就性质而言，这场反攻是一场单独的战略进攻行动，旨在包围、歼灭斯大林格勒地域所有轴心国部队——即罗马尼亚第3集团军、德国第6集团军和德军第4装甲集团军。反攻的形式是一场庞大、深远的两翼合围，由西南方面军和斯大林格勒方面军辖内的大编制快速部队（坦克、机械化、骑兵兵团）构成的铁钳实施。这些方面军编成内的快速部队分别从北面和南面实施合围，而顿河方面军辖内诸集团军执行双重任务：支援并掩护突击铁钳，牵制轴心国部队主力，待其被围后歼灭这股敌军（参见地图4）。

三个方面军投入两个主要突击集群，跨过400公里宽的战线发动反攻。西南方面军的北钳将向南推进120—140公里，斯大林格勒方面军的南钳将向西北方推进100公里，在轴心国军队后方深远处会合。

苏军最高统帅部对"天王星"行动的构想是以西南方面军和斯大林格勒方面军辖内诸集团军实施的突破为开端。这些进攻旨在攻破斯大林格勒西北方、据守德国第6集团军左翼的罗马尼亚第3集团军的防御，以及城市南面德国第4装甲集团军右翼的罗马尼亚和德国部队的防御。两路突破完成后，强大的坦克、机械化和骑兵部队负责扩大战果，深入德军后方，在顿河畔卡拉奇会合。西南方面军和斯大林格勒方面军的快速部队将在三天内完成行动的合围阶段。

地图 4 （本页及上页）天王星行动：苏军的计划

会师后，这些快速部队将构成对内、对外正面，以坦克、机械化和步兵部队建立起合围对内正面，以骑兵和步兵部队建立起合围对外正面。两个方面军形成的作战态势将把两个德国集团军困在斯大林格勒地域，并防止或遏制德军救援或加强其被围的斯大林格勒集团。

一旦这场大规模合围行动取得成功，顿河方面军辖内诸集团军，将在西南方面军和斯大林格勒方面军坦克、机械化部队主力的支援下，对包围圈发起向心突击，歼灭被围的两个德国集团军。与此同时，构成合围对外正面的骑兵和部分步兵部队将向西和西南扩展攻势，将罗马尼亚和德国军队的余部驱离斯大林格勒。

虽然斯大林和最高统帅部战役策划者们最初希望10月下旬发起"天王星"和"火星"行动，但策划、后勤和再部署问题迫使他们更改了进攻日期，先是改为11月9日（西南方面军、顿河方面军）和10日（斯大林格勒方面军），最后又改为11月19日和20日。两个方面军错开进攻日期非常必要，因为西南方面军的北钳冲向卡拉奇，120—140公里的路程需要三天时间，而斯大林格勒方面军前出至目标处的路程为100公里，仅需要两天。

基于这种作战构想，瓦图京西南方面军辖下的3个集团军沿顿河及顿河以南地域部署在斯大林格勒西北方120—340公里处，将从谢拉菲莫维奇西南方和克列茨卡亚附近的顿河南岸登陆场发起一场主要突击，突破罗马尼亚第3集团军的防御。方面军快速部队随后将向南突击，夺取顿河畔卡拉奇，并与斯大林格勒方面军冲向苏维埃茨基（Sovetskii）的快速部队会合。此后，西南方面军应与顿河方面军、斯大林格勒方面军相配合，歼灭敌斯大林格勒集团，同时以右翼部队攻向西南方，掩护方面军主突击集群，并前出至克里瓦亚河（Krivaia）和奇尔河一线，构成"积极"的合围对外正面。"积极"的意思是，最高统帅部希望一支部队能向西南方推进得更远，特别是攻向德军设在塔钦斯卡亚、莫罗佐夫斯克（莫罗佐夫斯基）关键的后勤和交通中心。

西南方面军发起进攻一天后，叶廖缅科的斯大林格勒方面军也将投入交战，该方面军的5个集团军部署在一条宽大的战线上，从斯大林格勒北郊沿阿赫图巴河、伏尔加河及其西部地域向南延伸450公里，直至阿斯特拉罕南面的里海北岸。叶廖缅科方面军计划从萨尔平斯基湖（Sarpinskii）北部和南部地域发起主要突击。他们将突破罗马尼亚第4集团军的防御，歼灭敌军，以快速部队向西北方拓展攻势，与西南方面军快速部队在卡拉奇东南方10—15公里处的苏维埃茨基会合，从而包围敌斯大林格勒集团。随后，方面军辖内部队将与顿河方面军、西南方面军相配合，歼灭敌斯大林格勒集团，并以部分兵力攻向西南方的阿布加涅罗沃和科捷利尼科沃，沿该方向构成合围对外正面。

完成进攻行动这幅复杂拼图的是罗科索夫斯基的顿河方面军，该方面军辖内的3个集团军部署在150公里宽的作战地幅上，从斯大林格勒市中心以北20公里处的伏尔加河西岸向西北方延伸至顿河畔的克列茨卡亚。顿河方面军将从克列茨卡亚登陆场和卡恰林斯卡亚地域（Kachalinskaia）沿顿河向南发起辅助突击。罗科索夫斯基的任务是突破德国第6集团军第11、第8军的防御，歼灭当面之敌，向南推进至韦尔佳奇，与西南方面军第21集团军相配合，包围并歼灭德国第11军位于顿河小弯曲部的部队。随后，方面军辖内部队将与顿河方面军、斯大林格勒方面军的部分部队相配合，消灭被困在斯大林格勒的敌军。

出发地区部队的再部署、加强、集中和隐蔽
第一阶段：9月27日—10月12日

"天王星"行动的初期准备工作开始于9月27日最高统帅部做出实施"天王星"行动的决定，结束于10月12日，朱可夫和华西列夫斯基将修改后的构想和草拟的方案呈交斯大林批准的前一天。在此期间，最高统帅部开始把遂行"天王星"行动所需的关键部队调离在其他地区行动的各方面军和集团军。在此之前，最高统帅部已将坦克第3、第5集团军撤入其战略预备队，并组建了5个新的预备队集团军和大批坦克、机械化、骑兵军，以及炮兵突破师和独立坦克旅、团、营。[70]9月22日和23日，最高统帅部将坦克第5集团军调至布良斯克方面军防区内的普拉夫斯克（Plavsk）接受进一步训练，坦克第3集团军调至西方面军防区内的卡卢加（Kaluga）接受训练，准备参加"火星"行动。[71]

斯大林9月27日—29日在克里姆林宫与他的高级军事顾问们会晤后，进攻准备工作加快了速度。9月28日，最高统帅部签发了三道指令，加强斯大林格勒地区的几个方面军，并准备将其他部队进一步部署至该地区。第一道指令要求乌拉尔军区将新组建的步兵第7军（辖步兵第93、第96、第97旅）调至斯大

林格勒以东地域；第二道指令要求红军汽车装甲坦克总部部长将坦克第84和第90旅派往斯大林格勒，不过前者立即被用于加强城内的第62集团军。[72]第三道指令要求沃罗涅日方面军转入防御，并将坦克第17和第24军调入预备队，接受休整和补充。[73]最高统帅部9月29日—30日还签发了另外两道指令，将步兵第87和第315师从卡梅申调往预备队第10集团军，在该集团军辖内为"天王星"行动作准备，并将2个步兵旅派给加里宁方面军第43集团军，显然是准备参加"火星"行动。[74]

9月末会议结束后，最高统帅部签发了一连串与"天王星"行动准备工作相关的指令。首先，10月1日下达的两道指令要求沃罗涅日方面军将坦克第17、第18军调至顿河方面军后方的塔季谢沃车站（Tatishchevo）休整补充，并命令顿河方面军辖内的坦克第4军如法炮制。[75]第二道指令还把预备队第10集团军刚刚完成补充的7个步兵师（步兵第277、第62、第252、第212、第226、第333、第293师）调拨给顿河方面军。[76]次日，最高统帅部又签发了两道指令，将步兵第45和第300师调入预备队第4集团军，以便日后部署至斯大林格勒地域，但第62集团军恶化的态势迫使这些部队提前投入城内的战斗。[77]随着斯大林格勒战事的加剧，最高统帅部继续加强坦克第5集团军，10月3日为其调拨了重建的坦克第117、第159旅和摩托化步兵第44旅。[78]

斯大林10月13日批准"天王星"行动草案前不久，最高统帅部又签发了一批准备令。其中最重要的是命令骑兵第4军"立即"从中亚军区重新部署至斯大林格勒地域（10月10日），命令顿河方面军将近卫第1集团军和近卫步兵第32、第41师调入最高统帅部预备队，接受休整和补充（10月11日），还命令预备队第1集团军将步兵第18师调入预备队重建（10月11日）。[79]次日，最高统帅部以大量反坦克武器、火炮、机枪和满编的战斗工兵第19旅加强斯大林格勒方面军，就此完成了这一轮准备工作。[80]

第二阶段：10月13日—31日

斯大林10月13日批准了代号为"天王星"的行动草案后，各方面军的准备工作加紧进行，特别是对遂行"火星"行动和涉及杰米扬斯克攻势的西北方面军、加里宁方面军、西方面军而言必要的措施。但这一时期最重要的进展是

10月22日西南方面军的组建。在此之前，最高统帅部下达了另一批指令，继续进行一个月前已开始的进程，NKO也签发了几道重要命令。这些训令加强了参加"天王星"行动的各方面军，在前进部队和后方的NKVD安全区建立起严格的保密机制，并对坦克和机械化部队在突破和扩大战果行动中的部署问题做出详细说明（这些指令的具体内容可参阅副卷附录3A）。

瓦图京指挥西南方面军加紧组建之际，最高统帅部又下达了几道命令，为引领"天王星"反攻的西南方面军提供必要的兵力。最初的两道指令10月22日签发，要求在10月31日前组建西南方面军，并将顿河方面军第63、第21集团军、最高统帅部预备队坦克第5集团军调拨给该方面军，任命了方面军司令员和军事委员会成员，还为该方面军指定了作战地域。[81]相关指令将空军第17集团军调拨给瓦图京方面军，并从沃罗涅日方面军抽调骑兵第8军、1个步兵师、5个炮兵团加强西南方面军。[82]NKO也下达了一道指令，要求在11月5日前组建近卫机械化第1军，11月25日前组建近卫第2集团军，12月1日前完成8个机械化军的组建工作。[83]这道命令还将红军大多数坦克旅和独立坦克营重新编为坦克团，分配给各机械化军辖内的机械化旅，或编为支援步兵的独立坦克团。

次日，最高统帅部下达了两道指令，要求11月10日前以预备队第4集团军组建近卫第1集团军①，11月25日前以预备队第1集团军组建近卫第2集团军，每个集团军都配有一个满编近卫机械化军。[84]这番举措提供了必要的战略预备力量，一旦"天王星"行动取得成功，就扩大为"土星"攻势。

10月25日—26日，最高统帅部的三道指令完成了收尾工作，为西南方面军从谢拉菲莫维奇和克列茨卡亚登陆场发起突破，以及"天王星"行动北钳随后进行扩张提供了必要的兵力。第一道指令从顿河方面军抽调4个步兵师（第226、第293、第333、第277师）、坦克第4军、近卫骑兵第3军、11个炮兵团和5个高射炮团加强西南方面军及其辖内各集团军。[85]瓦图京随后将2个快速军调拨给奇斯佳科夫的第21集团军。第二道指令将最高统帅部预备队的机械化第4军、骑兵第4军、步兵第143旅、喷火坦克第235旅转隶斯大林格勒方面军，将

---

① 译注：11月以第63集团军组建而成的近卫第1集团军于12月5日改为近卫第3集团军。

其部署为纵深突破力量。[86]第三道指令为西南方面军第21集团军的3个近卫坦克突破团各配备21辆KV和2辆喷火坦克，为在克列茨卡亚附近实施突破的步兵提供支援。[87]

这些和另一些与调动部队关系不大、涉及较小问题的指令实际上结束了最高统帅部为实施"天王星"行动集结所需要的基本力量而付诸的努力。10月底，遂行进攻任务的三个方面军基本已就位，11月头10天，西南方面军、顿河方面军和斯大林格勒方面军司令员忙着重组、配置、部署部队，先是进入前进集结区，随后进入最终出发阵地，准备发起进攻。

最后阶段：11月1日—18日

随着最后准备阶段的开始，朱可夫和华西列夫斯基强调了对"天王星"计划做出最后调整和部署相关部队的重要性。他们飞赴各自负责的司令部，监督叶廖缅科、瓦图京和罗科索夫斯基采取的每一项措施，身边跟随着一群高级将领，都是军事行动各个方面的专家。[88]其中包括负责空中行动的诺维科夫和戈洛瓦诺夫将军，负责炮兵部署的沃罗诺夫将军，负责坦克兵作战行动的费多连科将军。他们的行程非常紧张。华西列夫斯基11月1日赶往斯大林格勒方面军司令部，以完成第51和第57集团军的进攻计划。朱可夫同样如此，11月最初三天待在西南方面军司令部，与瓦图京和他麾下的几位集团军司令员磋商。11月4日—5日，他又赶赴第21和第65集团军司令部，会见奇斯佳科夫、巴托夫及其参谋人员，完善他们的计划和任务。11月6日返回莫斯科与斯大林协商后，这位最高副统帅再次返回前线，7日、8日和9日的部分时间一直待在顿河方面军司令部，与罗科索夫斯基一同展开工作。11月9日，朱可夫赶往斯大林格勒方面军司令部，与华西列夫斯基、叶廖缅科和诸集团军司令员协商问题，直至11月15日。同参加"天王星"行动的几乎每一位指挥员进行紧张的工作后，朱可夫11月16日返回莫斯科，向斯大林和最高统帅部汇报情况。11月18日，他又飞赴加里宁方面军和西方面军，监督科涅夫和普尔卡耶夫为"火星"行动所做的准备。朱可夫在那里待到12月6日，监督最终的策划和最初的突击，随后返回莫斯科。身处斯大林格勒方面军的华西列夫斯基计划安排几乎如出一辙，其间偶尔同朱可夫短暂会晤，以协调他们的计划。两位最高统帅部代表亲赴前线详细研究各种细节问题，标志着红军策划并实施大规模行动方法的一道分水岭。

根据朱可夫和华西列夫斯基的建议，最高统帅部又下达了一连串关于"天王星"行动和参与其中的三个方面军的新指令，更改或加强其部队结构，协调作战行动各方面的问题，调整指挥人员，从而将最具能力者分配到最重要的职位上，或由于某些未解决的问题干脆推延反攻（参阅副卷附录3B）。这些举措中最重要的是调整进攻部队指挥员、为参战各方面军组建新部队并提供援兵、将反攻推延至11月19日。

正如这些指示和命令表明的那样，对"天王星"计划和参与反攻的三个方面军的完善及调整，持续到了行动发起前的最后一刻。另外，在这段时间里，最高统帅部将工作重点放在了后续行动所需的兵力上，他们调拨给西南方面军和沃罗涅日方面军的部队远远超过"天王星"行动的需求。

总之，苏军最高统帅部当年秋季为沿斯大林格勒方向展开行动的几个方面军提供了大批援兵。具体说来，从10月1日至11月20日的六周内，最高统帅部为沃罗涅日方面军、西南方面军、顿河方面军、斯大林格勒方面军提供了如下增援：

· 补充兵——105211人

· 火炮和迫击炮——3391门

· 坦克——376辆

· 部队：

　　步兵师——25个

　　骑兵师——9个

　　机械化军——3个

　　坦克军——3个[89]

除了这些援兵，最高统帅部还在这段时期给沃罗涅日方面军调拨了3个步兵师、2个步兵旅和3个坦克旅，"天王星"反攻发起后，又为顿河方面军的空军第16集团军增派了轰炸航空兵第2军，为西南方面军的空军第8集团军调派了混编航空兵第3军。[90] 表4表明了反攻发起前最后18天内，三个方面军获得的加强及其内部实施的大规模重组。

表4：1942年11月1日—8日，西南方面军、斯大林格勒方面军、顿河方面军获得的加强和内部重组

西南方面军——将3个坦克军、1个机械化军和2个骑兵军调入前进集结区，最后进入出发阵地，并在辖内集团军之间调动5个步兵师，具体如下：
- **坦克第5集团军：**
  - 坦克第1、第26、骑兵第8军（后者调自方面军）——进入距离前线30—40公里的集结区，随后进入距离前线10—15公里、谢拉菲莫维奇登陆场内的出发阵地（在此期间，坦克第1军未能完成在济莫夫斯基地域的调动，11月9日遭到德军战机的轰炸）。
  - 步兵第203师——调往近卫第1集团军
  - 近卫步兵第14、步兵第124师（近卫步兵第50师）——调自第21集团军
- **第21集团军：**
  - 坦克第4、近卫骑兵第3军（后者调自方面军预备队）——进入顿河以北的前进集结区，随后渡河，进入克列茨卡亚登陆场。
  - 近卫步兵第14、步兵第124师（近卫步兵第50师）——调往坦克第5集团军
  - 步兵第278师——调往近卫第1集团军
- **近卫第1集团军**（原第63集团军）：
  - 近卫机械化第1军——调自伏尔加河沿岸军区
  - 步兵第203师——调自坦克第5集团军
  - 步兵第266师——调自预备队第4集团军
  - 步兵第278师——调自第21集团军

斯大林格勒方面军——集结起1个机械化军、1个坦克军、1个骑兵军、3个步兵师、3个坦克旅和9个火炮/迫击炮团，大多在战斗状态下渡过伏尔加河进入前进集结区和最终出发地，具体如下：
- **第62集团军**——没有变化
- **第64集团军：**
  - 步兵第422师、坦克第90旅——调往第57集团军
  - 步兵第126师——调往第57集团军[1]
  - 坦克第13旅——调自方面军（坦克第13军）
- **第57集团军：**
  - 机械化第17、第64、第62旅（各辖坦克第44、第176、第163团）——调自红军汽车装甲坦克总部
  - 坦克第13军——调自方面军，部署至红军城东面的树林
  - 步兵第422师、坦克第90旅——调自第64集团军
  - 坦克第235旅——调自方面军预备队
  - 近卫步兵第15师——调往第51集团军
  - 第76筑垒地域（缺"机枪—火炮"第172、第177营）——调往第51集团军
- **第51集团军：**
  - 机械化第4、骑兵第4军——调自方面军，向前部署至察察以东15—20公里的集结区
  - 近卫步兵第15师——调自第57集团军
  - 步兵第126师——调自第64集团军
  - 第76筑垒地域（缺"机枪-火炮"第172、第177营）——调自第57集团军
  - 第302步兵师——从集团军左翼调至右翼
- **第28集团军**——没有变化

---

① 译注：调往第51集团军。

表4：（接上页）

顿河方面军——集结1个坦克军、4个步兵师、2个独立坦克旅，进入前进集结和最终出发阵地，具体如下：
- ●**第24集团军：**
  - ○第16坦克军——调自方面军
  - ○步兵第49、第84、第120师——调自第66集团军
  - ○步兵第207、第221、第292、第316师——11月2日解散，残部分配给其他师
  - ○步兵第258师——调往第65集团军
- ●**第65集团军：**
  - ○近卫步兵第27、步兵第252师——调自方面军预备队
  - ○步兵第258师——调自第24集团军
  - ○坦克第91、第121旅——调自方面军预备队
- ●**第66集团军：**
  - ○步兵第49、第84、第120师——调往第24集团军
  - ○步兵第62、第212、第231师——11月2日解散，残部分配给其他师

各方面军——将所有支援步兵的坦克团和营在发起反攻的2—3天前调入距离前线4—6公里的前进集结区。

※ 资料来源：V.A. 佐洛塔廖夫（主编）的《最高统帅部大本营：1942年的文献资料》（Stavka VGK: Dokumenty i materialy 1942），刊登在《俄罗斯档案：伟大卫国战争》【Russkii arkhiv: Velikaia Otechestvennaia [voina], 16 (5-2)】，第16册（5-2）（莫斯科：特拉出版社，1996年）；V.A. 佐洛塔廖夫（主编）的《伟大卫国战争中的总参谋部：1942年的文献资料》（General'nyi shtab v gody Velikoi Otechestvennoi voiny: Dokumenty i materialy 1942），刊登在《俄罗斯档案：伟大卫国战争》（Russkii arkhiv: Velikaia Otechestvennaia），第23册（12-2）（莫斯科：特拉出版社，1999年）；K.K. 罗科索夫斯基（主编）的《伏尔加河畔的伟大胜利》（Velikaia bitva na Volge，莫斯科：军事出版社，1965年）。

　　总之，10月1日至11月18日，苏军最高统帅部在斯大林格勒地区组建起一个新方面军，并以坦克第5集团军、10个步兵师、6个步兵旅、3个坦克军、1个机械化军、2个骑兵军、4个坦克旅、1个坦克团、约20个火炮/迫击炮团加强遂行"天王星"反攻的三个方面军。除了表4列举的部队，这些部队具体如下：

　　·西南方面军——坦克第5集团军；近卫步兵第14、第47、步兵第119、第159、第346师；坦克第1、第26、骑兵第8军；近卫坦克第8旅；3个坦克、13个炮兵、7个迫击炮、6个火箭炮团；1个混编航空兵军（调给空军第17集团军），调自沃罗涅日方面军的空军第2集团军，远程航空兵部队

　　·斯大林格勒方面军——步兵第87、第315师；6个步兵旅；坦克第13、机械化第4、骑兵第4军；1个摩托化步兵和3个坦克旅；6个防空地域炮兵和2个反

坦克歼击炮兵团；混编航空兵第2军（调给空军第8集团军）

· 顿河方面军——近卫步兵第27、步兵第226和第252师。[91]

后勤准备

苏军一系列进攻行动的计划都取决于"天王星"的成功。虽说"天王星"行动的准备时间远远多于苏军以往任何一场攻势，但这场准备涉及前所未有的后勤努力。在这方面，妨碍德军后勤的铁路和公路网同样限制了苏军的行动。将大批部队调入相关地域最主要的问题是运输网的运力（包括火车头和车厢有限的数量）有限——运送人员、马匹和装备的棚车不够，搭载坦克、火炮这类重装备的平板车也不足。

最高统帅部、NKO和后勤机构别无选择，只能依靠该地区现有的铁路和公路网加强、重新部署、支援他们的突击部队。这就意味着西南方面军和顿河方面军使用的勒季谢沃（Rtishchevo）—巴拉绍夫（Balashov）—波沃里诺（Povorino）—弗罗洛夫（Frolov）铁路线，斯大林格勒方面军使用的乌尔巴赫（Urbakh）—巴斯昆恰克（Baskunchak）—阿赫图巴铁路线至关重要。"天王星"行动准备期间，西南方面军和顿河方面军共用一条主铁路线，这条铁路线从勒季谢沃起，途经斯大林格勒以北400公里、伏尔加河畔的坦波夫和萨拉托夫，向南穿过巴拉绍夫、波沃里诺和弗罗洛夫，直至斯大林格勒西北偏北方70公里、顿河北面的伊洛夫利亚（Ilovlia）。斯大林格勒方面军也只有一条铁路线，从萨拉托夫以东80公里、斯大林格勒东北偏北325公里处的乌尔巴赫（普希金诺）向正南方延伸340公里，至斯大林格勒东南偏东180公里处的巴斯昆恰克，然后向西北偏西方延伸150公里，至斯大林格勒以东20—25公里的阿赫图巴地域。

由于两条铁路线的运载能力不足以支持"天王星"行动的兵力集结，为便于部队调动，GKO（苏联国防委员会）在10月下旬至11月上半月这段时间里，修建了6条支线，共1160公里的新铁路线，还对1958公里的现有铁路线加以修缮，并建造了293座铁路桥。这些举措将运往该地区的货运量从9月份的22292车增加至10月份的33236车，11月达到41461车。[92]总计117000人参与了这场施工，由于他们付出的努力，P.A.卡巴诺夫少将的铁道兵得以每日运送

1300节货车。

尽管付出了这些巨大的努力，铁路和公路运输依然不足，还存在一些主要瓶颈。例如，苏军11月19日发起反攻时，理应在斯大林格勒的步兵第87和第315师却滞留在鲍里索格列布斯克火车站（Borisoglebsk）。[93]另外，虽然德国空军的行动重点是战场支援，但也定期打击苏联的铁路运输。还有一点，由于苏军指挥员希望隐蔽准备工作的规模，不被德军空中侦察发现，所以大多数火车只在夜间行驶。[94]

铁路运输仅仅是将部队和物资分配给诸方面军的第一步。红军的卡车从铁路终点站将人员和物资运往指定集结区，这些车辆通常在夜间行驶，不开大灯。为支援崔可夫并准备进攻行动，仅斯大林格勒方面军便投入了27000辆汽车。虽说这是一支庞大的汽车车队，其中首次包括了"租借法案"提供的大批车辆，但汽车运力始终不足。这种短缺对"天王星"行动造成了双重影响。第一，反攻发起前，集结在出发线的部队和物资不足；第二，发起反攻后，遂行纵深突破的坦克和机械化部队经常缺乏给养，特别是燃料和弹药。

除了铁路和汽运，水路运输也是个问题。在斯大林格勒地区，大多数部队和物资必须渡过顿河或伏尔加河到达进攻出发阵地。这个问题在斯大林格勒南部尤为突出，那里的河流水位比正常情况高2米，坦克和其他重装备无法依靠现有的浮桥渡河。随着冬季冰层开始堆积，运送最重型武器装备的任务不得不交给德米特里·德米特里耶维奇·罗加乔夫海军少将的伏尔加河区舰队。11月15日前，罗加乔夫只在夜间实施河上运输，以免德国人发现苏军的集结。由于浮冰，过去只需要50分钟的渡河行动现在长达5个小时。虽然面临诸多困难，但11月头20天，160000名士兵、10000匹马、427辆坦克、556门火炮、14000辆汽车和7000吨弹药渡过了冰冻的伏尔加河。[95]

鉴于后勤面临的这些困难，各种短缺不可避免。苏军最高统帅部为顿河方面军调拨了7个步兵师，但罗科索夫斯基只收到3个，虽然从医院和后方其他地区竭力搜罗补充兵，但罗科索夫斯基辖内诸集团军还是严重缺编。[96]另外两个方面军在运输和补给方面享有更高优先级，状况比顿河方面军稍好些。尽管如此，集结兵力和运送补给物资的困难仍是进攻行动从11月9日推迟至19日的主要原因。

方面军和集团军的计划

准备工作

11月1日至18日，在筹备过程的最后阶段，参加"天王星"反攻的各方面军、集团军、军和师根据各自收悉的指示和命令进行着准备工作。11月1日至6日，西南方面军、顿河方面军和斯大林格勒方面军忙着完善他们的行动计划，朱可夫、华西列夫斯基和他们的专家组与各位方面军司令员、他们麾下的集团军司令员以及将在反攻中发挥重要作用的军、师级部队指挥员进行会晤。这些会议结束后，11月5日或6日，朱可夫和华西列夫斯基批准了各方面军最终完成的行动计划，这才返回莫斯科。11月8日，各方面军司令员给辖内诸集团军下达指令，阐述了他们在反攻中的任务、确切的战役布势和各部队采用的具体机动方案。以西南方面军为例，瓦图京11月8日给坦克第5集团军下达了司令员训令（具体文件可参阅副卷附录3C-3H）。[97]

11月9日—11日，各方面军编成内的集团军、军和师准备着各自的进攻计划和相关指示及命令，并与上级部门和相邻兵团及部队仔细协调每一个步骤。例如，西南方面军坦克第5集团军11月11日下达了作战指令；该集团军编成内的坦克第26军和近卫步兵第47师11月9日下达了他们的作战令。少数情况下，一支部队的计划严重依赖于其他部队的最终计划，或某支主要部队在策划过程后期才调拨给方面军，他们的作战计划准备得较晚。这方面的一个例子是，混编航空兵第1军直到11月17日才下达其作战令。[98]

这种策划过程催生了方面军、集团军、军、师进攻和防御行动错综复杂的布势，一系列缜密的相关行动被统一在一个旨在实现总体战略目标的概念下：包围并歼灭敌斯大林格勒集团。因此，这一布势从连、营、团级到集团军、方面军级，包含了精心整合和协调的行动，旨在连续实现战术、战役和最终战略目标。如果各方面军编成内诸集团军辖下的步兵、坦克、炮兵、工程兵团、旅、师准确遂行数十场战术突破行动，突破就能获得成功，西南方面军和斯大林格勒方面军辖内坦克、机械化、骑兵军的大批团、旅、师就将扩大突破。遂行扩大突破的快速部队在敌军后方纵深处会合后，跟随在快速部队身后的野战集团军负责消灭被围之敌，苏联人认为这才是战略性胜利。在这种布势中，苏军统一行动，战术部队（营、团、师）的进攻完成战术目标；快速部队实施战役机动，与后续集团军深入敌军后方，完成战役目标；发起进攻的三个方面军协同配合，完成总战略目标（参见地图4）。

西南方面军

方面军的任务

在构成"天王星"反攻的复杂战役布势内，瓦图京的西南方面军形成了一场深远合围的北钳（参见地图5）。方面军主力突击部队分成两只"拳头"：第一只由坦克第5集团军编成内的坦克第1、第26、骑兵第8军组成，位于谢拉菲莫维奇南面的登陆场内；第二只由第21集团军辖下的坦克第4、近卫骑兵第3军构成，位于克列茨卡亚附近的登陆场内。加上为其提供支援的步兵和炮兵部队，这些突击群占用了方面军半数步兵师和步兵旅、全部坦克军和骑兵军、三分之二以上的最高统帅部预备队炮兵团和全部空中力量。瓦图京的主力突击部队将从两个登陆场向南发起冲击，沿22公里宽的作战地幅突破罗马尼亚第3集团军的防御；向东南方的佩列拉佐夫斯基（Perelazovskii）和顿河畔卡拉奇扩大突破，歼灭德军战役预备队，打击敌斯大林格勒集团的侧翼和后方；在左翼获得顿河方面军掩护的情况下，前出至卡拉奇和苏维埃茨基地域，战役的第三天结束前，在那里与斯大林格勒方面军拓展攻势的部队会合，包围敌斯大林格勒集团。此后，瓦图京的部队将协助顿河方面军歼灭被围之敌。与此同时，部署在方面军右翼的坦克第5集团军，将以骑兵第8军和另一半步兵部队配合近卫第1集团军主力向南发起突击，前出至克里瓦亚河、博科夫斯卡亚（Bokovskaia）和奇尔河，在那里构设起一道牢固的合围对外正面，以掩护方面军主力突击群，抗击敌人从西面和西南面发起的进攻。[99]

集团军的任务

罗曼年科将军的坦克第5集团军将实施主要和辅助两个突击。主要突击从集团军中央地带10公里宽的地幅发起，从谢拉菲莫维奇登陆场向南攻往佩列佐夫斯基，突击集群由6个步兵师中的4个、2个坦克军和1个骑兵军组成，并获得1个坦克旅、1个坦克营、16个最高统帅部预备队炮兵团和迫击炮团、混编航

地图 5（本页及上页） 天王星行动：西南方面军的进攻计划

空兵第1军的加强。这场主要突击的目标如下：

· 突破罗马尼亚第3集团军的战术防御；

· 以快速集群（苏军称之为发展胜利梯队）扩大突破；

· 以左翼步兵部队与第21集团军右翼步兵部队相配合，沿博利绍伊（Bol'shoi）和克列茨卡亚一线包围、歼灭罗马尼亚第3集团军的部队；

· 以坦克第1、第26军向东南方突击，前出至顿河畔的下奇尔斯卡亚（Nizhne-Chirskaia）和卡拉奇，完成对敌斯大林格勒集团的包围。

发起主要突击的同时，坦克第5集团军还将以一个突击集群在主要突击地域右翼实施一场辅助进攻，该突击集群由1个步兵师和骑兵第8军辖下的骑兵第21、第55、第112师组成，遂行如下任务：

· 突破罗马尼亚第3集团军的战术防御；

· 以骑兵军向南、西南方扩大突破；

· 在博科夫斯卡亚、车尔尼雪夫斯卡亚（Chernyshevskaia）和下奇尔斯卡亚地域沿奇尔河构设一道合围对外正面；

· 从车尔尼雪夫斯卡亚至乌斯季格里亚兹诺夫斯基（Ust'-Griaznovskii），在奇尔河右（西）岸夺取登陆场；

· 派侦察部队从奇尔河向南赶往莫罗佐夫斯克。

每日作战行动结束前，集团军辖内部队应到达以下战线（位置）：

第一天

· 坦克第26军——佩列拉佐夫斯基和佐托夫斯基（Zotovskii）地域；以获得加强的侦察部队向奇尔河畔的车尔尼雪夫斯卡亚和奥布利夫斯卡亚（Oblivskaia）发起行动，切断该地域的敌铁路和公路交通线；

· 坦克第1军——利波夫斯基（Lipovskii）和中古森卡（Sredniaia Gusynka）；

・骑兵第8军——普罗宁地域（Pronin），以先遣支队进入皮丘金地域（Pichugin）；

・步兵部队——211里程碑、卡拉谢夫（Karasev）、上切连斯基（Verkhne-Cherenskii）一线。

第二天

・坦克第26军——卡拉奇和皮亚季兹比扬斯基（Piatiizbianskii）地域；

・坦克第1军——雷索夫（Lysov）、新马克西莫夫斯基（Novomaksim-ovskii）、5号农场，以先遣部队在下奇尔斯卡亚和洛日基（Lozhki）地域夺取顿河渡口，切断顿河畔苏罗维基诺地域（Surovikino）的铁路线；

・骑兵第8军——乌斯季格里亚兹诺夫斯基、古森卡、阿尔捷莫夫（Artemov）；

・步兵部队——奇尔河一线，从博科夫斯卡亚至车尔尼雪夫斯卡亚，东延至卡拉奇库尔特拉克（Kalach-Kurtlak）和佩列拉佐夫斯基。

第三天

・坦克第1、第26军——与斯大林格勒方面军的快速部队在卡拉奇和苏维埃茨基地域建立联系，包围并开始歼灭敌斯大林格勒集团。[100]

奇斯佳科夫将军的第21集团军也将遂行主要和辅助突击。左翼的主要突击从克列茨卡亚登陆场向南发起，作战地幅12公里宽，从163里程碑东延至克列茨卡亚，突击集群由6个步兵师中的5个、1个坦克军和1个骑兵军组成，3个坦克团、11个炮兵团、3个迫击炮团和3个多管火箭炮团提供加强，应实现以下目标：

・突破罗马尼亚第3集团军的战术防御；

・以坦克和骑兵军扩大突破，向南攻往马诺伊林（Manoilin）和马约罗夫斯基（Maiorovskii）地域；

・与坦克第5集团军的主力突击群相配合，前出至敌军后方和顿河；

· 派一个步兵师搭乘卡车尾随在后，协助坦克第4军扩大突破。

发起主要突击的同时，第21集团军还将在中央和左翼[1]实施一场辅助突击，由4个步兵师遂行，应实现以下目标：

· 突破罗马尼亚第3集团军的战术防御；

· 向南、西南方扩大突破；

· 突击集群向西疾进，与坦克第5集团军左翼的步兵部队相配合，包围并歼灭罗马尼亚第3集团军。

每日作战行动结束前，集团军辖内部队应到达以下战线（位置）：

第一天

· 坦克第4军——马诺伊林和马约罗夫斯基（Maiorovskii）地域，防止罗马尼亚第3集团军向南退却，阻挡接近中的敌预备队，先遣部队前出至顿河；

· 近卫骑兵第3军——上布济诺夫卡地域（Verkhne-Buzinovka），防止罗马尼亚第3集团军向南退却，阻挡接近中的敌预备队，先遣部队前出至顿河；

· 步兵部队——戈洛夫斯基（Golovskii）和弗拉索夫（Vlasov）地域，与坦克第5集团军左翼部队会合，包围并歼灭罗马尼亚第3集团军。

第二天

坦克第4军——在一个搭乘卡车的步兵师的协同下，前出至顿河西岸的鲁别日内（Rubezhnyi）和利波洛戈夫斯基（Lipo-Logovskii）地域；

· 近卫骑兵第3军——戈卢宾斯基（Golubinskii）和大纳巴托夫斯基（Bol'shenabatovskii）地域，以先遣支队夺取顿河对岸的登陆场；

· 步兵部队——肃清被围的罗马尼亚第3集团军，尾随并支援快速军。

---

[1] 译注：右翼。

第三天

·坦克第4军和近卫骑兵第3军——与坦克第5集团军的快速军相配合，强渡顿河，夺取卡拉奇，支援与斯大林格勒方面军的会师，开始歼灭被包围的敌斯大林格勒集团；

·步兵部队（4个步兵师）——尾随并支援快速部队；前出至鲁别日内、戈卢宾斯基和叶夫拉姆皮耶夫斯基（Evlampievskii）一线；准备歼灭被围之敌斯大林格勒集团。[101]

库兹涅佐夫将军的近卫第1集团军将遂行一场辅助突击，并沿防线其他地段实施防御。这场辅助突击将在谢拉菲莫维奇登陆场西部10公里宽的地域内发起，从伊阿戈德内（Iagodnyi）东延至4号农场。集团军辖下步兵第278、第203师和第197师的1个团将在3个最高统帅部预备队炮兵团的支援下向南冲往戈尔巴托夫斯基（Gorbatovskii）和博科夫斯卡亚，以协助坦克第5集团军在左翼推进的主力突击群。其目标如下：

·突破罗马尼亚第3集团军的战术防御；

·歼灭该地域的罗马尼亚部队；

·向西南方拓展攻势，战役第二天结束前到达从别洛戈尔卡（Belogorka）东面南延至维斯洛古博夫（Vislogubov）和博科夫斯卡亚一线；

·掘壕据守，准备击退敌人从西面对方面军主力突击群的进攻。

除了沿顿河165公里防线的其他地段实施防御外，近卫第1集团军还将投入独立突击支队遂行局部进攻，以此牵制敌军，使其无法向东抽调增援部队。[102]

进攻行动的特点

战役指标

所有军事行动在性质、形式、组织和最终实施方面都有所不同，这种差异有时候非常显著。一般说来，军事行动的性质和形式取决于广泛的因素，其中最重要的是"任务",也就是作战意图;敌我双方力量、能力的对比;作战地域地形条件;当前气候条件。这些因素都有助于确定一支进攻或防御中的部队该如何配置其力量,以及进攻和防御的适当速度(作战节奏)。最终,军事行动的各个方面都可以用所谓的"战役指标"加以量化——军事行动精确的空间和时间度量,描述了其规模、范围、形式和持续时间。

遂行进攻或防御前,策划者们力求确定并实现确保胜利的具体战役指标。他们可以利用过去的经验,对比已完成战役的战役指标和最终结果,从而更有效地策划日后的行动。

表 5:西南方面军进攻行动战役指标

作战部队	地域宽度(公里）		纵深（公里）	持续时间（日）	行动 速度（公里/日）	
	总体	突破			步兵部队	快速部队
西南方面军	85	32	140	3	20—25	40—45
坦克第5集团军	35	10	140	3	20—25	40—45
第21集团军	45	12	100—110	3	20—25	30—35
近卫第1集团军	10	10	30—35	3	15—17	—
总计		64	30—140	3	—	—

※ 资料来源:罗科索夫斯基(主编),《伏尔加河畔的伟大胜利》,第233页。

由于1942年前红军的进攻行动鲜有成功,描述"天王星"计划的许多战役指标不过是基于苏联或德国过往经验的估计或猜测。但是,鉴于"天王星"行动的理想结果,以及苏军策划者们筹划日后攻势时将以斯大林格勒为模式这一事实,审视代表"天王星"行动中各方面军所发挥作用的战役指标很有必要。毋庸置疑,由于各方面军的作战任务完全不同,其战役指标也大不相同。这一点在西南方面军尤为明显,该方面军在进攻中发挥的作用最具决定性(参见表5)。

西南方面军进攻行动中最重要的战役指标如下:

- 纵深——140公里；

- 持续时间——3天；

- 推进速度——每日40—45公里；

- 合围对内正面长度——可变；

- 合围对外正面长度——200—250公里；

- 合围对内、对外正面之间的距离——25—100公里。

前三个指标在计划深度和速度方面强调了这场攻势雄心勃勃的性质。由于红军过去从未实现过可与之相比的推进速度，这些预计的指标在很大程度上源自信心（甚至是过度自信）和对德军1941、1942年纵深突破行动的深入分析。鉴于以往的经历，许多红军指挥员，特别是那些曾在过往战役中指挥过快速部队的指挥员，对上级试图以如此快的速度完成这么多目标的智慧深感怀疑，这一点不足为奇。

战役和战术布势

西南方面军及辖内各集团军、军、师为作战行动部署部队的方式也说明了一个固有问题：缺乏必要的兵力。理想情况下，如果一个方面军和集团军想要赢得进攻战役的胜利，必须将其部队部署为两个梯队，再保留一小股预备队。第二梯队加大突击部队的纵深，从而使其创造出最初的突击势头，并加强整个行动期间的攻势。可是，由于可用的兵力较少，西南方面军别无选择，只能单梯队配置其突击集团军，并保留一支较小的预备队。策划者们对此的解释是战役纵深有限，尽管进攻行动将突显这种布势的弱点。

但在集团军级层面，策划者们采用了双梯队配置，至少在构成方面军主力突击集群的两个集团军（坦克第5集团军、第21集团军）中是这样。他们把集团军三分之一的兵力部署为第二梯队和发展胜利梯队，甚至还组建起小股预备队。因此，坦克第5集团军的战役布势如下：

- 第一梯队——4个步兵师、2个坦克旅、2个独立坦克营；

- 第二梯队——2个步兵师；

· 发展胜利梯队（官方称谓是"发展胜利部队"，以下称之为"发展梯队"或"快速集群"）——2个坦克军和1个骑兵军；[103]

· 预备队——遂行二选一任务的2个步兵师。例如，第21集团军的2个步兵师既可以向西扩大战果，进入敌军后方，也可以向东南方前进，支援发展梯队。

在战术层面上，方面军编成内三个集团军辖下的军、师、旅、团，根据各自的情况和实际任务采用了多种战术布势，具体如下：

· 坦克军——两个旅级梯队，第一梯队配备2个坦克旅，第二梯队由1个坦克旅和1个摩托化步兵旅构成；

· 师和团——团级和营级单梯队；

· 独立坦克旅和团（1个坦克旅、3个坦克团、2个坦克营）——支援步兵的坦克在突破阶段排为单梯次阵形，三分之一力量留作预备队；这些部队包括坦克第5集团军的近卫坦克第8旅和坦克第510、第511营，第21集团军的近卫坦克第1、第2、第4团；近卫第1集团军和方面军预备队都没有坦克部队。[104]

炮兵

西南方面军对其炮兵力量的组织和部署遵照的是最高统帅部1942年1月10日下达的指令，指令中要求集中使用火炮和近卫迫击炮（多管火箭炮），并在任何一场进攻战役中实施全面"炮兵进攻"。炮兵进攻包括进攻前的炮火准备；伴随突击部队的火炮、迫击炮和火箭炮火支援；发展梯队遂行突破时的炮火护送；深入敌防御纵深的大规模炮火（其距离视部队受领的当日任务而定）。这样，炮兵将为突入敌防御战术纵深的步兵和坦克提供不间断支援。

就整个方面军而言，各集团军的炮火准备应持续80分钟，包括（连续）5分钟压倒性炮火急袭、65分钟压制和破坏炮击、持续10分钟的第二次炮火急袭。师级以下的炮兵——特别是45毫米反坦克歼击炮兵营和76毫米团属炮兵营——在炮火准备期间实施直瞄射击，步兵和坦克部队进入突破时为其提供直瞄火力支援。

为加强集中使用炮兵的效果，各集团军和师组建起不同的炮兵群。这些炮兵群包括各个师内的步兵支援群（GPP），将直接支援炮兵提供给第一梯队的各步兵团；另外还有集团军辖内的远程炮兵群（GDD），为整个集团军提供全盘炮火支援。

一般说来，火炮、迫击炮和火箭炮兵在炮兵进攻的每个阶段使用多种专门的炮击方法或类型。其中包括炮火准备期间预有准备的集中射击和徐进弹幕射击，对2公里纵深预有准备和随叫随到的集中射击和连续集中射击，以支援部队的实际突击，另外还有集团军远程炮兵群和师属炮兵的火力，以及每个坦克军和骑兵军配属的2个炮兵团，为前进中的快速军提供伴随火力。[105]

航空兵

整个进攻行动中为西南方面军提供空中支援的是斯捷潘·阿基莫维奇·克拉索夫斯基空军少将指挥的空军第17集团军，除了该集团军的战机，还包括沃罗涅日方面军空军第2集团军调拨的几个航空兵团。[106]NKO和最高统帅部对空中行动下达了指示，要求克拉索夫斯基组织并实施一场"空中突击"，行动分为两个阶段：第一阶段，投入一切可用战机，在前线所有地段实施航空火力准备；第二阶段，突击部队进入战役纵深时，为其提供空中支援，在此阶段，梯次配置的强击机和歼击机群应为前进中的坦克、骑兵军提供直接支援。[107]

在空中突击的范围内，航空兵遂行的具体任务分为三个不同阶段。第一阶段是进攻发起前，航空兵的任务是消灭机场上的敌机、敌预备队和敌指挥部，并掩护位于集结区的己方部队。第二阶段是步兵和坦克发起冲击时，航空兵应消灭敌军人员、火炮、迫击炮和预备队。第三阶段是战役发展期间，航空兵应支援快速部队达成突破，然后掩护他们进入敌战役纵深。

另外，西南方面军的策划者们还给空军第17集团军安排了两项特别任务。第一，命令空军集团军投入1个轰炸航空兵师和4个夜间轰炸航空兵团，遂行打击敌预备队的任务；第二，他们应以完整的航空兵兵团和部队加入各集团军，以提供最大限度的空中支援。例如，在战役的整个突破和发展阶段，混编航空兵第1军加入了坦克第5集团军。

工程兵

为克服面临的诸多挑战，西南方面军需要大量工程兵以他们的专业技能提供支援。首先，方面军必须构设并荫蔽顿河上的诸多渡口，以及河流南岸两座登陆场内的道路和小径网，支援其部队和物资向前集中和荫蔽。另外，方面军在进攻中还必须克服敌人强大的防御工事、野战筑垒和障碍物，各部队也要跨过多个河体障碍，例如大大小小的河流和小溪。这些情况迫使最高统帅部从预备队抽调出专业工程兵部队，加强西南方面军已经相当雄厚的工程兵力量。因此，到进攻发起时，西南方面军在方面军和坦克集团军层面编有工程兵和战斗工兵旅、团、营，在集团军和师一级编有工程兵、战斗工兵和舟桥营、连。师级以上单位的工程兵部队配置如下：

> ·坦克第5集团军
>
> 　　特种工程兵第44旅
>
> 　　独立工程兵第181、第269营
>
> 　　舟桥第26、第100、第101、第102、第130营
>
> ·第21集团军
>
> 　　独立工程兵第205、第540营
>
> ·近卫第1集团军
>
> 　　独立工程兵第350营
>
> 　　舟桥第28、第37营
>
> ·方面军直属
>
> 　　战斗工兵第12旅[108]

这些工程兵和战斗工兵，以及师级和师级部队以下的工程兵和战斗工兵营、连，负责遂行各种进攻和防御任务。行动发起前，各作战层面的战斗工兵部队实施侦察；协助突击部队构设出发阵地；修建进入集结区的行军道路、渡口和桥梁；伪装集结区及其他阵地，例如12条正面道路、2条主土路和数条辅助土路、17座桥梁、18个渡口、20公里战壕和交通壕；为突击部队在敌人的雷区和铁丝网障碍处打开通道（每个团和师6—10条通道），清理地雷和爆炸物。[109]

进攻开始后，梯次配置的工程兵部队在整个行动期间深入支援突击行动，为突击集群和第一、第二梯队的步兵持续提供工程兵支援。突击部队夺取指定目标后，师级和集团军级工程兵部队组建起快速障碍设置支队，协助击退敌人的反冲击，强化已夺取的阵地。

斯大林格勒方面军

方面军的任务

斯大林格勒方面军的重要性并不亚于西南方面军，该方面军构成了合围行动的南钳（参见地图6）。除了以3个集团军执行进攻任务外，斯大林格勒方面军还将以第62集团军实施防御，牵制斯大林格勒地域的德军，防止对方加强防御，抗击方面军的主要突击。与瓦图京以2个集团军遂行其主要突击不同，斯大林格勒方面军计划以第64、第57和第51集团军组成一个大规模突击集团，这些部队占据的地域从斯大林格勒南面的别克托夫卡登陆场向南延伸，穿过伏尔加河东面的湖区①，直至巴尔曼察克湖北岸。与西南方面军一样，叶廖缅科也把他的突击集团分为两只装甲"铁拳"——第一只由第57集团军辖下的坦克第13军组成，部署在红军城东南方、别克托夫卡登陆场南端；第二只由第51集团军编成内的机械化第4军和骑兵第4军组成，部署在察察湖与巴尔曼察克湖之间地域的东面。加上提供支援的步兵和炮兵部队，叶廖缅科的主力突击群编有方面军12个步兵师中的8个，8个步兵或海军步兵旅中的1个，全部的5个坦克旅，3个坦克、机械化和骑兵军，半数最高统帅部预备队火炮和迫击炮团，以及全部空中力量。[110]

第64、第57和第51集团军将从65公里宽的作战地幅向西遂行叶廖缅科的主要突击，这片地带从别克托夫卡登陆场南延至湖区，据守这里的主要是隶属于德国第4军和罗马尼亚第6军的罗马尼亚部队。但是，三个集团军将其突击集群和两只装甲铁拳集结在三个突破地段，战线总宽度超过40公里。进攻首日日终时，突破行动很可能已完成，方面军将投入2个装甲（坦克和机械化）军，

---

① 译注：这片湖区位于伏尔加河南面。

向西北方扩大战果。方面军的作战意图是歼灭敌预备队，并于次日日终前到达卡拉奇和苏维埃茨基，在那里与西南方面军的快速集群会师，完成对敌斯大林格勒集团的合围。与此同时，方面军辖内的骑兵军将在步兵的加强下向南、西南方进击，构设起包围圈对外正面，掩护方面军左翼，抗击敌人的反冲击。

叶廖缅科方面军的突击集团摧毁斯大林格勒南面的敌军防御时，第62集团军应发起局部冲击和突袭，将德国第6集团军主力牵制在斯大林格勒城内。与往常一样，此举意味着必须将足够的新锐援兵送入城内，以免崔可夫集团军损失殆尽。一旦完成"天王星"合围，方面军辖内部队将与顿河方面军、西南方面军（之一部）相配合，着手歼灭被围之敌。

地图 6 天王星行动：斯大林格勒方面军的进攻计划

集团军的任务

舒米洛夫将军指挥的第64集团军将沿36公里宽的作战地幅展开行动，从红斯洛博达（Krasnaia Sloboda）南延至伊万诺夫卡（Ivanovka），集团军中央地带和左翼遂行主要突击，右翼实施防御。主要突击将沿别克托夫卡登陆场12公里宽的作战地幅（从叶尔希南面5公里处南延至伊万诺夫卡）向西北方发起。突击集团辖步兵第204、第157、第38师、坦克第13和第56旅，还有些支援部队，行动目标如下：

· 突破德国第4装甲集团军第4军（德国第197步兵师，罗马尼亚第20步兵师）的战术防御；

· 歼灭当面之敌，进攻首日日终前进抵亚戈德内（Iagodnyi）和纳里曼（Nariman）一线；

· 与第57集团军相配合，从南面迂回并包围敌军，前出至叶尔希和瓦尔瓦罗夫卡（Varvarovka）一线；

· 遂行主要突击的同时，守卫集团军右翼，并为突击部队提供支援。

每日作战行动结束前，集团军辖内部队应到达以下战线（位置）：

· 第一天——叶尔希和纳里曼一线
· 第二天——叶尔希和瓦尔瓦罗夫卡一线[111]

托尔布欣将军的第57集团军在方面军中央地带展开行动，突破地域宽40公里，右翼和中央遂行主要突击，左翼实施防御。第57集团军的主要突击从别克托夫卡登陆场以南地域发起，16公里宽的作战地幅从通杜托沃西南方延伸至索良卡（Solianka）以南，突击集群由集团军辖内所有部队组成，欠第76筑垒地域，行动目标如下：

· 在德国第4装甲集团军第4军（罗马尼亚第20步兵师）与罗马尼亚第6军（罗马尼亚第2步兵师）的结合部突破敌战术防御；

·进攻首日，向西北方扩大进攻的同时，支援坦克第13军（方面军发展梯队）进入突破口；

·坦克第13军——向西北方扩大突破，首日日终前夺取纳里曼、瓦尔瓦罗夫卡、拉科季诺（Rakotino），并以1个旅前出至"三月八日"国营农场；步兵部队开始到达这些地域时，坦克军应向西北方推进，占领佩夏内卡里耶尔（Peschanyi Kar'er）和卡尔波夫斯卡亚（Karpovskaia）一线，沿切尔夫连纳亚河（Chervlenaia）东岸，面朝东北方，切断敌人向南、西南方退却的道路；

·步兵第169师、坦克第90旅——前出至安德烈耶夫卡至科沙雷车站（Koshary）一线；

·步兵第422师、步兵第143和坦克第235旅（位于左翼）——从索良卡东南方地域向南突击，与第51集团军近卫步兵第15师（该师将从萨尔帕湖与察察湖之间的隘路向西突击）相配合，包围在"橡树峡谷"地域活动的罗马尼亚第2步兵师；

·遂行主要突击的同时，以（第76筑垒地域的）3个独立"机枪-火炮"营据守集团军左翼19公里宽的防区。[112]

特鲁法诺夫将军指挥的第51集团军将沿110公里宽的作战地幅展开行动，中央和左翼遂行主要和辅助突击，最右翼实施防御。主要突击从中央偏右处、察察湖与巴尔曼察克湖之间12公里宽的地域发起，突击群由步兵第302和第126师组成，行动目标如下：

·在罗马尼亚第6军第18步兵师与第1步兵师的结合部突破敌战术防御，歼灭当面之敌；

·进攻首日日终前将发展梯队（机械化第4军、骑兵第4军）投入突破口：

机械化第4军——进攻首日晚些时候进入突破口，以决定性推进破坏敌后方，同时应避免卷入激战，次日日终前进抵卡尔波夫卡和苏维埃茨基一线，与西南方面军快速部队会师；

骑兵第4军（骑兵第61、第81师）——进攻首日晚些时候进入突破口，次日晨前进抵阿布加涅罗沃和阿布加涅罗沃车站，准备击退敌人对集团军主力突击群左翼发起的反冲击。

·尔后，与第57集团军相配合，扩展攻势，包围伏尔加河以西之敌，掩护突击群左翼，抗击敌人从南面和西南面发起的反冲击：

步兵第302师掩护侧翼——向西南方突击，前出至基洛夫国营农场地域，击退敌人对集团军主力突击群左翼发起的一切反冲击。

遂行主要突击的同时，第51集团军还将以近卫步兵第15师在集团军左翼[①]发起辅助突击，行动目标如下：

·突破罗马尼亚第6军第18步兵师的战术防御，歼灭当面之敌；
·向北、西北方疾进，与第57集团军左翼部队相配合，包围并歼灭萨尔帕湖以西的罗马尼亚第2步兵师。[113]

崔可夫将军第62集团军继续坚守斯大林格勒城东部，进攻发起后，应采取积极的局部行动牵制敌军。[114]

格拉西缅科将军指挥的第28集团军应坚守阿斯特拉罕防线，准备歼灭德军第16摩步师，收复埃利斯塔地域。[115]

进攻行动的特点
战役指标

总的说来，由于在"天王星"行动中发挥的作用与西南方面军相似，斯大林格勒方面军进攻行动的战役指标几乎与瓦图京方面军如出一辙（参见表6）。斯大林格勒方面军进攻行动中最重要的战役指标如下：

·纵深——90公里；
·持续时间——2天；

---

① 译注：右翼。

- ·推进速度——每日45公里；
- ·合围对内正面长度——65公里；
- ·合围对外正面长度——90公里；
- ·合围对内、对外正面之间的距离——65公里。

表6：斯大林格勒方面军进攻行动战役指标

作战部队	地域宽度（公里）		纵深（公里）	持续时间（日）	行动	
					速度（公里/日）	
	总体	突破			步兵部队	快速部队
斯大林格勒方面军	180	40	90	2	10—15	45
第64集团军	36	12	10—15	2	5—8	—
第57集团军	35	16	45—50	2	8—12	20—25
第51集团军	110	12	90	2	10—15	45
总计		80	10	2	—	—

※ 资料来源：罗科索夫斯基（主编），《伏尔加河畔的伟大胜利》，第240页。

较之西南方面军，这些目标更加雄心勃勃，之所以这么说，是因为叶廖缅科掌握的快速部队远不如瓦图京那般雄厚。例如，骑兵第4军只编有2个师，实力自然不及编有2个近卫师和1个普通师的近卫骑兵第3军。除了正面更加宽阔（180公里对85公里），突破地域更大（40公里对32公里），叶廖缅科用于合围对外正面的力量也不及瓦图京。由于斯大林格勒方面军的对外正面较为接近对内正面，德国人很可能对该方面军发起进攻，设法救援或加强被围的第6集团军。

战役和战术布势

叶廖缅科面对的困难几乎与瓦图京完全一样——特别是因为正面宽度的增加，斯大林格勒方面军的兵力严重不足。叶廖缅科只能以单梯队的方式部署他的部队，以此来解决这些问题。具体说来，在方面军层面，他把投入进攻的第64、第57和第51集团军并排部署，采用单梯队布势，但他把坦克（机械化）军留作发展梯队，还组建起一支小规模预备队。

集团军层面同样如此，由于兵力缺乏，他不得不把两个集团军部署为单梯次队形；第三个集团军，主要因为该集团军的实力最为虚弱，因而采用了双梯队配置。结果是，第64集团军部署了两个梯队；第57集团军采用单梯队队形，但以坦克第13军作为发展梯队；第51集团军也呈单梯队配置，但拥有自己的发展梯队（机械化第4和骑兵第4军）和一小股预备队（独立摩托化步兵第38旅）。在战术层面上，集团军辖下的军、师、旅、团，根据其目标的确切性质采用了多种战术布势。

为弥补方面军辖内步兵部队普遍的虚弱，叶廖缅科别无选择，要想取得成功，必须完全依靠坦克、机械化和骑兵部队娴熟的机动，特别是在战役纵深发起行动时。这就意味着3个快速军的主要任务是建立起牢靠的合围对外正面，并在整个行动过程中掩护主力突击群的左翼。其他坦克和机械化部队将在突破行动中加强步兵部队，并为拓展攻势的步兵和骑兵部队提供掩护，抗击敌摩托—机械化部队发起的进攻。据此，方面军司令部将这些部队仔细部署至需要他们的地方，并根据其能力认真分配了相应的任务。因此，方面军辖下的所有快速部队都接到了具体的任务，并据此梯次配置其力量，具体如下：

· 坦克第13军（方面军发展梯队，编为2个旅级梯队，部署在第57集团军防区内）将从方面军快速部队内侧发起突击，向西北方前出至切尔夫连纳亚河，防止敌人向南、西南方退却。

· 机械化第4军（方面军发展梯队，编为1个梯队，部署在第51集团军防区内）将从6公里宽的地域发起决定性突击，朝西北方扩展攻势，与西南方面军快速部队会师，进攻次日日终前包围敌斯大林格勒集团。

· 骑兵第4军（方面军发展梯队，编为师级队列，部署在第51集团军防区内）将在进攻首日晚些时候跟随机械化第4军进入突破口，次日晨前进抵阿布加涅罗沃和阿布加涅罗沃车站，建立起合围对外正面，以击退敌人对集团军主力突击群左翼发起的一切反冲击。

· 独立坦克旅、团、营（8个坦克旅、2个坦克团、1个坦克营）将为进攻中的步兵师和步兵旅提供坦克支援（突破正面的密度为每公里3辆坦克），具体如下：

第62集团军——坦克第84旅、坦克第506营（坦克第235旅）

第64集团军——坦克第13、第56旅

第57集团军——坦克第90、第235旅

第51集团军——坦克第254旅

第28集团军——近卫坦克第6旅、坦克第565营

方面军直属——坦克第85旅、坦克第35、第166团[116]

侧翼掩护

方面军主力突击群达成突破，发展梯队进入战役纵深时，叶廖缅科和第51、第64集团军司令员将负责掩护主力突击群的侧翼，抵御敌人从西南方发起的进攻。舒米洛夫第64集团军掩护突击群右翼，只需在第57集团军主力攻向卡尔波夫卡和苏维埃茨基时将其集团军左翼不断向西和西北方延伸即可。此举固然可以提供侧翼掩护，但也削弱了舒米洛夫在其战区内彻底突破敌军防御所需要的力量。

叶廖缅科和第51集团军司令员特鲁法诺夫携手掩护主力突击群的左翼。叶廖缅科命令骑兵第4军的2个师巧妙地攻向西南方的阿克赛河，并沿该河建立起灵活的对外正面。为协助骑兵第4军，特鲁法诺夫命令步兵第302师完成突破后立即转身向南，配合骑兵第4军，并朝更西面扩展对外正面，在那里与第51集团军步兵第91师和第76筑垒地域的阵地相连接，届时，后两个单位的部队应该已从湖区向西缓缓推进了。虽然这些适度的措施确实掩护了方面军的左翼，以免罗马尼亚部队构成威胁，但德军新锐装甲和摩托化部队出现在战场后，证明苏军这些防范措施并不充分。

炮兵

"天王星"行动发起时，斯大林格勒方面军缺乏足够的火炮和迫击炮，无法遵照红军野战条例要求的火力密度实施炮火准备。这种不足有多方面原因，但主要是重新部署的困难。因此，为实现必要的火力密度，叶廖缅科只得组织一场交错火力准备，先实施炮火准备支援第64集团军，然后暂停炮击，将炮兵南调，在第57集团军作战地域发起炮火准备。虽说这种方式并不理想，但

多少是根据对面罗马尼亚部队的火力较为虚弱这种情况制定的。否则，叶廖缅科的炮兵主任应遵照"炮兵进攻"的训令组织所有炮火，也就是在整个行动期间的不同阶段实施炮击。

无论何时发起炮火准备，斯大林格勒方面军与西南方面军采用了同样的技术和方法部署其炮兵力量。就时间而言，炮火准备将持续40—75分钟。至于炮兵群，各集团军有所不同，取决于突破地域的宽度和炮兵的位置。例如，三个集团军都部署了3—4个炮兵团组成的远程炮兵群，以及步兵支援炮兵群（NPP）。第64和第57集团军为各师各团配备了NPP，每个炮兵群配有25—35门火炮/迫击炮，而第51集团军组建并投入了1个集团军炮兵群，实施远距离炮击，外加1个多管火箭炮群和数个NPP子群，用于集团军级，师一级只使用炮兵子群。[117]

航空兵

叶廖缅科将斯大林格勒方面军空中支援的策划和实施工作委托给了空军第8集团军司令员季莫费伊·季莫费耶维奇·赫留金空军少将。[118]赫留金掌握着空军第8集团军的所有战机，还有配属给该集团军的混编航空兵第2军。空军第8集团军指挥部策划、组织空中支援，并在战役发起前和期间遂行各种空中任务，采用的行动方式与西南方面军空军部队如出一辙，基本上是执行一场"空中突击"的标准程序。另外，陆军还提供了专用通信设备，以确保歼击机与坦克第13军、机械化第4军、骑兵第4军辖内各地面部队之间的即时无线电联系。方面军还给各个军部（也许还包括旅部）派去特别对空联络员，他们负责确保地面部队及时获得恰当的空中支援。

表明红空军的实力获得极大加强的是，赫留金的参谋人员计划在进攻首日投入647个飞行架次，次日投入520个架次，第三天投入448个架次，第四天再投入383个架次。[119]

工程兵

进攻发起前，斯大林格勒方面军的部队（特别是其主力突击群）位于斯大林格勒以南、伏尔加河西面的别克托夫卡登陆场，以及城市更南面大片湖区的狭小范围内。方面军作战区域广阔，湖区的道路网较为稀疏；另外，方面军必须在伏尔加河上来回调动所有新到达的援兵和辖内重新部署的部队。这对工程兵们提出了巨大的挑战，因为在进攻前和进攻期间，他们还必须履行常规战斗工兵的大量工作。

面对这种挑战，苏军最高统帅部抽调大批工程兵——两倍于调拨给西南方面军的工兵力量——增援斯大林格勒方面军。因此，截至进攻发起前，叶廖缅科方面军拥有38个营外加3个连的各类工程兵和工兵。这些营中有23个直属于方面军，其他营分配给各集团军。师级以上部队掌握的工兵力量如下：

- 第62集团军

    独立工程兵第326、第327营

- 第64集团军

    独立工程兵第328、第329、第330营

- 第57集团军

    独立工程兵第122、第175营

- 第51集团军

    独立工程兵第205、第275、第742营

    舟桥第6营

- 第28集团军

    独立工程兵第57、第130营

    舟桥第121营

- 方面军直属部队

    特种工程兵第43旅

    战斗工兵第19、第21旅

    近卫扫雷工兵第17营＊

    舟桥第44、第47、第103、第107营

    独立工程兵第119、第240营

    独立战斗工兵第1504营[120]

＊ 近卫扫雷工兵为方面军实施侦察和牵制行动，行动方式类似于现代特种部队。

除了遂行与西南方面军工程兵、战斗工兵相同的任务，斯大林格勒方面军的工程兵部队还要在塔季扬卡（Tat'ianka）、斯韦特雷亚尔（Svetlyi Iar）、索洛德尼基（Solodniki）和卡缅内亚尔（Kamennyi Iar）构设渡过伏尔加河的额外渡口，并于11月1日—20日协助将110000多人、427辆坦克、556门火炮和6561500吨弹药运过伏尔加河。尽管付出了巨大努力，但由于宽阔的伏尔加河经常结冰，渡河非常困难，加之别克托夫卡登陆场持续的激战，支援进攻行动所需要的一些部队未能在"天王星"行动发起前渡过河去。[121]

顿河方面军

方面军的任务

虽然罗科索夫斯基的顿河方面军在"天王星"行动中发挥的显然是次要作用，但还是要执行两项重要任务：一是进攻，二是防御（参见地图7）。进攻指的是"天王星"发起时，顿河方面军将以第65和第24集团军从150公里宽战线的右翼实施一场辅助突击，旨在突破克列茨卡亚东南面顿河小弯曲部的德军防御，尔后扩大突破，包围并歼灭全部敌军。为实施突击，罗科索夫斯基准备了两个突击集群。第一个突击群由第65集团军的4个步兵师和2个坦克旅组成，他们将向南发起主要突击，在克列茨卡亚以东地域突破德国第11军的防御。第二个突击群位于更东面，由第24集团军的6个步兵师、1个坦克军和1个坦克旅构成，应从卡恰林斯卡亚南面的顿河东岸向南发起冲击，突破德国第8军的防御。攻破德国人的防御后，两个突击群应歼灭当面之敌，并沿汇聚的方向推进，前出至卡拉奇东北方40公里、顿河东岸的韦尔佳奇地域。第65和第24集团军遂行的辅助突击将歼灭德国第6集团军辖下的第11军，将其残部逼入顿河与伏尔加河之间的陆桥。

防御指的是顿河方面军的第66集团军和第24集团军的主力遂行局部行动，牵制斯大林格勒北面和西北面的德军，防止他们抽调部队封堵斯大林格勒西北面和南面、罗马尼亚人防线上出现的缺口。顿河方面军编成内的第65集团军遂行辅助突击的同时，还应掩护西南方面军攻向卡拉奇的快速部队左翼。这些任务完成后，顿河方面军将配合斯大林格勒方面军的部队，消灭被围在斯大林格勒地域的敌军。[122]

124

地图 7 天王星行动：顿河方面军的进攻计划

顿河方面军面临着两个棘手的问题：经过数月持续不断的战斗，方面军辖内部队的实力显然很虚弱；他们进攻的是德军预有准备的防御阵地。这两个因素很可能使这场辅助突击无法取得成功。另外，最高统帅部和罗科索夫斯基都意识到，必须以大量兵力加强，顿河方面军才有望在后续行动中消灭包围圈。

集团军的任务

巴托夫将军率领的第65集团军将沿80公里宽的作战地幅展开行动，该地域从顿河南面的克列茨卡亚东延至顿河东岸的卡恰林斯卡亚地域，第65集团军将从右翼遂行主要突击，中央和左翼实施防御。主要突击从克列茨卡亚南面和东面、克列茨卡亚登陆场6公里宽的地域向南和西南方发起。突击群编有4个步兵师和2个坦克旅，并获得9个火炮/迫击炮团加强，具体目标如下：

· 突破罗马尼亚第3集团军右翼（罗马尼亚第1骑兵师）和德国第6集团军第11军左翼（第376步兵师）的战术防御；

· 向南、东南方扩展攻势，进攻首日日终前夺取上布济诺夫卡、奥西金斯基（Os'kinskii）和布利日尼亚佩列科普卡（Blizhniaia Perekopka）一线；

· 尔后，协同左侧的第24集团军向韦尔佳奇拓展攻势，包围并歼灭顿河大弯曲部西北部的敌军集团；

· 同时，抽调部分兵力向南，封堵敌人向西退却的一切企图。

第65集团军实施主要突击的同时，位于其中央和左翼的部队将发起局部行动，牵制德国第11军余部，防止其向西转移部队。待集团军主力突击群到达上布济诺夫卡和利日尼亚佩列科普卡地域，集团军中央和左翼部队应向南、东南方发起突击，攻往韦尔佳奇。[123]

加拉宁将军的第24集团军在方面军中央40公里宽的地带展开行动，集团军右翼遂行主要突击，中央和左翼实施防御。主要突击从卡恰林斯卡亚以南、顿河以东4.5公里宽的地域向南发起，突击群编由6个步兵师、1个坦克军和1个坦克旅，7个炮兵团和4个火箭炮团加强，具体目标如下：

·突破德国第6集团军第8军（第76步兵师）的战术防御；

·将发展梯队投入战斗，沿顿河东岸向南推进，夺取韦尔佳奇，与第65集团军从西北方而来的部队会合，从而包围并歼灭顿河以西的所有德军部队；

·发展梯队（坦克第16军）——从上格尼罗夫斯基以南地域出击，扩大突破，前出至韦尔佳奇地域，包围并歼灭顿河小弯曲部的敌集团，切断顿河以南敌集团与东面主力的联系，与第65集团军相配合，歼灭该集团。

遂行主要突击的同时，第24集团军中央和左翼部队将沿35公里宽的战线发起局部进攻和突袭，消灭敌支撑点，牵制敌军。[124]

扎多夫将军指挥的第66集团军在方面军左翼30公里宽的地带展开行动，从科特卢班地域东延至叶尔佐夫卡南面的顿河，该集团军将以局部进攻和突袭牵制敌人，防止对方向西转移部队。[125]

进攻行动的特点
战役指标

顿河方面军在"天王星"行动初期只执行次要任务，其战役指标与相邻的方面军相比小得多（参见表7）。顿河方面军最重要的战役指标如下：

·纵深——60公里；

·持续时间——3天；

表7：顿河方面军进攻行动战役指标

作战部队	地域宽度（公里）		纵深（公里）	持续时间（日）	行动	
					速度（公里/日）	
	总体	突破			步兵部队	快速部队
顿河方面军	150	10.5	60	3	15—20	20
第65集团军	80	6	60	3	15—20	20
第24集团军	40	4.5	20	2	8—10	10
总计	—	—	20—60	2	—	—

※ 资料来源：罗科索夫斯基（主编），《伏尔加河畔的伟大胜利》，第245页。

·推进速度——每日10—20公里。

尽管这些指标远不及西南方面军和斯大林格勒方面军，但还是过于乐观了。第65集团军的步兵部队在三天内前进60公里，第24集团军在两天内前进20公里，第24集团军的坦克第16军在两天内推进10公里，这些都不太可能实现，特别是考虑到他们将以在过去的战斗中遭到严重消耗的部队去进攻精心构设的德军防御这一点。另外，第65集团军共有48辆坦克，其中仅有三分之二在坦克第16军内[①]。令最高统帅部和方面军稍感安慰的是，即便徒劳无获，这些进攻还是能牵制德国第6集团军2个军的主力和至少4个步兵师。

战役和战术布势

根据受领的有限任务，顿河方面军将辖内三个集团军编为单梯队配置，与过去两个月的位置几乎一样。罗科索夫斯基方面军的第65和第24集团军组建起突击群，以两个梯队遂行主要突击，第24集团军辖内的一个坦克军担任发展梯队。在防线其他地段，他们以编为一个梯队的若干师实施防御，每个师留有少量预备队。由于在整个行动期间的任务是防御，第66集团军将辖内部队编为两个梯队，第一梯队4个师（步兵第99、第226、第64、第116师），第二梯队2个师（步兵第299、第343师）。为集中力量并最大限度地前送兵力，三个集团军辖内的所有师和团都为作战行动组织起单梯队团和营。

由于罗科索夫斯基方面军只执行次要任务，最高统帅部仅为其提供了确保进攻的装甲力量，并未调拨更多坦克。因此，坦克第16军担任第24集团军的发展梯队；待集团军步兵部队突破德军战术防御后，坦克第16军就进入突破口，冲向韦尔佳奇。虽然马斯洛夫将军的坦克军可能有足够的坦克完成这项任务，但显然并未强大到足以围歼德国第11军的程度。至于三个集团军辖内的其他坦克力量，共计6个独立坦克旅，都用于支援各集团军编成内的步兵部队，具体如下：

[①] 译注：原文如此。

- 第24集团军——坦克第10旅；
- 第65集团军——坦克第91、第121旅；
- 第66集团军——坦克第58旅；
- 方面军直属——坦克第64、第148旅。[126]

炮兵和航空兵

顿河方面军炮兵主任将方面军辖内大多数最高统帅部预备队火炮/迫击炮团调拨给第65和第24集团军，以炮兵进攻支援他们的辅助突击。而第65和第24集团军炮兵主任又组建起集团军炮兵群和火箭炮群，在进攻发起前和进攻期间为各集团军提供炮火准备和火力支援。两个集团军辖内的步兵师组织起步兵支援炮兵群（NPP），提供给第一梯队各步兵团。

为第65、第24集团军提供的炮火准备将持续1小时20分钟。在第65集团军，炮火准备包括5场炮火急袭、2次假炮火停顿、2场持续时间更长的破坏射击。第24集团军采用了不同的方式：10分钟炮火急袭，随后是60分钟破坏射击，最后又是10分钟炮火急袭。正如后续行动证实的那样，炮火准备并未造成集团军火力策划人员预期的那种破坏。[127]

谢尔盖·伊格纳季耶维奇·鲁坚科少将的空军第16集团军为顿河方面军提供空中支援。[128]为此，鲁坚科投入方面军配属的几乎所有战机，在突破行动期间和之后掩护、支援第65集团军突击群。不过，他也细心调拨了少量战机支援坦克第16军拓展攻势。因此，鲁坚科将对空联络员派往坦克军军部，也许还派往该军辖下的各个旅。[129]

工程兵

分配给顿河方面军的工程兵面临的许多挑战与西南方面军工程兵如出一辙。其中包括将调拨给第65集团军的大批部队和物资运过顿河，进入克列茨卡亚登陆场，另外还要在登陆场内构建防御工事，荫蔽、伪装集结的部队和物资，并在进攻发起前和进攻期间遂行其他常规准备工作。

除了师属、团属的工程兵和战斗工兵单位，方面军掌握的其他工兵力量如下：

· 第65集团军

  舟桥第9营

  独立工程兵第321营

· 第24集团军

  独立工程兵第48营

  独立战斗工兵第530、第532、第534、第1361营

· 第66集团军

  独立工程兵第1、第432营

· 方面军直属

  特种工程兵第16旅

  战斗工兵第20旅

  舟桥第6、第7、第20、第104营

  独立工程兵第120、第257、第258、第741营[130]

总之，11月8日至17日，在这些部队的协助下，12800人、396门火炮、1684辆汽车和822辆大车在安东诺夫卡地域渡过了顿河。[131]

后勤

苏军最高统帅部和NKO付出了巨大努力，调派、建立、组织、部署、集结西南方面军、顿河方面军和斯大林格勒方面军11月19日前投入的100多万名将士，但他们还面临着同样艰巨的任务：反攻发起前和发起后，在后勤方面支援、维系这股大军。部队的组建、加强和促成"天王星"计划开花结果的必要运输措施已在上文加以详述，这里只对相关后勤努力加以简单描述。特别需要指出的是，自苏德战争爆发以来，后勤一直是红军最致命的弱点之一，斯大林对此心知肚明。因此，斯大林从一开始就重点关注为遂行"天王星"行动的部队提供所需要的补给。他把后勤的所有方面（特别是燃料、弹药和食物）都列为最高级别，以确保他的高级指挥员们也对此加以重视；他还派一位副国防人民委员负责此事，确保后勤工作列为优先事项，并在各级指挥层建立起一个强大的后勤主任体系。

1942年11月，负责军事后勤的是红军总后勤部长安德烈·瓦西里耶维奇·赫鲁廖夫军需勤务中将，许多部、局（包括燃料、弹药和食物）都在他的直接监督下。[132]由于经常需要参加斯大林在克里姆林宫召开的会议，赫鲁廖夫（他也是副国防人民委员）通过几位后勤部副部长指挥军队后勤工作，在方面军和集团军级由勤务首长负责，而在军、师两级，负责后勤工作的是后勤副军长和后勤副师长。截至1942年末，赫鲁廖夫和他的司令部几乎负责所有后勤事务，包括征募、贮存、交付运往前线的所有兵员和物资。到目前为止，他们最优先的任务是为红军提供燃料、食物和饲料；征募并交付援兵；在各场军事行动之前及期间为部队的再部署提供支援。

虽然红军在1942年春夏季遭遇到灾难性惨败，但赫鲁廖夫的机构出色地完成了他们的任务。到1942年11月，他们修复并扩展了苏联南部的铁路、公路网，缓解了严重的交通问题；他们开发了新的苏联工业基地，目前已在乌拉尔及其东部投入全面运营，生产出各种武器和军需用品；他们还有效分配租借物资，这些物资包括军事装备、原材料和维系红军继续战斗所需要的食物。虽然不时发生短缺，但赫鲁廖夫巧妙地管理着一切，总能在恰当的时候将适量的军需补给交付到正确的地方。

表8并未涵盖所有类别的军需用品，而是根据最重要类型的武器装备的产量，说明红军战斗力在1942年间的增长。[133]为提供对比，表9列出了德国1942年的武器产量，其数量也有所增加，特别是在火炮、迫击炮、坦克和装甲运兵车方面。虽然加大了产量，但除了装甲运兵车，德国人在其他所有类别上都落后于苏联。例如，德国1942年的坦克产量翻了一番，达到4759辆，但苏联1942年的坦克产量高达24400辆，1943年还将继续增加。可是，由于苏联人没有开发并配备任何一款装甲运兵车，德国人在这方面的优势将一直持续到战争结束。

为苏联战时生产做出补充的是，斯大林的盟友（美国、英国和加拿大）为苏联提供了紧要的战争物资，主要是通过租借法案。该法案1941年10月付诸实施后，商船队将这些物资运至苏联的摩尔曼斯克和阿尔汉格尔斯克，或经所谓的"波斯走廊"运抵苏联，空中航线则是从阿拉斯加至西伯利亚。根据1941年签署的首次"租借法案"协议的规定，截至1942年6月，盟国为苏联

表 8：1942 年苏联技术装备、武器和弹药产量的增长

装备类型	产量		增长率
	1942年上半年	1942年下半年	
作战飞机			
歼击机（总计）	3871	5973	1.54倍
米格-3	12	36	3倍
拉格-3	1766	970	—
拉-5	—	1129	—
雅克-1	1578	1895	1.2倍
雅克-7和雅克-9	515	1943	3.77倍
强击机（伊尔-2）	2629	5596	2.013倍
轰炸机	1641	1867	1.1倍
总计	**8141**	**13436**	**1.65倍**
坦克			
重型（KV）	1663	890	—
中型（T-34）	4414	8106	1.8倍
轻型（T-60）	5100	4272	—
总计	**11177**	**13268**	**1.19倍**
火炮			
反坦克炮（47、57毫米）	8957	11142	1.24倍
高射炮	2368	4120	1.7倍
76毫米野炮	11052	12257	1.1倍
122毫米火炮	2240	2597	1.16倍
152毫米火炮	1008	766	—
总计	**25625**	**30882**	**1.2倍**
迫击炮			
50毫米	66802	36511	—
82毫米	45485	55378	1.2倍
107、120毫米	10183	15164	1.5倍
总计	**122470**	**107053**	**—**
多管火箭发射器			
BM-8（喀秋莎）	459	386	
BM-13（喀秋莎）	1087	1305	1.2倍
总计	**1546**	**1691**	**1.1倍**

表 8（接上页）

装备类型	产量		增长率
	1942年上半年	1942年下半年	
步兵武器			
步枪和卡宾枪	1943400	2100509	1.08倍
自动武器（冲锋枪）	524473	952332	1.8倍
轻机枪	71923	100183	1.4倍
重机枪	16011	40544	2.5倍
12.7毫米重机枪	1864	5478	3倍
反坦克步枪	114400	134400	1.17倍
总计	**614271**	**1098537**	**1.78倍**
弹药（单位/千发）			
步枪弹	1508736	2236477	1.5倍
各种口径迫击炮弹	17799	35959	2倍
各种口径身管炮弹	31827	44678	1.4倍
火箭炮弹	1300	2600	2倍

※ 资料来源：罗科索夫斯基，《伏尔加河畔的伟大胜利》，第 210—211 页；M.E. 莫罗佐夫（主编），《1941—1945 年，伟大卫国战争，数据中的战役和战略行动，两卷本，第一册》，第 373、第 478 页。

表 9：德国 1942 年的武器产量

武器类型	1942年1月的存量（估计）	1942年的武器产量
步枪和卡宾枪	4748260	1149593
冲锋枪/突击步枪	211940	152683
机枪	208130	81199
迫击炮	26494	18199
高射炮		
陆军	2915	2966
空军	—	8430
总计	—	**11396**
反坦克炮		
轻型	13607	4798
中型	—	4344
总计	13607门【1941年6月22日至12月31日为 2018门（555门轻型、1463门中型）】	**9142**

表9（接上页）

武器类型	1942年1月的存量（估计）	1942年的武器产量
火炮		
步兵炮	4684	1678
火箭炮	12615	3864
轻型	6701	1476
重型	3419	935
超重型	469	33
总计	**27888**	**7975**
装甲战车		
坦克（二号、三号、四号、38t）	3365辆（1941年6月22日至12月31日为2234辆）	4759
突击炮	625辆（1941年6月22日至12月31日为348辆）	
装甲运兵车	1888	2527
总计	**5878辆（1941年生产了5138辆）**	**9278**
卡车	250061	49707
指挥车	199452	24152
摩托车	215009	34017
拖车		7627
作战飞机		15109
炮弹（75毫米或以上）		58070000

※ 资料来源：霍斯特·布格、尤尔登·弗斯特、约阿希姆·霍夫曼等人，《德国与第二次世界大战，第4卷：入侵苏联》，埃瓦尔德·奥泽斯等人译（英国牛津：克拉伦登出版社，2001年），第1122页；霍斯特·布格、维尔纳·拉姆、赖因哈德·施通普夫、贝恩德·韦格纳，《德国与第二次世界大战，第6卷，全球战争：冲突扩大为世界大战及战争主动权的转移，1941—1943》，埃瓦尔德·奥泽斯等人译（英国牛津：克拉伦登出版社，2001年），第613、第637—638、第668、第670—671、第678—679、第684、第687—688、第691、第700、第805页。

提供了267架轰炸机、278架战斗机、363辆中型和420辆轻型坦克、16502辆卡车。[134]第二份协议大约从1942年6月持续至1943年6月，又为苏联提供了3816架飞机、1206辆坦克、62292支自动武器、93713辆卡车以及其他战略物资和食物。[135]虽然经"波斯走廊"运抵苏联的多数坦克和卡车最终交给了外高加索和北高加索地区的红军，但仍有一部分交付给了奋战在斯大林格勒的苏军部队。

　　总的说来，除了几个明显的例外，租借法案的装运总量只相当于苏联战时生产的一小部分，火炮只占2%，但卡车和其他车辆所占的比例令人咋舌，高达70%，而租借法案提供的坦克约为苏联战时坦克生产总量的12%。但是，在斯大林格勒战役和高加索会战最艰难的时期，这个数字很可能达到了15%，对战斗在高加索地区的苏军坦克部队来说，这个数字可能会更高。[136]

　　在赫鲁廖夫后勤"脐带"的末端，遂行"天王星"行动的各集团军获得了足够的燃料和弹药，以完成他们受领的作战任务（参见表10）。因此，反攻发起时，执行主要突击的各集团军拥有的弹药足以维持3天的作战行动，许多部队甚至能维系6天的战斗。坦克第5集团军、第21、第57、第51集团军快速部队的油料再补充基数为3.8—9.0，也就是说，他们可以维系11—18天的作战行动，但第65和第24集团军的快速部队超过7天和10天就需要再补给，以便继续战斗。总的说来，第24、第51、第57集团军最缺的是弹药，而坦克第5集团军、第24、第57集团军最缺的是燃料。因此，如果三个方面军实现合围所需要的时间超过预计的三天，就必须在进攻发起后不久以极大的努力为上述集团军提供燃料和弹药。

表10："天王星"行动发起时，西南、顿河、斯大林格勒方面军诸集团军获得的弹药和油料补给

补给类型	计量单位	西南方面军		顿河方面军		斯大林格勒方面军	
		坦5集	21集	65集	24集	57集	51集
82毫米炮弹	作战负载	2.0	1.82	1.65	1.0	1.0	1.9
120毫米炮弹	作战负载	2.3	2.28	3.1	1.7	1.0	0.8
76毫米炮弹（团属炮兵）	作战负载	1.4	1.83	2.6	1.5	2.65	4.1
76毫米炮弹（师属炮兵）	作战负载	2.66	2.0	2.6	4.57	1.1	2.8
122毫米炮弹	作战负载	1.9	3.2	1.7	1.4	1.0	1.0
柴油	再补充	3.8	4.8	2.2	3.3	3.8	6.3
汽油	再补充	1.4	2.6	1.57	1.08	1.9	9.0

※ 资料来源：罗科索夫斯基，《伏尔加河畔的伟大胜利》，第248页。

注：作战负载指的是每门火炮维持 X 天作战行动所需要的弹药总量；在战争这一阶段，1个战斗负载足以维持三天的战斗。

注释

1. V.A.佐洛塔廖夫（主编），《伟大卫国战争中的作战部队，1941—1945年》（*Velikaia Otechestvennaia, Deistvuiushchaia armiia 1941-1945 gg*，莫斯科：勇气出版社和库奇科沃原野出版社，2005年），第587页。

2. 战争期间为苏联武装力量提供战略指导的具体机构的详情及其职能，可参阅戴维·M.格兰茨的《巨人重生：战争中的苏联红军，1941—1943年》（劳伦斯：堪萨斯大学出版社，2005年），第369—465页。

3. 瓦图京将军的生平简历可参阅本三部曲第一部。

4. 罗曼年科的生平简介和科泽利斯克进攻战役均可参阅本三部曲第一部。

5. 1942年11月19日—20日西南方面军、顿河方面军和斯大林格勒方面军的作战序列可参阅A.M.萨姆索诺夫的《斯大林格勒战役》，第569页。

6. 布特科夫的生平简历可参阅本三部曲第一部。

7. 由于在斯大林格勒的杰出表现，坦克第26军1942年12月8日获得近卫坦克第1军的荣誉番号。该军军史可参阅M.F.帕诺夫的《在主要突击方向上》（*Na napravlenii glavnogo udara*，莫斯科：什切尔宾斯卡亚印务出版社，1993年）。坦克第26军用了数周时间组建、改建，1942年8月5日加入坦克第5集团军，但该军一直留在最高统帅部预备队，与坦克集团军一同训练，11月调至斯大林格勒地域。军长A.G.罗金将军曾是一名炮兵，1937年从工农红军机械化和摩托化学院毕业后转入机械化部队。苏芬战争期间，他在步兵第50军任汽车装甲坦克勤务主任，后担任机械化第10军坦克第24师副师长，"巴巴罗萨"战役初期，他在这个职位上参加了卢河河的战斗。该军解散后，1941年9月至1942年2月，罗金指挥坦克第13旅，后在第54集团军指挥坦克第124旅，1942年5月出任该集团军坦克兵主任。1942年9月，罗金出任坦克第26军军长。由于该军在"天王星"行动中表现出色，他于1943年2月7日获得苏联英雄称号，出任中央方面军坦克第2集团军司令员，1943年2月—3月，他率领该集团军攻向谢夫斯克和奥廖尔，7—8月参加了库尔斯克战役。1943年9月，他的部队收复谢夫斯克后，罗金晋升为西方面军（后改为白俄罗斯第3方面军）装甲坦克和机械化兵司令员，直至1945年初。战后，罗金先后在数个军区担任装甲坦克和机械化兵司令员，并在伏罗希洛夫总参军事学院任教，1954年退入预备役。从1943年后期起。罗金的健康状况一直不太好，1955年去世。他的完整生平可参阅M.G.沃扎金（主编）的《伟大卫国战争中的集团军指挥员：军事传记辞典》，第291—293页。

8. 鲍里索夫的完整生平可参阅《伟大卫国战争中的军级指挥员，两卷本，第二册》（*Velikaia Otechestvennaia Komkory: Voennyi biograficheskii slovar v 2-kh tomakh, Tom 2*，莫斯科-茹科夫斯基：库奇科沃原野出版社，2006年），第44—45页。

9. 由于在顿巴斯地区杰巴利采沃实施的突袭，骑兵第8军1943年2月14日获得近卫骑兵第7军的荣誉番号。该军军史可参阅M.S.多库恰耶夫的*Vboi shli eskadrony*（骑兵中队投入战斗）（莫斯科：军事出版社，1984年）。

10. A.M.萨姆索诺夫，《斯大林格勒战役》，第569页。

11. V.A.佐洛塔廖夫（主编），《伟大卫国战争中的作战部队，1941—1945年》，第582—583页。第21集团军1943年4月16日被授予近卫第6集团军的荣誉番号，集团军战史可参阅IM.奇斯佳科夫（主编）

的《奉祖国之命：伟大卫国战争中近卫第6集团军的战斗历程》（*Po prikazu Rodiny: Boevoi put' 6-i Gvardeiskoi armii v Velikoi Otechestvennoi voine, 1941-1945 gg*）。奇斯佳科夫将军的回忆录，《我们为祖国服役》（*Sluzhim otchizne*，莫斯科：军事出版社，1975年），基本上是该集团军的另一份历史记述。

12. 1943年2月7日，坦克第4军获得近卫坦克第5军的荣誉番号。克拉夫钦科的生平简介可参阅本三部曲第一部。

13. A.M.萨姆索诺夫，《斯大林格勒战役》，第405页。另可参阅安娜·斯特罗耶娃的《集团军司令员克拉夫钦科》（*Komandarm Kravchenko*，基辅：乌克兰政治文献出版社，1984年）。

14. 普利耶夫撰写的回忆录较多，可参阅他的《在近卫军的旗帜下》（*Pod gvardeiskimi znamenem*，奥尔忠尼启则：IR出版社，1976年）；他的生平简介可参阅本三部曲第一部。

15. V.A.佐洛塔廖夫（主编），《伟大卫国战争中的作战部队，1941—1945年》，第582—583页。

16. 列柳申科的生平简介可参阅本三部曲第一部。

17. 由于行动延误，两个近卫步兵军起初并未加入近卫第1集团军。

18. A.M.萨姆索诺夫，《斯大林格勒战役》，第569页。

19. V.A.佐洛塔廖夫（主编），《伟大卫国战争中的作战部队，1941—1945年》，第582—583页。将11月5日组建的近卫第1集团军与该集团军的多次组建区分开来非常重要。具体说来，最高统帅部1942年8月6日首次组建近卫第1集团军，将其编入东南方面军，但8月18日将其转隶斯大林格勒方面军，9月28日又将其转隶顿河方面军。在莫斯卡连科和奇斯佳科夫将军的指挥下，首次组建的近卫第1集团军参加了科特卢班地域的激战，10月16日撤入最高统帅部预备队，10月25日撤编，辖内部队转隶新组建的第24集团军（该集团军这段时期的记述可参阅本三部曲第二部）。11月5日，近卫第1集团军第二次组建，由列柳申科指挥，12月8日，最高统帅部将该集团军一分为二，形成了第三次组建的近卫第1集团军（瓦西里·伊万诺维奇·库兹涅佐夫中将指挥）和新组建的近卫第3集团军（列柳申科指挥）。这两个集团军在西南方面军的编成内参加了"小土星"行动。

20. 同上。另外，西南方面军还掌握着步兵第14军、近卫步兵第4（辖近卫步兵第35、第41师）、第6军（辖近卫步兵第38、第44师）军部，这些部队部署在侧翼，随时准备加强近卫第1集团军。

21. 叶廖缅科将军的生平简介可参阅本三部曲第一部。

22. V.A.佐洛塔廖夫（主编），《伟大卫国战争中的作战部队，1941—1945年》，第584页。

23. A.M.萨姆索诺夫，《斯大林格勒战役》，第570页。

24. 托尔布欣将军的生平简介可参阅本三部曲第一部。

25. 坦克第13军军史可参阅V.F.托卢布科和N.I.巴雷舍夫合著的《在南翼》（*Na iuzhnomflange*，莫斯科：科学出版社，1973年）。1943年1月9日，该军获得近卫机械化第4军的荣誉番号。塔纳希申的生平简介可参阅本三部曲第一部。1942年12月7日，塔纳希申晋升为少将。

26. V.A.佐洛塔廖夫（主编），《伟大卫国战争中的作战部队，1941—1945年》，第584页。

27. 第51集团军军史可参阅S.M.萨尔基西扬的《第51集团军》（*51-ia Armiia*，莫斯科：军事出版社，1983年）。

28. 特鲁法诺夫出生于1900年，1919年加入红军，作为一名列兵参加了内战，并成为战地电话所所长。两次世界大战之间在骑兵部队中崭露头角，指挥过骑兵排和骑兵连，并担任过各种参谋职务，后在苏芬战争期间出任步兵第4师参谋长，1941年初任步兵第23军副军长，"巴巴罗萨"战役前夕任机械化第28军参谋长。特鲁法诺夫在外高加索方面军第47集团军先后担任参谋长、后勤部长和副司令员，直至1942年4月出任近卫步兵第1军军长[①]。出色地指挥了军级部队后，1942年7月，特鲁法诺夫升任第51集团军司令员，病愈后，当年10月重新担任该集团军司令员。特鲁法诺夫在"天王星"行动中表现出色，1943年7月库尔斯克战役期间，他担任近卫坦克第5集团军副司令员，1943年7月末至1945年任第69集团军副司令员，柏林战役期间任步兵第25军长。战后，特鲁法诺夫在苏军驻德军管局担任负责职务，后在远东任各种高级职务，直至1960年退役。他去世于1982年。关于他的更多详情，可参阅M.G.沃扎金（主编）的《伟大卫国战争中的集团军指挥员：军事传记辞典》，第229—230页。

29. A.M.萨姆索诺夫，《斯大林格勒战役》，第569页。

30. 机械化第4军军史可参阅A.M.萨姆索诺夫的《从伏尔加河到波罗的海》（*Ot Volgi do Baltiki*，莫斯科：科学出版社，1963年）。由于在"天王星"行动中表现出色，该军1942年12月18日获得近卫机械化第3军的荣誉番号；具体说来，该军在上库姆斯基及其周边历时四天[②]的激战中削弱了德国第4装甲集团军第57装甲军的突击。沃利斯基将军的生平简介可参阅本三部曲第一部。

31. A.M.萨姆索诺夫，《斯大林格勒战役》，第406页注136。该军军长沙普金将军是红军指挥员中罕见的例外。与大多数同僚不同，1907年至1917年10月，他是沙皇军队里的一名顿河哥萨克骑兵，第一次世界大战期间在西方面军服役。俄国内战期间，他在邓尼金将军的白军中担任下级军官，指挥哥萨克骑兵。1920年3月，他率领他的整个中队（约100人）投奔红军，1920年苏波战争期间，他在布琼尼著名的骑兵第1集团军先后担任团级、旅级指挥员，打击弗兰格尔男爵白卫军期间升任师级指挥员。两次世界大战之间，沙普金先后指挥骑兵第2师和山地骑兵第7师，镇压中亚地区的叛乱分子，1935—1936年在伏龙芝军事学院学习，后在远东和中亚地区先后指挥山地骑兵第3、第20师，1941年1月出任骑兵第4军军长，1942年10月，他的军调至斯大林格勒地域。该军在"天王星"行动和随后进攻罗斯托夫的战役中表现出色，但沙普金病倒，1943年3月死于败血症。他的生平简介可参阅《伟大卫国战争中的军级指挥员，两卷本，第二册》，第91—92页。沙普金去世后，（M.F.马列耶夫少将指挥的）骑兵第4军并入近卫骑兵第7军；与骑兵第8军一样，近卫骑兵第7军攻向顿巴斯东部地区的杰巴利采沃期间失去了军长鲍里索夫将军（他被德国人俘虏）和许多人员。

32. V.A.佐洛塔廖夫（主编），《伟大卫国战争中的作战部队，1941—1945年》，第584页。

33. 格拉西缅科将军的生平简介可参阅本三部曲第一部。

34. 关于近卫步兵第34师编成和作战记录的详情，可参阅V.F.马尔格洛夫的《苏联空降兵：军事历史研究》（*Sovetskie vozdushnoi-desantnye: Voenno-istoricheskii ocherk*，莫斯科：军事出版社，1986年），第158、第175—176页。

35. V.A.佐洛塔廖夫（主编），《伟大卫国战争中的作战部队，1941—1945年》，第584页。

36. 第62集团军1943年5月5日获得近卫第8集团军的荣誉番号。该集团军战史可参阅崔可夫的数本回忆录。

---

①译注：独立步兵第1军。
②译注：12月15日和12月17—19日。

37. A.M.萨姆索诺夫，《斯大林格勒战役》，第571页。

38. 崔可夫将军的生平简介可参阅本三部曲第一部。

39. V.A.佐洛塔廖夫（主编），《伟大卫国战争中的作战部队，1941—1945年》，第584页。

40. 参见本三部曲第二部。上述数据不包括新派来的步兵第160旅。

41. 第64集团军战史可参阅D.A.德拉贡斯基（主编）的《从伏尔加河到布拉格》（*Ot Volgi do Pragi*，莫斯科：军事出版社，1966年）。1943年5月1日，该集团军获得近卫第7集团军的荣誉番号。

42. A.M.萨姆索诺夫，《斯大林格勒战役》，第571页。

43. 舒米洛夫将军的生平简介可参阅本三部曲第一部。

44. V.F.马尔格洛夫，《苏联空降兵：军事历史研究》，第156—157页。

45. V.A.佐洛塔廖夫（主编），《伟大卫国战争中的作战部队，1941—1945年》，第584页。

46. A.M.萨姆索诺夫，《斯大林格勒战役》，第571页。

47. V.A.佐洛塔廖夫（主编），《伟大卫国战争中的作战部队，1941—1945年》，第582页。

48. 罗科索夫斯基将军的生平简介可参阅本三部曲第一部。

49. 第24集团军解散了步兵第207、第221、第292、第316师，第66集团军解散了第62、第212和第231师。

50. 巴托夫将军的生平简介可参阅本三部曲第二部。第65集团军战史可参阅P.I.巴托夫的《在行军和战斗中》（*V pokhodakh i boiakh*，莫斯科：呼声出版社，2000年）。

51. 《苏军集团军作战编成，第二部（1942年1—12月）》【*Boevoi sostav Sovetskoi Armii, chast II (lanvar-dekabr 1942 goda)*】，第215页，绝密。

52. A.M.萨姆索诺夫，《斯大林格勒战役》，第570页。

53. V.A.佐洛塔廖夫（主编），《伟大卫国战争中的作战部队，1941—1945年》，第583页。

54. 第一次组建的第24集团军1942年10月[1]在维亚济马包围圈全军覆没，第二次组建的第24集团军于1942年5月改编为预备队第1集团军，第三次组建的第24集团军在"蓝色"行动中遭到重创，1942年8月撤编。1942[2]年2月1日至3月，经过数次变更，第四次组建的第24集团军获得了近卫第4集团军的荣誉番号。

55. 加拉宁和科兹洛夫将军的生平简介可参阅本三部曲第一、第二卷。

56. A.M.萨姆索诺夫，《斯大林格勒战役》，第570页。

57. 马斯洛夫将军的生平简介可参阅本三部曲第一部。

58. V.A.佐洛塔廖夫（主编），《伟大卫国战争中的作战部队，1941—1945年》，第583页。

59. 第66集团军战史可参阅I.A.萨姆丘克、P.G.斯卡奇科、Iu.N.巴比科夫、I.L.格涅多伊合著的《从伏尔加河到易北河和布拉格》（*Ot Volgi do EVby i Tragi*，莫斯科：军事出版社，1970年）。1943年5月5日，第66集团军获得近卫第5集团军的荣誉番号。

60. 扎多夫将军的生平简介可参阅本三部曲第二部。

61. A.M.萨姆索诺夫，《斯大林格勒战役》，第570页。

---

① 译注：1941年。
② 译注：1943年。

62. V.A.佐洛塔廖夫（主编），《伟大卫国战争中的作战部队，1941—1945年》，第583页。

63. A.M.萨姆索诺夫，《斯大林格勒战役》，第570页。

64. V.A.佐洛塔廖夫（主编），《伟大卫国战争中的作战部队，1941—1945年》，第582页。

65. 同上，第585页。

66. "火星"行动策划和执行的详情，可参阅格兰茨的《朱可夫最大的败仗：红军1942年火星行动的惨败》，特别是第20—22页。关于这场行动的策划文件，可参阅该书俄文版，《朱可夫最大的败仗：红军1942年火星行动的惨败》（*Krupneishee porazhenie Zhukova. Katastrofa Krasnoi Armii v operatsii "Mars" 1942 g*，莫斯科：阿斯特列利出版社，2006年），第404—602页。

67. V.A.佐洛塔廖夫（主编），《伟大卫国战争1941—1945：军事历史调查，四卷本，第二册：转折点》，第38页。除了这些攻势，苏军最高统帅部当年10月还策划列宁格勒和沃尔霍夫方面军在列宁格勒地区发起辅助进攻（"火花"行动），以西北方面军在杰米扬斯克、以外高加索方面军在莫兹多克地区发动攻势，这些突击的发起时间与"天王星"和"火星"行动大致相同。例如加里宁方面军的突击第3集团军、西北方面军的第11集团军和突击第1集团军，实际是11月24日发起进攻；另外2个集团军11月27日和28日投入战斗。但在德军的顽强抵抗下，这些进攻没过几天就发生了动摇。详情可参阅戴维·M. 格兰茨的《1941—1945年，苏德战争中被遗忘的战役，第四册，冬季战役（1942年11月19日—1943年3月21日）》（宾夕法尼亚州卡莱尔：自费出版，1999年），第67—82页。

68. 戴维·M. 格兰茨和乔纳森·M. 豪斯，《巨人的碰撞：红军是如何阻止希特勒的》（劳伦斯：堪萨斯大学出版社，1995年），第136—138页。另可参阅格兰茨的《朱可夫最大的败仗：红军1942年火星行动的惨败》，第22—30页。除了上述这些"行星"代号，苏军对勒热夫城的突击行动，代号为"金星"。佐洛塔廖夫，《最高统帅部1942》，第394、第543—544页。

69. 关于"天王星"行动的战略构想、各方面军和集团军遂行的任务、反攻的进程和结果的详细描述，可参阅K.K.罗科索夫斯基（主编）的《伏尔加河畔的伟大胜利》（*Velikaia bitva na Volge*，莫斯科：军事出版社，1965年）。诸多关于斯大林格勒战役的专著中，除了本三部曲列举的少数例外，罗科索夫斯基的这部著作依然是最透彻、最准确的一部。罗科索夫斯基是从军事角度对整个斯大林格勒战役做出最好的分析，而普通历史学家撰写的最佳著作当属萨姆索诺夫的《斯大林格勒战役》。这两部专著的准确性和相对的坦率性都应归功于赫鲁晓夫60年代初期提出的历史"解冻"。但是，正如本三部曲证明的那样，苏联出版的所有专著都带有某种程度的偏差。自1991年以来，最准确的专著是俄罗斯历史学家阿列克谢·伊萨耶夫的《斯大林格勒：伏尔加后方没有我们的容身处》，该书以新公开的档案资料为基础，勇敢地挑战了苏联和俄罗斯过去出版的战役专著中的某些错误。

70. 苏军最高统帅部、国防人民委员会和红军总参谋部在"天王星"行动和其他进攻战役准备期间签发的所有指令和训令均可参阅V.A.佐洛塔廖夫（主编）的《最高统帅部大本营：1942年的文献资料》（*Stavka VGK: Dokumenty i materialy 1942*），刊登在《俄罗斯档案：伟大卫国战争》第16册（5-2）【*Russkii arkhiv: Velikaia Otechestvennaia [voina], 16 (5-2)*，莫斯科：特拉出版社，1996年】，第442—443页；V.A.佐洛塔廖夫（主编）的《苏联国防人民委员会命令，1941年6月22日—1942年》（*Prikazy narodnogo komissaraoborony SSSR, 22 iiunia 1941 g-1942*），刊登在《俄罗斯档案：伟大卫国战争》第13册（2-2）【*Russkii arkhiv: Velikaia Otechestvennaia [voina], 13 (2-2)*，莫斯科：特拉出版社，1997年】，第326—327页；V.A.佐洛塔廖夫（主编）的《伟大卫国战争中的总参谋部：1942年的文献资料》（General'nyi shtab v gody Velikoi Otechestvennoi voiny: Dokumenty i materialy 1942），刊登在《俄罗斯档案：伟大卫国战争》第23册（12-2）（Russkii arkhiv: Velikaia Otechestvennaia，莫斯科：特拉出版社，1999年）。

要求各方面军抽调部队给最高统帅部预备队的具体指令下达于8月31日7点45分，包括发给如下方面军的各号指令：发给沃尔霍夫方面军的994180号令，发给西北方面军的994181号令，发给西方面军的994182号令，发给布良斯克方面军的994183号令，发给沃罗涅日方面军的994184号令，发给斯大林格勒方面军的994185号令。参阅佐洛塔廖夫的《最高统帅部1942》，第380—381页。

组建新预备队方面军的指令也下达于8月31日7点45分，具体如下：组建预备队第4集团军的994187号令，组建预备队第10集团军的994188号令，组建预备队第3集团军的994196号令，组建预备队第2集团军的994199号令。参阅佐洛塔廖夫的《最高统帅部1942》，第382—383页。

将坦克第3、第5集团军撤入最高统帅部预备队的指令分别是8月30日签发的994176号令（坦克第5集团军）和9月9日签发的170606号令（坦克第3集团军）。参阅佐洛塔廖夫的《最高统帅部1942》，第376、389页。

71. 最高统帅部994203、994204号令，参见佐洛塔廖夫的《最高统帅部1942》，第395—396页。

72. 最高统帅部994207、994208号令，参见佐洛塔廖夫的《总参谋部1942》，第336—337页。

73. 最高统帅部170627号令，参见佐洛塔廖夫的《最高统帅部1942》，第403页。

74. 994212号令9月29日3点15分签发，994213号令9月30日签发，参见佐洛塔廖夫的《总参谋部1942》，第339、第342页。

75. 最高统帅部994214、994215号令，参见佐洛塔廖夫的《最高统帅部1942》，第406—407页。

76. 最高统帅部994216号令，同上，第407—408页。

77. 最高统帅部994217、994218号令，参见佐洛塔廖夫的《总参谋部1942》，第347—348页。

78. 这道指令没有编号，10月3日21点签发，同上，第348—349页。

79. 最高统帅部170647号令参见佐洛塔廖夫的《最高统帅部1942》，第423页；最高统帅部990157、990154号令参见佐洛塔廖夫的《总参谋部1942》，第358、第360页。

80. 最高统帅部203974号令，参见佐洛塔廖夫的《最高统帅部1942》，第425页。

81. 最高统帅部203973号令，同上，第440—441页；最高统帅部990373号令，参见佐洛塔廖夫的《总参谋部1942》，第379页。

82. 最高统帅部170678号令，参见佐洛塔廖夫的《最高统帅部1942》，第406—407页；另可参阅罗科索夫斯基的《伏尔加河畔的伟大胜利》，第224—228页。

83. 国防人民委员会（NKO）00220号令，参阅佐洛塔廖夫的《苏联国防人民委员会，1941—1942》，第346—347页，内含最初组建的2个近卫机械化军的具体编成和实力。这些军最终包括加里宁方面军的机械化第1、第2、第3军；西南方面军的机械化第5和近卫机械化第1军；斯大林格勒方面军的机械化第4军；最高统帅部预备队的近卫机械化第2军；莫斯科军区的机械化第6军。参见《苏军集团军作战编成，第三部》，第230—253页。

84. 最高统帅部994275、994276号令，参见佐洛塔廖夫的《最高统帅部1942》，第442—443页。

85. 最高统帅部170679号令，同上，第443—444页。

86. 罗科索夫斯基，《伏尔加河畔的伟大胜利》，第225页，引自档案Arkhiv MO USSR, f. 220, op.

*451, d. 82,11.*第79—114页。佐洛塔廖夫的文件集中没有收纳这道指令。

87. 最高统帅部157704号令，参见佐洛塔廖夫的《总参谋部1942》，第382页。

88. 朱可夫和华西列夫斯基11月第一周视察各方面军的具体行程，可参阅朱可夫的俄文版回忆录，《回忆与思考》，第402—403页；朱可夫英文版回忆录《回忆与思考》第二册，第116—117页；哈里森·E. 索尔兹伯里（主编），《朱可夫元帅最伟大的战役》（纽约：哈珀＆罗出版社，1969年），第165—166页；VIZh第10期（1991年10月），第23—33页，"1941—1945年，伟大卫国战争期间苏联元帅朱可夫的活动纪要"；华西列夫斯基俄文版回忆录《毕生的事业》，第222—223页；华西列夫斯基英文版回忆录《毕生的事业》，第192—193页；斯大林战时约见记录可参阅切尔诺巴耶夫（主编）的《斯大林的接见》，第389—390页。

89. M.E.莫罗佐夫（主编），《1941—1945年，伟大卫国战争，数据中的战役和战略行动，两卷本，第一册》（*Velikaia Otechestvennaia voina 1941-1945 gg. Kampanii i strategicheskie operatsii v tsifrakh v 2 tomakh. Tom 1*，莫斯科：俄罗斯联邦内务部联合社论出版社，2010年），第481页。

90. 罗科索夫斯基，《伏尔加河畔的伟大胜利》，第226页。

91. 同上。

92. 同上，第227页。

93. 红军总参谋部对此的抱怨可参阅佐洛塔廖夫的《总参谋部1942》，第389页。

94. 为扩大铁路交通网，支援参加"天王星"行动的部队而付诸的努力，可参阅G.A.库马诺夫的《战争与苏联铁路运输，1941—1945年》（*Voina i zhelznodorozhnyi transport SSSR 1941-1945*，莫斯科：科学出版社，1988年），第130—149页。

95. 同上，第149页。

96. 罗科索夫斯基，《军人的天职》，第138—140页。

97. 坦克第5集团军及其辖内各兵团和部队的完整策划文件，可参阅I.M.克拉夫钦科的《斯大林格勒反攻中，坦克第5集团军的进攻行动，1942年11月19日—25日》【*Nastupatel'naia operatsiia 5-i Tankovoi Armii v kontrnastuplenii pod Stalingradom (19–25 noiabria 1942 g.)*，莫斯科：伏罗希洛夫总参军事学院，1978年】，机密。书中的附录包括西南方面军对整体态势的分析和发给坦克第5集团军的指令，以及坦克第5集团军、坦克第26军、近卫步兵第47师、混编航空兵第1军的作战令。西南方面军辖内其他集团军和顿河、斯大林格勒方面军及其辖下诸集团军最初的指示和命令的详细摘要，可参阅罗科索夫斯基的《伏尔加河畔的伟大胜利》，第228—246页；A.M.萨姆索诺夫的《斯大林格勒战役》；《战争经验研究资料集，第6—8期（1943年4月—10月）》【*Sbornik materialov po izucheniiu opyta voiny, Nos. 6-8 (aprel'-oktiabr 1943 g.)*，莫斯科：军事出版社，1943年】。

98. 克拉夫钦科，《斯大林格勒反攻中，坦克第5集团军的进攻行动，1942年11月19日—25日》，附录。

99. 罗科索夫斯基，《伏尔加河畔的伟大胜利》，第228—229页。

100. 同上，第229—230页；克拉夫钦科，《斯大林格勒反攻中，坦克第5集团军的进攻行动，1942年11月19日—25日》，第6—9页。

101. 罗科索夫斯基，《伏尔加河畔的伟大胜利》，第230—231页；I.M.奇斯佳科夫（主编），《奉祖国之命：伟大卫国战争中近卫第6集团军的战斗历程》（*Po prikazu Rodiny: boevoi put' 6-i*

gvardeiskoi armii v Velikoi Otechestvennoi voine，莫斯科：军事出版社，1971年），第32—33页。

102. 罗科索夫斯基，《伏尔加河畔的伟大胜利》，第231—232页。

103. 此时，苏军对方面军或集团军在进攻战役布势中用于发展或扩大战果（也就是将战术性突破变为战役性突破）的部队的正式称谓是发展胜利梯队［*echelon razvitiia uspekha*］。这股力量更常见的术语是快速集群［*podvizhnaia gruppa*］。20世纪70和80年代，这股力量被称为"战役机动集群"［*operativnaia manevrennaia gruppa*］，最近几年的称谓是"战役机动预备队"［*operativnii mobil'nyi reserv*］。

104. 罗科索夫斯基，《伏尔加河畔的伟大胜利》，第233—234页。

105. 同上，第234—235页；更多详情可参阅《斯大林格勒进攻战役中的炮兵》（*Artilleriia v nastupatel'nykh operatsiiakh pod Stalingradom*），刊登在《战争经验研究资料集》，第6期，第115—123页。

106. 空军第17集团军组建于1942年11月15日，由克拉索夫斯基指挥，共计447架战机，在"天王星"行动中接受了战火的洗礼。该集团军的战史可参阅N.M.斯科莫罗霍夫等人主编的《从斯大林格勒到维也纳，战斗中的空军第17集团军》（*17-ya Vozdushnaya armiya v boyakh ot Stalingrad do Veny*，莫斯科：军事出版社，1977）。飞行员的身份贯穿了克拉索夫斯基的整个职业生涯，他1918年参加红军，内战期间在一个航空兵团先后担任通信主任和政委，1927—1939年间，先后指挥过航空兵支队、旅和军。作为摩尔曼斯克航空兵旅旅长参加了苏芬战争后，克拉索夫斯基1941年6月升任北高加索军区空军司令员。苏德战争期间，他作为南方面军第56集团军空军司令员指挥空战，1942年1月改任布良斯克方面军空军司令员。1942年5月第一批空军集团军组建时，克拉索夫斯基接掌布良斯克方面军辖内的空军第2集团军，在1942年7月—8月沃罗涅日地区的作战中积累了重要经验。1942年10月—1943年3月指挥空军第17集团军后，他再度指挥空军第2集团军，直至战争结束。战后，克拉索夫斯基指挥过数个军区的空军部队和空军第2、第26集团军，后晋升为空军元帅，并出任军事航空学院院长。他1968年10月退役，显然是出于政治原因，1970年7月，克拉索夫斯基再度复出，担任国防部总监察组军事顾问委员。他去世于1983年。关于他的更多情况，可参阅M.G.沃扎金（主编）的《伟大卫国战争中的集团军指挥员：军事传记辞典》，第376—378页。

107. 罗科索夫斯基，《伏尔加河畔的伟大胜利》，第235页。"天王星"行动中苏军空中行动的更多详情，可参阅《航空兵在斯大林格勒会战中的行动》（*Deistviia VVS v bor'be za Stalingrad*），刊登在《战争经验研究资料集》，第6期，第147—154页。

108. A.M.萨姆索诺夫，《斯大林格勒战役》，第569页。

109. 罗科索夫斯基，《伏尔加河畔的伟大胜利》，第236页。关于工程兵支援的详情，可参阅S.Kh.阿加诺夫（主编）的《1941—1945年，苏军工程兵部队》（*Inzhenemye voiska Soverskoi Armii 1918-1945*，莫斯科：军事出版社，1985年）；以及A.D.齐尔林、P.I.比留科夫、V.P.伊斯托明和E.N.费多谢耶夫的《为祖国而战的工程兵部队》（*Inzhenemye voiska v boiakh za Sovetskuiu Rodinu*，莫斯科：军事出版社，1970年）。

110. 罗科索夫斯基，《伏尔加河畔的伟大胜利》，第237页。

111. 同上，第237—238页；另可参阅D.A.德拉贡斯基（主编）的《从伏尔加河到布拉格》，第37—60页。

112. 罗科索夫斯基，《伏尔加河畔的伟大胜利》，第238—239页；坦克第13军在进攻中的任务，还可以参阅V.F.托卢布科和N.I.巴雷舍夫合著的《在南翼》，第51—52页。

113. 罗科索夫斯基，《伏尔加河畔的伟大胜利》，第239—240页；S.M.萨尔基西扬，《第51集团军》，第97—100页；机械化第4军的任务可参阅A.M.萨姆索诺夫的《从伏尔加河到波罗的海》，第25—28页。

114. 罗科索夫斯基，《伏尔加河畔的伟大胜利》，第239—241页。

115. 同上。

116. 同上，第240—241页。

117. 同上，第241—242页。

118. 空军第8集团军战史可参阅B.A.古宾和V.A.基谢列夫合著的《空军第8集团军：伟大卫国战争期间空军第8集团军征途的军事历史概述》（*Vos'maia vozdushnaia: Voenno-istoricheskii ocherk boevogo puti 8-i Vozdushnoi armii v gody Velikoi Otechestvennoi voiny*，莫斯科：军事出版社，1986年），第83—114页。1942年6月13日，该集团军以西南方面军空军部队为基础组建而成。出任空军第8集团军司令员时，赫留金将军仅32岁。1936年8月至1937年3月，赫留金作为飞行员志愿参加了西班牙内战，为共和国军队作战，1938年率领一个航空兵中队赴华作战，先后担任航空兵中队长和轰炸机群群长，因表现英勇获得"苏联英雄"称号。他随后参加了苏芬战争，1941年5月至苏德战争爆发，赫留金指挥着基辅特别军区第12集团军的空军部队。卫国战争期间，他率领卡累利阿方面军的空军部队守卫摩尔曼斯克铁路线，1942年6月出任西南方面军空军司令员（后任空军第8集团军司令员）。他率领空军第8集团军至1944年7月，随即改任空军第1集团军司令员至战争结束，监督了东普鲁士战役和柯尼斯堡围城战的空中行动。担任苏联空军副总司令后，赫留金于20世纪50年代初期退役，去世于1953年。关于他的更多详情，可参阅M.G.沃扎金（主编）的《伟大卫国战争中的集团军指挥员：军事传记辞典》，第393—394页。

119. 罗科索夫斯基，《伏尔加河畔的伟大胜利》，第242—243页。

120. A.M.萨姆索诺夫，《斯大林格勒战役》，第570—571页。

121. 罗科索夫斯基，《伏尔加河畔的伟大胜利》，第243页。另可参阅《支援斯大林格勒方面军的工程兵》（*Inzhenernoe obespechenie operatsii Stalingradskogo fronta*），刊登在《战争经验研究资料集》，第6期，第158—172页。

122. 罗科索夫斯基，《伏尔加河畔的伟大胜利》，第243—244页；另可参阅罗科索夫斯基的《军人的天职》，第195—199页。

123. 罗科索夫斯基，《伏尔加河畔的伟大胜利》，第244页；关于第65集团军受领的任务和策划工作的详情，可参阅P.I.巴托夫的《在行军和战斗中》，第165—176页。

124. 罗科索夫斯基，《伏尔加河畔的伟大胜利》，第244—245页。

125. 同上，第245页；关于第24集团军[①]有限的任务，可参阅I.A.萨姆丘克等人的《从伏尔加河到易北

---

① 译注：第66集团军。

河和布拉格》，第32—33页。

126. 罗科索夫斯基，《伏尔加河畔的伟大胜利》，第245页；A.M.萨姆索诺夫，《斯大林格勒战役》，第570页。

127. 罗科索夫斯基，《伏尔加河畔的伟大胜利》，第245—246页。

128. 空军第16集团军组建于1942年8月16日，并在斯大林格勒保卫战期间支援斯大林格勒方面军。鲁坚科将军的生平简历可参阅本三部曲第一部。另可参阅鲁坚科的回忆录，《胜利之翼》（Krylya pobedy，莫斯科：国际关系出版社，1985年）。

129. 罗科索夫斯基，《伏尔加河畔的伟大胜利》，第246页。

130. A.M.萨姆索诺夫，《斯大林格勒战役》，第570页。

131. 罗科索夫斯基，《伏尔加河畔的伟大胜利》，第246页。

132. 赫鲁廖夫1942年11月晋升为上将。他出生于1892年，1918年加入沙皇军队，随后参加了红军，1919年12月成为骑兵第1集团军骑兵第11师政治部主任。赫鲁廖夫迅速获得升迁，20世纪20年代先后担任骑兵团、师政委，1928—1930年任莫斯科军区政治部副主任，后在NKO和红军各局、部担任过一系列负责财务和后勤的高级管理职务。1939年10月，赫鲁廖夫出任红军供给部长，1940年8月至战争爆发后的几个月，他担任军需部长。1941年8月，斯大林任命赫鲁廖夫为红军总后勤部长和副国防人民委员。1942年2月，他又兼任交通人民委员，实际上，他已成为苏联战时后勤沙皇。此后，赫鲁廖夫担任苏军总后勤部部长和红军后勤部长，直至战争结束。斯大林死后，赫鲁廖夫1953年退役（两人的关系一直很密切），当年年底，他重新担任高级后勤职务，1956年任苏联建筑部副部长。他1958年退入苏联国防部总监组，1962年去世。他的完整生平可参阅《八卷本苏联军事百科全书，第八册》（Voennaia entsiklopediia v vos'mi tomakh, Tom 8，莫斯科：军事出版社，2004年），第340页。

133. 苏联1942年武器装备和弹药生产的详情可参阅G.A.库马涅夫（主编）的《伟大卫国战争第一阶段的苏联后方》（Sovetskii tyl v pervyi period Velikoi Otechestvennoi voiny，莫斯科：科学出版社，1988年），第232—299页。

134. G.A.库马涅夫和L.M.丘扎夫科夫，《1941—1945年，苏联与租借法案》（Sovetskii soiuz i lend-liz 1941–1945 gg），刊登在M.N.苏普龙（主编）的《租借法案与俄罗斯》（Lend-liz i Rossiia，阿尔汉格尔斯克：OAO IPP真北出版社，2006年），第92—123页。

135. 同上。

136. 对于这个颇具争议的问题，详情可参阅V.A.佐洛塔廖夫（主编）的《伟大卫国战争1941—1945：军事历史调查，四卷本，第四册：人民和战争》，第205—217页。

第四章
11月18日的双方兵力对比

苏军

作战编成

如前所述，苏军最高统帅部集结起西南方面军、顿河方面军、斯大林格勒方面军的兵力遂行"天王星"行动。这些部队部署在850公里宽的地域内，从顿河畔上马蒙向东南方延伸至斯大林格勒，然后沿伏尔加河南①延至里海北岸附近的阿斯特拉罕。这些部队由北至南排列，西南方面军编成内的近卫第1、坦克第5集团军和第21集团军，在空军第17集团军和空军第2集团军一部的加强下，部署在上马蒙至克列茨卡亚250公里宽的地域内；顿河方面军辖下的第24、第65、第66集团军，获得空军第16集团军的加强，部署在克列茨卡亚至伏尔加河畔叶尔佐夫卡这片150公里宽的地域内；斯大林格勒方面军编成内的第62、第64、第57、第51、第28集团军，获得空军第8集团军的增援，占据了450公里宽的防区，从伏尔加河畔的雷诺克向南穿过斯大林格勒，直至阿斯特拉罕。

3个方面军编成内的10个野战集团军、1个坦克集团军和4个空军集团军构成了一股强大的力量，尽管其中三分之二部队已在斯大林格勒地区经历了两个月的激烈战斗。截至11月18日，这股力量具体如下：

---

① 译注：应为东南。

·1个步兵军

·2个混编航空兵军

·66个步兵师

·25个航空兵师（2个轰炸航空兵师、2个混编航空兵师、10个歼击航空兵师、1个防空地域歼击航空兵师、6个强击航空兵师、4个夜间轰炸航空兵师）

·15个步兵旅、2个摩托化步兵旅、2个歼击（步兵反坦克）旅

·9个筑垒地域

·5个坦克军、2个机械化军、3个骑兵军（编有8个骑兵师）

·15个独立坦克旅、5个独立坦克团、3个独立坦克营

·1个摩托车团

·3个独立装甲车营

·8个装甲列车营

·17个独立反坦克步枪营

·1个炮兵师

·127个最高统帅部预备队火炮/迫击炮团（42个反坦克歼击炮兵团、39个炮兵团、13个迫击炮团、33个近卫迫击炮团）

·14个近卫迫击炮营

·3个高射炮师、35个独立高射炮团、15个独立高射炮营

·7个工兵旅（3个特种工程兵旅、4个战斗工兵旅）

·51个工兵营（27个工程兵营、18个舟桥营、5个战斗工兵营、1个近卫扫雷工兵营）

·10个航空兵团（1个轰炸航空兵团、2个强击航空兵团、2个侦察航空兵团、5个混编航空兵团）[①]1

由于西南方面军和斯大林格勒方面军在即将发起的行动中实施主要突击，因此，1942年10月—11月，他们在四个方面军[②]中获得了兵员补充的优先权（参阅副

---

① 译注：与第三章稍有出入。
② 译注：第四个方面军是沃罗涅日方面军。

卷附录4A）。[2]NKO为前线各方面军调拨了327239名援兵，西南方面军和斯大林格勒方面军得到105211人，即32%；加里宁方面军、西方面军和布良斯克方面军获得102351人，占总数的31%，这表明"火星"行动与"天王星"同样重要。

虽说获得了这些援兵，但参加"天王星"行动的三个方面军辖内步兵师的平均兵力差别较大，另外，根据各个师受领的任务，他们的实力也显著不同。例如，西南方面军各步兵师的平均兵力为8800人，斯大林格勒方面军和顿河方面军分别为4000—5000人和5850人。但是，这些平均值颇具误导性，因为第57和第51集团军遂行主要突击任务的步兵师兵力远远多于执行次要任务的师。[3]

待苏军进入出发阵地后，第一梯队步兵师将沿平均9公里宽的正面展开行动。三个方面军掌握的火炮和坦克使他们得以实现每公里正面16.7门火炮/迫击炮、超过1辆坦克的战役兵器密度。这些兵器集结在主要突击地域，极大地增加了火炮和坦克的战术密度。[4]

实力

此前，量化红军诸方面军和集团军参加"天王星"行动实际兵力的尝试引发了极大争议。而苏联方面的资料往往少报己方兵力，夸大轴心国军队的实力，另外，他们也对哪些部队应当纳入统计持不同看法。例如，计算斯大林格勒地区三个方面军的实际人员时，大多数资料并未统计在该地区参加行动，但直属于最高统帅部、NKO各总部（诸如铁路和修建部队，以及当地防空地域）、其他人民委员部（例如NKVD）、斯大林格勒或其他军区的人员。这些男女士兵中的大多数提供了行政、后勤或其他方面的支援。另外，统计各方面军和集团军的兵力时，一些资料只计算作战兵力，而另一些资料则将这些部队的全部兵力纳入统计。

核算德军兵力时也有同样的问题。另外，德方资料通常只计算各集团军群及其辖内诸集团军的德国士兵，而苏联方面统计德军实力时把所有轴心国人员纳入其中。令这些问题趋于复杂的一个事实是，截至1942年11月，大多数德军师编有俄国辅助人员，他们被称为"志愿者"[①]，德军师里的俄国志

---

① 译注：Hiwi 是德文Hilfswilliger的缩写，意思是"辅助志愿者"。

愿者往往多达数千人。这方面的一个例子是，如本三部曲第二部表46所示，第6集团军辖内各师的俄国志愿者，少的仅为全师兵力的10%，多的甚至超过100%。德方资料并未统计这些人员，但苏联方面的资料却把他们加了进去。为简单起见，下文只采用最新、可能是最准确的数字（对进攻发起时苏军和德军兵力的不同估计，可参阅副卷附录4B）。

表11是俄罗斯人对遂行突击的三个方面军的兵力所做的最新估计。事实上，西南方面军的作战兵力和坦克数量比顿河方面军分别多出1.7倍、2.8倍，比斯大林格勒方面军多1.3倍，这表明苏军最高统帅部对瓦图京方面军受领之任务的重视。反过来说，顿河方面军和斯大林格勒方面军非作战人员数量过多（前者92180人，后者109626人，而西南方面军仅为57954人），表明了以火力、工兵和其他类型战斗及战斗勤务支援加强这两个较弱的方面军的必要性。

仔细审视参与进攻行动各集团军的相对实力就会发现，在集团军级及以下层面，具体作战任务决定了兵力的分配（参见表12）。西南方面军遂行主要突击的坦克第5集团军和第21集团军，兵力是构成斯大林格勒方面军主力突击群的第57和第51集团军的两倍，这显然是刻意为之。但是，面对这种情况，最高统帅部为斯大林格勒方面军配备了快速集群，该集群将以432辆坦克穿过第57

表11：1942年11月18日，西南方面军、顿河方面军、斯大林格勒方面军的实力

类别	西南方面军	顿河方面军	斯大林格勒方面军	总计
人员	331948/ 389902	192193/ 284373	258317/ 367943	782548/ 1042218
火炮/迫击炮（未统计高射炮和50毫米迫击炮）	8655	6625	6739	22019
坦克	721	254	575	1550
作战飞机	359/311	388/329	782/637	1529/1277

※ 资料来源：V.A. 佐洛塔廖夫（主编），《伟大卫国战争中的作战部队，1941—1945年》，第585页，引自 Boevoi i chislennyi sostav Vooruzhennykh Sil SSSR v period Velikoi Otechestvennoi voiny (1941—1945 gg.)（1941—1945年，伟大卫国战争期间，苏联武装力量的作战和兵力构成），第五册，1997年（火炮总数包括25毫米和37毫米高射炮）；阿列克谢·伊萨耶夫，《斯大林格勒：伏尔加河后没有我们的容身处》，第277、第281—282页。

注：兵力和武器总数以粗体标注。斜杠前的数字表示作战士兵数量（步兵、工兵、炮兵和坦克兵），斜杠后表示总兵力。作战飞机数量一栏，斜杠前表示飞机总数量（以粗体标注），斜杠后表示可用飞机的数量。

和第51集团军拓展攻势；西南方面军快速集群的实力与之相当，约为450辆坦克。进攻行动中实力最弱的当属顿河方面军辖下的第66集团军，作战兵力不到40000人，与斯大林格勒方面军编成内的第62、第64集团军大致相当。这些集团军受领的仅仅是防御任务。兵力表的另一端是西南方面军庞大的近卫第1集团军，总兵力和作战兵力分别超过155000人和142000人，几乎是实力居其次的巴托夫第65集团军的两倍①。这种编配方式将在战争剩下的岁月里成为红军为进攻行动编组兵力的特点。

三个方面军掌握的坦克力量大多分配给方面军和集团军的快速集群（发展梯队），也就是坦克第5集团军、第21、第24、第51、第57集团军编成内的坦克、机械化军。他们还获得了独立坦克旅、团的支援，某些情况下也包括为步兵提供支援的坦克营。虽然某些部队的准确编成（即坦克的型号）尚不清楚，但大多数部队的坦克力量清晰明了（参见表13）。[5]

表12：1942年11月18日，西南方面军、顿河方面军、斯大林格勒方面军辖内各集团军的实力

部队	人员（作战兵力/总兵力）	火炮总数（火炮/迫击炮/火箭炮）	坦克总数（重型/中型/轻型）	作战飞机
西南方面军				
近卫第1集团军	142869/155096	3308（973/2293/14）	163（—/113/50）	
第21集团军	92056/103270	2520（803/1554/40）	199（85/57/57）	
坦克第5集团军	90600/104196	2538（929/1456/—）	359（60/144/155）	
方面军直属（含空军第17集团军）	6423/27340	289（—/279/164）	—	359/311
合计	331948/389902	8655（2705/5582/218）	721（145/314/262）	359/311
顿河方面军				
第24集团军	56409/68489	1899（722/1123/—）	48（21/14/9/4辆特种坦克）	
第65集团军	63187/74709	1922（638/1230/—）	49（10/22/17）	
第66集团军	39457/51738	1568（515/1230/—）	5（—/2/3）	

① 实力居其次的是第21集团军或坦克第5集团军，并非巴托夫的第65集团军。

表12（接上页）

部队	人员（作战兵力/总兵力）	火炮总数（火炮/迫击炮/火箭炮）	坦克总数（重型/中型/轻型）	作战飞机
方面军直属（含空军第16集团军）	33140/89437	1236（263/786/194）	152（41/52/59）	388/329
合计	192193/284373	6625（2138/4162/194）	254（72/90/88/4辆特种坦克）	388/329
斯大林格勒方面军				
第28集团军	47891/64265	1196（369/816/8）	80（10/26/44）	
第51集团军	44720/55184	1077（318/698/45）	207（—/118/89）	
第57集团军	56026/66778	1604（539/962/—）	225（4/122/99）	
第62集团军	41667/54199	1237（453/744/—）	23（7/15/1）	
第64集团军	40490/53742	1093（356/673/—）	40（1/27/12）	
方面军直属（含空军第8集团军）	27523/73775	532（162/330/—）	—	782/637
合计	258317/367943	6739（2197/4223/53）	575（22/308/245）	782/637
总计	782548/1042218	22019（7040/13967/465）	1550（239/712/595/4辆特种坦克）	1529/1277

※ 资料来源：V.A. 佐洛塔廖夫（主编），《伟大卫国战争中的作战部队，1941—1945年》，第584页，引自《1941—1945年，伟大卫国战争期间，苏联武装力量的作战和兵力构成》，第五册，1997年；M.E. 莫罗佐夫（主编），《1941—1945年，伟大卫国战争，数据中的战役和战略行动，两卷本，第一册》，第495页。
注：火炮总数包括25毫米和37毫米高射炮；兵力和武器总数以粗体标注；作战飞机数量，斜杠前表示飞机总数量（以粗体标注），斜杠后表示可用飞机的数量。

　　最后，鉴于在反攻中发挥的重要作用，必须提及分配给西南方面军和斯大林格勒方面军的3个骑兵军。两个方面军之间的主要差异是，西南方面军辖下的近卫骑兵第3军和骑兵第8军各编有3个骑兵师，而斯大林格勒方面军的骑兵第4军只有2个骑兵师。另外，近卫骑兵第3军的骑兵人数超编，但马匹数量不足，而骑兵第8和第4军既缺骑兵又缺马[1]。实际上，骑兵第8和第4军的各种武器也很欠缺（参见表14），这使他们难以执行构设合围对外正面、抗击德军反突击的主要任务。

---

　　① 译注：与表14不符。

表13：1942年11月18日，西南方面军、顿河方面军、斯大林格勒方面军坦克和机械化兵团、部队的坦克力量（基于现有数据）

部队	坦克型号			合计
	KV重型	T-34中型	T-60、T-70轻型	
西南方面军				
近卫第1集团军				
近卫机械化第1军	—	113	50	163
合计	—	113	50	163
坦克第5集团军				
坦克第1军（编制/现有）	—	101/—	70/—	171/136（80%满编）
坦克第26军（编制/现有）	—	101/—	70/—	171/157（95%满编）
近卫坦克第8旅				
独立坦克第510营				
独立坦克第511营				
合计	60	144	155	359
第21集团军				
坦克第4军（编制/现有/可用）	—/—/29	—/—/57	—/—/57	171/159/143
近卫独立坦克第1团	每团21辆，共63辆，但只有56辆在场			56
近卫独立坦克第2团				
近卫独立坦克第4团				
合计	85	57	57	199
方面军直属	—	—	—	—
西南方面军总计	145	314	262	721
顿河方面军				
第24集团军				
坦克第10旅	21	14	9+4辆特种坦克	48
合计	21	14	9+4辆特种坦克	48
第65集团军				
坦克第91旅				
坦克第121旅				
合计	10	22	17	49
第66集团军				
坦克第58旅	—	2	3	5
合计	—	2	3	5

表 13: （接上页）

部队	坦克型号			合计
	KV重型	T-34中型	T-60、T-70轻型	
方面军直属				
坦克第16军 （编制/现有/可用）	—/40/35	—/47/37	—/53/33（包括 10/5辆T-60）	171/140/105
坦克第64旅				
坦克第148旅				
合计	41	52	59	152
顿河方面军总计	72	90	88+4辆特种坦克	254
斯大林格勒方面军				
第62集团军				
坦克第84旅				
独立坦克第506营 （坦克第235旅）				
合计	7	15	1	23
第64集团军				
坦克第13旅				
坦克第56旅				
合计	1	27	12	40
第51集团军				
机械化第4军 （编制/现有和可用）				220/179
坦克第254旅				28
合计	—	118	89	207
第57集团军				
坦克第13军 （编制/现有和可用）				205/171
坦克第90旅	3	14	9	26
坦克第235旅	26	2		28
合计	4	122	99	225
第28集团军				
近卫坦克第6旅				
独立坦克第565营				
合计	10	26	44	80
方面军直属				
坦克第85旅				
独立坦克第35团				

表13：（接上页）

部队	坦克型号			合计
	KV重型	T-34中型	T-60、T-70轻型	
独立坦克第166团				
合计	—	—	—	
斯大林格勒方面军总计	22	308	245	575
三个方面军总计	239	712	595+4辆特种坦克	1550

※ 资料来源：V.A.佐洛塔廖夫(主编)，《伟大卫国战争中的作战部队，1941—1945年》，第584页，引自《1941—1945年，伟大卫国战争期间，苏联武装力量的作战和兵力构成》，第五册，1997年；阿列克谢·伊萨耶夫，《斯大林格勒：伏尔加河后方没有我们的容身处》，第277、第281—282页；V.T. 米诺夫，Nastupatel'naia operatsiia 5-i Tankovoi armii v kontrnastuplenii pod Stalingradom (19—25 noiabria 1942 goda)（1942年11月19日—25日，斯大林格勒反攻中坦克第5集团军的进攻行动）（莫斯科：伏罗希洛夫总参军事学院，1979年）。

注：虽然各方面军的坦克总数是正确的，但各部队准确的坦克数量不详。

表14：1942年11月18日，西南方面军和斯大林格勒方面军辖内骑兵军的兵力和武器

类别	骑兵第8军（坦5集）	近卫骑兵第3军（21集）	骑兵第4军（51集）
骑兵	22512/+24	16134/-1847	10284/-1172
马匹	18057/-3752	14908/-2379	9284/-988
步枪和卡宾枪	14102/-1388	10974/-1014	9354/-1777
自动武器（冲锋枪）	2153/+193	1369/-607	566/-757
机枪	374/-94	366/-32	264/-64
DShK大口径机枪	40/+5	33/+4	—/-61
反坦克步枪	388/+10	188/-146	140/-11
火炮			
76毫米野炮	70	66/+4	32/-26
45毫米反坦克炮	55/+9	35/-3	24
37毫米高射炮	21/-29	6/-12	8/-4
迫击炮			
120毫米	44	37/-7	16
82毫米	108/+22	66/-8	45/+10
50毫米	294/+96	123/-43	118/+10

※ 资料来源："Konnitsa v nastupatel'nykh operatsiiakh pod Stalingradom"（斯大林格勒进攻行动中的骑兵），刊登在《战争经验研究资料集，第6期（1943年4—5月）》，第88页，绝密。

※ 注：表中的正、负号表示数字高于或低于编制数量。

轴心国军队及防御

总体情况

B集团军群准备迎来东线的另一个冬季时，看上去更像是一支七拼八凑的多国部队，而非实力强大的德国战地司令部。德国第2集团军仍位于集团军群西北翼，掩护着库尔斯克和哈尔科夫的铁路兵站，但几乎未控制沃罗涅日争夺激烈的河流弯曲部。不过，到1942年11月，轴心盟国的3个集团军（匈牙利第2、意大利第8、罗马尼亚第3集团军）沿顿河360公里宽（直线距离）的防线掩护着德国第6集团军的左翼，这条防线从沃罗涅日以南直至克列茨卡亚地域。该地域以南，从（顿河畔）克列茨卡亚经（伏尔加河畔）斯大林格勒至城市南面的别克托夫卡登陆场，是第6集团军和缩小的第4装甲集团军的战区，2个罗马尼亚军（第6、第7军，11月20日编为罗马尼亚第4集团军）将这条脆弱的防线向南延伸，穿过湖区，渐渐消失于埃利斯塔以北贫瘠的草原。越过罗马尼亚人后，轴心国的防线在广阔的卡尔梅克草原上形成一个巨大的空洞，其间点缀着德军第16摩步师在埃利斯塔及其周边设立的支撑点，这些遥远的前哨由该师辖下的"突厥斯坦"营据守，德军和"突厥斯坦"巡逻队在这些据点之间巡弋，东延至遥远的阿斯特拉罕。（"突厥斯坦"营是突厥斯坦苏维埃社会主义自治共和国组建的志愿者营，加入德国一方战斗。）

这三又四分之三个卫星国集团军的士兵既非无能，也不怯懦，但都是实力低下、只有轻装备的步兵部队，根本无法抗击一股现代化的机械化力量。如果说德国人为1942年的战役重新装备部队时遭遇到困难，那么，其缺乏工业能力的盟友根本没有为一场现代化战争做好准备。另外，各轴心国军队之间一直存有敌意，有时候与高傲的德国人也矛盾重重，这使他们之间的协同大打折扣。[6]许多德军士兵对他们的盟友轻蔑至极，据斯大林格勒的苏军士兵报告，德国人讥讽地问道："你们愿意拿一个乌兹别克人换一个罗马尼亚人吗？"[7]

寥寥无几的几个德军师散布在漫长的防线上，试图强化现有防御，但他们之间的间隔太大。这种有限的强化一方面是因为德军兵力普遍不足，另一方面是因为没有哪个国家愿意让其他国家指挥自己的军队。实际上，投入多国野战集团军更多是为了减少政治摩擦，而非提供连贯的战役或战术防御。1942年

8月，为修补政治关系，希特勒甚至提出将两个罗马尼亚集团军与保卢斯第6集团军合编为一个集团军群，由罗马尼亚最高统帅安东内斯库指挥。对战场各部队而言幸运的是，这笔交易并未实现。[8]相反，德国人将配有电台的小股联络组派驻各卫星国军队司令部，这些联络官发挥了出色的外交手腕，将整条战线连为一体。截至1942年11月，这些卫星国军队（从本质上说构成了一个完整的卫星国集团军群）据守着具有战略意义的顿河防线。

作战编成

截至1942年11月中旬，B集团军群以七拼八凑的德国和卫星国军队据守着一片广阔的战区，从苏联中南部的利夫内地域沿顿河和伏尔加河向东南方延伸近840公里（直线距离），直至北高加索地区卡尔梅克草原的埃利斯塔附近。经过四个月的激战，集团军群战略正面的宽度已从6月初的400公里增加到11月中旬的840公里。从理论和实际上说，一个完整的集团军群只能在400—500公里宽的地域遂行作战任务，因此，B集团军群辖下的第2、第6集团军和第4装甲集团军显然无法沿如此宽大的正面实施战斗并生存下来。[9]于是，8月和9月，力图弥补这种状况的希特勒将四个卫星国集团军调入B集团军群前沿防线。这些卫星国集团军守卫着360公里宽的防区，实际上构成了一个卫星国集团军群——但徒有虚名而已。因此，斯大林和苏军最高统帅部选择这个名不符实的集团军群作为红军秋冬季反攻的目标绝非巧合。

11月中旬，B集团军群编有6个集团军，并获得1个航空队和小股战役预备队的支援（参见表15）。B集团军群辖下近三分之二部队沿斯大林格勒方向部署在苏军西南、顿河、斯大林格勒方面军对面。这股力量包括意大利第8集团军的半数兵力、罗马尼亚第3集团军、德国第6集团军和第4装甲集团军的全部兵力。因此，B集团军群沿斯大林格勒方向投入的部队如下：

• 13个军部：德国5个（第29、第11、第8、第51、第4军）、罗马尼亚6个（第1、第2、第4、第5、第6、第7军）、意大利2个（第2、第35军）

• 2个装甲军军部：德国（第14、第48装甲军）

• 49个师

34个步兵师：德国16个（第298、第62、第376、第44、第384、第76、第113、第94、第389、第305、第79、第100猎兵、第295、第71、第371、第297步兵师）、意大利5个（第3"拉文纳"师、第9"帕苏比奥"师、第52"都灵"师、第2"斯福塞斯卡"师、第3快速师）、罗马尼亚13个（第7、第11、第9、第14、第5、第6、第13、第15、第20、第2、第18、第1、第4步兵师）

5个装甲师：德国4个（第14、第16、第22、第24装甲师）、罗马尼亚1个（第1装甲师）

4个摩托化师：德国第3、第60、第29、第16摩步师

4个骑兵师：罗马尼亚第1、第5、第7、第8骑兵师

2个后方地域保安：德国第213、第403师

·2个旅：意大利"3月23日"、"1月3日"黑衫党员旅[10]

表15：1942年11月18日，德国B集团军群编成（由北至南）和高级指挥官

B集团军级集群——马克西米利安·冯·魏克斯上将（译注：大将。）
　第2集团军（德）——汉斯·冯·扎尔穆特上将（译注：步兵上将。）
　　第55军
　　　第299、第45、第383、第88步兵师
　　第13军
　　　第82、第68、第340、第385、第377步兵师
　　第6军
　　　第387、第57、第75、第323步兵师
　　第27装甲师
　第2集团军（匈）——古斯塔夫·亚尼上将
　　第3军（匈）
　　　第9、第6轻步兵师（匈）
　　第24装甲军（德）
　　　第168、第336步兵师（德），第7、第13、第30轻步兵师（匈）
　　第4军（匈）
　　　第10、第12轻步兵师（匈）
　　第7军（匈）
　　　第19、第23轻步兵师（匈）
　　第1装甲师（匈）
　第8集团军（意）——伊塔洛·加里波第大将（译注：上将。）
　　山地军（意）
　　　第2"特利登蒂诺"、第3"茱莉亚"、第4"库内恩斯"山地师（意）
　　第2军（意）

第5"科塞里亚"、第3"拉文纳"步兵师（意）

第318步兵团（第213保安师）（德）

"3月23日"黑衫党员旅（意）

第35军（意）

第9"帕苏比奥"摩步师（意）

第298步兵师（德）

"1月3日"黑衫党员旅（意）

第29军（德、意）（11月19日后生效）

第52"都灵"摩步师（意）

第3快速师（意），辖第57"神枪手"坦克营（意）；第2"斯福塞斯卡"步兵师（意）；第62步兵师（德）

空军第71侦察机大队（意）

第38、第116中队（15架侦察机、17架轰炸机）

空军第22战斗机大队（意）

第356、第361、第382、第386中队（43架战机）

第3集团军（罗）——彼得·杜米特雷斯库上将

第1军（罗）

第7、第11步兵师（罗）

第2军（罗）

第9、第14步兵师（罗）

第4军（罗）

第13步兵师（罗）

第1骑兵师（罗）

"沃伊库上校"支队（罗），辖第12步兵团、第13轻步兵、第611装甲猎兵（德）、第54工兵营

第5军（罗）

第5、第6步兵师（罗）

第15步兵师（罗）

第7骑兵师（罗）

第38装甲军（配属）（译注：第48装甲军。）

第22装甲师（德）

第1装甲师（罗）

空军第1军

第7战斗机大队

第56、第47、第58中队（36架战斗机）

第8战斗机大队

第41、第42、第60中队（36架战斗机）

第6战斗–轰炸机大队

第61、第62中队（22架战斗机）

第1轰炸机大队

第71、第72中队（15架轰炸机）

第3轰炸机大队

第73、第74、第81中队（24架轰炸机）

第5轰炸机大队

第79、第80中队（15架轰炸机）

第6集团军（德）——装甲兵上将弗里德里希·保卢斯

表15（接上页）

第11军（德）

　第376、第44、第384步兵师

第8军（德）

　第76、第113步兵师

　第177突击炮营

第14装甲军（德）

　第60、第3摩步师

　第16装甲师

　第94步兵师

第51军（德）

　第389、第305、第79步兵师；第100猎兵师；第295、第71步兵师

　第14、第24装甲师

　第244、第245突击炮营

第4装甲集团军（德）——赫尔曼·霍特大将

　第4军（德）

　　第371、第297步兵师（德）、第20步兵师（罗）

　第6军（罗）

　　第2、第18、第1、第4步兵师（罗）

　　第6"龙骑兵"团（摩托化）（第5骑兵师）

　第7军（罗）

　　第5、第8骑兵师（罗）

　　第16、第29摩步师（德）

B集团军群预备队

　第4集团军（罗）司令部——炮兵上将康斯坦丁·康斯坦丁内斯库（本应于11月20日由罗马尼亚

　　第6、第7军编成，但一直未能生效）

　第294步兵师（德）

　第17军（德）军部

B集团军群后方地域指挥部

　第105轻步兵师（匈），辖第46步兵团（匈）

　第213、第403保安师（德）

　第156"维琴察"步兵师（意）

第4航空队

　作战部队

　　第8航空军

　　　第27轰炸、第2俯冲轰炸、第1对地攻击、第3战斗、第1驱逐航空团＊

　　第9高射炮师

　　第91高射炮团

　空运部队

　　第1（团部）、第5、第50、第102运输机团——支援第8航空军

　　第172运输机团——支援罗斯托夫空战区，为第8航空军提供后勤支援

　　第900特种轰炸航空团——接受第4航空队的指挥，平均出勤率40%，最低为30%＃

※《空军部队装备状况》，第22册，1942年9月20日—11月30日，RL 2/v.1751指出，11月10日，第8航空军有330架飞机，其中137架无法使用，具体如下：第27轰炸航空团29架（13架可用，16架无法使用）；第2俯冲轰炸航空团55架（42架可用，13架无法使用）；第1对地攻击航空团89架（49架可用，

40架无法使用）；第3战斗航空团86架（55架可用，31架无法使用）；第1驱逐航空团71架（34架可用，37架无法使用）。同一份资料来源还指出，到11月20日，第1对地攻击航空团的实力下降到47架战机（26架可用，21架无法使用），第3战斗航空团下降为78架（48架可用，30架无法使用），第1驱逐航空团下降到57架（33架可用，24架无法使用）。与苏联和俄罗斯过去大多数夸大德国空军力量的资料不同，《斯大林格勒：胜利的代价》（Stalingrad: Tsena pobedy，莫斯科：AST出版社，2005年）一书第43页指出，德国第8航空军拥有313架飞机：84架战斗机、57架双引擎和夜间轰炸机、111架俯冲轰炸机和对地攻击机、61架轰炸机。

#乔尔·S.A.海沃德的《止步于斯大林格勒：德国空军和希特勒在东线的失败，1942—1943年》（劳伦斯：堪萨斯大学出版社，1998年）第247页指出，11月9日，第900特种轰炸航空团的41架Ju-52只有12架可用，第50运输机团的35架Ju-52只有13架可用。因此，第4航空队的295架运输机11月25日只有25架可用。到12月8日，增援第8航空军的所有运输机都集中在塔钦斯卡亚，由菲比希将军指挥；其中包括9个Ju-52团、2个加强的He-111团、2个改装的Ju-86团、1个改装的He-177团和1个配备FW-200、"秃鹰"[①]、Ju-90和Ju-290的远程航空团。这些航空团根据飞机类型分别编入第1特种轰炸航空团（Ju-52，由汉斯·弗尔斯特上校指挥，驻扎在塔钦斯卡亚）和第55轰炸航空团（He-111，由屈白少校指挥，驻扎在莫罗佐夫斯克），所有改装的远程轰炸机和侦察机都由维勒斯少校指挥，驻扎在斯大林诺。

战役和战术布势

　　由于战线过宽，兵力相对不足，B集团军群别无选择，只能将辖内各集团军向前并排部署，构成单梯队战略布势。集团军群还组建起一支小规模战役预备队，其核心为第4装甲集团军辖下的第48装甲军军部。集团军群将这股预备队交给罗马尼亚第3集团军，外加德国第22装甲师的一部和罗马尼亚第1装甲师。[11]苏军发起反攻后不久，德国第6集团军决定将第14装甲师部署在集团军最左翼、第11军后方的预备阵地，该师奉命配合第48装甲军辖内部队，加强罗马尼亚第3集团军的防御。

　　B集团军群还将罗马尼亚第4集团军司令部、德国第17军军部和第294步兵师留作预备队。可是，罗马尼亚第4集团军司令部辖下没有部队，未能发挥效用，而霍利特将军的第27军[②]军部直到苏军发起反攻后才获得一支临时组建的部队；第294步兵师实际上是意大利第8集团军的预备队，苏军发动反攻后才调拨给第17军。除了这股小小的预备力量，B集团军群还将2个作战师（匈牙利第105轻步兵师和意大利第156"维琴察"步兵师）留给后方地域指挥部。匈牙利和意大利师的任务是与第213、第403保安师相配合，粉碎苏军游击队在集团军群后

---

①译注："秃鹰"就是Fw-200的绰号，"FW200"中的"W"应为小写。

②译注：第17军。

方的活动，并准备应对前线的危机。但实际上，集团军群认为应当以这两个卫星国师加强匈牙利第2和意大利第8集团军。至于两个保安师，由于每个师只编有2个团，而且没有值得一提的火力支援，因而被认为不适合前线作战。[12]

B集团军群在斯大林格勒地域的4个集团军，都将其部队部署为师级单梯队，并以小股预备队提供支援。意大利第8集团军的预备队是第3快速师。红军发动"天王星"反攻后，第3快速师最终加入了德意混编的第29军军部。在必要情况下，意大利第8集团军还可以要求德军第294步兵师提供支援，该师虽然是集团军群预备队，但就在意大利山地军身后；另外还有意大利第156"维琴察"步兵师，该师位于后方较远处的库皮扬斯克地域。罗马尼亚第3集团军的预备队是第15步兵师和第7骑兵师。可是，第15步兵师靠前部署在集团军右翼，苏军刚一发起进攻，该师便卷入了激战；而第7骑兵师在苏军发动反攻后立即加入了第48装甲军。因此，第48装甲军看上去似乎是B集团军群最主要的战役预备队，最终却充当了罗马尼亚第3集团军的第二梯队和战术预备队。

由于第4装甲集团军在苏军发起"天王星"行动前不久将第48装甲军派至罗马尼亚第3集团军后方，因此，德国第6集团军几乎没有任何预备力量。不过，苏军发起进攻后没过几个小时，该集团军便徒劳地试图组建一支预备队，保卢斯从实力虚弱的第14装甲师抽调出一个战斗群，将其派往第11军左翼后方，克列茨卡亚东南偏南30公里，上布济诺夫卡的集结区。[13]第14装甲师的任务是加强第6集团军左翼的第11军，尽可能配合第48装甲军。最后，对11月18日斯大林格勒周边的德军部队而言，唯一可靠的预备力量是第4装甲集团军辖下的第29摩步师。这个新锐师齐装满员，上级部门特地将该师调离战斗达数周之久，以便为进攻阿斯特拉罕充当先锋。该师驻扎在第4装甲集团军第4军的后方。

表明德军过度延伸状态的事实是，截至11月18日，B集团军群辖内各步兵师的作战正面平均宽达17公里，部队最为密集的地域是克列茨卡亚至别克托夫卡，各师作战正面平均为9公里，而在斯大林格勒城内，各师作战正面平均为3公里。[14]当然，第6集团军和第4装甲集团军辖下的大多数师，实力已不到所需作战兵力的50%。至于技术兵器的密度，轴心国军队每公里正面平均为12门火炮/迫击炮，不到1辆坦克/突击炮。[15]

轴心国集团军的防御特点

意大利第8集团军

　　意大利第8集团军司令部设在伏罗希洛夫格勒，这是北顿涅茨河畔一个重要的铁路和公路交通中心，伊塔洛·加里波第大将指挥的该集团军守卫着B集团军群沿斯大林格勒方向展开的左翼（参见地图8）。其防线从沃罗涅日以南140公里处的巴甫洛夫斯克（Pavlovsk）沿顿河南延40公里至新卡利特瓦（Novaia Kalitva），然后沿顿河及其南部地域向东南方延伸近120公里，直至巴斯科夫斯卡亚（Baskovskaia）以西地域。加里波第集团军将辖内的山地军部署在左翼，德军第294步兵师在其后方的罗索希地域（Rossosh'）提供支援；意大利第2军掩护着集团军中央地带，从新卡利特瓦沿顿河南岸东延至卡赞斯卡亚（Kazanskaia）以西地域；意大利第35军部署在集团军右翼，两翼得到意大利师掩护的德军第62步兵师也在其中。担任预备队的是意大利第3快速师，驻扎在米列罗沃，这是个重要的交通枢纽和补给基地，距离前线80多公里。虽然名为"快速"，但该师并未完全实现摩托化，相反，这是个奇特的组合，由精锐的"神枪手"摩托化步兵和少量轻型坦克及自行火炮组成。据德国人评定，只有4个意大利师有能力遂行独立任务。[16]

罗马尼亚第3集团军

　　罗马尼亚第3集团军驻扎在意大利第8集团军右侧，由彼得·杜米特雷斯库上将指挥，其战役和战术位置比左侧的友军更加困难（参见地图8）。集团军司令部设在莫罗佐夫斯克，这个重要的铁路和公路枢纽位于顿河以南140公里处，集团军编成内的4个军（第1、第2、第5、第4军）沿一条约160公里长的战线从西北方向东南方部署，这条战线沿顿河及其南部从巴斯科夫斯卡亚延伸至克列茨卡亚东面。每个军部只掌握2个师，每个师只有7个营。因此，每个罗马尼亚步兵师守卫着20公里宽的正面。第3集团军的预备队编有2个师，罗马尼亚第15步兵师驻扎在克列茨卡亚西南偏西10公里处的格罗姆基（Gromki），几乎就在右侧2个军之间的防线上；罗马尼亚第7骑兵师基本上没有马匹，位于集团军前沿防线西端后方约25公里处的普罗宁地域（Pronin）。虽说罗马尼亚第3集团军11月18日的总兵力超过155000人，但辖内10个师和提供支援的炮兵及工兵的实际作战兵力约为100000人，尚不及苏军西南方面军的三分之一（参见下文"实力"一节）。[17]

除了辖下的10个师，罗马尼亚第3集团军司令部还掌握着3个摩托化反坦克连，每个连配有12门47毫米反坦克炮。每个罗马尼亚师、团都有一个反坦克连，配备47毫米或业已过时的37毫米反坦克炮。10月中旬，德国人为每个罗马尼亚师提供了一个反坦克连，配有6门更具威力的75毫米反坦克炮。第3集团军共有60门这种火炮，也就是说，每2.5公里正面部署1门。罗马尼亚各炮兵连没有反坦克炮弹，集团军要求的反坦克地雷也只得到六分之一；他们几乎没有构设障碍物的材料。鉴于严冬即将降临在这片开阔的草原上，沿防线付诸的一切修建努力，更多地倾向于温暖的住处，而非防御工事。[18]

罗马尼亚第 3 集团军的困境：登陆场问题

罗马尼亚第3集团军最严重的问题是，与意大利人不同（他们的防线位于或非常靠近顿河南岸），罗马尼亚人的防线在谢拉菲莫维奇和克列茨卡亚地域向河流以南、以西凹陷了30公里，致使苏军西南方面军得以为即将发起的进攻将部队集结在庞大的登陆场内。这个问题又导致罗马尼亚指挥部、B集团军群和希特勒之间就是否应该进攻并消灭极具威胁的苏军登陆场或大力加强罗马尼亚第3集团军进行了一场严肃的讨论。最后，这场辩论的结果是，德国第48装甲军调给罗马尼亚第3集团军，担任其战役预备队或安全保障。

罗马尼亚第3集团军司令杜米特雷斯库将军并不蠢。从接受守卫这段地域的任务起，他就一再强调，他的部队极度缺乏反坦克武器，河流本身是唯一有效的防御阵地。魏克斯将军的B集团军群司令部原则上同意他的看法，但斯大林格勒的持续激战占用了杜米特雷斯库可用于消灭苏军登陆场的额外兵力和火力支援。10月16日，杜米特雷斯库再次提出这个问题，要求批准他在布利诺夫（Blinov）附近发起一场小规模进攻，但B集团军群却指示他将防御正面向西延伸，接管意大利人的部分防区，以便将2个意大利师调入预备队！此举引发了安东内斯库和罗马尼亚总参谋长伊利耶·施泰夫莱亚将军的正式抗议。希特勒不得不亲自干预，同意只把1个意大利师（第3快速师）调入预备队。[19]

地图 8 1942 年 11 月 18 日，意大利第 8 集团军和罗马尼亚第 3 集团军的防御

杜米特雷斯库的德国同僚非常清楚他的位置过于暴露，但用于加强该地域的兵力少得可笑，这是因为A、B集团军群被广阔的战线严重拉伸，加之不断上升的战斗减员，兵力已严重不足。11月9日（"天王星"行动原定发起日期），由1个摩托化步兵营、1个反坦克炮连和1个突击炮分排组成的近距离支援群（"西蒙"战斗群）奉命进入罗马尼亚第3集团军后方阵地。一天后，德国人开始在该地域着手组建一支更大的机动预备队。第48装甲军军部在费迪南德·海姆将军（原派驻罗马尼亚第3集团军的联络官）的率领下，从第4装甲集团军转隶B集团军群预备队，调至罗马尼亚军队后方。不幸的是，该"装甲军"与其奉命支援的罗马尼亚军队同样脆弱。该军的核心是第22装甲师（刻赤半岛之战的胜利者），但该师的装甲工兵营已调入斯大林格勒城内支援保卢斯，而第140装甲掷弹兵团则被派往沃罗涅日的德国第2集团军。几个月来，该师其余单位一直驻扎在意大利人后方，由于燃料短缺无法实施机动，只能用稻草对坦克加以伪装。11月，该师第204装甲团终于打算发动引擎时，却发现许多坦克的线缆已被田鼠咬断！这一点，加之坦克长期不使用以及零下20摄氏度的低温，导致了许多短路和故障，只有42辆坦克到达集结区，11月18日，该师实际可用的坦克仅为24辆。在此关键时刻，代理师长埃伯哈德·罗特上校掌握的仅仅是一个加强营级战斗群。而第14装甲师又一次失去了其步兵单位，苏军发动反攻前，该师也被调至更东面的预备阵地，11月18日时，该师只能拼凑起55辆坦克，可用的只有36—41辆。[20]

除了实力虚弱的第14和第22装甲师，第48装甲军还掌握着1个德国炮兵营、1个反坦克营的部分单位和罗马尼亚第1装甲师，该师已在1941年的战斗中严重受损，在108辆坦克中至少有87辆是火力和装甲防护性都较为薄弱的捷克38(t)，这款坦克早已过时。总之，海姆装甲军的实力远非看上去那么强大。[21]

德国第6集团军

本三部曲第二部已经详述了德国第6集团军1942年11月18日的编成、部署和战斗力。简言之，弗里德里希·保卢斯将军的集团军此时几乎丧失了全部进攻能力，实力已大打折扣。为争夺斯大林格勒持续10周的激战，不仅耗尽了第6集团军的战斗力，还把B集团军群辖下的大多数战斗工兵单位拖入旷日持久的战斗中。结果，几乎整个集团军都投入了前线，某些地段的防御只能交给集团军直属部队（独立机枪营）或空军地面人员和高炮部队（"施塔赫尔"战斗群）组建的临时单位。

因此，11月18日夜幕降临时，第6集团军守卫着约120公里宽的防区，从顿河畔克列茨卡亚以东至伏尔加河畔库波罗斯诺耶的斯大林格勒南郊，辖内4个军（第11、第8、第14装甲、第51军）并排部署，呈单梯队配置。第6集团军唯一的预备队（第48装甲军）11月10日已调去增援罗马尼亚第3集团军。此后，可充当集团军预备队的只有第14装甲军实力虚弱的小股单位（第36装甲团），11月19日晚些时候，保卢斯将该团派往克列茨卡亚东南偏南方32公里、集团军左翼的上布济诺夫卡地域，意图加强第11军的防御。

更能说明第6集团军战备状况的是集团军作战处11月16日编写的一份每日评估。集团军辖内的96个步兵或装甲掷弹兵营，20个评为强或中强，37个评为虚弱或耗尽，剩下的39个为中等。集团军编成内的17个工兵营同样如此，1个评为中强，7个虚弱或耗尽，9个中等。只有4个摩托车营与众不同，1个评为强，另外3个为中强（参见表16）。[22]如果这些数字还不足以令人沮丧的话，那么需要指出的是，集团军辖内的17个师只有96个步兵或装甲掷弹兵营，而按照师级部队编制表，他们应该有139个营。因此，就作战部队而言，第6集团军的整体战斗力等级介于虚弱与耗尽之间。

表 16：1942 年 11 月 16 日，第 6 集团军各师辖下步兵（装甲掷弹兵）、工兵和摩托车营的战斗力等级

部队	战斗力等级
第11军	
第384步兵师	
（6个步兵营）	6个中等
（1个工兵营）	中等
第44步兵师	
（7个步兵营）	2个强、2个中强、3个中等
（1个工兵营）	中等
第376步兵师	
（7个步兵营）	3个中强、4个中等
（1个工兵营）	中等

表 16：（接上页）

部队	战斗力等级
第8军	
第113步兵师	
（6个步兵营）	2个中强、4个中等
（1个工兵营）	中等
第76步兵师	
（6个步兵营）	2个中强、4个中等
（1个工兵营）	中等
第14装甲军	
第3摩步师	
（4个步兵营）	3个中强、1个中等
（1个工兵营）	中等
（1个摩托车营）	中强
第60摩步师	
（6个步兵营）	3个中等、2个虚弱、1个耗尽
（1个工兵营）	虚弱
（1个摩托车营）	中强
第16装甲师	
（4个装甲掷弹兵营）	1个中强、1个中等、2个虚弱
（1个装甲工兵营）	虚弱
（1个摩托车营）	强
第94步兵师	
（7个步兵营）	2个虚弱、5个耗尽
（1个工兵营）	中等
第51军	
第24装甲师	
（4个装甲掷弹兵营）	1个中强、3个中等
（1个装甲工兵营）	中强
（1个摩托车营）	中强
第100猎兵师	
（5个步兵营）	2个中强、2个中等、1个虚弱
（1个工兵营）	中等
第305步兵师	
（6个步兵营）	2个虚弱、4个耗尽
（1个工兵营）	耗尽
第295步兵师	
（7个步兵营）	1个中等、5个虚弱、1个耗尽
（1个工兵营）	虚弱
第389步兵师	
（6个步兵营）	2个中等、4个虚弱
（1个工兵营）	虚弱

表 16：（接上页）

部队	战斗力等级
第79步兵师	
（6个步兵营）	6个虚弱
（1个工兵营）	耗尽
第14装甲师	
（2个装甲掷弹兵营）	2个强
（1个装甲工兵营）	中等
第71步兵师	
（7个步兵营）	
（1个工兵营）	
总计	
96个步兵营（包括10个装甲掷弹兵营）	4个强、16个中强、39个中等、26个虚弱、11个耗尽
17个工兵营	1个中强、9个中等、5个虚弱、2个耗尽
4个摩托车营	1个强、3个中强

※ 资料来源：弗洛里安·冯·翁德·楚·奥夫塞斯男爵，《第6集团军作战日志附件册，第一卷，1942年9月14日至11月24日》，第285—290页，《关于：各个师的状况，第6集团军司令部作战处，1942年11月16日12点》（Betr.: Zustand der Divisionen, Armee – Oberkommando 6, Abt. Ia, A. H. Qu., 16. November 1942, 12.00 Uhr,）。

集团军辖内装甲和摩托化单位的状况也不太好（参见下文"实力"一节）。截至11月16日—18日，第6集团军编成内的3个装甲师（第14、第16、第24师）和2个摩步师（第3、第60师）尚能拼凑起218辆坦克，其中180辆可用；3个突击炮营还有68辆突击炮，其中43辆可用。虽然在目前情况下，这个总数看上去似乎还不错，但其中21辆是二号或指挥坦克，剩下的144辆三号坦克和53辆四号坦克只相当于一个满编装甲师。[23]另外，燃料也是个大问题。

总之，第6集团军已无力遂行任何形式的进攻，他们甚至怀疑自己能否抵挡住兵力优势之敌发起的大规模突击。

第4装甲集团军（及罗马尼亚第6、第7军）

斯大林格勒南面，位于B集团军群漫长右翼的是赫尔曼·霍特大将的第4装甲集团军。一个多月前，辖内最后一个装甲师（第14装甲师）被调离，第4装甲集团军成了一具空壳，11月18日，霍特集团军编有3个军（德国第4、罗马尼亚第6、第7军）和2个独立摩步师（德国第16、第29师）。这些部队呈单梯队配置，部署在从斯大林格勒南郊的库波罗斯诺耶南延至卡尔梅克草原上的埃利斯塔地域这条近250公里长的防线上。但是，霍特把实力强大的第29摩步师留作集团军预备队，并派第16摩步师在集团军和B集团军群遥远的左翼[①]掩护埃利斯塔周边的广阔地带。10月初，在市区战斗中严重受损的第29摩步师撤入西南方70公里卡尔波夫卡附近的集结区接受休整和补充。[24] 到11月中旬，该师成为斯大林格勒地域最精锐的一个德军师，编有约12000人和59辆坦克。[25] 而第16摩步师获得数个突厥斯坦志愿者营的加强，编有14000—15000人和43辆坦克。[26]

霍特将集团军主力（德国第4军和罗马尼亚第6军）集中在约70公里宽的地带，从库波罗斯诺耶向南延伸至巴尔曼察克湖北岸，各部队从左至右并排部署。但是，这片地域太宽，2个军辖下的6个师无法实施有效防御。实力相对较强的德军第371和第297步兵师据守着第4军中央地带和左翼，较弱的4个罗马尼亚师【第20、第2、第18、第1步兵师，获得第7军第5骑兵师第6"龙骑兵"团（摩托化）的加强】守卫着第4军右翼和罗马尼亚第6军的整段防线。霍特集团军辖内的其他部队【罗马尼亚第6军第4步兵师、罗马尼亚第5和第8骑兵师（欠1个团）、德国第16摩步师】负责守卫从巴尔曼察克湖至埃利斯塔180公里宽的防线。

他们面临着许多问题，但两个罗马尼亚军辖内各师最主要的弱点是，他们据守的正面比罗马尼亚第3集团军辖内部队守卫的防线长50%。更糟糕的是，他们要对付的是苏军的两个机械化军，但只有34门75毫米反坦克炮，也就是说，每7.3公里正面部署1门。

以这种布势，2个德军师面对着苏军整个第64集团军，罗马尼亚第20和第2步兵师抗击苏军整个第57集团军，而罗马尼亚第18和第1步兵师面对的是苏军第51集团军主力。再往南，实力虚弱的罗马尼亚第5、第8骑兵师和德国第16摩步师必须抗击苏军第51集团军步兵第91师和第76筑垒地域，以及斯大林格勒方面军辖下的整个第28集团军。因此，第4装甲集团军发现自己面临的状况极其危险。

---

① 译注：右翼。

实力

确定兵力的问题

　　多年来，B集团军群沿斯大林格勒方向实施防御的4个集团军的兵力统计一直是个重要的讨论话题，并未得出具体结论。为什么确定德国第6集团军、第4装甲集团军以及隶属于B集团军群，但配备给或支援卫星国集团军的许多师和其他单位的确切兵力这么难？主要有四个原因。其一是苏德双方关于德军（特别是第6集团军和第4装甲集团军）兵力和坦克数量的档案记录的缺失。长期以来的看法是，第6集团军1942年9月至1943年2月2日的记录已在战争期间丢失或被苏联人缴获，俄罗斯人一直不愿公开他们的档案记录，这种情况直到近期才得到改善。其二是苏军完成合围后，德国和罗马尼亚部队彻底混杂在了一起。

　　其三，也许是最重要的一点，陷入包围圈的不仅仅是第6集团军和第4装甲集团军的部队，还包括隶属于B集团军群、德国陆军、德国空军的支援和辅助单位，几乎无法对他们加以区分。这些额外人员并未计入第6集团军的兵力，其中包括行政部门人员、空军高射炮部队、集团军群辖内其他师调入斯大林格勒的十余个独立战斗工兵营、"托德"组织的修建人员、战地警察单位、德国情报与反情报机构（阿布维尔）的特工、特别保安部队、宪兵等。出于这个原因，第6集团军是否清楚最终陷入包围圈内的德国和罗马尼亚士兵的确切人数很值得怀疑。

　　其四，也是最后一个原因，俄国志愿者、附属士兵（Zugeteilte）以及其他少数民族组成的、加入德国陆军或空军的特别营和其他支队是否被计入。例如，几乎每个德军师都有数千名俄国志愿者，他们执行了数百次作战支援和勤务协助任务，在某些情况下甚至直接参加战斗。虽然这个数字高得惊人，但相关资料寥寥无几，难以对其做出准确统计，主要原因大概是他们执行的多是非战斗任务。另外，即便不是全部，大多数德军师还编有附属部队，这些人员并未被单独计算，通常与志愿者加在一起。

　　幸运的是，上述问题中的大多数（但非全部）已得到解决。虽然残缺不全，但新近发现并出版的第6集团军记录使我们得以对其状况和实际兵力做出极为明确的评估。另外，俄罗斯人也公开了关于德国第6集团军状况和兵力的情报报告，尽管这些报告表明，苏军最高统帅部及各方面军严重误判了德军的规模和能力。可是，解决这些问题的同时，部队混杂以及是否将志愿者和附属士兵计入总兵力的问题依然存在。

确定意大利和罗马尼亚部队的确切兵力同样困难，原因同上，但造成计算困难的还有另一个原因：战斗的混乱。罗马尼亚第3集团军、斯大林格勒南面的2个罗马尼亚军、苏军发起突击后的意大利第8集团军，这些部队突然而又彻底的崩溃使得对其兵力的回顾性研究极为困难。另外，对罗马尼亚人和意大利人的损失做出准确计算也不太可能，没人知道这些士兵有多少在战斗中丧生，又有多少潜逃后消失在乌克兰东部的深处。苏联方面也没有公布准确的记录，以确定"天王星"行动中抓获了多少俘虏。不管怎样，下述段落将努力确定苏军进攻前夕德国和罗马尼亚部队的兵力和坦克数量。

德军

三份近期确定或公布的德国档案文件，为计算德国第6集团军在"天王星"行动前夕的兵力和坦克数量提供了最为可靠的基础。前两份文件是第6集团军11月11日和19日战备状况报告，揭示出集团军辖内主要作战部队（特别是其步兵、装甲和摩步师）的实力，以及3个突击炮营中的2个的战车数量。报告中不仅列举了各个师的总兵力、作战兵力和非战斗人员数量，还包括各个师的缺员数、志愿者和附属人员数量、反坦克炮和坦克数量（参见表17）。[27]第三份文件是第6集团军作战处11月12日提交的报告，指出集团军辖内所有步兵师截至11月1日的缺员数量。[28]除了这三份文件，重新发现的第6集团军每日记录中另外一些残缺不全的报告填补了一些空白，提供了集团军辖内各装甲师、摩步师和3个突击炮营的战车数量。

近期公布的几份很有用的苏联文件补充了这些德方资料。第一份是斯大林格勒方面军情报处1942年11月2日签发的033a号情报摘要，这份报告以缴获的第6集团军文件为基础，意在说明第6集团军11月1日在斯大林格勒城内作战的各个师的兵力状况。这份文件和德方资料共同提供了一幅关于第6集团军11月初兵力状况饶有趣味、但有些令人困惑不解的拼图。报告中列举了在斯大林格勒城内战斗的6个德军步兵师的作战兵力：第94步兵师，1700人；第389

表 17：1942 年 11 月中旬，第 6 集团军辖内各部队的兵力和兵器

部队	兵力					武器装备	
	总兵力	作战兵力	非战斗人员	志愿者*	缺员	反坦克炮	坦克/突击炮
第11军							
第376步兵师	8187	5269	2918	4105	6464	33	
第44步兵师	10601	6748	3865	2365	4238	28	
第384步兵师	8821	5025	3796	1804	5937	30	
第8军							
第76步兵师	8023	4740	3283	8033	6981	24	
第113步兵师	9461	5064	4397	5564	5854	24	
第177突击炮营							11
第14装甲军							
第94步兵师	7469	2924	4345	2581	8233	10	
第16装甲师	11051	4855	6196	1843	7673	21	28
第60摩步师	8933	4812	4121	2071	5848	13	27
第3摩步师	8653	4498	4155	4530	4831	16	29
第51军							
第71步兵师	8906	4331	4575	8134	7353	25	
第295步兵师	6899	3459	3440	50	9037	18	
第100猎兵师	8675	4688	3987	2132	7739	15	
第79步兵师	7980	4304	3676	2018	8294	49	
第305步兵师	6683	2915	3768	1562	8520	17	
第389步兵师	7540	4021	3519	2379	7852	21	
"塞德尔"战斗群	—	588	—	934	5434	8	6
第24装甲师	10950	6160	4790	1675	5126	—	58
第244突击炮营							20
第245突击炮营							2

※ 资料来源：曼弗雷德·克里希的《斯大林格勒：战役分析和相关文件》，第 662—663 页，引用 1942 年 11 月 11 日和 19 日签发的报告。

步兵师，3000人；第305步兵师，1800人；第79步兵师，3500人；第76步兵师，2000人；第100轻步兵师，2200人；总计14200人。[29]第76步兵师的兵力数很可能指的是第71步兵师，因为前者位于科特卢班地域，而后者在斯大林格勒城内（正如下文第62集团军报告中指出的那样）。另外，这份情报摘要估计，德国第6集团军的作战兵力为78800人，配有790门火炮、430门反坦克炮和540辆坦克。

第二份文件是崔可夫第62集团军1942年11月2日提交的一份情报摘要的片段，这份摘要题为"1942年10月20日至11月1日，敌军的作战行动和编成"。报告中指出"敌第71、第79、第94、第100、第295、第305、第389步兵师，德军最高统帅部预备队第50和第635工兵营，第14、第16和第24装甲师"在第62集团军的正面作战。这份评估比斯大林格勒方面军的情报报告更加精准，因为它准确地辨识出了在城内战斗的德军师，并称当面之敌为80个步兵营和28个炮兵营，作战兵力共计23000人，外加130—150辆坦克。[30]

将这些估计与德军实际兵力加以比较，就能得出关于第6集团军11月初真实状况的有趣结论（参见表18）。最明显的结论是，与9月份和10月份的情况一样，第6集团军17个作战师的总兵力在11月上半月、"天王星"行动发起的两周前严重下降，作战兵力下滑得更加厉害。随着各个师总兵力和作战兵力的减少，缺员人数急剧上升，这就解释了为何B集团军群不得不派5个战斗工兵营和1个突击连（共计2500人）加强在城内苦战的各个师。第6集团军辖内作战师11月中旬的缺员总数高达115414人。如果加上这17个师的总兵力（149832人），这些师的编制兵力应当为265246人。

同样，第6集团军司令部直属部队11月中旬的缺员为6486人。假定这个数字为集团军直属部队编制力量的20%，那么，集团军直属部队的编制力量应为32430人，11月中旬的总兵力则为25944人。

表18：德国第6集团军的兵力（根据其1942年11月11日、12日、19日的每日报告，以及1942年11月2日的苏联军事情报报告）

师	苏军11月2日对第6集团军兵力的估计		11月12日，第6集团军的缺员	11月11日和19日，第6集团军兵力报告
	斯大林格勒方面军	第62集团军		
第44步兵师			缺员4035人 总兵力10786人	缺员4238人 总兵力10601人 作战兵力6748人
第71步兵师	2000	*	缺员7079人 总兵力9180人	缺员7353人 总兵力8906人 作战兵力4331人

表18：（接上页）

师	苏军11月2日对第6集团军兵力的估计		11月12日，第6集团军的缺员	11月11日和19日，第6集团军兵力报告
	斯大林格勒方面军	第62集团军		
第113步兵师			缺员4595人 总兵力10720人	缺员5854人 总兵力9461人 作战兵力5064人
第295步兵师		*	缺员8313人 总兵力7623人	缺员9037人 总兵力6899人 作战兵力3459人
第376步兵师			缺员6202人 总兵力8445人	缺员6464人 总兵力8187人 作战兵力5369人
第384步兵师			缺员5865人 总兵力8893人	缺员5937人 总兵力8821人 作战兵力5025人
第94步兵师	1700	*	缺员7002人 总兵力8700人	缺员8233人 总兵力7469人 作战兵力2924人
第389步兵师	3000	*	缺员6556人 总兵力8836人	缺员7852人 总兵力7540人 作战兵力4021人
第305步兵师	1800	*	缺员5644人 总兵力9559人	缺员8520人 总兵力6683人 作战兵力2915人
第79步兵师	3500	*	缺员6324人 总兵力9950人	缺员8294人 总兵力7980人 作战兵力4304人
第76步兵师			缺员6765人 总兵力8239人	缺员6981人 总兵力8023人 作战兵力4740人
第100猎兵师	2200	*	缺员5705人 总兵力10709人	缺员7739人 总兵力8675人 作战兵力4688人
第3摩步师				缺员4831人 总兵力8653人 作战兵力4498人
第60摩步师				缺员5848人 总兵力8933人 作战兵力4812人
第14装甲师（赛德尔战斗群）		*		缺员5435人 总兵力11000人（估） 作战兵力588人

表18:（接上页）

师	苏军11月2日对第6集团军兵力的估计		11月12日，第6集团军的缺员	11月11日和19日，第6集团军兵力报告
	斯大林格勒方面军	第62集团军		
第16装甲师		*		缺员7673人 总兵力11051人 作战兵力4855人
第24装甲师		*		缺员5126人 总兵力10950人 作战兵力6160人
集团军直属部队				缺员6486人（20%） 总兵力25944人
营		**第6集团军** 共80个营		81个（10月29日） 74个（11月9日）
兵力	14200名步兵 总计78800人	23000名步兵		**师级部队（17个）：** 缺员115414人（44%） 编制兵力265246人 总兵力149832人（57%） 作战兵力74401人 **集团军直属部队：** 缺员6486人（20%） 编制兵力32430人 总兵力25944人 **11月18日，集团军兵力：** 缺员121900人（41%） 编制兵力297676人 总兵力175776人（59%） 作战兵力74401人 **被围后的第6集团军：** 25万—30万人（最佳估计：284000人），包括第6集团军、第4装甲集团军以及罗马尼亚集团军群和辅助部队
野炮	790	320		—
反坦克炮	430			372
坦克/突击炮	540	130—150		181（11月16日） 225（11月18日）

※ 资料来源：斯大林格勒方面军司令部033a号情报摘要，1942年11月2日签发，引自伊萨耶夫的《斯大林格勒：伏尔加河后方没有我们的容身处》，第289—290页；档案文件 TsAMO RF, f. 38, op. 11360, d. 251,11. 第135-138页；弗洛里安·冯·翁德·楚·奥夫塞斯男爵的《第6集团军作战日志附件册，第一卷，1942年9月14日至11月24日》，第284—296页，《截至1942年11月1日的缺员报告，1份附件，第6集团军作战处，第4534号，1942年11月12日签发》（Betreff.: Meldung über personellen Fehlbestand vom 01.11.42 getrennt, Anlage 1, Armee-Oberkommando 6, Abt. Ia, Nr. 4534/42 geh, A.H.Qu., 12. November

1942,)；曼弗雷德·克里希，《斯大林格勒：战役分析和相关文件》，第662-663页。
注：17个作战师中有16个的总兵力数据来自第6集团军11月11日和19日的报告。报告中只提供了第14
装甲师的作战兵力数，这是因为该师只有"赛德尔"战斗群在斯大林格勒参战，主力在科捷利尼科沃地域
的后方集结区休整补充，因此，该师的总兵力（11000人）只是个估计。第6集团军的225辆坦克，这个数
字来自该集团军1942年11月18日呈交的报告。
＊各师兵力未做单独估测。

　　因此，截至11月中旬，第6集团军的兵力缺员包括辖内作战师的115414人，以及集团军直属部队的6486人，共计缺员121900人。此时的总兵力包括作战师的149832人和集团军直属部队的25944人，总计175776人。总兵力（175776人）加上缺员数（121900人），就是第6集团军的编制人数——297676人。这样算来，集团军总兵力（175776人）约为其编制兵力的59%。[31]

　　换句话说，第6集团军各作战师的平均兵力约为其编制力量的59%。兵力较少的是以下几个师：第295步兵师，总兵力7623人，约为编制力量的43%；第305步兵师，总兵力6683人，约为编制力量的44%；第94步兵师，总兵力7469人，约为编制力量的48%；第79步兵师，总兵力7980人，约为编制力量的49%。兵力较多的是第44步兵师，总兵力10601人，约为编制力量的71%；第113步兵师，总兵力9461人，约为编制力量的62%；第3摩步师，总兵力8653人，约为编制力量的64%；第14装甲师，总兵力13500人，约为编制力量的72%。

　　最后，第6集团军17个野战师的总作战兵力（74401人）约为其总兵力（149832人）的半数。兵力较少的是第94步兵师，作战兵力2924人，约为总兵力的28%；第305步兵师，作战兵力2915人，约为总兵力的30%；第16装甲师，作战兵力4855人，约为总兵力的31%。兵力较多的是第44步兵师，作战兵力6748人，约为总兵力的64%；第113步兵师，作战兵力5064人，约为总兵力的54%；第24装甲师，作战兵力6160人，约为总兵力的56%。

　　但需要注意的是，德国人确定作战兵力，是以隶属该师的步兵（或装甲掷弹兵）、战斗工兵、炮兵、侦察和摩托车单位、警卫部队和反坦克单位计算。这一点非常重要，因为，如表19所示，苏联人对作战兵力的定义不太一样，他们认为作战士兵仅仅是作战步兵和战斗工兵。从这个方面说，仔细分析第6集团军1942年10月18日和11月中旬在斯大林格勒城内作战的各个师的总兵

力、作战兵力和步兵（步兵和战斗工兵）数量，就会发现苏军情报部门对当面德军兵力的报告并未过度夸大。

表19将德国第6集团军对1942年10月18日和11月中旬在斯大林格勒城内及周边地带作战的各个师所做的评估，与斯大林格勒方面军和第62集团军11月2日提交的评估报告进行了对比。虽然德军的两份评估中包括各个师的总兵力和作战兵力，但10月24日的报告（截至10月18日的兵力）更加详细，以准确的类型和数量对各作战部队加以细分（参阅本三部曲第二部表36）。例如，第295步兵师和第14装甲师的条目如下：

第295步兵师

总兵力：10865人*，包括2553名俄国志愿者

作战兵力：

步兵：1990人

炮兵：1225人

工兵营：230人

反坦克营：—

自行车营：187人

通信营：255人

作战兵力总计：3887人

*包括一个912人的行进营，未计入作战兵力内。

第14装甲师

总兵力：12070人，包括523名俄国志愿者

作战兵力：

装甲掷弹兵：4个营，1640人，包括附属士兵

摩托车营：515人①

装甲团：829人

---

① 译注：第二卷，315人。

炮兵：1140人[①]

高射炮营：435人

工兵营：242人

反坦克营：289人

通讯营：328人

作战兵力总计：5418人[②]

　　这个例子表明，虽然两个师的作战兵力按照德国人的定义分别为3887和5418人，但以苏联人的定义（步兵和战斗工兵）看，其步兵力量少得多，分别为2220和1828人。如表19所示，我们可以计算出10个德军师截至10月18日（第2栏）的确切步兵数量，然后以这些粗略百分比来确定这些师在11月中旬的大致步兵数量（第5栏）。根据这些数字，斯大林格勒方面军对6个德军师作战（步兵）兵力的估计（第3栏），第62集团军对10个德军师作战（步兵）兵力的估计（第4栏）可谓相当准确。例如，斯大林格勒方面军估计德军第71步兵师11月2日的作战（步兵）兵力为2000人，与该师步兵和战斗工兵2453（10月18日）、2150（11月中旬）的实际数字极为接近。同样，该方面军估计德军第79步兵师11月2日的作战（步兵）兵力为3500人，大致为该师步兵和战斗工兵实际数量4500人（10月18日）和3000人（11月中旬）的中间值，而对第100猎兵师作战（步兵）兵力的估计为2200人，与该师11月中旬的实际兵力完全一致。实际上，苏军并未低估德军的作战（步兵）兵力，表19表明，斯大林格勒方面军11月2日的报告反而高估了德军第94、第389、第305步兵师的作战兵力。

　　从整体考虑6个德军步兵师，斯大林格勒方面军认为其作战（步兵）兵力为14200人，总兵力为78000，而德军当时的实际作战（步兵）兵力为13950人，总兵力为68597人。最后，从整体考虑10个德军师，第62集团军估计对方共有23000名作战步兵，与第6集团军10月24日报告中指出的21558人和11月中旬的报告中指出的18538人相当接近。

---

① 译注：第二卷，1184人。

② 译注：第二卷，5462人。

这些数据再次证实了苏军估测的准确性，至少在一定程度上驳斥了"苏军低估德军作战兵力"的说法。但是，苏联和俄罗斯方面普遍的看法是，苏军最高统帅部和各方面军策划人员对被围敌军数量远远超过他们的预计深感惊讶，他们没有为消灭这么一大股敌人作好准备，这种观点也有其道理。包围圈封闭后不久，华西列夫斯基和参与行动的各方面军估计，他们将85000—90000名德军士兵困在包围圈内，但最终发现被围敌军多达250000—284000人。但是，苏军情报机构从步兵和战斗工兵方面估测第6集团军的作战兵力，所得出的结论相当准确。因此，将第4装甲集团军的15000—20000人与第6集团军74401人的作战（步兵）兵力相加，得出的数字与华西列夫斯基和苏军最高统帅部最初的估计几乎完全一致。

需要指出的是，苏联人所犯的错误是他们对德军前线士兵与后勤单位之间的关系了解不足，另外，他们也无法统计第6集团军和第4装甲集团军作战地域内的"额外"力量。如果德军作战兵力（根据德国人的定义）约为部队总兵力的50%，步兵力量（根据苏联人的定义）占德军作战兵力的40%~60%，那么，以步兵力量作为判断因素会导致三分之二的兵力不知去向。因此，如果第6集团军和第4装甲集团军的步兵兵力为90000—95000人，就表示其总兵力为

表 19：1942 年 11 月 1 日—2 日，苏军情报部门估测第 6 集团军在斯大林格勒城内作战各师作战兵力的准确性

师	第6集团军10月28日的兵力报告（截至10月18日）	苏军11月2日对第6集团军兵力的估计		第6集团军11月11日和19日的兵力报告
		斯大林格勒方面军	第62集团军	
第71步兵师	总兵力12277 作战兵力4723 步兵2453	作战步兵2000	＊	总兵力8906 作战兵力4331 步兵2150
第295步兵师	总兵力10865 作战兵力2887 步兵2220		＊	总兵力6899 作战兵力3459 步兵2500
第94步兵师	总兵力11438 作战兵力3473 步兵1495	作战步兵1700	＊	总兵力7469 作战兵力2924 步兵1600

表19（接上页）

师	第6集团军10月28日的兵力报告（截至10月18日）	苏军11月2日对第6集团军兵力的估计		第6集团军11月11日和19日的兵力报告
		斯大林格勒方面军	第62集团军	
第389步兵师	总兵力8604 作战兵力2736 步兵979	作战步兵3000	*	总兵力7540 作战兵力4021 步兵1800
第305步兵师	总兵力10578 作战兵力3345 步兵1352	作战步兵1800	*	总兵力6683 作战兵力2915 步兵1300
第79步兵师（10月18日的估计）	总兵力14000 作战兵力6500 步兵4500	作战步兵3500	*	总兵力7980 作战兵力4304 步兵3000
第100猎兵师	总兵力11700 作战兵力5765 步兵3171	作战步兵2200	*	总兵力8675 作战兵力4688 步兵2200
第14装甲师（赛德尔战斗群）（11月中旬的估计）	总兵力12070 作战兵力5462 步兵1828		*	总兵力11000 作战兵力588 步兵588
第16装甲师	总兵力13126 作战兵力5164 步兵1810		*	总兵力11051 作战兵力4855 步兵1700
第24装甲师	总兵力11785 作战兵力5387 步兵1750		*	总兵力10950 作战兵力6160 步兵1800
6个步兵师（第71、第94、第389、第305、第79步兵师和第100猎兵师）	总兵力68597 作战兵力26542 步兵13950	**第6集团军总计（斯大林格勒城内）：** 共78800 步兵14200	步兵23000	总兵力47253 作战兵力23183 步兵12050
全部10个师	总兵力114443 作战兵力44842 步兵21558			总兵力87153 作战兵力38245 步兵18638

※ 资料来源：第6集团军10月24日的报告，刊登在弗洛里安·冯·翁德·楚·奥夫塞斯男爵的《第6集团军作战日志附件册，第一卷，1942年9月14日至11月24日》，第201—205页，《关于：各师总兵力和作战兵力，第6集团军作战处3446号报告，1942年10月24日》（Betreff.: Meldungen über Verpflegungs-und Gefechtsstärken der Division, Armee-Oberkommando 6, Ia, Nr. 3446/42 g. K., A.H.Qu., 24. Oktober 1942, ）。苏军的报告摘自伊萨耶夫的《斯大林格勒：伏尔加河后方没有我们的容身处》，第289—290页，以及第62集团军作战日志，《1942年10月20日至11月1日，敌军作战行动和编成》（Deistviia i gruppirovka protivnika za period s 20.10 po 1.11.42）。

注：作战兵力，按照德国人的定义，包括所有战斗人员（步兵、战斗工兵、炮兵、侦察和摩托车单位等）；而苏军的估测只包括步兵和战斗工兵。

*各师兵力未做单独估测。

240000—250000人，加上40000—60000名"额外"或罗马尼亚士兵，就能得出280000—310000名被围敌军的实际估测。

总之，根据沿斯大林格勒方向行动的16个步兵师中的14个，以及全部8个装甲师和摩步师的可用数据，这些师的平均兵力如下：

·步兵师：总兵力8676人；作战兵力4571人；俄国志愿者和附属士兵3394人

·装甲师：总兵力10862人；作战兵力5391人；俄国志愿者和附属士兵1739人

·摩步师：总兵力9897人；作战兵力5703人；俄国志愿者和附属士兵3300人[32]

至于苏军反攻前夕德军沿斯大林格勒方向的装甲力量，B集团军辖内4个装甲师和4个摩步师共有360辆坦克：第6集团军218辆，第4装甲集团军102辆，充当B集团军群预备队的第48装甲军辖下的第22装甲师还有40辆。加上第6集团军和第4装甲集团军配属的4个突击炮营的68辆突击炮和自行步兵炮，可用的战车数量为428辆（参见表20）。

罗马尼亚军队

统计抗击"天王星"行动的罗马尼亚部队的总兵力，要比计算德军总兵力稍稍容易些。但是，通过对照编制兵力来确定罗马尼亚各个师的总兵力和作战兵力，与统计德军兵力同样困难。这是因为罗马尼亚档案文件提供了罗马尼亚第3集团军定期呈交的每日实力报告，以及在德国第4装甲集团军辖内作战的罗马尼亚部队的整体实力报告，但历史学家们尚未披露各罗马尼亚师的具体兵力。

根据现有的资料，截至1942年11月18日，罗马尼亚第3集团军编有4个军、8个步兵师、2个骑兵师、1个装甲师和1个航空兵军，该航空兵军辖2个战斗机、1个战斗轰炸机、3个轰炸机大队。集团军总兵力为155492人。在斯大林格勒南部德国第4装甲集团军辖下作战的罗马尼亚部队编有2个军、5个步兵师

表20：1942 年 11 月 16 日—18 日，第 6 集团军和第 4 装甲集团军的装甲力量（全部坦克，包括无法使用的坦克）

师	坦克型号							合计
	二号	三号（短）	三号（长）	三号（75毫米）	四号（短）	四号（长）	指挥坦克	
第6集团军（11月18日）								
第14装甲师	5	9	17	5	5	12	2	55
第16装甲师	—	—	38	—	2	10	—	50
第24装甲师（11月19日）	5	13	18	5	5	12	2	60
第3摩步师	3	—	22	3	—	4	—	32
第60摩步师	4	—	12	2	—	3	—	21
合计	17	22	107	15	12	41	4	218
第4装甲集团军（11月16日）								
第16摩步师	8	—	16	7	—	11	1	43
第29摩步师	7	—	23	9	—	18	2	59
合计	15	—	39	16	—	29	3	102
B集团军群								
第22装甲师	2	5 Pz-38	12	10	1	10	—	40
总计	34	27	158	41	13	80	7	360

突击炮营	突击炮型号			
	三号长身管	三号短身管	SPIG	合计
第177突击炮营	8/0/0	2/0/0	0	10/0/0
第243突击炮营	7/0/0	0	0	7/0/0
第244突击炮营	7/1/0	7/5/0	5/2/0	19/8/0
第245突击炮营	7/0/6	0/3/5	0/2/1	7/5/12
合计	29/1/6	9/8/5	5/4/1	43/13/12

※ 资料来源：阿列克谢·伊萨耶夫，《斯大林格勒：伏尔加河后方没有我们的容身处》，第 295—297 页；弗洛里安·冯·翁德·楚·奥夫塞斯男爵，《第 6 集团军作战日志附件册，第一卷，1942 年 9 月 14 日至 11 月 24 日》，第 284—296 页，《关于：各个师的状况，第 6 集团军司令部作战处，1942 年 11 月 9 日 16 点 20 分签发》（Betr.: Zustand der Divisionen, Armee – Oberkommando 6, Abt. Ia, A. H. Qu., 09. November 1942, 16.20 Uhr,），以及《关于：各个师的状况，第 6 集团军司令部作战处，1942 年 11 月 16 日 12 点签发》（Betr.: Zustand der Divisionen, Armee – Oberkommando 6, Abt. Ia, A. H. Qu., 16. November 1942, 12.00 Uhr,）。

注：突击炮的表述是，可用 / 短期维修 / 长时间维修。

表 21：抗击"天王星"行动的罗马尼亚各师兵力（总兵力和作战兵力）

师	编制兵力	总兵力（满编的比例）	苏军对敌作战兵力的估计 *	估计的作战兵力
		兵力		
罗马尼亚第3集团军： 总兵力155492人				
第11步兵师	16097	10946（68%）	70%	7500
第9步兵师	16097	10946（68%）	70%	6000
第5步兵师	16097	10946（68%）	70%	7600
第6步兵师	16097	10946（68%）	70%	7500
第15步兵师	16097	10946（68%）	70%	6500
第13步兵师	16097	8049（50%）	70%	5000
第14步兵师	16097	9658（60%）	70%	5230
第1骑兵师	7600	7500（99%）	?	6500
第7骑兵师	7600	7400（97%）	?	6400
第1装甲师	13000	12196（94%）	?	9000
第4装甲集团军（斯大林格勒以南）： 总兵力75380人				
第20步兵师	16097	不明	48%	7727
第1步兵师	16097	不明	25%	4025
第2步兵师	16097	不明	30%	4829
第4步兵师	16097	不明	34%	5480
第18步兵师	16097	不明	78%	12555
第5骑兵师	7600	不明	57%	4332
第8骑兵师	7600	不明	64%	4864
第6"龙骑兵"团	—			1074

＊苏军对敌作战兵力的估测只包括步兵和战斗工兵。

和2个骑兵师，总兵力为75380人。[33]

但是，对于罗马尼亚各师确切的总兵力，相关资料的看法并不一致。例如，关于战时罗马尼亚军队的标准英文资料称，第3集团军8个步兵师中的6个（第5、第6、第7、第9、第11、第15师）编制兵力为16097人，作战兵力平均为68%。这份资料还指出，另外2个师（第13、第14师）在10月份遭受到严重损失，11月中旬的作战兵力约为编制兵力的50%和60%。对于第4装甲集团军辖下的几个罗马尼亚师，同一份资料来源称，在斯大林格勒方面军发起进攻的11月20日，第1、第2、第4、第20、第18步兵师和第5、第8骑兵师的作战兵力分别为编制兵力的25%、30%、34%、48%、78%、64%。[34]另外，苏联方面关于坦克第5集团军在"天王星"反攻中的作战行动的一份保密研究报告倾向于证实上述资料的说法，据称在苏军反攻前夕，罗马尼亚第3集团军各步兵师的平均作战兵力（步兵和战斗工兵）为编制兵力的70%。[35]

根据这些资料，抗击苏军"天王星"行动的罗马尼亚各步兵师的总兵力为8049—10946人不等，骑兵师则为7400—7500人。苏军情报部门推定的实际作战兵力为总兵力的70%，如果采用这个数字，则罗马尼亚步兵师的作战兵力为不到5000人至约7700人，骑兵师的作战兵力为4500—6500人不等（参见表21）。另外，苏联方面的保密研究报告还认为，罗马尼亚步兵师的总兵力平均为10000—11000人，作战士兵（步兵和战斗工兵）数量为5500—7500人。[36]

至于罗马尼亚第3集团军的坦克力量，罗马尼亚第1装甲师11月18日共有12196人和105辆可用的坦克。这些坦克包括84辆罗马尼亚制R-2轻型坦克、19辆德制三号和四号中型坦克，外加2辆缴获的苏制坦克。另外，该师还将37辆无法使用的R-2和3辆德制坦克留了在奇尔河畔的勤务区。[37]

意大利军队

由于意军在"天王星"反攻中几乎没有发挥作用，故意大利第8集团军兵力和装甲力量的详细评估归入补充卷，该副卷涵盖了与斯大林格勒周边战斗稍有关联的军事行动。卷中还包括对"小土星"行动各个方面的详细分析，该行动在苏军展开反攻后的12月中旬发起。简言之，意大利第8集团军1942年11月18日共有130000人，各步兵师平均兵力为9000—10000人，作战兵力5000—7000人不等。

部队的分布

如前所述，过去对苏军"天王星"反攻的记述，在交战双方整体兵力和反攻发起的三个主要方向上的兵力方面存在巨大差异。不过，根据以往苏联（俄罗斯）的估计和我所称的"地面实情"，即反攻发起时的实际力量对比，表22提供了对1942年11月19日晨轴心国部队、炮兵和战车在苏军西南方面军、顿河方面军、斯大林格勒方面军对面部署情况"有根据的估测"。

表22：1942年11月19日，抗击西南、顿河、斯大林格勒方面军的轴心国部队的分布和估计兵力

面对西南方面军的轴心国部队——意大利第8集团军第35军；罗马尼亚第3集团军第1、第2、第5、第4军；德国第48装甲军

- ●**苏军对轴心国部队实力的估计**——432000人、4360门火炮/迫击炮、255辆坦克，包括意大利第8集团军第2和第35军的5个师；罗马尼亚第3集团军第1、第2、第5、第6军[1]；B集团军群第48装甲军
- ●**轴心国实际兵力**——约201703人（100000名作战士兵）和145辆坦克，包括：
  - ○**意大利第8集团军**（第2、第35军、第29军部）——约35000人
  - ○**罗马尼亚第3集团军**（第1、第2、第5、第6军[2]）——155492人，包括第1装甲师的12196人和105辆坦克
  - ○**德国第48装甲军（第22装甲师）**——11211人，40辆坦克，外加"西蒙"战斗群（823人）、第611装甲猎兵营和第104高射炮团

面对顿河方面军的轴心国部队——德国第6集团军第11、第8军和第14装甲军

- ●**苏军对轴心国部队实力的估计**——200000人、1980门火炮/迫击炮、280辆坦克
- ●**轴心国实际兵力**——约100000人，各师总兵力81199人，作战兵力43935人，113辆坦克和突击炮，包括：
  - ○**第11军**——总兵力27609人，作战兵力17042人，8274名俄国志愿者和附属士兵，没有坦克
  - ○**第8军**——总兵力17484人，作战兵力9804人，13597名俄国志愿者和附属士兵，10辆突击炮
  - ○**第14装甲军**——总兵力36106人，作战兵力17089人，11025名俄国志愿者和附属士兵，103辆坦克和突击炮

面对斯大林格勒方面军的轴心国部队——第6集团军第51军，第4装甲集团军第6军[3]和罗马尼亚第6、第7军，德国第29和第16摩步师

- ●**苏军对轴心国部队实力的估计**——379000人、3950门火炮/迫击炮、140辆坦克
- ●**轴心国实际兵力**——约220000人，各师总兵力192548人（不含第14装甲师则为181548人），作战兵力90317人，250辆坦克和突击炮，包括：
  - ○**第6集团军（第51军）**——总兵力69633人＊，作战兵力30466人，18884名俄国志愿者和附属士兵，141辆坦克和突击炮
  - ○**第4装甲集团军（第6军）**[4]——总兵力33315人，作战兵力16788人，包括第20步兵师（罗），近8000名俄国志愿者和附属士兵，7辆突击炮
  - ○**罗马尼亚第4集团军#（第6、第7军）**——约75380人，总兵力67600人，作战兵力31063人，没有坦克
  - ○**德国第29、第16摩步师**——总兵力22000人，作战兵力12000人，102辆坦克和突击炮

＊其中包括第14装甲师的总兵力11000，该师主力在后方地域休整。
＃本应于11月20日组建，但一直没有生效。

---

① 注释：第4军。
② 注释：第4军。
③ 注释：第4军
④ 注释：第4军

双方兵力对比

定义

评估交战双方实力的一个简单办法是对其加以量化，然后对比他们在兵力和主要武器体系方面的力量。西方人称之为"力量对比"，并认为这是一支军队的作战能力诸多指标之一，当初的苏联人和今日的俄罗斯人称之为"兵力兵器对比"，或简称为"兵力对比"。战争是一门科学，因而可以从科学的角度对其加以研究和理解，作为这一信仰的支持者，苏联人认为兵力对比是在战术、战役或战略层面遂行战争成败的一个主要决定因素，按照俄国人的说法，这意味着交战、会战、军事作战、战役和整个战争。另外，尽管投入了更多兵力和资源，但作为各个层面数十场（如果不是数百场的话）角逐显而易见的失败者，他们也知道兵力对比并不是确保交战胜利的唯一指标。特别是，他们明白训练、兵力兵器数量和部队士气（尽管很难量化）当然也适用于战争科学，连同诸如指挥技能和敏锐度等许多其他因素，都不过是他们归纳在战争艺术这一总标题下的诸多短暂因素之一。不过，苏联人和俄罗斯人的观点是，在其他因素相等的情况下，兵力对比依然是赢得交战胜利最重要的一个指标。

无论苏联人如何努力确保其分析的科学依据，其他因素的干扰破坏了公正、客观的科学方法。这一点在兵力对比方面尤为明显。随着时间的推移，单纯的自豪经常被政治因素复杂化，影响到科学计算。其结果是相关数字被修改，以提供一个不那么令人尴尬的兵力对比。以苏联为例，这种修改数字的做法通常以夸大敌军力量的方式进行，而不是减少己方兵力。因此，就"天王星"行动而言，官方提供的兵力对比发生的变化，反映的是整个国家的政治环境。

基于近期评估的兵力对比

伟大卫国战争（即苏联抗击希特勒德国的战争）的传统研究者，在评估某场会战或战役（例如莫斯科、斯大林格勒、库尔斯克或其他数百场大大小小的战役）中的双方兵力，或研究某场会战或军事行动中主要突击发生地双方的部署（参阅副卷附录4C，苏联人和俄罗斯人过去50多年间对"天王星"行动中的兵力对比和具体评估的观点演变）时，早已采用了兵力对比的量度法。但是，随着苏联1991年的解体，一批档案资料（特别是与德国第6集团军总兵力和作战兵力相关的资料文件）得以公布，这就使现在可以更加准确地评估"天王星"行动发起时苏军与轴心国军队的兵力对比。这些文件，再加上德国方面新发现的关于苏军进攻前夕罗马尼亚军队实力的档案文件，使我们得以从整个战役层面探讨双方的兵力，特别是从"天王星"行动的两个主要进攻地域：具体说来就是西南方面军坦克第5集团军和第21集团军，以及斯大林格勒方面军第57和第51集团军（参见表23、24）。这些数字仅仅是基于最佳可用数据的估计，肯定不够完美。涉及以下因素的是三个最严重的缺陷：

1. 双方可用的火炮数量，特别是罗马尼亚第3集团军、德国第6集团军和第4装甲集团军的火炮总数和可用数量。

2. B集团军群在斯大林格勒地域支援第6集团军和第4装甲集团军部队的性质和数量，这些部队并未包括在上述集团军的总兵力中。

3. 斯大林格勒地域德军辅助和附属部队（空军、修建单位、警卫勤务、宪兵等）的性质和数量。

表 23：1942 年 11 月 19 日—20 日，"天王星"行动中苏军与轴心国军队的战略兵力对比

类别	苏军	轴心国军队	比值
人员	1042218人 （作战兵力782548人）	521703人 （作战兵力234252人）	2：1 （3.3：1）
坦克和突击炮	1550	508	3：1
火炮和迫击炮	22019	不明，但不到10000门	至少3：1
作战飞机	共1529架 （1277架可用）	共732架 （402架可用）	2.1：1 （3.2：1）

※ 资料来源：V.A. 佐洛塔廖夫（主编），《伟大卫国战争中的作战部队，1941—1945 年》，第 587 页；曼弗雷德·克里希，《斯大林格勒：战役分析和相关文件》，第 662—663 页，引自 11 月 11 日和 19 日的报告；马克·阿克斯沃西等人合著的《第三轴心第四盟友：欧战中的罗马尼亚军队，1941—1945 年》，第 89—91、第 109 页；乔尔·S.A. 海沃德，《止步于斯大林格勒：德国空军和希特勒在东线的失败，1942—1943 年》，第 225 页，引自美国空军历史研究处（USAFHRA）K113.106-153：《1942 年东线战机总数量和可用数量一览》（Zusammenstellung der Ist-Starken und der einsatzbereiten Flugzeuge an der Ostfront 1942）。

表24：1942年11月19日—20日，红军西南方面军和斯大林格勒方面军主要突击地域苏军与轴心国军队的战役兵力对比

部队和兵器	苏军	轴心国军队	比值
西南方面军（第21、坦克第5集团军——22公里）			
人员	207466人（作战兵力182656人）	166703人（作战兵力90000人）	1.24：1（2：1）
火炮和迫击炮	5088	2000（估计）	2.5：1
坦克和突击炮	558	145	3.8：1
斯大林格勒方面军（第57、第51集团军——28公里）			
人员	121962人（作战兵力80000人）	94315人（作战兵力44788人）	1.3：1（1.8：1）
火炮和迫击炮	2104	400（估计）	5.3：1
坦克和突击炮	432	59	7.3：1

※ 资料来源：V.A.佐洛塔廖夫（主编），《伟大卫国战争中的作战部队，1941—1945年》，第587页；曼弗雷德·克里希，《斯大林格勒：战役分析和相关文件》，第662—663页，引自11月11日和19日的报告；马克·阿克斯沃西等人合著的《第三轴心第四盟友：欧战中的罗马尼亚军队，1941—1945年》，第89—91、第109页。

　　虽说兵力对比中存在这些缺陷，但毫无疑问的是，苏军的实力远远强于其轴心国对手，远比我们过去的想法为甚，至少在数量上如此。这一点适用于衡量战斗力的几乎每一项指标，包括兵力、火炮、坦克和作战飞机。这并不令人惊讶，因为在1941—1942年的每一场重要行动中，红军都占有数量优势。对德国人来说，这一次的问题是，红军士兵及其指挥员们证明自己的能力远比前辈们更强。加剧这一现实的是，红军的主要突击将落在罗马尼亚部队头上，以前他们就曾教训过罗马尼亚人。

德军的误判

　　关于兵力对比的这一章，如果不提及"天王星"行动前夕德国人的看法（更准确地说，是他们明显的误判），肯定不够完整。这非常必要，因为除了几个战术例外，保卢斯第6集团军即将遭遇到前所未有的情况。如果说希特勒和他的高级将领们的确低估了苏军的威胁，特别是他们对B集团军群和第6集团军漫长左翼的本能关注不够的话，那么，他们的职业军事情报专家表现得也很差劲。[38]陆军情报机构，东线外军处（FHO）负责人莱因哈德·盖伦上校一直误判了对手的能力和意图。和希特勒一样，盖伦认为红军已在夏季战役中耗尽了预备力量，11月只能发起些有限进攻。另外，红军1942年8月—9月在莫斯科以西的勒热夫和维亚济马地域发起的一连串局部攻势，加之10月份为"火星"行动所做的准备，助长了苏军实施的欺骗，并使盖伦相信，苏军大规模攻势最有可能的目标是"中央"集团军群。[39]

虽然苏联人为保密和行动安全付出了巨大努力，但"天王星"反攻的准备工作不可避免地为德国人提供了一些线索。10月中旬，B集团军群的前线部队和空中侦察飞行发现，苏军沿顿河侧翼大举调动。罗马尼亚第3集团军对自身虚弱的实力深感不安，据其报告，谢拉菲莫维奇登陆场的夜间交通量不断增加，苏军坦克第5集团军正在那里集结。起初，B集团军群参谋人员认为这不过是俄国人在补充物资而已。但到11月3日，集团军群司令部开始意识到，苏军很可能在该地域发起某种类型的进攻；西南方面军司令部的成立加强了这种看法。据苏军战俘交代，进攻将在11月7日发起，但这场进攻并未兑现，这就加剧了德国人的自满。这些报告促使德国人将有限的预备队调入该地域，德军联络官也敦促罗马尼亚人向前线调动预备队。[40]

战后，盖伦称希特勒及其将领们忽略了FHO对于苏军即将发动进攻的明确提醒。但事实上，这些提醒经常被各种警告，以及盖伦依然相信苏军在其他地方发起进攻的可能性所削弱。例如11月6日，东线外军处呈交了另一份评估：

　　（a）苏军日后对德军东线的进攻重点将落在"中央"集团军群的防区，这一点日益明显。尚不清楚的是，俄国人是打算与此同时沿顿河发起一场大规模进攻，还是在南方实现有限的目标，这是基于这样一种考虑，他们的兵力不足，无法在两个方向同时赢得胜利。不管怎样，我们可以得出结论，他们正准备在南方发起的进攻不会前出得太远，必须预料到，不久的将来他们将在这里发起一场大规模行动，但同时也对"中央"集团军群展开进攻。目前没有情报表明俄国人已彻底放弃渡过顿河实施进攻的想法，这个想法无疑会对他们先前的意图造成影响。他们很可能按时间对行动进行划分，根据当下的优势，暂时将指定用于这场进攻的部队留作预备队，若态势发展允许，便将其投入对"中央"集团军群的进攻……

（b）"中央"集团军群防线的配置，以及从运输和有利出发地域（苏希尼奇—托罗佩茨突出部）来看，现有的集结区适合对斯摩棱斯克发起行动，这两点非常有利于展开大规模行动。应将斯摩棱斯克地域视为苏军对"中央"集团军群发起决定性行动的首要目标。从距离上看，这个目标完全符合苏军指挥部门的资源和能力。

（c）如果这场进攻赢得胜利，歼灭德军防线中央的部队后，敌人有可能继续向西扩大战果，攻入波罗的海诸国，从而切断北翼德军。

（d）与之相比，对罗斯托夫发起进攻，在掌控部队和补给问题上面临的困难更大。[41]

虽然这些报告矛盾百出，但保卢斯越来越担心他的侧翼，并多次向集团军群司令魏克斯提及该地域轴心国军队的虚弱。但是，德国人直到最后一刻才意识到苏军这场攻势的规模和目标。[42]

11月12日，对苏军实施准备的报告深感担心的魏克斯命令保卢斯，"从工兵和炮兵单位抽调10000人，加强罗马尼亚人后方的防线。"[43]当然，由于争夺斯大林格勒的激战旷日持久，第6集团军的实力已严重受损，根本无法抽调任何力量执行这道命令。这方面的一个例子是，魏克斯和保卢斯将5个工兵营调入城内，加强已被耗尽的突击部队。[44]

正如战争中经常发生的情况那样，德国人非常清楚红军的前线部署，但对其后方的兵力集结或后勤活动却知之甚少。就像"天王星"行动发起后霍特将军慨叹的那样："我们高估了前线的俄国人，但完全低估了他们的预备力量。"[45]例如，德国人没有发现苏军坦克第5集团军，而德国空军攻击的许多桥梁都是假目标，苏军以此隐蔽他们真正的渡河点。另外，苏军还发送假电报和另外一些指示，以此让德国人相信，他们对"中央"集团军群发动进攻的同时，将沿顿河实施防御。这些欺骗措施成功地误导了希特勒和盖伦，尽管隐约感觉到威胁的轴心国军队下级指挥官们愈发担心。[46]

　　但最根本的原因是，德国人过去曾轻松击退苏军多次发起的反突击，因而深信自己可以应对一切威胁。可是，与夏秋季疯狂而又为时过早的进攻不同，即将到来的打击获得了充裕的准备时间和资源，深具决定性。另外，苏军这场新攻势的目标不是第4装甲集团军和第6集团军经验丰富的德国部队，而是装备低劣、占位不佳的罗马尼亚第3集团军和据守在斯大林格勒南面的2个罗马尼亚军。

西南方面军司令员尼古拉·费多罗维奇·瓦图京中将，1942年12月7日晋升为上将

西南方面军军事委员会委员（政委），军政委级阿列克谢·谢尔盖耶维奇·热尔托夫（左二）与西南方面军军事委员（从左至右分别为N.F.瓦图京、A.S.热尔托夫、S.A.克拉索夫斯基、V.I.沃兹纽克、S.P.伊万诺夫），热尔托夫1942年12月6日晋升为中将

近卫第1集团军司令员瓦西里·伊万诺维奇·库兹
涅佐夫中将

坦克第5集团军司令员普罗科菲·洛格维诺维
奇·罗曼年科少将

第21集团军司令员伊万·米哈伊洛维奇·奇斯佳
科夫中将

空军第17集团军司令员斯捷潘·阿基莫维奇·克
拉索夫斯基空军中将

坦克第1军军长瓦西里·瓦西里耶维奇·布特科夫坦克兵少将

坦克第26军（近卫坦克第1军）军长阿列克谢·格里戈里耶维奇·罗金坦克兵少将

坦克第26军摩托化步兵第14旅旅长格奥尔吉·尼古拉耶维奇·菲利波夫中校，他的部队夺取了顿河畔卡拉奇的桥梁

坦克第4军军长安德烈·格里戈里那维奇·克拉夫钦科坦克兵少将

近卫骑兵第 3 军军长伊萨·亚历山德罗维奇·普利耶夫少将

顿河方面军司令员康斯坦丁·康斯坦丁诺维奇·罗科索夫斯基中将

顿河方面军军事委员会委员（政委）康斯坦丁·费奥多罗维奇·捷列金少将（1942年12月20日后）（右二），与顿河方面军军事委员会（从左至右分别为 K. K. 罗科索夫斯基、N. N. 沃罗诺夫、K. F. 捷列金和 M. S. 马拉宁）

第24集团军司令员德米特里·季莫费耶维奇·科兹洛夫少将

第65集团军司令员帕维尔·伊万诺维奇·巴托夫中将

第66集团军司令员阿列克谢·谢苗诺维奇·扎多夫中将

空军第16集团军司令员谢尔盖·伊格纳季耶维奇·鲁坚科空军少将

坦克第16军军长阿列克谢·加夫里洛维奇·马斯洛夫技术兵少将

斯大林格勒方面军军事委员会委员（政委）尼基塔·谢尔盖耶维奇·赫鲁晓夫

斯大林格勒方面军司令员安德烈·伊万诺维奇·叶廖缅科中将[1]

---

① 译注：上将

第62集团军司令员瓦西里·伊万诺维奇·崔可夫中将

第64集团军司令员米哈伊尔·斯捷潘诺维奇·舒米洛夫中将

第51集团军司令员尼古拉·伊万诺维奇·特鲁法诺夫少将

第57集团军司令员费多尔·伊万诺维奇·托尔布欣中将

第28集团军司令员瓦西里·菲利波维奇·格
拉西缅科中将

空军第8集团军司令员季莫费伊·季莫费耶维
奇·赫留金空军少将

机械化第4军（近卫第3）军长瓦西里·季莫
费耶维奇·沃利斯基坦克兵少将

坦克第13军（后改为机械化军）军长特罗菲
姆·伊万诺维奇·塔纳希申坦克兵少将

198

骑兵第4军军长季莫费·季莫费耶维奇·沙普金中将

B集团军群司令，男爵马克西米利安·冯·魏克斯大将

B集团军群司令马克西米利安·冯·魏克斯大将与保卢斯和赛德利茨将军（从左至右）

第4装甲集团军司令赫尔曼·霍特大将（中）正在下达命令

第4装甲集团军司令赫尔曼·霍特大将

第 4 航空队司令，航空兵上将沃尔夫冈·冯·里希特霍芬男爵^①（右二）

第 14 装甲军军长，装甲兵上将汉斯－瓦伦丁·胡贝

① 译注：大将

注释

1. 罗科索夫斯基，《伏尔加河畔的伟大胜利》，第252—253页；A.M.萨姆索诺夫，《斯大林格勒战役》，第369—371页。

2. M.E.莫罗佐夫（主编），《1941—1945年，伟大卫国战争，数据中的战役和战略行动，两卷本，第一册》，第481页。

3. 罗科索夫斯基，《伏尔加河畔的伟大胜利》，第253页。

4. 同上。

5. 虽然西南方面军、顿河方面军和斯大林格勒方面军的坦克总实力已经很明了，但许多坦克军、机械化军和坦克旅、团、营的实际作战力量尚不清楚。表13包括了可用坦克的准确信息，但仍有空白和矛盾处，主要因为这些部队的许多坦克处在不同的维修阶段，或因为无法在规定时间投入战斗。斯大林格勒方面军辖下的坦克第13军和机械化第4军同样如此，两个军的可用坦克数与编制数量相近，分别为205和220辆，但只有约三分之二投入了最初的行动；在接下来的几个小时甚至是几天，其余坦克才提供了加强。对各坦克军实力最详尽的描述可参阅伊萨耶夫的《斯大林格勒：伏尔加河后方没有我们的容身处》，第316、第319页，书中引用档案资料，指出了坦克第4、第16军1942年11月19日和23日的实力：

坦克第 4 军

旅	坦克型号			总计
	KV	T-34	T-70	
坦克第45旅	22	—	26	48
坦克第102旅	—	30	18	48
坦克第69旅	—	28	19	47
总计	22	58	63	143

引自档案：*TsAMO RF, f. 3403, op. 1, d. 7,1. 第 39 页*。

坦克第 16 军

旅	坦克型号				总计
	KV	T-34	T-70	T-60	
坦克第107旅	32/29	—	—	17/11	49/40
坦克第109旅	8/6	19/17	—	14/14	41/37
坦克第164旅	—	28/20	10/5	12/3	50/28
总计	40/35	47/37	10/5	43/28	140/105

引自档案：*TsAMO RF, f. 3414, op. 1, d. 25,1. 第 22 页*。
注：斜杠前为现有坦克数，斜杠后为可用数。

6. 乔治·E.布劳，《德国对苏战争：策划和行动，1941—1942年》，第168页。

7. 引自瓦西里·S.格罗斯曼的《战争中的一位作家：瓦西里·格罗斯曼在红军中，1941—1945》，安东尼·比弗、卢芭·维诺格拉多瓦编译（纽约：万神殿书局，2005年），第162页。格罗斯曼的真名是约瑟夫·所罗门诺维奇·格罗斯曼，但他为《红星报》撰写文章使用的笔名是瓦西里·谢梅诺维奇。

8. 对各轴心国关系的详细探讨，可参阅理查德·L.迪纳多的《德国与轴心国军队：从联盟到崩溃》（劳伦斯：堪萨斯大学出版社，2005年），第136—157页。

9. 1941年6—12月，"北方"、"中央"和"南方"集团军群的正面分别为200—400公里、400—600公里、350（将罗马尼亚军队的战区加入则为360公里）—600公里。这就表明德军的过度拉伸成为了"巴巴罗萨"行动失败的一个主要因素。1942年6月末，"北方"、"中央"和"南方"集团军群分别沿400、500、600公里正面展开行动。"蓝色"行动开始时，"南方"集团军群过宽的正面迫使希特勒将该集团军群拆分为A、B集团军群，但新组建的两个集团军群，所辖部队数量与在"南方"集团军群辖内时基本一样。因此，B集团军群的正面在9月和10月超过800公里时，希特勒不得不前调4个卫星国集团军，以弥补这种态势。从本质上说，他组建了一个全新、但极其脆弱的集团军群。

10. 罗科索夫斯基在《伏尔加河畔的伟大胜利》一书第253页指出，轴心国军队在该地域的实力为49个师又2个旅，包括36个步兵师、5个坦克师、4个摩托化师和4个骑兵师。据罗科索夫斯基称，这股力量包括5个意大利师又2个旅和18个意大利师；剩下的是26个德国师，包括2个保安师。

11. 11月9日，为加强罗马尼亚第3集团军的防御，第6集团军派出一个支援群（"西蒙"战斗群），编有1个反坦克连、1个摩托化步兵营、1个重型突击炮分排和823名士兵，进入罗马尼亚集团军后方。次日，第48装甲军奉命集结于第3集团军后方。最后，该军编有第22装甲师、罗马尼亚第1装甲师、1个反坦克营（欠西蒙连）和1个装甲炮兵营。第14装甲师位于上布济诺夫卡的部队本应于11月20日加入第48装甲军，但到那时，一切已成徒劳。参阅瓦尔特·格尔利茨的《保卢斯与斯大林格勒：陆军元帅弗里德里希·保卢斯传，他的笔记、书信和文件》，R.H.史蒂文斯译（纽约：城堡出版社，1963年），第197—199页。

12. B集团军群作战地域内的德军作战序列，可参阅威廉·麦克罗登未出版的5卷本作品，《二战德军作战编成：集团军群、集团军、军、师和战斗群》；罗马尼亚军队的作战序列可参阅马克·阿克斯沃西等人合著的《第三轴心第四盟友：欧战中的罗马尼亚军队，1941—1945年》。

13. 罗尔夫·格拉姆斯，《第14装甲师，1940—1945年》（Die 14. Panzer-Division 1940-1945，埃戈尔斯海姆：德夫勒出版社，2002年），第56页。此时，第14装甲师尚能集结起第4装甲炮兵团、第4装甲猎兵营、第4装甲侦察营[①]。该师第103、第108装甲掷弹兵团各有1个营，第64摩托车营只剩下1个连。经历了斯大林格勒的激战后，第103团的残部（1个虚弱的营）与第36装甲团的1个连、第64摩托车营据守卡尔波夫卡，最终组成一个战斗群，由赛德尔中尉指挥。第108团团部带着1个掷弹兵营、第36装甲团和师后勤单位，在卡缅斯卡亚附近。

14. 罗科索夫斯基，《伏尔加河畔的伟大胜利》，第253页。

15. 同上。

---

① 译注：第64装甲侦察营。

16. 意大利第8集团军和罗马尼亚第3集团军1942年11月15日的详细部署图，可参阅戴维·M. 格兰茨的《斯大林格勒战役地图集》（宾夕法尼亚州卡莱尔：自费出版，2000年），地图7。两个集团军编制和防御的详情，可参阅《顿河畔意大利第8集团军和罗马尼亚第3集团军的编组和构成》（*Gruppirovka i sostav 3 Rumynskoi i 8 talianskoi armii na Donu*），刊登在《战争经验研究资料集》，第8期，第24—36页；以及《意大利第8集团军》（*L "8" Armata Italiana*）。

17. 关于罗马尼亚人竭力应对这种状况的详细探讨，可参阅马克·阿克斯沃西等人合著的《第三轴心第四盟友：欧战中的罗马尼亚军队，1941—1945年》，特别是第85—87页。苏联方面对罗马尼亚军队编成、实力和部署的看法，可参阅《顿河畔意大利第8集团军和罗马尼亚第3集团军的编组和构成》。

18. 参阅瓦尔特·格尔利茨的《保卢斯与斯大林格勒：陆军元帅弗里德里希·保卢斯传，他的笔记、书信和文件》一书第196页，德军派驻罗马尼亚第3集团军联络官费迪南德·海姆将军的报告；另可参阅布格等人合著的《德国与第二次世界大战》，第六册，第1113页。

19. 瓦尔特·格尔利茨，《保卢斯与斯大林格勒：陆军元帅弗里德里希·保卢斯传，他的笔记、书信和文件》，第195—196页。

20. 罗尔夫·施托弗斯，《第22装甲师，第25装甲师，第27装甲师和第233预备装甲师：组建、编制和使用》（弗里德贝格：波德聪-帕拉斯出版社，1985年），第45—49页；保罗·卡雷尔，《斯大林格勒：德国第6集团军的败亡》，戴维·约翰斯顿译（宾夕法尼亚州阿特格伦：希弗出版社，1993年），第154—155页；瓦尔特·格尔利茨，《保卢斯与斯大林格勒：陆军元帅弗里德里希·保卢斯传，他的笔记、书信和文件》，第218—219页；小塞缪尔·W. 米查姆，《装甲军团：二战德军装甲师及其指挥官指南》（西点：格林伍德出版社，2001年），第165—166页。老鼠给第22装甲师造成破坏的故事成了一个小小的传奇，但同样的问题也以更加险恶的方式对苏军造成影响。"天王星"进攻前夕，奉命增援罗科索夫斯基、对罗马尼亚人发起突击的空军第16集团军，发现啮齿动物破坏了一些飞机的线缆。更糟糕的是，老鼠还传染兔热病，导致机组人员染上血液细菌感染。参阅罗科索夫斯基的《军人的天职》，第139页。关于第14装甲师实力的不同报告是，《第51集团军晨报，1942年11月18日6点签发》（*Morgenmeldung LI. A.K. meldet 06.00 Uhr 18.11.42,*），收录在弗洛里安·冯·翁德·楚·奥夫塞斯男爵的《第6集团军作战日志附件册，第一卷，1942年9月14日至11月24日》一书第294页，报告中指出，第14装甲师尚有5辆二号、9辆三号短身管、17辆三号长身管、5辆四号短身管、12辆四号长身管和2辆指挥坦克，外加5辆三号75毫米主炮坦克，共计55辆；而《1942年11月16日和11月18日，21点—22点，第48装甲军每日报告》（*Tagesmeldung XXXXVIII. Pz. K. vom 16.11.1945 Uhr und vom 18.11.1942,2100/2200 Uhr*）指出，该师只有36辆坦克，包括29辆三号和7辆四号坦克。同时，该师第103和第108装甲掷弹兵团各有1个营，第13装甲工兵营作为"赛德尔"战斗群在斯大林格勒城内作战。

21. 瓦尔特·格尔利茨，《保卢斯与斯大林格勒：陆军元帅弗里德里希·保卢斯传，他的笔记、书信和文件》，第197—199页；亚历山大·斯塔蒂耶夫，"武装力量中的丑小鸭：罗马尼亚装甲部队，1919—1941年"，刊登在《斯拉夫军事研究》1999年6月第2册，总第12期：第220—244页。格尔利茨提供了关于第48装甲军实力和编成的不同说法，但与其他资料并不相符。

22.《第6集团军作战日志附件册，第一卷，1942年9月14日至11月24日》，第285—290页，《*Betr.: Zustand der Divisionen, Armee-Oberkommando 6, Abt. Ia, A.H.Qu.,16. November 1942, 12.00 Uhr,*》（关于：各个师的状况，第6集团军司令部作战处，1942年11月16日12点）。作为10月24

日对辖内各师兵力所提交的长篇报告的增补，11月13日，第6集团军提交了对第389步兵师实力的评估报告。该师10月24日的总兵力为8604人，作战兵力2736人（包括979名步兵和工兵）；到11月13日，该师总兵力下降为7540人，但由于B集团军群提供的战斗工兵和从作战支援单位转入作战单位的其他人员，该师的作战兵力上升为4021人（2279名步兵和工兵）。参见同上，第269页，《关于：总兵力和作战兵力，第6集团军作战处第4548号报告，1942年11月13日》（ Betr: Verpflegungs-und Gefechtstärkem, Armee-Oberkommando 6, la Nr. 4548/geh., A.H.Qu., 13. November 1942, ）。

23. 同上，《关于：各个师的状况，第6集团军司令部作战处，1942年11月9日16点20分签发》（ Betr.: Zustand der Divisionen, Armee-Oberkommando 6, Abt. Ia, A. H. Qu., 09. November 1942, 16.20 Uhr, ），以及《关于：各个师的状况，第6集团军司令部作战处，1942年11月16日12点签发》（ Betr.: Zustand der Divisionen, Armee-Oberkommando 6, Abt. Ia, A. H. Qu., 16. November 1942, 12.00 Uhr, ）。

24. 约阿希姆·莱梅尔森等人，《第29师：第29步兵师，第29摩步师，第29装甲掷弹兵师》（西德，巴特瑙海姆：波德聪出版社，1960年），第204页。

25. 据伊萨耶夫在《斯大林格勒：伏尔加河后方没有我们的容身处》一书第295页称，第29摩步师的59辆坦克是7辆二号、23辆三号长身管、9辆三号75毫米主炮、18辆四号长身管和2辆指挥坦克。

26. 同上，第16摩步师的43辆坦克是8辆二号、16辆三号长身管、7辆三号75毫米主炮、11辆四号长身管和1辆指挥坦克。

27. 参见曼弗雷德·克里希的《斯大林格勒：战役分析和相关文件》（ Stalingrad: Analyse und Dokumentation einer Schlacht，斯图加特：德意志出版社，1974年），第662—663页，引用1942年11月11日和19日签发的报告。

28. 《第6集团军作战日志附件册，第一卷，1942年9月14日至11月24日》，第284—296页，《截至1942年11月1日的缺员报告，1份附件，第6集团军作战处，第4534号，1942年11月12日签发》（ Betreff.: Meldung über personellen Fehlbestand vom 01.11.42 getrennt, Anlage 1, Armee-Oberkommando 6, Abt. Ia, Nr. 4534/42 geh, A.H.Qu., 12. November 1942. ）。

29. 伊萨耶夫，《斯大林格勒：伏尔加河后方没有我们的容身处》，第289—290页。

30. 第62集团军作战日志，《1942年10月20日至11月1日，敌军作战行动和编成》（ Deistviia i gruppirovka protivnika za period s 20.10 po 1.11.42 ）。报告中指出，德军的武器装备为17550支步枪、340门迫击炮、1800支自动武器、20门六管火箭炮、228门重型火炮、92门轻型火炮和230支反坦克步枪。报告中还提供了市区各地段德军的准确编组情况。

31. 这些数字基于1942年11月18日第6集团军的兵力计算：

人员类别	前线师（17个）	集团军直属部队	合计
编制兵力	265246	32430	297676
缺员	115414（44%）	6486（20%）	121900（41%）
总兵力（现有兵力）	149832（57）	25944（80%）	175776（59%）

32. 德军步兵师的总兵力和作战兵力是基于16个师中的14个的实力数据，不包括第62和第298步兵师。俄国志愿者和附属士兵（Zugeteilte）的数量基于12个师的数据，不包括第62、第297、第298、第

371步兵师。罗科索夫斯基在《伏尔加河畔的伟大胜利》一书第253页称，轴心国步兵师的兵力为10000—12000人不等。德军装甲师和摩步师的总兵力及作战兵力是基于全部8个师的数据。装甲师和摩步师中俄国志愿者和附属士兵的数量不包括第22装甲师、第16和第29摩步师。

33. 马克·阿克斯沃西等人合著的《第三轴心第四盟友：欧战中的罗马尼亚军队，1941—1945年》，第39、第85—86、第89页。

34. 同上，第85、第89页。

35. V.T.米诺夫，《1942年11月19日—25日，斯大林格勒反攻中坦克第5集团军的进攻行动》【*Nastupatel'naia operatsiia 5-i Tankovoi armii v kontrnastuplenii pod Stalingradom (19-25 noiabria 1942 goda)*，莫斯科：伏罗希洛夫总参军事学院，1979年】，第5页。

36. 苏军对罗马尼亚师兵力的估测较为宽泛，证明这一点的是罗科索夫斯基在《伏尔加河畔的伟大胜利》一书第253页称，罗马尼亚师的兵力多达18000人。这显然是将集团军和各军提供的援兵也纳入其中了，包括各个师的1个独立步兵营和炮兵支援单位。相比之下，红军总参谋部战争经验研究处在《顿河畔意大利第8集团军和罗马尼亚第3集团军的编组和构成》第25—26页的秘密评估报告，准确地判断出罗马尼亚第3集团军编有8个步兵师、2个骑兵师和1个装甲师，总兵力为130000人，各个师的总兵力为13000—14000人。但是，简单的算法表明，尽管步兵、骑兵和装甲师的实力有所差异，但每个师平均兵力13000—14000人，11个师的总兵力则为143000—154000人，还不包括军级和集团军级的非师属部队，这个数字显然过高了。报告中还称，罗马尼亚第3集团军编有4个重型炮兵团（第2、第4、第5、第8团）和1个重型炮兵营（第41营），共有4500挺机枪、1100门迫击炮、680门反坦克炮、480门野炮、92门重型火炮、140—150门高射炮和130辆坦克。

37. 马克·阿克斯沃西等人合著的《第三轴心第四盟友：欧战中的罗马尼亚军队，1941—1945年》，第89页。德国驻罗马尼亚军事代表团团长费迪南德·海姆中将在提交的一份报告中称，罗马尼亚第1装甲师有108辆坦克，其中包括捷克制T-38(t)[1]型，参见瓦尔特·格尔利茨的《保卢斯与斯大林格勒：陆军元帅弗里德里希·保卢斯传，他的笔记、书信和文件》，第199页。

38. 布格等人合著的《德国与第二次世界大战》，第六卷，第1118—1119页。

39. 详情可参阅戴维·格兰茨的《二战中的苏军军事欺骗》（伦敦：弗兰克·卡斯出版社，1989年），第109—110页。

40. 乔治·E.布劳，《德国对苏战争：策划和行动，1941—1942年》，第170—171页；瓦尔特·格尔利茨，《保卢斯与斯大林格勒：陆军元帅弗里德里希·保卢斯传，他的笔记、书信和文件》，第198—199、第227页。

41. V.A.日林（主编），《斯大林格勒战役：编年史、真相和人物》（两卷本）（*Stalingradskaia bitva: Khronika, fakty, liudi v 2 kn*，莫斯科：奥尔玛出版社，2002年），第一卷，第849—850页，引自《OKW作战日志》，第二册，第1305—1306页。盖伦报告的精简版也可参阅戴维·卡恩的《情报案例研究：奥苏加河防御战，1942年》，第248页。盖伦在他的《盖伦将军回忆录》，戴维·欧文译（纽约：世界出版社，1972年）中没有提及11月6日的报告。

---

① 译注：即PzKpfw 38(t)。

42. 瓦尔特·格尔利茨，《保卢斯与斯大林格勒：陆军元帅弗里德里希·保卢斯传，他的笔记、书信和文件》，第218页。

43. 齐姆克和鲍尔，《从莫斯科到斯大林格勒：东线决战》，第466页。

44. 同上，第464页。关于这些工兵营的部署情况，可参阅本三部曲第二部第九章。

45. 霍特的说法引自保罗·卡雷尔的《斯大林格勒：德国第6集团军的败亡》，第158页。关于德国人发出的红军实施集结的情报报告，可参阅《斯大林格勒攻势中苏军的集结》（美国陆军欧洲司令部历史处，MS P-096号报告，1952年）。

46. 乔治·E.布劳，《德国对苏战争：策划和行动，1941—1942年》，第171—172页。关于苏军的欺骗措施，可参阅M.科兹洛夫的《斯大林格勒的战略和战役艺术》，VIZH第11期（1982年12月），第9—16页。

第五章

突破

11 月 19 日—20 日

　　冬季降临俄罗斯南部。1942年11月18日—19日夜间下起雪来，温度降至零下7摄氏度。此时的积雪已达数英寸深，再加上清晨的雾气，能见度几乎降为零，苏军工兵沿顿河前线在雷区清理车道的声音也变得含糊不清。令苏军最高统帅部、西南方面军和顿河方面军司令员为之高兴，也让焦急等待着进攻令的数十万红军士兵松了口气的是，大雪和浓雾造成敌机无法升空，这就使罗马尼亚和德国守军丧失了他们最致命的防御武器。[1]

准 备

侦察阶段，11 月 14 日—18 日

　　与大多数记述相反，苏军并未在11月19日清晨发起突如其来的进攻。按照已成为红军标准做法的战术，在进攻行动中遂行主要突击的各集团军，应以第一梯队步兵师在H时前实施战斗侦察，以确定敌军防御前沿位置和主要火力点。1942年11月前，遂行进攻的苏军集团军经常在H时前的夜间实施这种侦察，而且只在将发起主要突击的地段进行。因此，在德国人看来，战斗侦察已成为一个最重要的迹象，明确暴露出红军在何时、何处发动进攻的意图。策划"天王星"行动的苏军将领意识到这一情况，决定利用红军过去可预测的行为，令敌人措手不及。他们没有在H时前的夜间沿主要突击地域实施战斗侦察，而是命令三个方面军辖下的诸集团军在反攻发起前的几个夜晚遂行更大规

模的战斗侦察，并沿整条战线实施。他们希望这种打法不仅能探明敌前沿位置和火力配系，还能让敌人弄不清苏军发起主要突击的时间和地点。

遵照总参策划人员的指示，西南方面军、顿河方面军和斯大林格勒方面军司令员将实施战斗侦察的时间错开，从11月14日至19日，一连持续了六晚。实际上，某些集团军早在11月10日就已经开始定期实施侦察，一直延续至14日。[2]西南方面军第21集团军、斯大林格勒方面军第51和第57集团军于11月14日—15日夜间展开战斗侦察；西南方面军坦克第5集团军也于11月17日—18日夜间发起侦察行动；11月19日—20日夜间，就在西南方面军和顿河方面军投入进攻的几个小时后，斯大林格勒方面军第51集团军进行了第二次战斗侦察。由于三个方面军需要沿整个防区实施战斗侦察，因而投入了第一梯队步兵师的加强步兵连和加强步兵营，营级部队沿主要突击方向实施侦察，连级部队沿次要方向展开行动。[3]

例如，在顿河南岸的谢拉菲莫维奇登陆场，11月17日—18日夜间，坦克第5集团军第一梯队的4个步兵师以加强步兵营遂行了战斗侦察。在专为此调拨的炮兵群的支援下，步兵第119、近卫步兵第50、第47、第14师的加强步兵营跨过坦克第5集团军计划中的整条进攻线，对罗马尼亚第3集团军第5、第14、第9步兵师的前沿哨所发起打击。打垮罗马尼亚人的前沿警戒哨，肃清了遇到的障碍后，这些加强营向前推进了1—2公里，到达以下位置：

· 步兵第124师（11月17日改称近卫步兵第50师）——穿过罗马尼亚第5步兵师的前沿警戒区，前出至位于+1.2里程碑的坟丘南面250米和222高地（卡尔梅科夫斯基东北偏东5公里处）

· 步兵第119师——穿过罗马尼亚第14步兵师的前沿警戒区，前出至219.5高地（卡尔梅科夫斯基东南方10公里处）

· 近卫步兵第47师——穿过罗马尼亚第14步兵师的前沿警戒区，前出至博利绍伊北郊花园（科托夫斯基以南6公里处）和+1.8里程碑的坟丘（科托夫斯基东南面3.5公里处）

· 近卫步兵第14师——穿过罗马尼亚第9步兵师的前沿警戒区，前出至220高地南坡（4号国营农场西南方6公里处）和3号国营农场北郊（4号国营农场南面7公里处）[4]

　　进攻行动的侦察阶段期间，坦克第5集团军的侦察部队发现罗马尼亚人已在其主防区前沿前方2—3公里处修建并占据了一片作战警戒区。这些部队清除了守军布设的大批雷区和障碍物，确定了罗马尼亚人的许多主要防御工事和火力点，并查明了对方主防御地带上的最薄弱处。侦察阶段结束时，坦克第5集团军的突击营已将罗马尼亚人的大多数前沿警戒部队逼退到主防御阵地。在坦克集团军大半个主要突击地域上，进攻方与罗马尼亚第3集团军各防御师主力发生直接接触，这就使罗曼年科集团军得以调整其炮火准备，轰击据守前沿防御阵地的敌军，并把实施进攻的第一梯队师的出发阵地向前推移。因此，11月19日晨苏军发起进攻时，坦克第5集团军第一梯队的大部分步兵师已与罗马尼亚第3集团军防御前沿直接接触。

　　坦克第5集团军的战斗侦察极具代表性，其他集团军也实施了类似的行动。例如，就像先前指出的那样，在斯大林格勒方面军左侧，顿河方面军第65集团军成功地识别出了德军加强克列茨卡亚地域防御的企图。更南面，在斯大林格勒方面军的主要突击地域上，第51集团军的侦察部队探明罗马尼亚第5骑兵师之一部据守着小杰尔别特（Malaia Derbety）南面的防御阵地，而当时苏军情报部门认为该骑兵师仍在北高加索地区。

　　虽说苏军在数日内交替遂行侦察的决定取得了许多积极成果，但也造成一些问题。例如，苏军在战后总结中指出，第21集团军和坦克第5集团军分别在11月14日和17日实施侦察行动，使罗马尼亚人得以调整其兵力部署，重新布设雷区和障碍物，并将更多援兵前调。[5]苏军的侦察行动也使B集团军群司令部和罗马尼亚第3集团军、德国第6集团军司令部增加了对苏军可能发动进攻的担忧。因此，集团军群敦促保卢斯将军加强第48装甲军，设法将第14装甲师的更多部队调至第11军后方，并催促罗马尼亚第3集团军向前部署其第1装甲师和第7骑兵师。最终，第48装甲军辖下的第22装甲师和罗马尼亚装甲师严重干扰了坦克第5集团军的进攻日程计划。

　　基于对这些侦察行动的批评，红军总参谋部的结论是，将侦察阶段延长至六晚是个失策，使敌人得到了五天预警期，足以重新部署部队并加强前沿防御。另外，第一梯队师投入加强营遂行战斗侦察，加之这些营遭受的伤亡，导致第一梯队突击团丧失了高达三分之一的作战兵力，最终削弱了初期突击行动。因此，总参谋部得出结论，首先，最好在进攻即将发起前实施侦察，其次，最有效的侦察力量是连级部队，而非营级，因为其规模较小，敌人不太容易发现并与之交战，即便遭受损失也对所属师影响不大。[6]

侦察战果：各方面军主要突击地域当面之敌的部署

进攻发起前的战斗侦察是苏军缜密的情报收集和处理工作的最后阶段，"天王星"行动开始前，这项工作已进行了数日、数周乃至数月，涉及各级指挥部门专家们对情报的细致收集和分析。情报来源多种多样：连、营、团级侦察部队遂行的突袭、搜索和抓捕的俘虏；各个师执行的战斗侦察；集团军派出的远距离巡逻队实施的深入和突袭行动；方面军通信单位的通信拦截；空中侦察（航拍和直接观察）；各集团军、总参情报总局（GRU）、NKVD、在德军后方展开活动的地下党组织派出的特工人员。最后，这番收集和分析工作完成了一幅详细、相当准确的拼图，使苏军对斯大林格勒地域的轴心国军队，特别是三个方面军主要突击地域当面之敌的部署及实力了如指掌。进攻行动完成后，根据计算结果订正了这些基于情报的评估，从而提供了关于各方面军防区和方面军辖下各集团军主要突击地域对面罗马尼亚和德国军队的性质、编成、有效作战兵力的详细情况（参阅副卷附录5A）。

对这些数据加以分析后，遂行进攻的三个方面军及其辖下诸集团军调整了战役、战术布势，以应对罗马尼亚和德国军队防御配系的更改。最后，这番调整为重新计算实施突击的各方面军和集团军的兵力对比提供了基础，在此阶段强调的重点是双方作战兵力的对比，即可投入的战斗步兵和工兵数量（参见表25）。

如表25和前面的各表所示，与苏联和俄罗斯关于"天王星"反攻的大多数专著中关于双方兵力对比的说法截然相反，在斯大林格勒地域的几乎所有突击方向上，红军的实力在战略、战役和战术层面都远远超过罗马尼亚和德国军队。在战略层面，红军三个方面军的实力远强于对手，兵力达到2比1，坦克数量超过3比1。战役层面，通过集结兵力，西南方面军和斯大林格勒方面军保持着2比1的兵力优势，至于坦克力量，瓦图京的西南方面军将优势扩大为4比1，而叶廖缅科的斯大林格勒方面军更是超过7比1。红军在战术层面同样占有优

表 25：西南、顿河、斯大林格勒方面军及遂行主要突击的诸集团军主要突击地域当面之敌的配置和对双方作战兵力（步兵和工兵）战术对比的估计

西南方面军

坦克第5集团军

- ●主力突击部队：
  - ○近卫步兵第14、第47、第50（原步兵第124师）、步兵第119、第159师——平均兵力8800人（战斗兵6500人）
  - ○坦克第1军（坦克第89、第117、第159、摩托化步兵第44旅）——约13500人，136辆坦克
  - ○坦克第26军（坦克第19、第157、第216、摩托化步兵第14旅）——约13500人，157辆坦克
  - ○骑兵第8军（骑兵第21、第55、第112师）——16134人
  - ○近卫坦克第8旅、独立坦克第510、第511营——66辆坦克
  - ○近卫摩托车第8团
  - ○16个最高统帅部预备队火炮/迫击炮团
- ●作战兵力——80000人，359辆坦克
- ●敌军：
  - ○罗马尼亚第3集团军第2军辖下的第9（半数）、第14步兵师，8230人
  - ○罗马尼亚第3集团军第5军辖下的第5步兵师（半数），3800人
  - ○德国第48装甲军辖下的第22装甲师（德）、第1装甲师（罗）、第7骑兵师（罗），约28000人，146辆坦克

- ●估计的作战兵力对比

	坦克第5集团军	罗马尼亚/德国军队	比值
兵力	80000	40000	2∶1
坦克	359	146	2.5∶1

第21集团军

- ●主力突击部队：
  - ○步兵第76、第293、第96、第277、第333师——平均兵力8800人（战斗兵6500人）
  - ○坦克第4军（坦克第45、第69、第102、摩托化步兵第4旅）——约12500人，143辆坦克
  - ○近卫骑兵第3军（近卫骑兵第5、第6、骑兵第32师）——22512人
  - ○近卫坦克第1、第2、第4团——56辆坦克
  - ○17个最高统帅部预备队火炮/迫击炮团
- ●作战兵力——70000人，199辆坦克
- ●敌军：
  - ○罗马尼亚第3集团军第5军辖下的第5（半数）、第6步兵师，11300人
  - ○罗马尼亚第3集团军第4军辖下的第13步兵师，5000人
  - ○罗马尼亚第3集团军辖下的第15步兵师，6500人

- ●估计的作战兵力对比

	第21集团军	罗马尼亚军队	比值
兵力	70000	22800	3.1∶1
坦克	199	27＊	7.4∶1

顿河方面军
第65集团军
- 主力突击部队：
  - 近卫步兵第27、步兵第252、第304、第321师——平均兵力8800人（战斗兵6500人）
  - 坦克第91、第21旅——49辆坦克
  - 9个最高统帅部预备队火炮/迫击炮团
- 作战兵力——50000人①，49辆坦克
- 敌军：
  - 罗马尼亚第3集团军第4军辖下的第1骑兵师，6500人
  - 第6集团军第11军辖下的第376步兵师（德），5269人
  - 第6集团军第14装甲师［战斗群］（德），1500人，55辆坦克

- 估计的作战兵力对比

	第65集团军	德国/罗马尼亚军队	比值
兵力	28000	13300	2.1∶1
坦克	49	28*	1.8∶1

斯大林格勒方面军
第64集团军
- 主力突击部队：
  - 步兵第204、第157、第38师——平均兵力7000人（战斗兵6000人）
  - 坦克第13、第56旅——40辆坦克
- 作战兵力——20000人，40辆坦克
- 敌军：
  - 第4装甲集团军第4军辖下的第20步兵师（罗），7727人

- 估计的作战兵力对比

	第64集团军	罗马尼亚军队	比值
兵力	20000	7700	2.6∶1
坦克	40	—	绝对优势

第57集团军
- 主力突击部队：
  - 步兵第169、第422师——平均兵力7000人（战斗兵6000人）
  - 步兵第143旅——4000名战斗兵
  - 坦克第13军（机械化第17、第61、第62旅，编有坦克第26、第20、第21团）——15000人，171辆坦克
  - 坦克第235、第90旅——54辆坦克
  - 10个最高统帅部预备队火炮/迫击炮团
- 作战兵力——35000人，225辆坦克
- 敌军：
  - 第4装甲集团军第6军（罗）辖下的第2步兵师（罗），4829人
  - 第4装甲集团军第29摩步师（德），12000人，59辆坦克

---

① 译注：该数字与下表（28000）不符。

●估计的作战兵力对比

	第57集团军	德国/罗马尼亚军队	比值
兵力	35000	16800	2.1：1
坦克	225	59	3.8：1

第51集团军
●主力突击部队：
　　○近卫步兵第15、步兵第302、第126师——平均兵力7000人（战斗兵6000人）
　　○机械化第4军（机械化第36、第59、第60旅，编有坦克第26、第20、第21、独立坦克第55、第158团）——15000人，179辆坦克
　　○骑兵第4军（骑兵第61、第81师）——10284人
　　○坦克第254旅——28辆坦克
　　○8个最高统帅部预备队火炮/迫击炮团
●作战兵力——38000人，207辆坦克
●敌军：
　　○第4装甲集团军第6军（罗）辖下的第18、第1步兵师（罗），16580人
　　○第5骑兵师（罗）辖下的第6"龙骑兵"团（罗）（摩托化），1074人

●估计的作战兵力对比

	第51集团军	罗马尼亚军队	比值
兵力	45000	17500	2.6：1
坦克	207	—	绝对优势

★第14装甲师55辆坦克的半数力量。

势。通过进一步集结，西南方面军坦克第5集团军和第21集团军在作战兵力方面的战术优势为2.5：1，坦克实力更是超过3：1。同样，斯大林格勒方面军也将其兵力方面的战术优势提高到近3：1，坦克数量的优势高达近8：1。顿河方面军的实力远弱于相邻的两个方面军，但通过兵力集结，顿河方面军为第65集团军建立起战术优势：作战兵力的优势超过2：1，坦克数量也接近2：1。

　　虽然苏军最高统帅部、总参谋部和在斯大林格勒地域遂行进攻的三个方面军设法在兵力和坦克数量方面创造出一定优势，但这种兵力兵器对比依然没有达到作战条例的要求，也远不及战争后期实现的优势对比。具体说来，红军应形成约3比1的战略优势，并通过集结实现约5比1的战役优势和7—8比1的战术优势，但"天王星"行动的兵力对比没能达到这一理想状态。不过，苏军指挥员和策划者从这样一个事实上获得了安慰：他们的主要打击对象是罗马尼亚人，而不是德国人。

11月19日—20日，西南方面军和顿河方面军的攻势

11月19日

西南方面军在其右翼据守原先的阵地，在其左翼和中央地带按计划完成了任务。敌人没有采取积极行动，敌机实施了侦察飞行。

顿河方面军继续守卫既有阵地，并在右翼实施了战斗侦察。

红军总参谋部作战概要
1942年11月20日8点[7]

这份含糊其辞的记录极为保守。也许是出于保密原因的谨慎，也许是为避免部队遭遇失败引发尴尬，红军总参谋部只是简单地指出，瓦图京的西南方面军和罗科索夫斯基的顿河方面军"按计划完成了任务"。这一点说的没错，但他们的行动远比作战概要所说的更加引人注目。

坦克第5集团军的突击

11月18日（星期二）午夜前的几个小时，瓦图京方面军完成了"天王星"反攻的准备工作（参见地图9）。坦克第5集团军受领的任务是遂行方面军的主要突击，在其防区内，近卫步兵第14师的步兵们沿集团军防御前沿据守着15公里宽的警戒阵地，掩护近卫步兵第47、步兵第119师向前部署，进入指定出发阵地。在近卫步兵第14师和夜色的掩护下，两个师的步兵、工兵和加强炮兵悄然向前，进入出发阵地，炮兵准备为进攻行动提供火力支援。后方数公里处，师属重型火炮单位和集团军支援的最高统帅部预备队炮兵并排部署，占据了发射阵地。

坦克第5集团军4个突击师的战斗工兵群在冲锋枪手的掩护下，开始清理前方残余的雷区和障碍物，与此同时，支援步兵的坦克隆隆驶入作战步兵编队及其后方的阵地（参见地图10）。其中包括集团军直属的近卫坦克第8旅和独立坦克第511营的64辆坦克，奉命支援近卫步兵第47师；坦克第26军辖下坦克第216旅和集团军直属的独立坦克第510营的74辆坦克，为步兵第124师（近卫

地图 9 西南方面军的攻势：1942 年 11 月 19 日 5 点，谢拉菲莫维奇和克列茨卡亚登陆场的态势

步兵第50师）提供加强。支援步兵的坦克集结在两个步兵师的作战地域内（坦克第1、第26军将从这里穿过），集团军辖下的另外两个突击师，右翼的近卫步兵第14师和左翼的步兵第119师在配属的反坦克歼击炮兵团（前者配备4个团，后者配有1个团）反坦克炮的支援、掩护下推进。在后方数公里的集结区内，坦克第1、第26军（分别配有137和157辆坦克）的坦克和摩托化步兵旅组成两个旅级纵队，等待着出发的命令。坦克军左后方梯次部署着近卫摩托车第8团和骑兵第8军的3个师，待遂行突击的步兵和坦克打垮罗马尼亚人的防御，他们就投入战斗，向纵深发展突破。

东面约50公里处，奇斯佳科夫将军第21集团军的士兵们也在11月18日晚进入了指定出发阵地（参见地图11）。步兵第76、第293、第63师的步兵、战斗工兵和野战炮兵，分别在近卫坦克第4、第2、第1团共56辆坦克的伴随下，占据了12公里宽的出发阵地，这片阵地位于狭窄的登陆场内，从顿河南岸的克列茨卡亚向西北方延伸。但是，由于登陆场深度有限，集团军三个突击师的炮兵仍留在河流北岸的发射阵地上。后方，坦克第4军的4个旅和143辆可用的坦克组建起两个旅级纵队，近卫骑兵第3军的3个骑兵师位于他们后方数十公里处。

第21集团军左侧，巴托夫将军第65集团军辖下的步兵第304和近卫步兵第27师进入了6公里宽的出发阵地，这片阵地从克列茨卡亚东延至顿河南岸的梅洛克列茨基村（Melo-Kletskii）。在步兵第304师左侧，集团军编成内的步兵第321师将其部队集结在4公里宽的地域内，这片阵地从梅洛克列茨基东延至梅洛洛戈夫斯基。三个突击师身后，步兵第252师集结在步兵第304师后方，准备在适当的时候为突击行动提供增援。第65集团军没有快速发展梯队，只能以坦克第91、第121旅的49辆坦克为前进中的步兵和战斗工兵提供装甲支援。不过，第65集团军和第21集团军的主要突击地域离得非常近，后者的快速集群（坦克第4军和近卫骑兵第3军）实际上构成了两个集团军的发展胜利梯队。

据守在西南方面军两个主要突击地域对面的罗马尼亚军队有充分的理由深感忧虑。其高级将领一再提醒上级部门，他们的防御虽说不是完全靠不住，但非常脆弱，但B集团军群和第6集团军没有采取太多措施缓解他们的担忧。罗马尼亚人不仅严重缺乏坦克和反坦克炮，各步兵师的实力也不足，雪上加霜的是，他们据守的阵地非常凶险，沿一条50公里宽的弧线向南深入20公里至谢

地图 10　1942 年 11 月 19 日，坦克第 5 集团军的战役布势

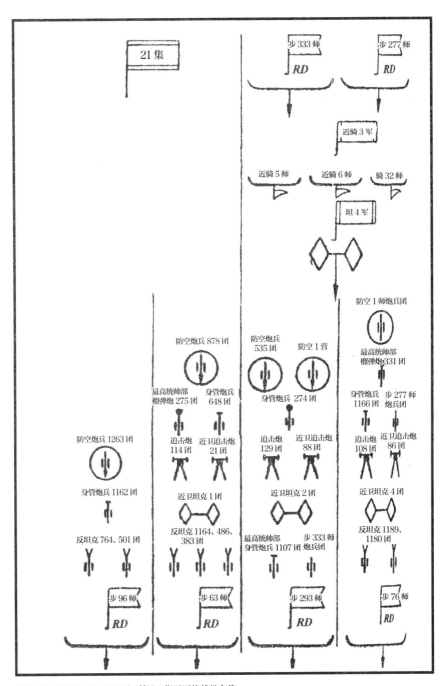

地图 11 1942 年 11 月 19 日，第 21 集团军的战役布势

拉菲莫维奇，在克列茨卡亚，沿一条15公里宽的弧线延伸至河流南面10公里深处。B集团军群的部队8月下旬进入该地域，德军在谢拉菲莫维奇和克列茨卡亚地域沿俯瞰河流的高地构设起强有力的防御阵地。由于河流南面的地势急剧上升，两个地域的平均海拔高度超过200米，顿河南岸非常有利于防御。

可是，意大利第8集团军8月15日接管了谢拉菲莫维奇地域的防御，第6集团军第11军只负责克列茨卡亚地域。5天后，苏军跨过顿河，向南发起了一场突如其来的进攻（参阅本三部曲第二部）。苏军第63和第21集团军8月20日发起的这场联合突击将意大利军队驱离顿河南岸，在此过程中，苏军夺取了控制河流的高地，到8月28日，他们已在顿河南岸建立起一个相当大的登陆场。同样，在更东面，苏军近卫第1集团军8月22日在克列茨卡亚地域渡过顿河向南突击，迫使德国第6集团军第11军辖下实施防御的几个师退往河流南面10公里处的新防线。德军指挥部门非常清楚这些地域潜在的脆弱性，但并未尝试发起反突击，消灭苏军的两个登陆场，因为斯大林格勒城内的激战使他们无暇抽身。1942年10月1日至10日，罗马尼亚第3集团军的部队奉命据守谢拉菲莫维奇地域和克列茨卡亚登陆场西部地段时，情况依然如此。从那时起，罗马尼亚政治和军事领导人不断发出警告：留下苏军登陆场会招致可怕的后果。

就这样，西南方面军第21和坦克第5集团军对面的罗马尼亚军队发现自己所处的位置危险而又令人沮丧。首先，他们设在谢拉菲莫维奇地域的主防线穿过一系列平行的山脊，这些山脊由北向南延伸，位于顿河南面3—20公里处，这使他们无法观察并探明苏军在登陆场深处集结兵力的规模。其次，由于该地域的河流和小溪也是由南向北流淌，罗马尼亚人的防御阵地被打断，这种地形为苏军提供了绝佳的接近途径，他们可以轻松穿过罗马尼亚军队的防御阵地，进入其战役纵深。第三点，罗马尼亚人的防御阵地构设在一片开阔地，几乎没有树木，无法利用地形地貌加强防御。克列茨卡亚的条件同样不利，虽说这里的登陆场较小，苏军无法在不被发现的情况下将大批部队集结其中。因此，从各方面看，罗马尼亚指挥官和他们的部下没有任何理由对防御阵地的牢固性抱以信心。

11月19日7点20分（柏林时间5点20分），西南方面军炮兵主任用电话向方面军各炮兵群下达了"海妖"的戒备令。这道命令的意思是他们将装填火炮和迫击炮，并在10分钟内发起预先计划好的炮火准备。7点30分，接到"开火"指令后,一轮猛烈的火箭炮齐射宣布西南方面军和顿河方面军28公里宽的整个突破地域上80分钟的炮火准备拉开了帷幕。3500多门火炮、迫击炮和多管火箭炮加入炮击,打击重点是反攻发起前侦察部队探明的敌军目标。

前60分钟炮火准备是破坏射击,旨在消灭敌火力阵地、指挥所、通信中心和部队集结地这些特定目标(参见地图12)。后20分钟为压制射击,以破坏或压制其他尚未发现的目标。猛烈但不够准确的火箭炮5分钟内的多轮齐射使这场炮火准备到达顶峰,火箭弹雨点般落下,部分目的是为了令敌军士兵丧魂落魄。虽然这些炮火主要落在罗马尼亚人第一防御地区的前三道战术阵地上,但有远战炮兵群负责打击第二防御地区或敌军后方纵深处的远距离目标。可是,这场可怕、深具破坏性的炮火准备袭向罗马尼亚人时,大雪和浓雾造成的恶劣能见度严重降低了炮击效果,炮兵观察员无法调整炮火打击特定目标。更糟糕的是,大雾和低云导致方面军编成内的空军第17、第2集团军的战机无法遂行计划中的"空中突击"。结果,罗马尼亚人位于苏军意图突破地域侧面的许多火力点、指挥所和部队集结地完好无损,足以在苏军发起地面进攻时进行拦截。

苏军大规模炮击的喧嚣自然吸引了罗马尼亚人的注意力。没等炮击结束,第3集团军司令部便向B集团军群报告了炮火的猛烈程度,无疑还发出警告:对方即将发起地面进攻。B集团军群司令魏克斯将军迅速做出应对,他通知OKH总参谋长蔡茨勒将军,"斯大林格勒西北方,罗马尼亚人的整条防线遭到猛烈炮击",并要求批准停止斯大林格勒城内的行动。就像1944年6月诺曼底遭到入侵时的情况一样,当时,德军指挥官请求希特勒批准他们投入装甲预备队,而在1942年11月的斯大林格勒,他们要求投入的是第48装甲军。魏克斯提出这一要求时,蔡茨勒不得不联系希特勒,后者正乘坐专列从东普鲁士赶往贝希特斯加登。蔡茨勒费了番气力才说服元首将海姆装甲军交给B集团军群指挥。蔡茨勒随即将这道命令传达给魏克斯:"海姆装甲军[第48装甲军]立即做好战斗准备。已向元首申请将该军调出预备队。"[8]但与希特勒的期望相反,该军并未像他设想的那样发挥决定性作用。

8点40分,甚至没等炮火准备结束,大致在罗马尼亚第3集团军司令部向B集团军群报告这场猛烈炮击的同时,西南方面军坦克第5集团军和第21集团军

地图 12 1942 年 11 月 19 日，坦克第 5 集团军的炮兵布势

突击群的先遣步兵营，在战斗工兵和少量坦克的支援下向前涌去，距离罗马尼亚和德国军队防御前沿已不到200—300米。位于最前方的工兵们也利用清晨的雾色和阴霾，仔细切割开敌人新布设的铁丝网，为身后的步兵打开通道，并将他们发现的地雷逐一清除。待先遣营到达敌人第一道堑壕线前方时，坦克第5集团军司令员罗曼年科和第21集团军司令员奇斯佳科夫下令发起地面突击。就在炮兵以猛烈的"喀秋莎"火力展开最后5分钟火力急袭，集团军炮兵群将炮火延伸至敌防御纵深时，步兵突击开始了。

　　莫斯科时间8点48分至8点50分，西南方面军坦克第5集团军、第21集团军和顿河方面军第65集团军第一梯队步兵师的步兵和战斗工兵，几乎同时从顿河南岸的登陆场攻向罗马尼亚和德国军队的防御（参见地图13）。苏军士兵身穿白色伪装服，与遍布积雪的地面浑然一体。瓦图京西南方面军右翼，近卫步兵第50、步兵第119、近卫步兵第47、第14师的士兵们从左至右排列在谢拉菲莫维奇登陆场内，在138辆坦克的支援下，对罗马尼亚第3集团军第5、第14、第9步兵师的防区发起突击，进攻地域约为15公里宽，从察里察河畔（Tsaritsa）上福米欣斯基（Verkhne-Fomikhinskii）西面西延至3号国营农场、楚茨坎河畔（Tsutskan'）博利绍伊村以西5公里处。在东面约45公里处，西南方面军第21集团军步兵第63、第293、第76师的士兵们获得了56辆坦克支援，左翼得到顿河方面军第65集团军近卫步兵第27、步兵第304、第321师的步兵和战斗工兵的掩护，第65集团军这几个师还获得49辆坦克的加强，第21集团军的几个师将从克列茨卡亚登陆场约20公里宽的地域向南突击。他们要对付的是德军第11军第376步兵师、罗马尼亚第3集团军第1骑兵师、第13步兵师和第6步兵师右翼的防御。[9]由于防御中的德国人和罗马尼亚人没有坦克，后者甚至没有足够的反坦克炮，这场战斗被证明是一场不平等的角逐。

　　反攻发起不到一小时，坦克第5集团军的4个突击步兵师较就为轻松地打垮了罗马尼亚人的第一道防御阵地，不仅仅因为这些师将编成内的三个团悉数投入，还因为4个师中的2个得到大批坦克的支援。在坦克集团军主要突击地域的左侧，A.I.别洛夫上校近卫步兵第50师辖下第781、第622、第406团的士兵们，在坦克第26军坦克第216旅和独立坦克第510营的支援下，沿卡尔梅科夫斯基（Kalmykovskii）与上福米欣斯基村之间的山脊线向南突击。这场猛攻在

地图 13 西南方面军的攻势：1942 年 11 月 19 日 22 点，谢拉菲莫维奇和克列茨卡亚登陆场的态势

罗马尼亚第5步兵师的左翼防线上撕开个大口子，11点夺取了罗马尼亚人设在223高地上的支撑点。第5步兵师被迫将左翼残部撤往掩护察里察河西接近地和上、下福米欣斯基村的新防御阵地。

近卫步兵第50师右侧，I.Ia.库拉金上校的步兵第119师虽然没有得到坦克支援，但辖下第634、第421、第365团还是从卡尔梅科夫斯基地域向南发起冲击，攻向罗马尼亚第14步兵师的防御，设法扩大相邻友军取得的战果。进攻中的苏军步兵粉碎了罗马尼亚人的第一道防御阵地，11点逼近了布利诺夫斯基村（Blinovskii）。西面的科托夫斯基（Kotovskii）地域，福卡诺夫少将近卫步兵第47师的第473、第510、第476团沿楚茨坎河及其东部地域向南推进。在近卫坦克第8旅和独立坦克第511营大批坦克的支援下，福卡诺夫的部下一举粉碎罗马尼亚第14步兵师左翼的防御，夺取了对方的第一道防御阵地和博利绍伊村，并准备攻向南面的布利诺夫斯基村。罗马尼亚第14步兵师遭到两个满编苏军师的猛攻，拼死守卫着楚茨坎河东面的第二道防御阵地。

与左翼友军取得的战果形成鲜明对比的是，A.S.格里亚兹诺夫少将的近卫步兵第14师遭遇到极大的困难。该师4公里宽的出发阵地从科托夫斯基南面的楚茨坎河西延至3号国营农场北郊，发起进攻后，勉强削弱了罗马尼亚第9步兵师的防御。由于缺乏坦克支援，近卫步兵第14师的多次冲击都被对方火炮、迫击炮和机枪的侧射火力击退，这些火力来自罗马尼亚人设在农场西北方4公里、228高地上的一个支撑点。此时，罗马尼亚军队沿坦克第5集团军的整个突击地域加强了抵抗，这一点有力地证明，坦克第5集团军的炮火准备远远没有达到预期效果。

因此，到11月19日11点，坦克第5集团军近卫步兵第50、步兵第119和近卫步兵第47师较为轻松地克服了罗马尼亚第3集团军的第一道防御阵地，开始全力攻克罗马尼亚人的第二道防御阵地。虽说三个步兵师取得了些许战果，但只推进了2—3公里，与进攻计划要求的15—18公里相去甚远。雪上加霜的是，罗马尼亚人的一个支撑点未被发现，格里亚兹诺夫的近卫步兵第14师前进了数百米后，右侧突然遭到该支撑点猛烈侧射火力的打击，进攻戛然而止。坦克第5集团军的进攻明显发生动摇，罗曼年科将军面临着一个重要的抉择。首先，他完全清楚自己的炮火准备没能打哑罗马尼亚人的火炮，大雾和低能见度使他的飞机无法升空并粉碎罗马尼亚人的防御，稍稍上升的温度使前进中的坦克和步兵翻搅着未被冻结的地面，人员和坦克的行进远比预期的更加困难。其次，罗马尼亚人的抵抗也比预计的更为顽强，明显延误了他的进攻日程安排。第三点最令人不安，他意识到德国人肯定会利用自己的延误，从预备队抽调装甲力量。面对这些问题，罗曼年科决定将两个坦克军的全部力量悉数投入战斗。

罗曼年科的担心并非杞人忧天，10点（柏林时间9点），B集团军群司令魏克斯将军已批准第48装甲军军长费迪南德·海姆中将投入装甲部队，这样一来，海姆便可以向东北方发起攻击，从佩夏内（Peschanyi）经佩列拉佐夫斯基冲向克列茨卡亚地域，粉碎苏军向南发起坦克突击、将罗马尼亚第3集团军与德国第6集团军沿顿河构设的防御分割开的一切企图。海姆还要求驻扎在佩列拉佐夫斯基的罗马尼亚第1装甲师加入他的军，一同攻向东北方。B集团军群参谋长佐登施特恩少将①批准了他的请求。10点10分，魏克斯亲自下达了这道命令。[10]

此时，海姆第48装甲军编有埃伯哈德·罗特上校的第22装甲师和拉杜·格奥尔基少将的罗马尼亚第1装甲师。前者有33辆可用的坦克（22辆三号坦克，11辆四号长、短身管坦克），辅以9辆坦克歼击车（突击炮），其中5辆配备76.2毫米主炮，另外4辆为47毫米主炮。后者拥有12196名士兵和103辆坦克（84辆R-2、19辆三号和四号坦克），外加2辆缴获的苏制坦克。[11]另外，第6集团军显然想以第14装甲师的一个大股战斗群加强第48装甲军，该师尚有55辆坦克，其中36—41辆可用。[12]但这一希望未能实现，因为贝斯勒将军的装甲师正忙着击退苏军第21集团军在克列茨卡亚地域发起的进攻。

获得魏克斯批准后，海姆10点30分开始将第48装甲军及其35—40辆坦克从佩夏内地域调往东北方。他打算与罗马尼亚第1装甲师在日尔科夫斯基（Zhirkovskii）会合，然后以第22装甲师、罗马尼亚第1装甲师和第7骑兵师发起三路突击，挫败从克列茨卡亚向南突破的苏军坦克部队。海姆的计划要求罗马尼亚装甲师从佩列拉佐夫斯基向东北方进击，经上切连斯基扑向克列茨卡

---

① 译注：应为步兵上将。

亚，罗马尼亚第7骑兵师赶往东北方楚茨坎河谷处的普罗宁，该镇位于罗马尼亚第3集团军前沿阵地后方约20公里处。

可是，没等第48装甲军贯彻海姆的计划，插手干预的希特勒下达了新指令。11点50分，第48装甲军军部和第22装甲师接近佩列拉佐夫斯基西南方10公里处的小顿什钦卡村（Malaia Donshchinka）时，海姆接到了希特勒经OKH的蔡茨勒将军发来的一封简短的电文。这份电报命令他更改装甲军的进攻方向：第22装甲师奉命左转90度，经佩夏内地域攻向西北方的布利诺夫（Blinov，苏联方面的资料和地图称之为布利诺夫斯基），该村位于罗马尼亚第3集团军主防线原中央地带后方约12公里处。[13]当然，苏军此时已将该集团军的防线逼退了3公里。希特勒的命令还要求正靠近佩列拉佐夫斯基东北方15公里处上切连斯基的罗马尼亚第1装甲师，将进攻方向转向西面，直奔日尔科夫斯基。罗马尼亚第7骑兵师将于11月20日拂晓继续从普罗宁攻向东北方，拦截并切断苏军坦克第5集团军的先头部队。这道指令还将罗马尼亚第2军（编有第7、第9、第14步兵师，也就是第3集团军整个中央防御地段的部队）划拨给第48装甲军指挥。可是，由于同装甲军军部的无线电联络中断，格奥尔基的罗马尼亚第1装甲师没能收悉电文，因而继续向东北方进击。

第21集团军的突击

与此同时，东北方35—50公里处，西南方面军第21集团军和顿河方面军第65集团军从那里发起他们协同一致的突击，对罗马尼亚第3集团军和右侧相邻的德国第11军而言，一场更加严重的危机正在酝酿之中。与罗曼年科将军的坦克第5集团军一样，一场大规模炮火准备后，8点50分，奇斯佳科夫将军的第21集团军发起了地面突击（参见地图13）。[14]在集团军3个近卫坦克团的支援下，步兵第76、第293和第63师沿14公里宽的地域发起冲击，这片进攻地域从克列茨卡亚西面延伸至拉斯波平斯卡亚以东5公里处的163.3高地。在他们右侧，步兵第96师的2个团对罗马尼亚人设在拉斯波平斯卡亚与巴兹科夫斯基（Bazkovskii）之间的防御发起进攻，以此牵制守军，使其无法顾及苏军在东面遂行的主要突击。与坦克第5集团军进攻地域发生的情况相同，奇斯佳科夫麾下的2个突击师战果显著，但另外2个师进展甚微，进攻发生动摇。

集团军主要突击地域的左翼，N.T.塔瓦尔特基拉兹上校的步兵第76师按计划发起进攻，准确地突向罗马尼亚第4军第13步兵师与第1骑兵师的结合部。到当天中午，塔瓦尔特基拉兹的突击成功地在两个罗马尼亚师之间插入一个3公里深的楔子。对守军来说更加糟糕的是，步兵第76师右侧的步兵第293师在P.F.拉古金上校（译注：少将。）的率领下，取得了更大的进展，拉古金是一位经验丰富的指挥员，自1941年7月该师组建以来一直担任师长。步兵第76师的突击粉碎了罗马尼亚第13步兵师的整个右翼，利用友军取得的这一战果，拉古金的步兵向前推进4公里，克服了罗马尼亚人的第一道防御阵地，12点前突入对方第二道防御阵地。

可是，第21集团军突破地带右翼，N.D.科津上校的步兵第63师在拉斯波平斯卡亚遭遇到罗马尼亚第13步兵师强有力的抵抗，只取得1公里进展，面对敌人猛烈的火力，该师的进攻停滞不前。更西面，G.P.伊萨科夫上校步兵第96师的2个团，在巴兹科夫斯卡亚①两侧遭到罗马尼亚第6步兵师的坚决抵抗，没能取得任何进展，实际上，守军已迫使伊萨科夫的部下退回到他们的出发阵地。但是，奇斯佳科夫命令伊萨科夫继续进攻，哪怕仅仅是为了牵制罗马尼亚部队，使其无法增援遭受更大威胁的地域。面对与罗曼年科坦克集团军如出一辙的状况，奇斯佳科夫得出类似的结论：是时候投入他强有力的快速部队了。

第65集团军的突击

第21集团军左侧，巴托夫将军的第65集团军也于11月19日8点50分发起了进攻（参见地图13）。巴托夫突击群的核心力量是S.P.梅尔库洛夫上校的步兵第304师和V.S.格列博夫上校的近卫步兵第27师，前者获得了坦克第91旅的加强；他们部署在（从梅洛克列茨基村西延至克列茨卡亚）5公里宽的地域上，对面是罗马尼亚第1骑兵师的防区。突击群左侧，I.A.马卡连科少将的步兵第321师将沿莫克雷洛格格峡谷（Mokryi Log）两侧向南发起进攻，该峡谷是罗马

---

① 译注：疑为巴兹科夫斯基。

尼亚第3集团军第1骑兵师与德国第6集团军第11军第376步兵师之间的分界线。最后是Z.S.舍赫特曼上校的步兵第252师，部署在步兵第304师身后，担任集团军第二梯队，待突击群取得进展后，该师将为他们提供增援。巴托夫突击群的任务是粉碎罗马尼亚第1骑兵师的防御，该师在克列茨卡亚南面和东面据守着罗马尼亚第4军的右翼，随后，巴托夫突击群将向东南方攻击前进，打击德国第6集团军第11军的左翼，掩护第21集团军向南突入敌防御纵深的快速部队的左翼。这就意味着巴托夫集团军既要进攻罗马尼亚人的防御阵地，又要对德军发起打击。

当日清晨，顿河方面军司令员罗科索夫斯基赶至巴托夫第65集团军的前进观察所，亲自察看方面军的主要突击，并对此做出了生动的描述：

S.I.鲁坚科空军少将深感不安。计划拟定的空军密集突击因天气而中断……

浓雾使我们看不清战场，任何光学仪器都无济于事。我们所能看见的只是被炮弹爆炸的闪烁映红的乳白色雾幔。隆隆的炮声一刻也未停息……响亮的"乌拉"声混杂着坦克的轰鸣。进攻开始了！我们不由自主地交换了眼神。我们能突破敌人的防御工事吗？

雾气渐渐散去，战场的情况进入了视线。透过望远镜，我看着我们的士兵攻向克列茨卡亚的白垩崖。可以看见我军士兵攀崖向上。许多士兵滑了下来，但他们爬起身，再次向上攀登，他们相互帮助，攀上陡坡，并向敌人发起冲击。希特勒匪徒绝望地顽抗着，但我们的步兵打垮了他们，并把他们驱离高地。敌军的主要防御地带开始出现迸裂的迹象。第65集团军保持着对敌人的打击，并向前推进——左翼遭遇到困难；右翼，也就是与第21集团军的结合部，前进较为顺利。[15]

巴托夫将军也谈到集团军突击群进攻罗马尼亚和德军防御阵地的情形：

［顿河南］河岸高地上的两道战壕线被迅速夺取。战斗随后在附近的高地上发展开来。敌人的防御由独立支撑点构成，并以完善的战壕相连接。每座

高地都成为强有力的据点。山沟和洼地布满地雷，各高地的接近地设有蛇腹铁丝网。

右侧的近卫军士兵［近卫步兵第27师］紧靠着相邻的步兵第76师，进展较为顺利。中央地带的情况不太妙：梅尔库洛夫［步兵第304师］在梅洛克列茨卡亚村前方被迫停顿下来。马卡连科那里［步兵第321师］发生了什么情况？[16]

对巴托夫这一修辞性疑问句的回答是："没有什么积极的消息。"虽然格列博夫的近卫步兵第27师利用左侧第21集团军步兵第76师的成功突破向前推进了3公里，但步兵第304和第321师遭遇到德军熟练据守的加强支撑点，无法将其攻克。更糟糕的是，他们的左翼遭到德军第11军第376步兵师几乎持续不断的反冲击，当天晚些时候，刚刚赶到的德军第14装甲师的部分部队为第376步兵师提供了支援。西南方面军第21集团军进攻的是罗马尼亚军队的防御，而顿河方面军第65集团军突击群的半数力量攻打的是德军阵地，后者缺乏进展并不奇怪。顿河方面军的左翼和中央地带同样如此，第66和第24集团军发起的支援性进攻遭到德国第6集团军第14装甲军和第8军辖内各师的激烈抵抗后，也发生了动摇。

坦克第 5 集团军发展攻势

11月19日中午，位于坦克第5集团军前进指挥所的罗曼年科将军和待在第21集团军前进指挥所的奇斯佳科夫将军得出了相同的结论。两位集团军司令员都做出决定，这场反攻要想取得胜利，现在必须投入他们的装甲"铁拳"——坦克第1、第26、第4军的约300辆坦克。因此，这些坦克军没有扩大突破并实施机动，深入敌战役纵深，得到瓦图京批准后，两位集团军司令员命令他们的3个坦克军协助突击群完成战术突破，然后在行进间着手扩大突破。

11月19日12点，坦克第5集团军近卫步兵第47师在博利绍伊南面、罗马尼亚第3集团军第二道防御阵地中央2—3公里深处战斗，步兵第119和近卫步兵第50师仍在克利诺沃伊（Klinovoi）北面和东北面、罗马尼亚人的第一道防御阵地上战斗。于是，罗曼年科命令布特科夫将军的坦克第1军和罗金将军的坦克第26军向前部署，进入出发阵地，准备投入进攻。接下来的60分钟，两个坦克军排成旅级纵队向南而行，进入到进攻出发阵地。布特科夫坦克军部署在卡尔梅科夫斯基西面，位于近卫步兵第47和步兵第119师后方；罗金坦克军位于卡尔梅科夫斯基东北方和东北方5公里处的220高地。

12点50分，坦克第1、第26军的主力就位后，瓦图京命令这两个军，抢在德军援兵到达前进入突破口，"加强步兵师的突击，完成突破，向纵深处发展胜利。"[17]遵照瓦图京的指示，两个坦克军14点开始向南推进，坦克第1军的部署宽度为8—9公里，坦克第26军的正面达12—14公里（参见地图14）。每个军都沿预先选定的四条行军路线向南发起突击，每两条路线上都有一个满编坦克旅率领进攻行动。按照罗曼年科的命令，4个坦克旅排成临战行军队形，奉命在行进间发起冲击，并绕过沿途遇到的罗马尼亚人的所有支撑点。

布特科夫的坦克第1军以S.P.海杜科夫中校的坦克第159旅率领其左路纵队，军部和摩托化步兵第44旅尾随其后。D.I.费多罗夫中校的坦克第117旅率领该军右路纵队，紧随其后的是反坦克歼击炮兵第33团和A.V.茄科夫中校的坦克第89旅。坦克第1军左侧，罗金的坦克第26军（该军已将K.G.科扎诺夫中校的坦克第216旅派去支援近卫步兵第50师的突击行动）分别以N.M.菲利片科上校的坦克第19旅和I.I.伊万诺夫中校的坦克第157旅率领左、右路纵队，第二梯队的摩托化步兵第14旅尾随在后。[18]为确保安全，两个军将反坦克和高射炮单位部署在整个行军队形中，部署反坦克炮的原因是，敌人必然会以装甲力量发起反突击。不过，行动第一天，敌装甲部队并未发起反突击，德军战机也没有干扰他们的行进。

两个坦克军向南进击时，他们的先遣坦克旅形成了一堵强大的"坦克墙"，横跨在较为开阔的地带，正面宽达20—22公里——从楚茨坎河畔的博利绍伊村向东北方延伸，经223.0高地直至上福米欣斯基附近的察里察河西岸，几乎与整条山脊线同长。正如档案文件中记载的那样，"遵照坦克集团军司令员的命令，各坦克军向前推进，越过步兵，最终在楚茨坎河与察里察河之间的中央地段突破了敌军防御。敌人开始向南仓促退却，大批敌士兵丢下武器举手投降。"[19]大规模坦克突击造成的"坦克恐惧症"很快使据守在罗马尼亚第14步兵师左翼的团土崩瓦解。没过多久，坦克第26军又对第14步兵师另外两个团发起打击，完成了这场事实上的歼灭战。

地图 14 1942 年 11 月 19 日，坦克第 5 集团军投入突破

　　布特科夫坦克第1军的先遣坦克旅加入到这场突破战中，他们直接穿过库拉金上校步兵第119师和福卡诺夫将军近卫步兵第47师的作战队形，此时，近卫步兵第47师正准备对罗马尼亚第14步兵师设在克利诺沃伊村的防御发起冲击。在这紧要关头，布特科夫命令茹科夫中校位于第二梯队的坦克第89旅向前

部署至坦克第159旅右侧。这样一来，他们对罗马尼亚人的防御发起进攻时，三个坦克旅都位于前线，第二梯队只留有摩托化步兵第44旅。对罗马尼亚第2军（防御中的第14步兵师）这场猛烈的坦克冲击在约7公里宽的地域展开，从1号伏龙芝国营农场东部起，沿楚茨坎河西岸延伸，向东跨过河流，直至博利绍伊村东南偏东5公里处的克利诺沃伊村。布特科夫发起进攻时，罗金坦克第26军右翼的伊万诺夫坦克第157旅加入到行动中，攻向罗马尼亚人设在克利诺沃伊村东面的防御。

4个苏军坦克旅发起联合突击，以180多辆坦克打垮了罗马尼亚第14步兵师的防御。这些坦克从四面八方涌来，残存的罗马尼亚士兵陷入"坦克恐惧症"中，混乱不堪地逃离了战场。布特科夫的3个旅与坦克第26军辖下的坦克第157旅相配合，粉碎了罗马尼亚军队的防御，绕过并消灭了对方设在克利诺沃伊村和1号伏龙芝国营农场东郊的支撑点，随后深入罗马尼亚人的防御纵深。整个下午，苏军一路向前，布特科夫的坦克推进了约18公里。

坦克第1军向前疾进时，坦克第159、第117旅夺取了敌人设在147.4高地和克利诺沃伊村南面8—10公里处86号国营农场的支撑点。在他们左侧，坦克第26军编成内的坦克第157旅也一路向南，攻占了罗马尼亚人设在克利诺夫斯基（Klinovskii）东南方4公里处208.0高地上的支撑点。布特科夫坦克军右翼的坦克第89旅，与近卫步兵第47师的步兵相配合，包围并攻占了罗马尼亚人设在克利诺沃伊村东南偏南方12公里、楚茨坎河谷布利诺夫斯基村的支撑点。[20]因此，19日夜幕降临前，坦克第1军的三个坦克旅已逼近乌斯季梅德韦季茨基国营农场（Ust'–Medveditskii）北郊，该农场位于佩夏诺夫斯基（Peschanovskii，佩夏内）西北方1公里、佩列拉佐夫斯基西北方20公里处。到目前为止，他们已深入罗马尼亚第3集团军防线前沿10多公里。但是，该军先遣支队在这里遭遇到罗马尼亚第14步兵师残部的顽强抵抗，据说还有德军第22装甲师的先遣部队，坦克第1军报告，损失17辆坦克（被摧毁或被击伤）。[21]大约在同一时刻，罗马尼亚第7骑兵师的先遣部队也向北面的布利诺夫斯基村发起反冲击。此举迫使近卫步兵第47师停止前进，暂时转入防御。

在此期间，坦克第5集团军编成内的摩托车第8团在P.A.别利克中校的率领下，跟随布特科夫的坦克兵穿过正被打开的突破口。一旦越过罗马尼亚人的防御, 这些摩托车兵就将跟随坦克向南疾进, 在下午晚些时候到达乌斯季梅德韦季茨基西北方地域。[22]夜幕降临前, 他们也遭遇到罗马尼亚第14步兵师的部队, 另外还有罗马尼亚第7骑兵师或德国第22装甲师的先遣部队。

M.D.鲍里索夫少将的骑兵第8军是最后一支利用坦克军戏剧化推进的大股部队, 该军的投入使坦克第1军作战地域内的激烈战斗达到了高潮。骑兵第8军从顿河南面8—12公里的前进集结区出击, 跟随布特科夫的坦克和别利克的摩托车兵穿过突破口, 在近卫步兵第47师步兵们的伴随下, 冲向南面的布利诺夫斯基村。该军辖下M.M.沙伊穆拉托夫少将指挥的骑兵第112师, 与近卫步兵第47师第473团相配合, V.G.尼科洛夫少校的近卫坦克第8旅为他们提供支援。这股力量发起突击, 一举夺取了罗马尼亚人设在布利诺夫斯基村的支撑点。与骑兵第112师一同向南进击的还有N.P.亚库宁少将的骑兵第21师, 该师向西南方推进得更远, 攻占了位于布利诺夫斯基村南面5公里、楚茨坎河谷的卡拉谢夫村。日终前, 骑兵第112和第21师, 与近卫坦克第8旅和步兵第473团的部分部队, 也在卡拉谢夫村南面遭遇到罗马尼亚第7骑兵师的部队。海姆将军称, 在这场战斗中, 第7骑兵师"英勇奋战至20日晨"。[23]

更东面, 骑兵第8军辖下的骑兵第55师在I.T.恰连科上校的指挥下, 配合福卡诺夫将军近卫步兵第47师主力, 将乌斯季梅德韦季茨基地域的战斗留给坦克第1军和摩托车第8团, 一路向西疾进了约8公里, 赶往布利诺夫斯基与普罗宁之间、楚茨坎河谷中的旧谢纽特金村(Staro-Seniutkin)附近。在那里, 骑兵师的士兵们也与罗马尼亚第7骑兵师(可能还有德军第22装甲师的先遣部队)发生遭遇战。第7骑兵师报告, 在卡拉谢夫和旧谢纽特金地域的战斗中, 第4机械化中队的6辆R-1轻型坦克损失了3辆。[24]

坦克第1军前进中的坦克旅、摩托车第8团、骑兵第8军的3个骑兵师、德军第48装甲军第22装甲师先遣部队和罗马尼亚第7骑兵师卷入的战斗, 完全是海姆19日11点50分接到的命令所致。根据这些命令, 德军第22装甲师应赶往东北方, 并集结在佩夏内地域, 罗马尼亚第1装甲师应赶往西北方的日尔科夫斯基, 而罗马尼亚第7骑兵师应从普罗宁冲向东北方——这些部队将在布利诺夫斯基会合。11月19日晚些时候展开的混战持续数日, 最终破坏了坦克第1军雄心勃勃的进攻时间表。

布特科夫的坦克第1军猛攻罗马尼亚第3集团军中央防区，并在乌斯季梅德韦季茨基和佩夏内地域与对方展开混战之际，罗金的坦克第26军重创了罗马尼亚第3集团军位于东面一片开阔地带上的防御。罗金坦克军辖下的2个先遣坦克旅（坦克第216旅被派去支援近卫步兵第50师）在坦克第1军左侧投入战斗，意图穿过步兵第119和近卫步兵第50师前进中的队列，完成突破行动。菲利片科上校的坦克第19旅和I.I.伊万诺夫中校的坦克第157旅从左至右并排部署在卡尔梅科夫斯基东南面约8公里宽的地域，前进中的坦克第26军随即遭到罗马尼亚第5步兵师左翼部队和第14步兵师右翼部队的顽强抵抗，掘壕据守的罗马尼亚人掩护着卡尔梅科夫斯基东南面10—12公里处的217、223高地。罗马尼亚军队的激烈抗击遏止了坦克第26军的前进步伐。

面对这种出乎意料的顽强抵抗，罗金决定将左翼和中央的坦克第19、第216旅留在223高地对面和西面，派伊万诺夫的坦克第157旅向西南方疾进，包围罗马尼亚人设在两座高地上的支撑点。于是，伊万诺夫将坦克第157旅约45辆坦克撤出217高地对面的阵地，命令他们转向西南方，穿过坦克第1军作战地域内的克利诺沃伊村。伊万诺夫的坦克在步兵第119师第634团步兵的配合下，穿过罗马尼亚第2军第14步兵师设在克利诺沃伊村东面的防御，随后向南猛冲了22公里，只遭遇到轻微的抵抗。在此过程中，伊万诺夫的坦克夺取了罗马尼亚人设在克利诺沃伊村东面4公里处2号国营农场的支撑点；布利诺夫斯基东面5公里处86号国营农场的支撑点；日终前又拿下了独立3号国营农场的支撑点和乌斯季梅德韦季茨基。

后方，近卫步兵第50师竭力夺取217、223高地，菲利片科上校的坦克第19旅和科扎诺夫中校的坦克第216旅为他们提供支援。战斗持续了一下午，18点，别洛夫上校的近卫步兵第50师在两个坦克旅的支援下，终于打垮了两座高地上罗马尼亚人的抵抗。此后，坦克第216旅和近卫步兵第50师的左翼团转身向东，日终前沿察里察河河谷处的上、下福米欣斯基西接近地作战。仍与近卫步兵第50师主力相配合的坦克第19旅前出至208高地东面，该高地位于克利诺沃伊村东南面5—7公里处，在那里，他们遭遇到罗马尼亚第14步兵师右翼团的余部，对方现在得到了格奥尔基将军罗马尼亚第1装甲师先遣支队少量坦克的加强。罗马尼亚第1装甲师将当日大多数时间耗费在赶往克列茨卡亚地域这场徒劳无获的行动中，现在开始从佩列拉佐夫斯基向西北方部署。

坦克第5集团军的2个坦克军和1个骑兵军一路向南，穿过罗马尼亚第3集团军中央地带的防御时，辖内主力突击群的步兵师竭力跟上发展胜利的坦克和骑兵部队。突击群在中央地带取得的进展最大，福卡诺夫将军的近卫步兵第47师跟随坦克第1军编成内的坦克第89和第159旅向南攻击前进，前出至从乌斯季梅德韦季茨基西北郊和西郊向西延伸约8公里，经旧谢纽特金村，直至楚茨坎河河谷处卡拉谢夫村一线。近卫步兵第47师左侧，库拉金上校的步兵第119师跟随着坦克第1军辖下的坦克第117旅，前出至从克利诺沃伊村东面4公里处的2号国营农场南延至208高地以西和86号国营农场，最终至乌斯季梅德韦季茨基东郊一线。此时，该师左翼的第365团和中央的第421团正面朝东，右翼的第634团正面朝南。别洛夫上校的近卫步兵第50师梯次部署在步兵第119师左翼后方，该师随同坦克第26军坦克第216和第19旅前出至以下位置：从察里察河畔的上福米欣斯基西接近地向西南方延伸至克利诺沃伊村东南方5公里处的208高地。日终前，该师正面朝东和东南方。

最后是坦克第5集团军主力突击群的右（西）翼，格里亚兹诺夫将军的近卫步兵第14师沿（从博利绍伊西延至3号国营农场）4公里宽的地域发起突击，但在罗马尼亚第9步兵师第36团面前进展有限。罗马尼亚人顽强抵抗，格里亚兹诺夫师右翼两个团的进展不超过几百米，但其左翼却利用近卫步兵第47师和骑兵第8军在博利绍伊取得的战果推进了2公里，前出至博利绍伊西南方约15公里处。

因此，进攻首日日终前，在坦克第5集团军的主要突击地域上，坦克第1军、近卫步兵第47师、步兵第119师第634团彻底粉碎了罗马尼亚第14步兵师的防御和罗马尼亚第9步兵师的右翼部队。此后，布特科夫的坦克军向南推进18公里，到达乌斯季梅德韦季茨基地域，在那里遭遇到德军第48装甲军第22装甲师的先遣支队，这股德军还获得了罗马尼亚第14步兵师残部的支援。但在东面，面对罗马尼亚第14步兵师右翼团和第5步兵师左翼团的抵抗，坦克第26军的3个旅在步兵第119和近卫步兵第50师两个团的协同下进展相当缓慢。罗金坦克军在左侧前进了6公里，到达上福米欣斯基西接近地，在右侧推进了7—8公里，到达208高地以东地域。在坦克第5集团军更东面的作战地域上，罗马尼亚第5、第6步兵师的防御极其顽强，阻止了近卫步兵第50师左翼部队和步兵第346师1个突击团在上福米欣斯基北面和东北面横跨察里察河的进攻。

第21集团军发展攻势

如果说罗曼年科将军坦克第5集团军从谢拉菲莫维奇登陆场发起的突击未能达到瓦图京的预期，那么东面40—50公里处，克列茨卡亚地域的态势更加令人鼓舞（参见地图13）。虽说开始时较为缓慢，但多亏奇斯佳科夫迅速采取措施，第21集团军的进攻取得了突出战果，没用几个小时便构成了将罗马尼亚第3集团军的防御与德国第6集团军左翼防御分割开的威胁。与此同时，苏军成功的突击还吸引了德军宝贵的预备队，使其远离西南方面军的主要突击地域。

11月19日12点左右，奇斯佳科夫将军决定将他的发展梯队投入尚未彻底完成的突破行动，扩大步兵第76、第293师取得的有限战果——先投入坦克第4军，紧跟在坦克兵身后的是近卫骑兵第3军。他迅速命令克拉夫钦科将军前调坦克第4军，在下扎通斯基村（Nizhne–Zatonskii）附近渡过顿河，然后以两个坦克旅率领突击，进入两个步兵师在克列茨卡亚以西4—8公里、波德尼日内村（Podnizhnyi）和卡拉任斯基村（Karazhenskii）南面打开的突破口。遵照奇斯佳科夫的命令，克拉夫钦科将他的军组成两个旅级纵队，排成临战行军队形，沿两条平行的路线向南而去。N.V.科列列夫上校的坦克第102旅率领左路纵队，摩托化步兵第4旅紧随其后；V.S.阿加福诺夫上校的坦克第69旅率领右路纵队，尾随其后的是P.K.日德科夫中校的坦克第45旅。

坦克第4军的任务是"与坦克第5集团军的快速部队及近卫骑兵第3军协同，攻向［东南方的］叶夫斯特拉托夫斯基（Evstratovskii）和马诺伊林，消灭敌预备队、指挥部和后方勤务单位，切断德寇'佩列拉佐夫斯基'集团的退却路线，防止敌人从后方抽调的战役预备队逼近战场"。[25]克拉夫钦科坦克军主力应于11月19日日终前到达克列茨卡亚南面35公里处克列普卡亚河畔（Krepkaia）的马诺伊林，以其南面数公里处的"五月一日"国营农场1号农庄。位于最前方的坦克军先遣支队将向东南方疾进，赶往卡拉奇北面10—15公里、戈卢宾斯基镇（Golubinskii，第6集团军本应将其司令部设在此处）南面5—10公里处的顿河西岸。对单独一个坦克军来说，这是个雄心勃勃的计划。

经验丰富的老骑兵I.A.普利耶夫将军指挥着近卫骑兵第3军，西南方面军的作战计划要求该军跟随克拉夫钦科的坦克军穿过突破口，在坦克军东面向东南方平行推进，以掩护坦克部队的左翼。11月10日至18日，普利耶夫的骑兵军一直在坦克第4军后方集结区耐心等待。该军编有N.S.切普尔金上校的近卫骑兵第5师、A.I.别洛戈尔斯基上校的近卫骑兵第6师、A.F.丘杰索夫上校的骑兵第32师，全军22000多名经验丰富、技艺娴熟的骑兵都来自中亚。8月下旬，正是普利耶夫的骑兵军率先发起大胆的反突击，一举夺取了谢拉菲莫维奇登陆场。

11月16日，奇斯佳科夫将军给普利耶夫军下达了新命令，就首日进攻行动赋予该军以下任务：

> 近卫骑兵第3军，辖反坦克歼击炮兵第5旅、反坦克歼击炮兵第1250团、近卫迫击炮兵第21团、近卫坦克第4团和高射炮第3营，并获得1个强击航空兵团的加强，跟随坦克第4军的同时，应穿过步兵第293和第76师的步兵作战队形，沿谢利瓦诺夫和上布济诺夫卡方向遂行进攻，与坦克第4军配合，完成击败并歼灭敌预备队、指挥部和后方勤务单位的任务，防止敌人从后方抽调的战役预备队逼近战场，日终前进抵（含）埃里克（Erik）、上布济诺夫卡和斯韦奇尼科夫斯基（Svechinikovskii）地域［克列茨卡亚东南偏南方25—40公里处］，并在那里掘壕据守。[26]

这道命令中唯一的问题是应在行动发起前转隶骑兵军的反坦克歼击炮兵旅和近卫坦克团，由于这两支部队必须先支援第21集团军步兵第76和第293师的突破行动，结果，他们没能及时增援骑兵军的进攻（普利耶夫对"天王星"行动策划工作的回忆可参阅副卷附录5B）。

11月18日—19日夜间，普利耶夫骑兵军向前部署并进入克列茨卡亚车站北面的出发阵地前不久，奇斯佳科夫给他们下达了次日进攻行动的任务：

> 以现有加强单位攻向奥西诺夫斯基（Osinovskii）和大纳巴托夫斯基［上布济诺夫卡东南方15—30公里处］，继续与坦克第4军协同，击败敌预备队和

指挥部，并沿戈卢宾斯基、大纳巴托夫斯基、卡拉奇金（Kalachkin）和叶夫拉姆皮耶夫斯基一线进抵顿河［卡拉奇东北偏北方20—35公里处］，从小纳巴托夫斯基（Malonabatovskii）向东北方派出加强侦察队后，以您的先遣单位夺取顿河上的渡口。[27]

19日13点，克拉夫钦科坦克第4军的两个纵队开始进入突破口。此时，苏军步兵第76和第293师已在克列茨卡亚以西4—8公里处突破了罗马尼亚第13步兵师的第一道防御阵地，正冲向罗马尼亚军队纵深2—3公里处的第二道防御阵地。罗马尼亚第13步兵师位于波德尼日内和卡拉任斯基村南面3公里高地上的右翼几近崩溃。但在后方，伊万·西翁将军第15步兵师（该师一直担任罗马尼亚第4军的预备队，驻扎在克列茨卡亚西南方15公里处的上索洛马科夫斯基）的先遣支队已向前调动，并进入克列茨卡亚以西8—10公里处、186.0高地及其东面的防御阵地，以支援陷入困境的第13步兵师。西翁将军是一位经验丰富的指挥官，曾率领过罗马尼亚第1装甲师，知道如何对付坦克。[28]

克拉夫钦科坦克第4军的右路纵队由阿加福诺夫上校的坦克第69旅率领，日德科夫中校的坦克第45旅尾随其后，他们毫不费力地穿过步兵第293师前进中的队列，一举粉碎罗马尼亚第13步兵师的第二道防线，迅速朝南、西南方冲去。他们绕过途中遇到的敌支撑点，包括变更部署的罗马尼亚第15步兵师，14点，两个坦克旅穿过克列茨卡亚西面10公里处的格罗姆基镇（Gromki）。他们在镇内俘获或打垮了第13步兵师师部，随后向南疾进14公里，16点左右在克列茨卡亚西南方20公里处的叶夫斯特拉托夫斯基村夺取了库尔特拉克河上的渡口。两个坦克旅的右翼，第45旅的一个特遣营转身向西，意图突入罗马尼亚第6步兵师后方，但遭到强有力的抗击，15辆坦克折损了8辆。[29]

坦克第4军的右路纵队没有在库尔特拉克河停留，而是一路向南，赶往他们当日的目标：马诺伊林村和"五月一日"国营农场1号农庄。11月20日凌晨1点，两个坦克旅夺取了这些目标。东面，科舍列夫上校坦克第102旅率领的坦克第4军左路纵队却遇到越来越多的困难。打垮罗马尼亚第13步兵师的右翼团后，这股苏军遭遇到罗马尼亚第15步兵师设在克列茨卡亚西南方5公里、186.0高地东面的防御。虽然得到摩托化步兵第4旅的支援，但科舍列夫坦克旅面对的抵抗远比右侧友军要强。步兵第76师的步兵、近卫坦克第4团和反坦克歼击炮兵第5旅的坦克和反坦克炮全力协同，经过数小时激战，坦克第102旅和摩托化步兵第4旅终于迫使西翁将军的部下在下午晚些时候退往东南方。苏军在战斗中损失的坦克多达25辆（罗马尼亚人的统计），但两个旅还是在夜幕降临前夺取了克列茨卡亚西南偏南方15—18公里、库尔特拉克河畔的扎哈罗夫村（Zakharov）和弗拉索夫村（Vlasov）。此时，科舍列夫的左路纵队已落后于右路纵队20余公里。坦克第4军身后，步兵第76和第293师日终前顺利到达克列茨卡亚以南5—7公里一线。克拉夫钦科的坦克军报告，他们在进攻首日损失了27辆坦克——5辆KV、19辆T–34和3辆T–70。[30]

在此期间，行进在坦克第4军后方的近卫骑兵第3军准备渡过顿河，向南赶往他们位于上布济诺夫卡地域的目标。9—15架德军战机组成的机群不断实施轰炸，从拉斯图申斯基（Lastushinskii）到下扎通斯基这片地域，顿河上的12座浮桥被炸毁11座，普利耶夫的骑兵只能使用下扎通斯基西南郊仅剩的一座浮桥渡河。但是，渡河行动非常危险，浮桥和河水都结了冰，脆弱的浮桥只能承载骑兵和他们的轻武器。因此，普利耶夫接到奇斯佳科夫要求他们穿过突破口的命令时，只有近卫骑兵第5、第6师渡过了顿河，骑兵第32师仍未完成渡河任务。普利耶夫指出，军里的工程兵为安排渡河行动付出了巨大的努力。

对近卫骑兵第3军来说雪上加霜的是，近卫坦克第4团和反坦克歼击炮兵第5旅本应加强骑兵军的突破行动，但目前仍与步兵第76和第293师在一起，无法为普利耶夫提供他所需的支援。克服了罗马尼亚第13步兵师第一道防御阵地的抵抗后，步兵第76师和为其提供支援的坦克部队刚刚到达普拉托诺夫村（Platonov）、齐姆洛夫斯基村（Tsimlovskii）和谢利瓦诺夫村（这些村庄都位于克列茨卡亚以南13—15公里处的库尔特拉克河畔），便遭到罗马尼亚第15步兵师强有力的抵抗，这场推进戛然而止。东面不到2公里处，罗马尼亚第15步兵师当天下午晚些时候也阻止了坦克第4军坦克第102和摩托化步兵第4旅的推进。另外，没人想到清理罗马尼亚人布设在近卫骑兵第3军进攻路线上的雷区，这也延缓了骑兵军的前进速度。[31]

尽管遭遇到这些难题，但普利耶夫的骑兵终于在17点绕过行速缓慢的步兵，全力向南；近卫骑兵第6和骑兵第32师居左，直奔普拉托诺夫村和齐姆洛夫斯基村，近卫骑兵第5师居右，冲向弗拉索夫村和谢利瓦诺夫村。切普尔金上校近卫骑兵第5师辖下的近卫骑兵第20团位于右路纵队最前方，23点30分到达库尔特拉克河畔齐姆洛夫斯基村西面的187.5里程碑附近，在那里同罗马尼亚第15步兵师的一部展开激烈交火。近卫骑兵第20团与罗马尼亚步兵发生接触前不久，师主力向西席卷，意图夺取齐姆洛夫斯基村西面3—6公里、位于河谷处的谢利瓦诺夫村和弗拉索夫村，从而包围罗马尼亚人的防御。23点，这股部队到达杜博瓦亚峡谷（Dubovaia）西南方的道路，目标已在望。

观察骑兵军左翼部队的行动时，普利耶夫注意到近卫骑兵第6师师长别洛戈尔斯基上校没有正确组织部队遂行突破行动，于是当场解除了他的职务，并派该师副师长P.P.布里克利上校接任师长一职。[32]随着部队的秩序得到恢复，近卫骑兵第6师迅速向前，冲向为其指定的突破地域，当晚20点到达普拉托诺夫村接近地。他们在那里遭遇到掘壕据守的罗马尼亚士兵猛烈的机枪、迫击炮和火炮火力，似乎是罗马尼亚第1骑兵师左翼下马作战的骑兵。苏军一连发起数次冲击，均未能奏效，战斗持续至23点，据称敌步兵获得数辆坦克的支援。总之，近卫骑兵第6师没能夺取齐姆洛夫斯基村或普拉托诺夫村。[33]战斗中，跟随在近卫骑兵第6师身后的骑兵第32师22点30分投入战斗，从东北方攻向普拉托诺夫村。经过一场激烈的夜战，两个骑兵师终于攻克了罗马尼亚人的两个支撑点。西面数公里处，近卫骑兵第5师也于次日清晨7点包围并夺取了敌人设在谢利瓦诺夫村和弗拉索夫村的支撑点。

因此，虽然克拉夫钦科坦克第4军约半数力量在11月19日夜幕降临前一路杀至克列普卡亚河畔的马诺伊林，但该坦克军的左路纵队和普利耶夫骑兵军主力仍在后方20公里处，为夺取罗马尼亚人设在库尔特拉克河河谷的四个支撑点而苦战，直至11月20日拂晓后不久。苏联方面对第21集团军的进攻提出批评，认为步兵第76和293师获得了坦克第4军左路纵队和近卫骑兵第3军主力的支援，却没能包围罗马尼亚第15步兵师部署在克列茨卡亚南面高地上的部队，这是因为在第65集团军左翼①遂行进攻的近卫步兵第27师没能及时克服罗马尼亚

---

① 译注：右翼。

第1骑兵师设在克列茨卡亚东南方的防御，以支援计划中的合围机动。[34]

　　尽管西南方面军第21集团军和顿河方面军第65集团军右翼部队的攻势，没能包围守卫罗马尼亚第3集团军与德国第6集团军第11军之间地域的罗马尼亚部队，但苏联方面的资料依然声称克拉夫钦科坦克第4军的半数力量取得了突出战果，他们攻入轴心国军队纵深防御35公里，使德军指挥部得出错误的结论，认为苏军这场攻势的重点是克列茨卡亚地域：

　　　其特点是，即便在战争结束许多年后写就的著作中，德方参战人员依然认为，顿河方面军的进攻是导致第6集团军和第4装甲集团军一部被围的主要突击。因此，I.维德尔［约阿希姆·维德尔］写道："俄国人发起进攻，立即给驻扎在我军左翼的罗马尼亚部队造成惨重打击。这发生在克列缅斯卡亚车站南面的顿河大弯曲部。"……但众所周知的是，第65集团军在克列缅斯卡亚车站南面发起打击，而导致第6集团军被围的进攻行动却是从西面发起的，也就是谢拉菲莫维奇镇。[35]

　　实际上，德国人对苏军攻势的最初反应支持了这种论点。例如，B集团军群起初发给海姆第48装甲军的命令要求德国第22装甲师和罗马尼亚第1装甲师赶往东北方的克列茨卡亚。直到11点50分才命令两个师更改方向，前往西北方的布利诺夫，拦截向南推进的苏军坦克第5集团军[36]。另外，第6集团军也采取了封闭克列茨卡亚"缺口"的措施，苏军坦克第4军和近卫骑兵第3军正从这个缺口穿过。首先，保卢斯将第14装甲师余部派往上布济诺夫卡，希望以这股力量加强第11军左翼并发起反冲击，消灭或至少遏制苏军在克列茨卡亚地域的攻势。其次，19日晨，保卢斯命令第14装甲军将第16和第24装甲师的快速部队西调，派往上布济诺夫卡与卡拉奇北面顿河河段之间地域，从而切断并阻止苏军第21集团军和坦克第5集团军快速部队向东南方的推进（参见下文）。

轴心国军队的应对

　　11月19日，第48装甲军和第6集团军都采取了措施遏止苏军推进。接到B集团军群攻向西北方克利诺夫（克利诺沃伊）的命令后，12点至16点，第48装甲军辖下的第22装甲师沿不同路线向北而去，这些路线从佩列拉佐夫斯基西面10公里处的大顿什钦卡地域（Bol'shaia Donshchinka）通往乌斯季梅德韦季茨基国营农场和佩夏内（佩夏诺夫斯基）。东面，罗马尼亚第1装甲师仍在赶往克列茨卡亚的途中，但最终在佩列拉佐夫斯基东北方15公里处的上切连斯基停下脚步，转身向西穿过佩列拉佐夫斯基北面17公里处的日尔科夫斯基。其先遣部队到达日尔科夫斯基西北方8公里处的208高地附近，刚好为罗马尼亚第14步兵师右翼团提供增援，抗击苏军坦克第26军的进攻。

16点左右，罗特上校第22装甲师的先遣部队（包括师属侦察营和一些反坦克炮）在乌斯季梅德韦季茨基南面2公里处的佩夏诺夫斯基附近遭遇苏军强大的坦克部队，但这股德军无法与罗马尼亚第1装甲师协调行动，因为夜幕降临前不久，德军与罗马尼亚军队之间的通信联络中断了。之所以发生这种情况，是因为苏军坦克第5集团军坦克第26军的先遣支队对罗马尼亚第1装甲师设在日尔科夫斯基的师部发起一场突袭，罗马尼亚人击退了苏军，但联络官的电台已被摧毁。此时，德军第22装甲师主力尚有约30辆可用的坦克。[37]

随之而来的一场激战从16点持续至18点后，约20公里宽的交战地域从普罗宁北面7公里处楚茨坎河畔的古森卡延伸，在卡拉谢夫跨过楚茨坎河，直至以下高地：从乌斯季梅德韦季茨基国营农场和佩夏内（农场南面2公里处）到日尔科夫斯基西北方20公里处208高地附近，即佩列拉佐夫斯基西北方33公里处至北面20公里处。从西向东部署的轴心国军队包括罗马尼亚第7骑兵师，该师从普罗宁地域向北、东北方攻击前进；德国第22装甲师，该师从南面和东南面进入该地域；罗马尼亚第1装甲师，该师从东面小心翼翼地进入这片作战地域。这些轴心国部队抗击的是苏军坦克第5集团军向南突击的单位，其中包括（由西向东）近卫步兵第47师的步兵；坦克第1军的坦克第89、第159、第117旅；坦克第26军的坦克第157、第19旅；步兵第119师。当天晚些时候，这股苏军还获得骑兵第8军3个师的加强。这场战斗是典型的遭遇战，各部队混杂其间，夜幕降临之前和之后，新部队从四面八方投入战斗。

希特勒认为海姆装甲军辜负了他的期望，并对此恼怒不已。情况已经很明显，第48装甲军没能阻止坦克第5集团军的发展，据说希特勒愤怒地命令凯特尔："立即召回这位军长，撕掉他的肩章，把他关进监狱。一切都是他的错！"海姆将军未经审判便被投入监牢。顺便说一句，两个多星期后的12月5日，希特勒特地花时间对第48装甲军的作战表现做出详尽的批评，旨在证明"俄国人之所以能从两翼合围罗马尼亚第3集团军，完全是［海姆装甲军的］彻底失败所致"。[38]冲动地指责别人符合人类的本性，但事实是，海姆装甲军的实力完全不足以完成这项任务。具有讽刺意味的是，正因为海姆装甲军阻截了坦克第5集团军的推进，才使得西南方面军的行动远远落后于计划时间表。

至少在24小时内，位于左翼的第48装甲军坚定了第6集团军对其防线稳固性的信心。正如基于德方资料的一本著作中指出的那样，自11月19日中午起，第6集团军将城外的问题交给第48装甲军，他们自己则把重点放在斯大林格勒城内的侦察活动上，书中指出："［11月19日］白天，第6集团军并未感觉到直接威胁，因而集团军司令部认为不需要采取果断措施。18点，集团军司令部报告，他们11月20日打算继续在斯大林格勒城内以各分队遂行侦察行动。"[39]

混乱的遭遇战在佩夏内地域肆虐之际，愈发担心的B集团军群18点30分又给海姆下达了一道命令，要求该军"遂行迟滞行动，鉴于集团军整条防线严重的事态发展，随后应脱离战斗，［向南］赶往彼得罗夫卡［佩列拉佐夫斯基西南方15—20公里处］东面的K线［库尔特拉克河］"。[40]尽管第6集团军认为谢拉菲莫维奇方向得到第48装甲军的掩护，但21点30分，B集团军群又给第6集团军下达了一道命令，再度重申该地域不断恶化的态势。电报中强烈建议第6集团军将重点从斯大林格勒城内的战斗转向西面，立即西调部队，应对顿河大弯曲部出现的威胁（参见副卷附录5C）。命令中特地提及以第14、第24装甲师、1个步兵师和强有力的反坦克部队掩护第6集团军左翼和西面的补给路线。[41]

11月19日一整天，甚至在接到集团军群的命令之前，第6集团军司令部的参谋人员似乎已对苏军异常猛烈的攻势深感不安。例如，19日8点30分，保卢斯已开始同他的参谋长阿图尔·施密特将军、第14装甲军作战参谋商讨当前的态势。他就集结机动部队西调和控制经卡利诺夫卡（Kalinovka）和卡拉奇西延至奇尔河地域的主交通线这两个问题征询他们的意见。虽然第14装甲军认为从斯大林格勒的战斗中脱身会遇到些问题，但同意将第16、第24装甲师、第295、第389装甲猎兵营和第244突击炮营调往西面，具体计划将于当天晚些时候拟定。同时，他们还通知第129炮兵指挥部、各补给和警卫单位、"泽勒"高射炮战斗群沿通往西面的主要补给路线部署。11点，他们又命令第403保安师第354掷弹兵团从莫罗佐夫斯基地域向北调动至沿奇尔河的铁路线，并要求他们特别留意苏罗维基诺地域。[42]

17点左右，保卢斯的副官威廉·亚当上校提出，他认为目前唯一的解决方案是将集团军撤向西南方。[43]但保卢斯甚至不愿考虑违背希特勒的命令。11月19日傍晚，更加令人震惊的报告发至第6集团军司令部。首先，第14装甲师（其先遣部队已进入上布济诺夫卡地域）报告，俄国人的坦克和骑兵在第6集团军后方的突破已达30公里深。第11军提交的报告证实了这一点：俄国人的坦克攻击了克列茨卡亚南面的罗马尼亚军队，迫使他们退却，该地域的德军后勤单位开始惊慌失措。

当晚晚些时候，保卢斯接到了B集团军群司令魏克斯的命令，要求他停止斯大林格勒城内的一切进攻，派第14装甲军率领4个师出城，掩护集团军遭受威胁的左翼。保卢斯随即与几位主要参谋人员商讨如何应对眼前的情况。[44]在这次会议上，第6集团军参谋长施密特将军向保卢斯呈交了已同其他高级参谋人员协商过的一系列建议（参见副卷附录5D）。其中，施密特提出派出第14装甲军，率领第16、第24装甲师的两个装甲团，以"强行军"赶赴顿河前线。到达指定位置后，他们将与第14装甲师从戈卢宾斯基西面的高地共同向西北方发起进攻，打击红军向南推进的侧翼，并将其歼灭。据说保卢斯将军批准了这些建议，并下达了相应的命令。[45]正如俄罗斯历史学家萨姆索诺夫指出的那样："了解这些［建议］的见证人证实了我们得出的结论，就算第6集团军司令部对苏军的反攻准备有所察觉，那也仅仅是个大致，他们既不了解突击的确切方向，更不知道突击的发起日期。"[46]

最后，11月19日深夜，遵照B集团军群的指示，第6集团军命令第14装甲师集结在第11军第376步兵师左翼，以上布济诺夫卡为中心，并将其控制的防区北延至克列茨卡亚东南方。另外，第177突击炮营将向北调动，以支援第8军，而第14装甲军军部和第24、第16装甲师将向西部署至第14装甲师左（南）翼的顿河大弯曲部，阻止苏军逼近顿河畔卡拉奇。第24装甲师将在苏哈诺夫斯基（Sukhanovskii）和叶鲁斯拉诺夫斯基（Eruslanovskii）地域就位，第16装甲师进驻利波洛戈夫斯基地域（Lipo-Logovskii）。11月20日8点至11月21日，这些部队将按照精确的时间表分成三个部分向西部署（参见副卷附录5E）。[47]

这一系列决定意味着继续遂行"什未林"行动已不复可能，该行动指的是第51军第79步兵师和提供支援的战斗工兵营对斯大林格勒城内"红十月"厂的突击行动。意识到这一现实，第6集团军辖下的第51军22点05分下达了116号军部令，这道命令结束了城内的作战行动，将部队调往西面，并重新部署编成内的部队（参见副卷附录5F）。[48]

第51军军长赛德利茨将军22点45分报告第6集团军："除了在火炮厂东面展开行动的突击部队，斯大林格勒城内的所有进攻行动立即暂停。第51军将立即撤出第14、第24装甲师和第244突击炮营，令其赶往卢钦斯科伊（Luchinskoi）的顿河大桥方向。"[49]

可是，B集团军群和第6集团军改变看法、将注意力转至第6集团军左翼的危机时，已为时过晚。正如汉斯·德尔少将正确指出的那样："11月19日发起反冲击的虚弱尝试被敌人阻拦后，一条通往遥远目标的道路就此敞开。"[50]这一事实很快得到了证实——斯大林格勒方面军11月20日晨发起了进攻。

总　结

苏联方面对"天王星"行动的评述，几乎都承认瓦图京西南方面军没能在11月19日完成其受领的任务，实际上，远远没有实现最高统帅部作战计划的苛刻要求。虽说坦克第5集团军和第21集团军设法在罗马尼亚第3集团军的前沿防御上撕开个大口子，但只有第21集团军的快速部队得以进入敌战役纵深。这些发展胜利的部队仅仅是坦克第4军三个坦克旅中的两个。基于以往的经验，如果德军投入装甲预备队，这股深入的苏军部队将沦为炮灰。但德国第6集团军缺乏重要的装甲预备队，实际上，他们没有任何规模的战役预备队。因此，第6集团军需要时间重新部署斯大林格勒城附近的装甲和摩托化部队，苏军恰恰利用这一点发展其胜利。

海姆第48装甲军担任罗马尼亚第3集团军的预备队，尽管接到的命令前后矛盾，但该军还是在坦克第5集团军两个坦克军的前进路线上部署了足够的力量，以迟滞对方的前进速度，再加上寡不敌众的罗马尼亚步兵实施的顽强抵抗，第48装甲军的三个师得以将苏军两个坦克军阻挡在浅近战役纵深，从而使红军势如破竹的发展战沦为一场复杂、耗时的遭遇战。克列茨卡亚地域的情况与之类似，罗马尼亚步兵和骑兵顽强抵抗，担任预备队的罗马尼亚第15步兵师及时投入，将苏军第21和第65集团军的步兵、骑兵部队遏制在战术纵深。因此，红军总参谋部对战役的实际进展含糊其辞，仅在其每日作战概要中写道，这支或那支部队"正按计划行事"。

基于11月19日发生的情况，11月20日和21日的一系列复杂战斗已然定型，这片广阔的交战地域从谢拉菲莫维奇和克列茨卡亚登陆场南部边缘向南延伸，直至奇尔河畔奥布利夫斯卡亚镇与顿河畔卡拉奇之间的奇尔河和顿河河段。第48装甲军集结起的部队和罗马尼亚第3集团军的残部卷入了这场战斗，在佩列拉佐夫斯基以西地域抗击坦克第5集团军前进中的步兵、骑兵第8军和坦克第1军，而在马诺伊林和上布济诺夫卡地域南延至卡拉奇及其北面的顿河河段这条宽大的通道内，他们抵御着坦克第5集团军坦克第26军、第21集团军坦克第4军和近卫骑兵第3军这些发展胜利的部队。

在这一连串纷乱的战斗中，第6集团军的命运岌岌可危，如果进攻中的苏军坦克和骑兵部队设法以足够的快速部队冲向卡拉奇及其前方的顿河河段，德国第6集团军就将面临被包围的厄运。

11月20日

西南方面军和顿河方面军右翼11月19日发起冲击，斯大林格勒方面军11月20日转入进攻。

在两天的战斗中，西南方面军和顿河方面军的突击群从谢拉菲莫维奇和克列茨卡亚向南突击，歼灭三个敌步兵师，前进了20—22公里，个别方向甚至达到30公里，同时抓获/缴获了2000多名俘虏、205门火炮和大量其他军用装备。

西南方面军守卫着右翼阵地，在其中央和左翼遵照计划遂行任务。

顿河方面军，11月20日遵照计划以右翼遂行任务，中央和左翼据守既有阵地，并实施了战斗侦察。

敌人未采取行动，［尽管］其飞机实施了侦察飞行。

红军总参谋部作战概要

1942年11月21日8点[51]

正如红军总参谋部每日作战概要所示，斯大林和最高统帅部对"天王星"行动的最终结果深感怀疑。因此，红军总参谋部仅仅提及西南方面军和顿河方面军取得的初步战果和斯大林格勒方面军加入反攻这一事实。个中含义留给读者们自行想象。

西南方面军和顿河方面军的任务

11月19日—20日夜间，瓦图京和罗科索夫斯基与辖内诸集团军司令员协商后，拟制出20日的作战任务。由于各突击部队19日的进展远远落后于"天王星"计划的要求，因此，这些新任务相当简单。实际上就是要求坦克第5集团军和第21集团军在左翼顿河方面军第65集团军的支援下，继续完成先前受领的任务（参见副卷附录5G）。

简言之，这些任务要求坦克第5集团军和第21集团军的步兵部队将罗马尼亚第3集团军第4、第5军主力包围在拉斯波平斯卡亚西南地域，并将罗马尼亚第3集团军的残部和德国第48装甲军的部队逐出卡拉谢夫、乌斯季梅德韦季茨基、佩夏内、佩列拉佐夫斯基北面的察里察河河谷、从克列茨卡亚南延至库尔特拉克河这片地域。因此，这股苏军将向西赶往克里瓦亚河，并向南前出至从车尔尼雪夫斯卡亚地域东延至普拉托诺夫村的库尔特拉克河河段。与此同时，两个集团军的快速部队将向东南方拓展攻势，包围德国第6集团军。在坦克第5集团军的作战地域，鲍里索夫和布特科夫的骑兵第8军和坦克第1军将协助集团军辖下的步兵师，把德国第48装甲军逐向南面的车尔尼雪夫斯卡亚地域和库尔特拉克河下游，而罗金的坦克第26军消灭罗马尼亚人设在克利诺沃伊东南方、阻挡其前进的支撑点后，也将向南推进，夺取佩列拉佐夫斯基。在第21集团军的作战地域，克拉夫钦科的坦克第4军将向卡拉奇北面的顿河河段推进，而普利耶夫的近卫骑兵第3军和后续步兵师将对上布济诺夫卡地域的德国第11军发起突击，并掩护坦克第4军不断延伸的左翼。

德军的防御措施

瓦图京和罗科索夫斯基拟制他们的计划时，轴心国军队的指挥官们竭力弄清形势，然后稳固态势。第6集团军继续调动兵力，0点55分，集团军作战参谋通知第11军："第177突击炮营将穿过上布济诺夫卡赶赴第11军防区。"[52]凌晨2点，派驻罗马尼亚第5军的德国联络官发电报给正进入第11军后方的第14装甲师，电报中称："第14装甲师，以及叶夫斯特拉托夫斯基—克列茨卡亚一线以东的所有部队立即转隶第6集团军。"[53]15分钟后，派驻罗马尼亚第5军的德国联络官又给第6集团军发去一封简短的电报，称"俄国人位于格罗姆基，坦克已突破至卡尔梅科夫［卡尔梅科夫斯基，马诺伊林西面11公里处］，罗马尼亚第5军正据守其防线。"[54]在此期间，B集团军群将罗马尼亚第9步兵师交给罗马尼亚第1军，将罗马尼亚第1、第2军交给卡尔·霍利特将军指挥的德国第17军，该军随后将从意大利第8集团军身后向东调动，准备投入战斗。[55]

11月20日拂晓到来时，第6集团军开始接到辖内各军的态势报告，总算稍稍捋顺了情况。例如，清晨6点，第11军报告，第384和第44步兵师对面之敌发起常见的破坏性炮击，该军已安排部队接替第44步兵师第132掷弹兵团，以便将该团西调，于当日晚些时候加强上布济诺夫卡地域的第14装甲师。[56]在该军受到威胁的左翼，罗马尼亚第1骑兵师第12团据守着洛戈夫斯基西南方的阵地，但敌骑兵集团和15辆坦克出现在库尔特拉克河河谷处谢利瓦诺夫以西地域，并发现另外一些敌集团跨过开阔地，冲向南面的马诺伊林。[57]

在此期间，第14装甲师的先遣部队已到达上布济诺夫卡，他们试图据守的防线一路北延至罗马尼亚第12骑兵团设在洛戈夫斯基西南方的阵地，并希望第44步兵师第132掷弹兵团及时赶到，稳定第11军左翼的防御。而第376步兵师报告说伤亡30余人。另外，派驻罗马尼亚第4军的德军联络组7点15分报告，俄国人的坦克位于卡尔梅科夫斯基地域的克列普卡亚河畔，距离佩列拉佐夫斯基已不到15公里。[58]这里提到的苏军坦克部队，很可能是坦克第4军两个先遣坦克旅中的一个。

最后，7点50分，第6集团军向B集团军群提交了一份态势总结报告。报告中提及第376步兵师位于克列茨卡亚东南方的左翼遭到苏军猛烈的炮击和步兵突击，苏军坦克和骑兵在洛戈夫斯基和普拉托诺夫一线发起猛攻，大股苏军一路向南，渡过库尔特拉克河，冲向马诺伊林。报告中确定编有1个骑兵团、1个炮兵连和坦克的苏军战斗群位于上布济诺夫卡西面，其他苏军支队位于第11军在上布济诺夫卡西南方，沿埃里克和罗什科（Roshko）一线构设的警戒线西面。阐述了气温为零度并伴有小雪和冰冻的气候状况后，这份报告又告诉B集团军群，根据集团军群前一天晚上下达的命令，其他部队正从斯大林格勒赶往受威胁地域（参见副卷附录5H）。[59]这些部队包括第14、第24装甲师一部、第295、第389装甲猎兵营和第244突击炮营。

正如报告中指出的那样，第6集团军只掌握着零零碎碎的信息，尚未充分意识到攻入其后方地域的苏军部队的规模，向西抽调部队的措施与苏军构成的威胁并不相称。伴随着当日上午的事态发展，更多、更可怕的消息传至第6集团军司令部，促使德国人立即采取进一步行动巩固其摇摇欲坠的左翼防线。例如，9点45分，按照保卢斯的指示，第51军军长赛德利茨通知"什未林"集群（第79步兵师）：

坚守既有防线的同时，应尽快抽调以下部队开拔：

1. 从"什未林"集群抽调：（a）第14装甲师的"赛德尔"战斗群，先前撤出的部队应于11月20日动身出发，（b）第24装甲师的"舍勒"战斗群。"什未林"集群就地解散。

2. 从第305步兵师抽调：第14装甲师的重型步兵炮应立即返回第14装甲师建制，不得延误。

3. 从第389步兵师抽调：第244突击炮营应于11月20日赶往卢钦斯科伊。第24装甲师突击连应迅速提供给"舍勒"战斗群。[60]

坦克第5集团军的推进

虽然苏军最高统帅部希望坦克第5集团军和第21集团军最终打垮罗马尼亚第3集团军的防御，并将这股敌军和第48装甲军的部队逐向南面的奇尔河和顿河，但这一点未能做到（参见地图15）。由于坦克第5集团军的当前任务是尽快前出至两条河流，其发展梯队（也就是坦克第1、第26军和骑兵第8军）将在

11月20日的战斗中发挥重要作用。可是，罗曼年科的快速部队充其量只取得喜忧参半的结果。布特科夫的坦克第1军和鲍里索夫的骑兵第8军仍被牵制在佩夏内和乌斯季梅德韦季茨基地域混乱的遭遇战中，这场战斗将持续至11月24日，而罗金的坦克第26军突破了罗马尼亚第3集团军残部的防御，只用了一天便将佩列拉佐夫斯基这个重要的道路枢纽拿下。

从拂晓起，坦克第1军便与骑兵第8军辖下的骑兵第55、第112师以及摩托车第8团并肩战斗，在佩列拉佐夫斯基西北方18—22公里处的乌斯季梅德韦季茨基国营农场和佩夏内地域，同罗马尼亚第14步兵师的残部和第48装甲军第22装甲师的坦克及摩托化步兵展开激战。这场交战仍是一场遭遇战，因为第22装甲师的部队不断从南面和东南面进入交战地域。此时，该师第204装甲团仍有约30辆坦克，这些坦克编成一个战斗群，由冯·奥佩尔恩–布罗诺夫斯基上校率领。[61]"奥佩尔恩"战斗群获得师属反坦克营、第129装甲掷弹兵团第1营和几个炮兵连的加强。

布特科夫的坦克军与骑兵第8军辖下的骑兵第55、第112师相配合，两个骑兵师在坦克军右翼的旧谢纽特金和卡拉谢夫地域展开行动，11月20日上午，坦克第1军以坦克第89、第159和第117旅向南发起进攻。该军设法前进了2公里，到中午时已将大半个乌斯季梅德韦季茨基国营农场拿下。可是，德军第22装甲师的部分部队在农场南面数公里处构设起新防御阵地，布特科夫的推进戛然而止。罗曼年科将军对坦克第1军的进展深感不耐，13点命令布特科夫将作战地域移交给鲍里索夫骑兵第8军的骑兵第55和第112师，向南绕过佩夏内至其东面，然后向南进军，赶往佩夏内以南30公里、库尔特拉克河畔及其南面的目标。尽管脱离德军第22装甲师的刺猬防御阵地时遭遇到一些问题，但坦克第1军还是在18点前将阵地顺利移交给骑兵第8军的两个师。该军随后为坦克加油，排成单路旅级纵队向南进击，21点30分到达乌斯季梅德韦季茨基国营农场3号农庄、小顿什钦卡村和大顿什钦卡村，分别位于佩列拉佐夫斯基西面10公里处和西南面10公里处。尽管如此，该军右翼部队还是没能与德军第22装甲师脱离接触。[62]夜幕降临时，第22装甲师报告，他们仍沿"大顿什钦卡村—191.2高地一线"抗击着苏军坦克部队。[63]

坦克第5集团军快速发展梯队中的最后一支单位是摩托车第8团，罗曼年

地图15 西南方面军的攻势: 1942年11月20日22点, 谢拉菲莫维奇和克列茨卡亚登陆场的态势

252

科将该团交给坦克第1军，用于反攻首日的作战行动。虽然该团11月20日上午在佩夏内地域下车参战，但当日下午，罗曼年科命令布特科夫将该团派往东面，因为被包围在拉斯波平斯卡亚地域的罗马尼亚部队有可能突围。于是，布特科夫命令摩托车团将主力集结在独立3号农庄和乌斯季梅德韦季茨基国营农场，派1个摩托车连、1个装甲车连、3辆坦克和1个反坦克歼击炮兵连赶往东面的日尔科夫斯基地域，支援集团军辖下将罗马尼亚部队包围在拉斯波平斯卡亚地域的步兵师。[64]

就在坦克第1军徒劳地试图绕过掘壕据守的德军第22装甲师之际，罗金将军的坦克第26军在其作战地域取得了更大的战果。遵照坦克第5集团军的要求，罗金命令坦克第157旅和摩托化步兵第14旅的几个营，在步兵第119师步兵的支援下，克服或绕过罗马尼亚人设在他前方和左翼的支撑点及其他障碍物，向纵深发展，打击敌军侧翼和后方，并夺取日尔科夫斯基和佩列拉佐夫斯基镇。此时，罗金坦克军辖下的坦克第216和第19旅正为近卫步兵第50师和步兵第119师左翼团提供支援，他们竭力遏制着被包围在坦克第5集团军左翼、察里察河以东地域的罗马尼亚部队（第5步兵师和第1装甲师）。

11月19日—20日夜间夺取了86号国营农场、独立3号农庄和乌斯季梅德韦季茨基国营农场后，坦克第26军坦克第157旅（现在由P.S.马胡尔少校指挥）于11月20日凌晨2点得到了摩托化步兵第14旅2个营的支援。摩托化步兵第14旅辖下的第三个营仍在北面支援坦克第19旅。获得步兵的掩护后，马胡尔的坦克旅向东南方疾进，消灭了沿途遇到的小股罗马尼亚部队。拂晓时，该旅的特遣部队在行进间发起进攻，一举夺取了佩列拉佐夫斯基北面7公里处的新察里岑斯基镇（Novo-Tsaritsynskii）。留下摩托化步兵第14旅的1个营据守该镇，马胡尔的坦克和其他摩托化步兵向南冲去，当日上午晚些时候对佩列拉佐夫斯基发起突击，坦克从北面和西面进攻，摩托化步兵则从东面展开行动。在此过程中，苏军特遣队消灭了罗马尼亚第5军军部，俘虏了大多数军部人员，还缴获大批文件。苏军这场突袭疾如旋风，一名本应向罗马尼亚第5军军部报到的德军联络官赶到时，却成了苏军坦克第26军军部的俘虏，20日中午，该军军部已在镇内开始运作。[65]苏军声称在佩列拉佐夫斯基之战中，除了俘获罗马尼亚第5军军部，还击毁8辆罗马尼亚坦克，俘虏1270名罗马尼亚士兵和155匹马，在附近的一条跑道上缴获3架无法使用的罗马尼亚飞机（击毁2架），还缴获了8个装有大批弹药和其他军用装备的仓库。[66]

佩列拉佐夫斯基落入苏军手中后，马胡尔的坦克旅向南推进3公里，16点逼近了库尔特拉克河畔的叶夫列莫夫斯基镇（Efremovskii），两个小时后从罗马尼亚守军手中夺取了该镇。该旅随即在镇内构设起全方位防御，等待坦克第26军辖内其他旅到来。苏军成功夺取新察里岑斯基镇和佩列拉佐夫斯基镇，还摧毁了罗马尼亚第1装甲师的后方勤务，导致格奥尔基将军的装甲师被孤立在日尔科夫斯基西北方和察里察河以东地域。

在此期间，在佩列拉佐夫斯基以北沿察里察河一线，菲利片科上校的坦克第19旅和摩托化步兵第14旅的1个营，正为争夺208.0高地（科罗特科夫斯基以西6公里处）的步兵第119师提供支援。夺取该高地后，坦克第19旅向东推进，前出至佩列拉佐夫斯基以北17—23公里、从日尔科夫斯基北延至科罗特科夫斯基（Korotkovskii）的察里察河西岸河段。击退罗马尼亚第1装甲师和第14步兵师残部从208.0高地攻向西北方布利诺夫斯基的企图后（他们可能想与向北推进的第22装甲师会合），苏军坦克兵和步兵继续向东推进，将罗马尼亚装甲师的一部隔断在日尔科夫斯基西北方，并前出至察里察河西岸。当然，由于被压制在佩夏内地域，第22装甲师的部队无法按计划行事。结果，格奥尔基将军只能在剩余坦克的加强下向东退却，并拟制了逃向西南方的计划。肃清察里察河以西地域的罗马尼亚部队后，菲利片科的坦克旅和摩托化步兵第14旅提供的支援营转身向南，11月21日晨在佩列拉佐夫斯基镇与坦克第26军军部及其主力会合。

罗金坦克第26军辖下的坦克第157旅和摩托化步兵第14旅夺取佩列拉佐夫斯基镇时，该军编成内的坦克第216旅正与近卫步兵第50师在坦克第5集团军最左翼战斗，继续进攻罗马尼亚第3集团军沿察里察河布防的部队。他们打算将这些敌军驱离察里察河，加入罗马尼亚军队在拉斯波平斯卡亚南面形成的集团。苏军的最终意图，是与正从克列茨卡亚地域沿库尔特拉克河及其北部地域向西推进的第21集团军步兵第277、第333师会合，彻底包围这一股敌军。

由于坦克第5集团军辖内部队已于11月19日打垮并消灭了罗马尼亚第13、第14步兵师师部，20日晨又将罗马尼亚第2、第4、第5军军部切断或驱散，罗马尼亚第3集团军只剩下一个完整的指挥机构：设在佩列拉佐夫斯基以西55公里、奇尔河畔博科夫斯卡亚镇的罗马尼亚第1军军部。11月20日清晨，罗马尼亚第6步兵师师长米哈伊尔·拉斯卡尔将军采取主动，将孤立在拉斯波平斯卡亚以南地域越来越多的罗马尼亚部队纳入他的麾下。"拉斯卡尔"集群编有罗马尼亚第5、第6、第15步兵师，以及第13、第14步兵师、"沃伊库"支队的残部。[67]新组建的"拉斯卡尔"集群控制的防区，西面以察里察河为界，从上福米欣斯基南延至日尔科夫斯基以南10公里处的新察里岑斯基；北面和东北面以顿河南面的高地为界，从谢拉菲莫维奇以南向南延伸，经拉斯波平斯卡亚至克列茨卡亚以西15公里处的格罗姆基以西地域；东南面和南面以库尔特拉克河为界，从上、下索洛马科夫斯基及其西部至日尔科夫斯基附近的察里察河。

据称，沿察里察河及其西部地域短暂而又激烈的战斗使格奥尔基的第1装甲师损失了25辆坦克，其中5辆R—2发生机械故障，至少4辆德制坦克和14辆R—2被击毁。罗马尼亚部队声称他们击毁苏军62辆坦克和61辆汽车，俘虏332名苏军士兵，但鉴于苏军进攻部队的规模，这些数字似乎过于夸大了。[68]至于德军第22装甲师，虽然不清楚其损失，但坦克数量肯定已经不到20辆，迫使该师只能依靠其步兵、炮兵和剩余的装甲运兵车。到目前为止，该师和罗马尼亚第14步兵师残部的顽强防御，很可能击伤、击毁了苏军坦克第1军的50辆坦克。

这样一个事实稍稍安抚了罗马尼亚人对这场战斗的批评：第48装甲军的部队牵制了苏军坦克第5集团军2个坦克军辖下6个旅中的3个，而罗马尼亚第1装甲师，连同第14、第5步兵师的残部，牵制住苏军的另外2个旅。实际上，德国和罗马尼亚部队共同牵制住苏军7个坦克旅中的6个，因为近卫坦克第8旅也卷入到佩夏内的战斗中。这样一来，只剩下坦克第26军坦克第157旅和摩托化步兵第14旅遂行罗曼年科11月20日晨赋予快速部队的"纵深突破"任务。[69]

苏联方面对当日作战行动的批评甚至比罗马尼亚人的评判更加严厉。首先，他们为佩夏内地域的交战申斥布特科夫的坦克第1军：

坦克第1军11月20日缺乏战果的主要原因是，该军没有将德军第22装甲师包围在乌斯季梅德韦季茨基地域，而是与对方展开一场旷日持久的战斗。为了解敌人的部署情况，最重要的是对方敞开的侧翼和防线上缺乏掩护的缺口，必须遂行不间断侦察，与友邻部队保持联系并了解他们所处的位置。但坦克第1军侦察行动不力，与坦克第26军坦克第157旅缺乏联系，对该旅的进展缺乏了解，这是坦克第1军卷入乌斯季梅德韦季茨基地域的交战，未将敌军包围的主要原因。[70]

坦克第26军也受到了批评，用苏联方面另一份战后评述的话来说，"坦克第26军用了一整天将敌人逐出佩列拉佐夫斯基地域，并同罗马尼亚第1装甲师展开战斗，但事实是，各罗马尼亚师得以利用我军行动的延误逃离第21集团军向南发起的打击。"[71]

坦克第5集团军的快速部队竭力从德国和罗马尼亚部队在佩列拉佐夫斯基以西的顽强防御中脱身，并开始向敌战役纵深发展时，瓦图京敦促坦克集团军辖下的步兵和骑兵部队迅速采取行动，包围并歼灭被绕过的罗马尼亚部队，赶往克里瓦亚河和奇尔河。位于集团军左翼的步兵第119师，左侧获得近卫步兵第50师、坦克第26军坦克第216和第19旅的支援，迅速转身向东，11月20日12点前出至察里察河，这片河段从日尔科夫斯基南面10公里处的新察里岑斯基至科罗特科夫斯基北面12公里处的上福米欣斯基。罗马尼亚第14步兵师的右翼团现在获得格奥尔基第1装甲师和罗马尼亚第5步兵师的加强，面对苏军的挤压，他们向东退过察里察河，进入了一个新出现的包围圈内。当日下午，苏军继续向东和东南方突击，2个步兵师面对着罗马尼亚第1装甲师和第6、第13步兵师残部组成的1个混编团几乎持续不断的反冲击和试探，被围的罗马尼亚部队徒劳地试图找到一条向西南方突围的路线。东面约35公里处，第21集团军步兵第63、第333师和提供加强的步兵第277师着手扩大坦克第4军取得的战果，他们转身向西，朝伊兹布申斯基（Izbushenskii）和下索洛马科夫斯基推进了2—12公里。坦克第5集团军步兵师构成的两只铁钳从西面而来，第21集团军的步兵师则从东面杀至，构成了包围、歼灭"拉斯卡尔"集群的威胁。

与此同时，在坦克第5集团军的中央地带，近卫步兵第47师在近卫坦克第8旅的加强下，从卡拉谢夫村沿楚茨坎河向西南方缓缓推进，这令罗马尼亚第7骑兵师措手不及，苏军夺取了分别位于卡拉谢夫西南偏南方6公里、9公里处的瓦尔拉莫夫村（Varlamov）和第二普罗宁村。当天下午早些时候，罗马尼亚骑兵正准备赶往东北方的旧谢纽特金村时，遭到苏军步兵和坦克的突袭。猝不及防的罗马尼亚士兵被苏军坦克旅的重型坦克打得四散奔逃。据近卫步兵第47师称，他们击毙了3000名罗马尼亚骑兵，还俘虏700人并缴获12门火炮。这场战斗彻底耗尽了罗马尼亚第7骑兵师的力量，日终时，该师退向旧普罗宁（Staryi Pronin），11月21日又撤往奇尔河畔的车尔尼雪夫斯卡亚。近卫步兵第47师的推进还迫使罗马尼亚第2军放弃了设在普罗宁附近的指挥部。

近卫步兵第47师夺取普罗宁并冲向西南方的车尔尼雪夫斯卡亚之际，位于坦克第5集团军右翼的师结束了战线上的僵持状态，迫使罗马尼亚第14步兵师左翼残部和罗马尼亚第1军较为新锐的第9步兵师勉强退往西南方的克里瓦亚河。当日中午获得坦克集团军第二梯队步兵第159师的加强后，位于左翼的近卫步兵第14师和骑兵第8军辖下的骑兵第21师，迫使罗马尼亚第9步兵师和第7骑兵师的1个加强团退守新防线，这条新防线从博利绍伊西南方14公里处的212高地延伸，经布利诺夫斯基以西10公里处的2号伏龙芝国营农场，至卡拉谢夫以西5公里处的古森卡村。次日清晨，在苏军坦克和步兵的追击下，罗马尼亚军队的残部撤至伊拉里奥诺夫（Illarionov）西面的奇尔河后。

第21集团军的推进

第21集团军11月20日晨恢复行动时，奇斯佳科夫将军最关心的是消除集团军前一天明显不均衡的进展（参见地图15）。克拉夫钦科坦克第4军的半数力量过度延伸至克列茨卡亚以南35公里处的马诺伊林地域，另一半力量和普利耶夫的近卫骑兵第3军，以及第21集团军提供支援的大多数步兵师，仍位于库尔特拉克河畔的叶夫斯特拉托夫斯基和普拉托诺夫地域，远远落在后方。他的集团军快速部队要想完成前出至顿河的任务，就必须抢在德军发动某种反突击封闭突破口前，打破克列茨卡亚南面的僵局。奇斯佳科夫知道德军第14装甲师的先遣部队已到达上布济诺夫卡地域。以往的经验还告诉他，尽管第6集团军辖下的其他装甲师（第16和第24装甲师）位于斯大林格勒，但他们很可能突然出现在克列茨卡亚地域。因此，奇斯佳科夫敦促、哄骗他的部下正确而又快速地完成受领的任务。

坦克第4军军长克拉夫钦科是一名经历过多次坦克战、经验丰富的老兵，他和奇斯佳科夫抱有同样的担心。因此，他要求麾下各旅全力向前推进，朝卡拉奇北面的顿河河段发起一场急行军。11月20日晨，坦克第4军编成内的坦克第69和第45旅从马诺伊林和克列普卡亚河畔的"五月一日"国营农场向南遂行侦察。可是，在后方25公里处，坦克第4军辖下的坦克第102旅和摩托化步兵第4旅仍与第21集团军步兵第76、第293师并肩作战，力图驱散罗马尼亚第4军辖下的第15步兵师和第1骑兵师，罗马尼亚人据守的阵地位于格罗姆基和从叶夫斯特拉托夫斯基东延至普拉托诺夫的库尔特拉克河河段。因此，除了坦克第4军的两个旅，第21集团军的整个突击群都滞留在了库尔特拉克河及其北面，除了步兵第293和第76师，还包括从第二梯队赶来加强第293师的步兵第277、第333师，另外还有普利耶夫的近卫骑兵第3军，该军已投入到支援步兵第76师的战斗中。[72]

当天昼间，步兵第76师（得到坦克第4军摩托化步兵第4旅和近卫骑兵第3军3个师的支援，第65集团军近卫步兵第27师位于其左侧）对罗马尼亚第1骑兵师设在普拉托诺夫南面的防御发起进攻，该骑兵师现已得到德军第14装甲师一个小股战斗群的加强。经过数小时激战，苏军终于打垮了守军，迫使他们退往东南方的新防御阵地。更西面，从库尔特拉克河畔的叶夫斯特拉托夫斯基北延至格罗姆基这片地域，苏军步兵第293师（获得坦克第4军坦克第102旅和步兵第333师的支援，步兵第63师位于其右翼）以2个步兵营和35—40辆T–34坦克对罗马尼亚第15步兵师的防御发起冲击。罗马尼亚人击退了苏军的数次进攻，并报告击毁5辆敌坦克，俘虏45名苏军士兵，但第15步兵师最终被迫放弃格罗姆基，向西撤往"拉斯卡尔"集群右侧的新防御阵地。[73]

刚一突破罗马尼亚人的防御，科舍列夫上校的坦克第102旅就立即向南，赶往克列茨卡亚以南30公里、克列普卡亚河畔的马约罗夫斯基农场附近，在那里同坦克第69和第45旅的支队会合，后者的主力仍在西南方8公里处的马诺伊林地域。克拉夫钦科巩固坦克第4军向顿河的发展时，日德科夫中校的坦克第45旅向西而去，在马诺伊林西面10公里处打垮了罗马尼亚第4军设在卡尔梅科夫斯基的指挥部。当天晚些时候，摩托化步兵第4旅也摆脱了库尔特拉克河南面的僵局，在马约罗夫斯基重新回到坦克第4军辖下。

坦克第4军身后约30公里处，获得"沃伊库"支队加强的罗马尼亚第1骑兵师策马突向西南方库尔特拉克河与克列普卡亚河之间，试图与罗马尼亚第3集团军重新建立起联系。但这一尝试失败了，他们的进攻被苏军骑兵（可能是近卫骑兵第3军的近卫骑兵第5师）击退。此后，罗马尼亚骑兵"混乱后撤"，向东退却时烧毁了第1机械化中队剩下的4辆R–1坦克。"沃伊库"支队编有第15步兵师的1个团、第13步兵师的残部和第1装甲师的摩托化100毫米榴弹炮单位，该支队也向东撤去，占据了德国第11军第376步兵师左翼的防御。[74]

第21集团军沿库尔特拉克河及其南面对罗马尼亚军队的防御发起进攻时，普利耶夫的近卫骑兵第3军终于加入到发展胜利的行动中。7点，切普尔金上校的近卫骑兵第5师发起突击，在谢利瓦诺夫和弗拉索夫村夺取了罗马尼亚人沿河构设的支撑点，随即向南发展。8点左右，近卫骑兵第5师遭遇并击败了一支由步兵、骑兵和30辆坦克组成的罗马尼亚部队对其左翼和中央的进攻，这片阵地从弗拉索夫村南面1.5公里处至谢利瓦诺夫村东南方5公里处的20号国营农场1号农庄。罗马尼亚方面的资料确认，这支部队的骑兵来自罗马尼亚第1骑兵师，步兵和R—1坦克隶属于"沃伊库"支队，并承认他们被苏军近卫骑兵第5师粉碎，随后向东南方逃去。

此后，坦克第4军辖下两个滞后的旅加快速度，重新回到军里时，普利耶夫的近卫骑兵第3军将谢利瓦诺夫和弗拉索夫村交给步兵第76师，随后向东南方进击，加入坦克第4军的发展行动，并掩护坦克军漫长的左翼。近卫骑兵第5师9点恢复前进，驱散了途中遇到的小股敌军。14点30分到达马约罗夫斯基后，该师继续赶往东面的上布济诺夫卡，在马约罗夫斯基东北方7公里处的切切罗夫峡谷（Checherov）附近遭到了一个罗马尼亚骑兵团发起的反冲击。该师辖下的近卫骑兵第20团击败了这一小股敌军，据称击毙150名罗马尼亚人，缴获800匹马。[75]近卫骑兵第5师继续前进，又遭到敌人的攻击，18辆敌坦克从190.3高地附近而来，13辆敌坦克从207.2高地杀至，他们显然是德军第14装甲师从上布济诺夫卡向西派出的。击退两股敌军的进攻，并给对方造成"严重损失"后，切普尔金的骑兵师撤入切切罗夫峡谷休整，并实施重组。

在此期间，别洛戈尔斯基上校的近卫骑兵第6师，与步兵第76师相配合，攻克了罗马尼亚人设在普利托诺夫村东北方、库尔特拉克河畔普拉托诺夫农场的支撑点，抓获180名俘虏。别洛戈尔斯基师随后与骑兵第32师会合，向东南方发起缓慢而又稳定的推进。普利耶夫12点赋予他们的任务是夺取上布济诺夫卡西北方10公里处的斯韦奇尼科夫斯基，然后与近卫骑兵第5师会合，对德军设在上布济诺夫卡的防御发起突击。在先遣支队的率领下，两个骑兵师向东南方追击敌人，23点攻克了斯韦奇尼科夫斯基。11月20日—21日夜间，普利耶夫的三个骑兵师准备进攻并夺取上布济诺夫卡的德军支撑点，希望以此打垮德国第11军左翼的防御。

克拉夫钦科的坦克第4军和普利耶夫的近卫骑兵第3军冲向上布济诺夫卡时，第21集团军的步兵部队加强了他们在克列茨卡亚南面控制的突破地带。肃清库尔特拉克河河谷的罗马尼亚部队后，步兵第293师从罗马尼亚第15步兵师手中夺取了格罗姆基，随即将该地域交给提供支援的步兵第333师，16点前进入弗拉索夫村西面10公里、库尔特拉克河畔叶夫斯特拉托夫斯基以西地域。在步兵第293师右翼加入战斗后，步兵第333师向西南方推进，16点前进入克列茨卡亚西南偏西15公里处的上索洛马科夫斯基地域。位于两个步兵师右侧的步兵第63师已攻向格罗姆基北面，现在，这三个步兵师形成了包围罗马尼亚第3集团军"拉斯卡尔"集群的东钳。[76]

第65集团军的推进

虽然奇斯佳科夫第21集团军顺利扩大了突破，并投入快速部队遂行纵深发展，但在顿河方面军右翼和奇斯佳科夫左翼实施进攻的巴托夫第65集团军遭遇到了更多麻烦（参见地图16）。11月19日—20日夜间，巴托夫集团军的战线向西拓展了30公里，从锡罗京斯卡亚北面的顿河南岸至克列茨卡亚以东15公里处的洛戈夫斯基北接近地，再向南延伸14公里，直至克列茨卡亚东南方15公里处的奥列霍夫斯基（Orekhovskii）西郊。据守这片地域的是德国第6集团军辖下的第11军，他们在锡罗京斯卡亚、布利日尼亚佩列科普卡、奥辛基（Osinki）、洛戈夫斯基和奥列霍夫斯基构设起加强支撑点。巴托夫的部队必须逐一攻克这些支撑点，从而突破第11军的战术防御。

第65集团军11月19日的突击行动仅稍稍影响了德军设在洛戈夫斯基和奥列霍夫斯基的防御，这两处都是经过强化的筑垒地域。奥列霍夫斯基是个尤为坚硬的"硬核桃"，因为该镇从北面到西南面的接近地都得到高地的掩护。19

日日终前，第21集团军步兵第76师已将奥列霍夫斯基西南方16公里处的207.8高地拿下，而格列博夫上校在第65集团军最右翼遂行突击的近卫步兵第27师，攻克了分别位于奥列霍夫斯基西南方12公里、南面7公里处的219.3高地和232.2高地。近卫步兵第27师左侧，梅尔库洛夫上校的步兵第304师在I.I.亚库博夫斯基上校坦克第91旅的支援下，从西北和东北面对奥列霍夫斯基反复发起冲击，但收效甚微。不过，步兵第304师第807团的一个营在切博塔耶夫少校的率领下，成功夺取了镇中心西面2公里高地上的202.2里程碑。[77]

11月19日—20日夜间，巴托夫和他的参谋人员拟制了一份新计划，以扩大第807团的有限进展。经过一番长时间讨论，他们决定组建一个快速集群，扩大步兵第304师在奥列霍夫斯基外围廓夺得的立足点。这个突击群编有亚库博夫斯基坦克第91旅的T-34和重型KV坦克，冲锋枪手攀附在坦克上，外加搭乘卡车的4个步兵营，卡车拖曳的火炮将为进攻行动提供炮火支援。巴托夫选中G.I.阿尼西莫夫上校指挥这个快速集群，担任过师长的阿尼西莫夫曾在争夺叶尔佐夫卡地域的战斗中有过出色表现。阿尼西莫夫的快速集群将跟随步兵部队拓展第807团在奥列霍夫斯基外围廓取得的突破，然后全力深入德军后方。向前推进的该集群首先应夺取奥列霍夫斯基东南方30公里处的上戈卢巴亚（Verkhne-Golubaia），然后攻占顿河北岸的阿基莫夫斯基（Akimovskii），进入德军第11军据守锡罗京斯卡亚正南方地域之部队的后方。巴托夫组建这个快速集群时面临的最棘手的问题是：如何将从事步兵支援任务的坦克抽调出来。11月20日晨，他完成了这番调动，下午早些时候，阿尼西莫夫集群准备投入行动。此时，该快速集群还获得了空军第16集团军和集团军炮兵多管火箭炮的支援。

巴托夫的进攻计划要求位于集团军中央和右翼的近卫步兵第40师和步兵第23师，分别对布利日尼亚佩列科普卡与锡罗京斯卡亚之间的145.0高地和奥辛基支撑点发起冲击，将德军的注意力和预备队从集团军主要突击地点引开。与此同时，梅尔库洛夫的步兵第304师将对洛戈夫斯基和奥列霍夫斯基发起冲击，切博塔耶夫的步兵第807团引领向后者的突击；格列博夫的近卫步兵第27师将从奥列霍夫斯基西南方的219、232高地向东推进。巴托夫还命令舍赫特曼上校的新锐步兵第252师（该师已于前一天夜间渡过顿河进入登陆场）于战斗

地图 16　1942 年 11 月 20 日 22 点，西南方面军和顿河方面军的推进

达到高潮时，在步兵第304师与近卫步兵第27师的结合部投入战斗。步兵第252师将沿切博塔耶夫少校步兵第807团的突击方向及其南部穿过奥列霍夫斯基。阿尼西莫夫的快速集群编有约45辆坦克，他们将穿过步兵第252师的作战队形向前推进，迅速突破罗马尼亚人的防御，开始发展胜利。此时，据守奥列霍夫斯基地域的是罗马尼亚第1骑兵师第1、第2团，并获得德国第11军第376步兵师援兵的加强，很可能还有第14装甲师的几辆坦克。

11月20日拂晓后不久，第65集团军编成内的步兵第304师和近卫步兵第27师投入进攻，在数小时的激战中深入罗马尼亚部队的防御。10点左右，舍赫特曼上校的步兵第252师在两个师的结合部发起冲击，一举突破罗马尼亚人的前两道防御阵地。12点后不久，阿尼西莫夫的快速集群投入战斗，穿过进攻中的步兵，开始发展胜利。这场突击迅速而又突然，11月20日夜幕降临前，阿尼西莫夫的坦克和步兵前进了23公里，进入第11军左后方。驱散或消灭罗马尼亚和德国的小股后勤单位后，亚库博夫斯基夺取了奥西金斯基附近的一条跑道，并报告击毁42架德军飞机（这是个不幸的夸大）。阿尼西莫夫搭乘卡车的步兵突入德军第44步兵师师部附近的戈卢宾斯卡亚镇（Golubinskaia），给德军后方造成了恐慌，据报，他们还俘虏了一所德军战地医院。虽说这场突袭的影响很短暂，但加上坦克第4军和近卫骑兵第3军更深的推进，这一切促使德国第11军相信，位于顿河大弯曲部的防御阵地已经摇摇欲坠。[78]

阿尼西莫夫的快速集群遂行纵深突袭，进入德军第11军左后方时，面对罗马尼亚第4军第1骑兵师和德国第11军第376步兵师的顽强防御，第65集团军辖下的步兵第252、近卫步兵第27和步兵第304师向东南方推进了2—4公里。此时，德国第11军军长、步兵上将卡尔·施特雷克尔正以第44步兵师第132团加强该军受到威胁的左翼，并从奥列霍夫斯基以南20公里、第14装甲师设在上布济诺夫卡的支撑点调来坦克。次日，巴托夫突击群的步兵师对阿尼西莫夫的突袭加以扩大，攻占了洛戈夫斯基、奥列霍夫斯基的剩余部分和奥辛基。

近卫第1集团军的冲击

11月20日，罗曼年科坦克第5集团军和奇斯佳科夫第21集团军的部队承担起瓦图京西南方面军最为繁重的任务，并获得顿河方面军第65集团军的有力支援。列柳申科的近卫第1集团军则不然，该集团军受领的任务是在罗曼年科集团军遂行纵深发展时，确保并掩护坦克第5集团军的右翼。11月19日，坦克第5集团军近卫步兵第14师发起冲击，结果被罗马尼亚第2军第9步兵师的防御所阻，近卫第1集团军试图为其提供协助，因而以步兵第203师发起一场突击，进攻地域从克里瓦亚河畔的伊阿戈德内东延至3号国营农场。但是，面对罗马尼亚第1军第11步兵师的坚决抵抗，这场突击失败了。11月19日的失利极为惨重，以至于列柳申科的部队不肯在20日再度发起冲击，而是依靠坦克第5集团军的进攻削弱罗马尼亚人的防御。一些资料称这场失利是列柳申科没有及时投入近卫机械化第1军所致，但列柳申科实际上执行的是瓦图京的命令——将强有力的机械化军留待"天王星"行动发展为"土星"行动时使用。

轴心国军队的应对

　　罗马尼亚第3集团军在"天王星"反攻的头两天遭到重创。到11月20日中午，集团军辖下的4个军部中已经有3个被消灭或被打散，在谢拉菲莫维奇南面，第6、第5、第15步兵师已编入"拉斯卡尔"集群。拉斯卡尔是一位声望卓著的将领，也是个顽强的斗士，1942年6月和7月初，他的师在塞瓦斯托波尔围困战期间有过出色表现。"拉斯卡尔"集群组建时理应隶属于第48装甲军，但他们之间没有建立起联系。如果向西南方发起一场齐心协力的突围，"拉斯卡尔"集群完全有可能逃出包围圈，但根据身处罗斯托夫的施泰夫莱亚将军的建议（此时苏军坦克第26军正在占领佩列拉佐夫斯基地域），希特勒断然禁止这种突围。[79]因此，苏军坦克第26军11月20日夜间突入战役纵深，冲向顿河畔卡拉奇时，突围的良机就此丧失，"拉斯卡尔"集群最终被歼灭的命运已定。

　　罗马尼亚第3集团军右翼，克列茨卡亚登陆场南面，苏军第21和第65集团军的4个步兵师（前者的步兵第76和第293师，后者的步兵第304和近卫步兵第27师）发起向心突击，攻入"拉斯卡尔"集群后方，粉碎了罗马尼亚第4军第13步兵师的右翼和第1骑兵师的左翼及中央。可是，第21集团军坦克第4军的半数力量穿过缺口，深入罗马尼亚人后方时，罗马尼亚第15步兵师（其师部设在克列茨卡亚以西25公里处的戈洛夫斯基）从其预备阵地迅速前调，与第1骑兵师在苏军初期突击中幸免于难的部队和小股"沃伊库"机动支队共同承担起守卫克列茨卡亚缺口的任务。在库尔特拉克河一线遂行顽强防御后，面对苏军的重压，第15步兵师与第13步兵师残部和"沃伊库"支队被迫撤离，将防线调整至西南方索洛马科夫斯卡亚峡谷西脊，以掩护"拉斯卡尔"集群的右翼和后方，并等待第48装甲军可能的接防。

更东面，罗马尼亚第3集团军最右翼，第1骑兵师和"沃伊库"支队终于被苏军第21集团军近卫骑兵第3军和第65集团军推进中的步兵师逼退，他们向东调整防线，以掩护奥列霍夫斯基接近地。在此过程中，他们转隶德国第6集团军第11军，没过几天便陷入斯大林格勒包围圈内。

谢拉菲莫维奇以南是罗马尼亚第3集团军最重要的防御地段，在这里，担任预备队的罗马尼亚第1装甲师和第7骑兵师已转隶第48装甲军。但是，11月20日日终前，第48装甲军辖下的罗马尼亚第7骑兵师和德国第22装甲师已卷入从卡拉谢夫东延至大、小顿什钦卡村这片地域的激战中，而格奥尔基的罗马尼亚第1装甲师结束了察里察河畔日尔科夫斯基地域的战斗，被困在拉斯波平斯卡亚以南的包围圈内，位于"拉斯卡尔"集群南部。此后，第48装甲军指示第1装甲师向西南方突围，在顿什钦卡地域加入该军。但罗马尼亚第1装甲师无法做到这一点，因为突围路线已被苏军坦克第5集团军步兵第119和近卫步兵第50师、坦克第26军坦克第19和第216旅堵住，这些苏军还得到1个76毫米反坦克歼击炮兵团和集团军直属的1个喷火坦克营的加强。虽然格奥尔基的部队在中察里岑斯基（Sredne–Tsaritsynskii）的察里察河西岸夺得一片4公里宽的登陆场，但他们没能突破至德军第22装甲师身旁，在此过程中还损失了25辆坦克。

与此同时，罗马尼亚第3集团军中央地带，第48装甲军编成内的第22装甲师和罗马尼亚第14步兵师的残部试图摆脱苏军坦克第5集团军位于佩夏内和乌斯季梅德韦季茨基地域的部队，向南退往安全处。可是，崎岖的地形，加之苏军发起的坚决追击，挫败了该师逃脱的企图。遭到围攻的第22装甲师无法彻底脱离战斗，只后撤了10—15公里，进入佩列拉佐夫斯基以西10—15公里处的大、小顿什钦卡村地域。该师的表现充其量只能说牵制了鲍里索夫骑兵第8军的2个师和布特科夫坦克第1军的主力，使其无法发展胜利。但在此过程中，德国人失去了同罗马尼亚第1装甲师的联系，后者被切断，在日尔科夫斯基及其北部的包围圈中面临着全军覆没的厄运。

　　罗马尼亚第1军辖下的第7、第11步兵师部署在第3集团军左翼，他们对自己11月20日的作战表现深感自豪。该军与右翼第9步兵师的残部相配合，抗击着苏军近卫第1集团军的部队和坦克第5集团军近卫步兵第14师，只是在迫不得已的情况下稍稍退却。实际上，罗马尼亚人的抵抗的确非常顽强，罗曼年科无计可施，只得将担任预备队的步兵第159师投入战斗。另外，罗马尼亚第9步兵师和第11步兵师的一部还发起一场殊死的反冲击，意图将苏军逐回普罗宁北面的楚茨坎河，此举迫使坦克第5集团军以骑兵第8军辖下的骑兵第21师加强在普罗宁西面和西北面作战的步兵师。但是，这股获得加强的苏军部队，在坦克第1军少量坦克的支援下发起了一场协同一致的进攻，最终逼退了罗马尼亚第7骑兵师，罗马尼亚第1军的右翼敞开了，第9和第11步兵师被迫后撤。

　　至于第6集团军，由于其左翼的第11军有可能遭到包围，因而11月20日的重点在于加强辖内遭受威胁的军，更重要的是找到并集结可向西部署的装甲力量，以阻止苏军快速部队从谢拉菲莫维奇或克列茨卡亚登陆场向南发展突破、进入集团军深远后方（顿河）的企图，可以明确的是，这些装甲力量将优先分配到克列茨卡亚地域。因此，第6集团军继续从斯大林格勒城内的战斗中撤出部队，并把他们派往西面。

　　抽调出的部队中最重要的是第14装甲师，该师坦克单位已于11月19日调至上布济诺夫卡地域支援德国第11军。但是，正如该师师史作者所写的那样，经过斯大林格勒废墟中代价高昂的战斗后，11月19日的第14装甲师只剩下一具空壳。虽然师里的第36装甲团已脱离战斗接受休整和补充，目前尚有约30辆坦克，但该师的两个装甲掷弹兵团目前都只剩下1个营，摩托车营也只剩下连级力量（参阅副卷附录5I）。[80]

　　保卢斯将军11月20日做出的最重要的决定是向西派出一支强有力的部队，抢在苏军到达顿河前挡住其北钳。他在11月20日14点45分发给辖内各军的一封电报中透露了这个计划（参阅副卷附录5J）。这封电报首先简要介绍了当前态势，并特别指出苏军在罗马尼亚第3集团军防线上达成突破的地段，然后命令辖内各部队停止斯大林格勒城内的进攻行动，将部队西调，首先"应组织一条防线"，尔后"从该防线向西……发起一场进攻"。具体说来，第51军应接防第14装甲军在城内的作战地域，第8军和第11军应遵照命令据守既有阵地，并抽调预备队派往第14装甲军。更重要的是，第14装甲军军部设在卡拉奇西北方35公里处的苏哈诺夫，该军负责掩护从第11军左翼向南延伸的集团军西翼，并以第403保安师第354掷弹兵团掩护从奥布利夫斯卡亚西面的帕尔钦（Parchin）东延至奇尔河车站的铁路线。最后，保卢斯将第16、第24装甲师、第295、第389装甲猎兵营、第244突击炮营和第129炮兵指挥部交给胡贝将军的第14装甲军。[81]

因此，保卢斯的计划要求各装甲师一字排开，从洛戈夫斯基南延至斯克沃林（Skvorin）的利斯卡河（Liska），以保安部队掩护奇尔河北面的主铁路线。他所要做的是尽快将足够的兵力向西调动，阻挡西南方面军庞大的力量。考虑到斯大林格勒城内两个月的激战给这些曾经自以为豪的装甲师造成的减员，这是一项毫无意义的任务。

德军11月20日20点的战役态势图表明，第11军辖下的第376步兵师以第673、第672和第767团据守着从洛戈夫斯基东延至布利日尼亚佩列科普卡的防区。但是，该师别无选择，必须奉命抽调援兵，于是，第767团至少抽出一个营，加强罗马尼亚第1骑兵师位于西面的防御。此时，该骑兵师辖下的第12、第1、第2团正竭力抗击苏军第65集团军的进攻，守卫着从洛戈夫斯基南延至奥列霍夫斯基的防区。另外，遵照第11军军长施特雷克尔将军的命令，第44步兵师第132团和第384步兵师第534团正赶往克列茨卡亚东南偏南方32公里处的上布济诺夫卡地域，加强第14装甲师的战斗群。

更南面，第14装甲军刚刚获得的部队正从斯大林格勒向西调动，预计将在11月20日—21日夜间的某个时刻到达。这些部队包括：

· 第24装甲师——赶往卡拉奇西北方33公里处的苏哈诺夫斯基地域，地图上所画的一片鹅蛋形阵地；

· 第16装甲师——穿过大纳巴托夫斯基和小戈卢宾斯基，赶往卡拉奇北面18—25公里处的利波洛戈夫斯基地域（待罗马尼亚第1骑兵师脱离奥列霍夫斯基地域的战斗后，有可能为第16装甲师提供加强）；

· 第3摩步师——经大罗索什卡（Bol'shaia Rossoshka）向西调动，赶往卡拉奇，11月21日—22日前控制顿河大桥。

第14装甲师（获得第44步兵师第132团和第384步兵师第534团）、第24装甲师、第16装甲师和第3摩步师都在第14装甲军编成内作战，他们的任务是遏止西南方面军的坦克大军。这些师到达并渡过顿河时，在第6集团军的作战地图上看似威风凛凛，实际上，他们的实力已大不如前，不过是仓促集结起来的营级或多营级战斗群，每个师只有30—35辆坦克。

与此同时，在斯大林格勒城内，赛德利茨的第51军22点50分下达了117号军部令。虽然承认西面出现的危机，但该军顽固地在燃烧的城内继续遂行作战行动：

强大的敌军部队已在西面友邻集团军的防区达成深远突破。必须估计到敌人会试图以其坦克部队扩大突破。集团军已在暂停斯大林格勒城内进攻的情况下采取反制措施。第51军将中止斯大林格勒城内的进攻，组织起自身的防御，控制通过激战夺取的所有前沿阵地。

第305步兵师［获得第245突击炮营的加强］应继续以突击队作战，直到彻底歼灭被紧密包围在火炮厂以东地区的敌军集团……

第389步兵师应做好进攻准备，与第305步兵师相配合，夺取"红楼"。另外，火炮厂以东的敌军集团就歼后，该师必须遂行侦察行动，以接管第94步兵师南部防区自奥尔洛夫卡河口以下的区域。[82]

总结

与前一天的情况相同，11月20日，瓦图京西南方面军的兵力又一次不足以完成其受领的任务。在谢拉菲莫维奇地域，坦克第5集团军坦克第1军的发展行动被德国第48装甲军第22装甲师的介入彻底挫败。通过巧妙地部署其装甲车和少量坦克，罗特装甲师进行的战斗，远比其实际力量所能保证的更加有效。除了造成布特科夫坦克第1军的进展不足20公里外，罗马尼亚步兵还与罗马尼亚第1装甲师的坦克相配合，导致罗金坦克第26军只取得约25公里的进展。苏军坦克第1军最终实施机动，设法绕过第22装甲师的右翼时，又在距离其目标（库尔特拉克河下游）不远处停顿下来，而鲍里索夫骑兵第8军三分之二的力量卷入到乌斯季梅德韦季茨基和佩夏内地域的战斗中。更糟糕的是，当日日终前，只有坦克第26军坦克第157旅和摩托化步兵第4旅完成了他们受领的任务——夺取佩列拉佐夫斯基地域。可是，完成这项任务后，罗金坦克军为集结部队并加强镇周围的防御阵地耗费了太多时间。

与此同时，在西面，混乱的罗马尼亚第7骑兵师实施了一场顽强抵抗，将苏军坦克第5集团军近卫步兵第47师和骑兵第8军骑兵第21师牵制在距离其目标不远处。但由于严重减员，加之疲惫不堪，最终迫使罗马尼亚骑兵们脱离战斗，退向西南方的奇尔河。

更东面，苏军第21和第65集团军位于克列茨卡亚的作战地域内（西南方面军左翼，顿河方面军右翼），克拉夫钦科的坦克第4军和普利耶夫的近卫骑兵第3军终于使其部队进入敌战役纵深，加之第65集团军临时组建的快速集群发起的戏剧性突袭，坦克第4军和近卫骑兵第3军在克列茨卡亚取得的战果具有两个积极意义。首先，他们将德国人的注意力吸引至这片地域，其次，他们促使德国第6集团军开始商讨这样一种可行性：将第11军撤至更加牢固的防线。

虽然取得了这些战果，但苏联方面对整场反攻行动的评述指出一个主要缺点：由于西南方面军和顿河方面军编成内的空军第17和第16集团军没能为进攻部队提供必要的空中支援，敌机似乎可以不受惩罚地对坦克第5集团军和第21集团军的快速部队发起打击。

11月20日，斯大林格勒方面军发起进攻

如果说西南方面军和顿河方面军发起的攻势使希特勒、B集团军群的魏克斯、罗马尼亚第3集团军的杜米特雷斯库和德国第6集团军的保卢斯乱了章法，那么，叶廖缅科斯大林格勒方面军11月20日发起的进攻则造成了灾难性的恶劣态势。发生这场灾难最重要的原因是，罗马尼亚第3集团军好歹有一个装甲军充当预备队，而霍特将军的第4装甲集团军却只有1个师担任预备队，即第29摩步师。这个原因，再加上第4装甲军辖下的2个罗马尼亚军虚弱不堪，导致霍特从一开始就基本无力维持其防御。

如表25和副卷附录5A所示，第4装甲集团军负责守卫的防区宽约300公里，从斯大林格勒城南郊向南延伸，经伏尔加河以西的湖区至阿斯特拉罕西面的埃利斯塔地域。霍特共有110000名将士守卫这片广阔的区域，分别隶属于经

验丰富的德国第4军（德国第371、第297步兵师和罗马尼亚第20步兵师）、罗马尼亚第6军（罗马尼亚第2、第18、第1、第4步兵师）、罗马尼亚第7军（罗马尼亚第5、第8骑兵师）、德国第16摩步师（掩护装甲集团军漫长的左翼）和德国第29摩步师（位于斯大林格勒西南方，担任预备队）。由于集团军实力太弱，无法守卫如此广阔的防线，霍特将麾下三个军中的两个、约半数力量集中在他认为最具威胁的地域——从斯大林格勒的库波罗斯诺耶南郊南延至巴尔曼察克湖中间，宽度约为90公里。即便如此，也只有德国第4军（该军位于苏军别克托夫卡登陆场对面32公里宽的防区上）辖下的各个师据守着一道拥有足够纵深的连贯防线。而罗马尼亚第6军的各个师只能据守支撑点防御，各支撑点之间的缺口相当大，虽然这些缺口据说得到了火力覆盖。

叶廖缅科斯大林格勒方面军的进攻计划要求第64、第57、第51集团军的突击群直接攻向第4装甲集团军65公里宽的防区，该防区从别克托夫卡西面的叶尔希南延至巴尔曼察克湖北岸。因此，叶廖缅科遂行进攻的兵力远胜于对手，步兵超过2比1，坦克数量约为8比1。不管怎样，斯大林格勒方面军的攻势将是一场不对等的战斗。

11月19日：准备

斯大林格勒方面军，我军部队11月19日击退了敌人在"街垒"厂附近发起的进攻……

第62集团军，北部集群（步兵第124、第149旅）在原有阵地上与敌人交火。

步兵第138师击退敌人1个步兵营和3辆坦克发起的数次进攻，继续坚守既有阵地。该师在极其困难的条件下作战。由于冰流猛烈，无法将弹药和食物运过伏尔加河，为该师提供再补给。运送弹药和食物的任务只能由飞机执行。11月19日为该师提供了10000发步枪子弹和若干箱食物。该师尚有250名战斗兵。

步兵第95师击退敌人1个步兵营11月19日16点30分从图瓦大街发起的冲击，并在燃油贮存库（"街垒"厂东南面）附近战斗。

集团军辖内的其他部队在原有阵地上与敌人交火。

第64、第57、第51和第28集团军继续坚守并加固他们的既有阵地。

红军总参谋部作战概要

1942年11月20日8点[83]

11月19日，瓦图京西南方面军和罗科索夫斯基顿河方面军投入辖内集团军进攻罗马尼亚第3集团军的防御时，叶廖缅科斯大林格勒方面军的几个集团军正忙着完成他们的进攻准备。该地域唯一的战斗发生在斯大林格勒城内，崔可夫第62集团军和舒米洛夫第64集团军继续实施坚决防御，并辅以侦察和突袭，以便将德国第6集团军和第4装甲集团军牵制在战斗中。为此，第62集团军步兵第138师继续在"街垒"厂东面顽强据守已遭到孤立的阵地，也就是所谓的"柳德尼科夫岛"。与此同时，步兵第95师竭力与崔可夫据守"红十月"厂、沿伏尔加河西岸向北延伸的狭长地带的部队，以及柳德尼科夫陷入困境的师恢复联系（参见副卷附录19A）。

斯大林格勒方面军的其他作战地域上，第64、第57和第51集团军的司令员们继续为进攻行动集结兵力，第57集团军11月19日—20日夜间实施了最后一场战斗侦察。正如本书第三章指出的那样，叶廖缅科辖内诸集团军横渡伏尔加河时严重延误主要是气候条件恶化所致，但也同运输工具（火车、驳船、卡车）短缺有关。因此，坦克第13军约三分之一的部队（连同他们的许多卡车）没能在规定时间内渡过伏尔加河，这一事实给该军的作战行动造成严重妨碍——进攻首日晚些时候，坦克第13军遭遇到德军第29摩步师。同样，类似的延误也使一些步兵部队无法将全部兵力投入战斗，将弹药和燃料运过伏尔加河送至别克托夫卡登陆场的工作也被耽搁。但在此阶段，鉴于斯大林格勒方面军对德国第4装甲集团军占据绝对兵力优势，这些延误不过是小小的不便而已。

11月20日

斯大林格勒方面军，11月20日突破敌人设在斯大林格勒城南面的防御后，歼灭2个敌步兵师，取得7—9公里进展。抓获/缴获敌俘虏和战利品……

斯大林格勒方面军占据了阵地，并在个别具有局部重要性的地段遂行战斗。

第62集团军继续坚守原先的阵地，以部分兵力击退小股敌军的进攻，11月20日与敌人交火。

步兵第138师击退了敌人1个连发起的进攻，继续坚守阵地。该师已没有弹药和食物。

集团军辖内的其他部队与敌人交火，并坚守自己的阵地。

第64、第57、第51和第28集团军遵照上级的计划展开行动。

红军总参谋部作战概要

1942年11月21日8点[84]

这份作战概要表明，即便到"天王星"行动的第二天，斯大林和他的高级军事领导人仍不愿透露斯大林格勒方面军作战地域内发生的情况，就像他们前一天对西南方面军和顿河方面军作战地域的态势发展保持沉默一样。总之，11月21日晨，苏联军方高层并不打算宣称赢得了何种胜利，除非其部队取得了重要、显而易见、不可逆转的战果。

尽管苏军高层一直缺乏信心，但斯大林格勒方面军还是在11月20日发起了进攻（参见地图17）。可是，恶化的气候导致进攻发起时间推延了2个小时。20日拂晓前不久，从北面而来的一股冷锋造成降雨、多云的气候条件，斯大林格勒及其南部的湖区大雾弥漫。没过多久，雨水转为降雪。与前一天西南方面军和顿河方面军遇到的情况一样，浓雾和低云使能见度降为200米左右，飞机无法升空，斯大林格勒方面军的炮兵也无法按计划于8点实施炮火准备，更无法对炮火加以调整。[85]此时，叶廖缅科将军待在托尔布欣将军第57集团军的前沿观察所里，这个观察所设在通杜托沃车站东南方5公里处的114.3高地上，他与最高统帅部取得联系，获准将炮火准备和突击行动推延至大雾消散。经过两次推延（每次一个小时），9点30分，叶廖缅科通知第57集团军，10点整发起炮火准备。与托尔布欣集团军遇到的麻烦一样，舒米洛夫将军的第64集团军直到14点20分才发起炮火准备。特鲁法诺夫将军第51集团军作战地域的气候条件稍好些，因而决定执行叶廖缅科的原定计划，7点30分发起炮火准备。

炮火准备的持续时间从40分钟到75分钟不等，由于大雾和降雨妨碍了观

地图 17 斯大林格勒方面军的攻势：1942 年 11 月 20 日 22 点的态势

察，只对预先确定的目标发起炮击。观察和调整的缺乏严重限制了炮火准备的有效性。天气条件也使空军第8集团军无法参与进攻准备并为地面部队的突击提供空中支援——当天下午，坦克第13军非常希望己方战机出现在空中。

虽然缺乏有效的炮火和空中支援，但除了第64集团军的作战地域，其他各处发起的步兵初步突击都进展顺利。因此，第57和第51集团军按照计划在中午前后投入了他们的快速部队。

第64集团军的突击

舒米洛夫将军的集团军14点20分展开75分钟的炮火准备，15点35分发起地面突击。[86]在坦克第13、第56旅约40辆坦克的支援下，步兵第157、第38、第204师沿12公里宽的地域向西发起突击，这片地域从伊万诺夫卡西面的切尔夫连纳亚河（Chervlenaia）北岸向北延伸至叶尔希东面。行动中，他们同第57集团军的突击群密切配合，第57集团军投入的是步兵第169和第422师，这两个师从切尔夫连纳亚河南部向西发起突击。第64集团军的3个突击师攻向德军第297步兵师第523团，该团据守着叶尔希镇及其周边的筑垒地域，另外还有罗马尼亚第20步兵师，该师的两个团守卫着从叶尔希南延至切尔夫连纳亚河北岸这片地域，第三个团位于第4装甲集团军第4军最右翼，据守着一片3公里宽的防区，从河流南岸至哈拉乌松（Khara–Uson）和通杜托沃车站。

除了叶尔希地域，舒米洛夫的突击部队在各处迅速取得进展。突击群右翼和中央地带，步兵第157和第38师取得4—5公里进展，较为轻松地克服了罗马尼亚第20步兵师左翼的前沿战术阵地。步兵第38师夺取了伊万诺夫卡以西4公里、切尔夫连纳亚河北岸的安德烈耶夫卡后，步兵第157和第38师向西、西北方推进，赶往别克托夫卡西南方10—18公里处纳里曼（Nariman）和亚戈德内（Iagodnyi）的接近地。可是，在突击群右翼，面对德军第297步兵师第523团在叶尔希及其北面的顽强防御，步兵第204师的进攻发生了动摇，尽管当天下午和傍晚发起多次冲击，但进展极其有限。

第57集团军的突击

当日最具戏剧性的进展发生在托尔布欣将军第57集团军的进攻地域。[87]10

点至11点15分，集团军实施了75分钟炮火准备，最后5分钟是"喀秋莎"火箭炮齐射。11点15分，突击群投入进攻，集团军远程炮兵开始将炮火向敌防御纵深延伸。[88]突击群编成内的步兵第143旅、步兵第422和第169师从左至右部署，沿8公里宽的作战地域发起突击，这片地域从库利图尔内（Kulturnyi）向北延伸，经哈拉乌松至切尔夫连纳亚河南岸的埃尔杰什金（Erdeshkin）。据守该地域的是罗马尼亚第20步兵师的右翼团和罗马尼亚第2步兵师，该师的实力令人沮丧，只有4个步兵营外加1个连。[89]苏军突击群从中央和右翼发起进攻，步兵第422和第169师分别获得坦克第235、第90旅共54辆坦克的支援。另外，在当日的进攻中，要么是叶廖缅科，要么是托尔布欣，决定以坦克第13军独立坦克第176团的28辆坦克加强步兵第422师的突击。有趣的是，此举违反了机械化和坦克部队的使用原则，按照规定，坦克部队应当完整投入，而不能以零零碎碎的方式从事支援步兵任务。[90]

在大批坦克的支援下，两个苏军步兵师12点前轻而易举地突破了罗马尼亚第2步兵师的防御，据称，产生"坦克恐慌症"的守军四散奔逃。到当日下午，两个师已取得6—8公里进展。步兵第422师与坦克第235旅和坦克第176团相配合，一举夺取了京古塔车站北面10公里处的"54公里"会让站，日终前到达科沙雷（Koshary）东郊。步兵第169师和为其提供支援的坦克第90旅同样进展顺利，先后攻克哈拉乌松、埃尔杰什金和纳里曼，当日下午到达铁路线以西3—5公里处绍沙峡谷（Shosha）东接近地。

与此同时，第57集团军突击群左翼的步兵第143旅发起进攻，在罗马尼亚第2与第18步兵师的结合部附近突破了罗马尼亚第6军的防御，随即转身向南，以夺取萨尔帕湖以西10—12公里处的莫罗佐夫（Morozov）村和霍米亚科夫（Khomiakov）村。他们的任务是与第51集团军近卫步兵第15师会合，该师正从京古塔东北方10—15公里处、卡缅斯基（Kamenskii）村附近、萨尔帕湖南面的沙利莫夫（Shalimovo）地域向西北方攻击前进。叶廖缅科希望以第57和第51集团军毗邻侧翼发起的这场钳形攻势包围罗马尼亚第2步兵师主力和第18步兵师左翼团。正如叶廖缅科预期的那样，两股突击部队会合，并于11月20日—21日夜间接受了被困在萨尔帕湖以西包围圈内的罗马尼亚军队的投降。第57集团军初步突击取得的胜利，使得罗马尼亚第2、第18步兵师的残部陷入了混乱。

　　按照托尔布欣将军的进攻计划，如果突击群2个步兵师的地面进攻取得胜利，塔纳希申上校的坦克第13军将于11月20日中午前后穿过哈拉乌松与库利图尔内之间5公里宽的突破地域，沿前进中的步兵第422和第169师的结合部发展胜利。11月10日—19日从塔季扬卡（Tat'ianka）和斯韦特雷亚尔（Svetlyi Iar）渡过伏尔加河后，该军将以两个旅级纵队组成的两路梯队投入战斗，机械化第62和第61旅从左至右部署在第一梯队，机械化第17旅位于第二梯队，跟随在第62旅身后。三个机械化旅各编有1个坦克团，分别是第17旅的坦克第44团、第61旅的坦克第176团、第62旅的坦克第163团，每个团拥有41辆中型、轻型坦克。另外，该军还有两个独立坦克团（第166和第35团），各有约35辆坦克。两个旅级纵队投入战斗时，相距3—4公里。[91]

　　可是，恶劣的天气给部队的重新部署造成延误，11月20日清晨，塔纳希申坦克军的三分之一仍在伏尔加河东岸，其中包括独立坦克第35和第166团。因此，叶廖缅科将该军投入战斗的时间推迟至当日晚些时候。另外，托尔布欣还抽调了该军机械化第61旅的坦克第176团以及军里的大部分车辆，将其交给步兵第422师，支援步兵的进攻。这就意味着坦克第13军进入突破口时，只有约78辆坦克，攀附在坦克上的步兵也只有三分之一。

　　遵照托尔布欣的命令，塔纳希申坦克第13军16点20分投入行动，但此时天色已晚，战场上的硝烟和悄然来临的夜色使该军很难穿越积雪覆盖的地形和不时打断单调平地的诸多峡谷和冲沟。[92]由于该军的大部分卡车被抽调，机械化步兵第61和第62旅的摩托化步兵们只能步行前进。但是，两个旅各自派出其摩托化步兵第1营，搭乘坦克第176和第163团的30辆坦克率领这场突击。每辆坦克搭载6—10名步兵，两个团排成连级纵队全速投入战斗，每个旅辖内另外两个摩托化步兵营的步兵们在身后步行跟进。

　　机械化第62、第61旅的坦克第163、第176团，以及步兵第169和第422师以这种多少有些笨拙的方式，越过了罗马尼亚第2步兵师退却中的残部，进入敌战役纵深。但是，由于大部分步兵依靠步行，坦克第13军的先遣坦克团朝西北方只取得10—15公里进展，夜幕降临前到达纳里曼东接近地，未能实现沿纳里曼、瓦尔瓦罗夫卡和拉科季诺方向推进30—40公里的计划。塔纳希申的先遣坦克团逼近纳里曼时，他的步兵远远落在坦克后方，整个军已过度拉伸。由于电台性能不佳或车组人员操作不善，前进中的各坦克排失去了相互间的联系，这给指挥控制工作造成极大妨碍。

另外，11月20日—21日夜间，机械化第62旅辖下的摩托化步兵第2营在黑暗中迷失方向，偏离了他们的进攻路线。该营没有跟随坦克第163团（机械化第62旅辖下的摩托化步兵第1营搭乘该团的坦克），而是向西赶往泽特（Zety）村，该村位于机械化第4军的作战地域内。因此，机械化第62旅最需要支援的时候，却无法得到援兵。德军第4装甲集团军利用坦克第13军进攻的延误和行军队列的过度拉伸，将担任预备队的第29摩步师投向对方的前进路线，引发了一场最引人注目的激战，并使斯大林格勒方面军本应取得胜利的进攻突然间受挫。德军第29摩步师偶然出现在苏军蔚为壮观的推进中，这是暗淡阴郁的一天中出现的一个亮点，为结束凄惨的后撤和沮丧提供了一丝希望。

11月19日—20日夜间，汉斯–格奥尔格·莱泽中将的第29摩步师位于卡尔波夫卡南面、切尔夫连纳亚河以西的集结区。这个较为新锐的师拥有59辆坦克（7辆二号、32辆三号、18辆四号、2辆指挥坦克），大部分隶属第129装甲营。该师正在休整，准备进军阿斯特拉罕，但进行野外训练时，突然接到了投入战斗的命令。是斯大林格勒方面军发起进攻后霍特将军通过电话与B集团军群取得了联系，还是他主动采取了行动，这一点不得而知，但10点30分，霍特命令莱泽师，待苏军快速部队逼近纳里曼时，从南面对其左翼发起打击。

第29摩步师连续发起进攻，先打击第57集团军从纳里曼向西北方进军的步兵第169师和坦克第90旅的先遣部队，后又攻向坦克第13军机械化第62旅以及伴随该旅的坦克第163团。第29摩步师的反冲击不仅出乎苏军的意料，而且适逢塔纳希申坦克第13军最脆弱的时刻，该军辖下各坦克连尚未从行军队形转为战斗队形（德国和苏联方面对这场遭遇战所作描述的夸大和矛盾之处，可参见副卷附录5K）。[93]莱泽的装甲掷弹兵和坦克先是攻向Ia.F.叶廖缅科上校的步兵第169师，迫使该师退却。M.I.马雷舍夫中校的坦克第90旅迅速做出应对，与第29摩步师装甲部队展开战斗并击毁对方数辆坦克，这才挽救了态势。但是，这场不平等的交锋导致纳里曼暂时丢失，马雷舍夫损失了8辆坦克（2辆T–34被烧毁，3辆KV和1辆T–34被击毁，1辆T–34和1辆T–70被地雷炸毁）。叶廖缅科上校的步兵师阵亡93人，负伤257人。[94]

叶廖缅科上校的步兵和马雷舍夫中校的坦克夺取纳里曼，随后同德军第29摩步师发生遭遇战时，I.K.莫罗佐夫上校的步兵第422师和为其提供支援的坦克第176团从"54公里"会让站赶往科沙雷期间也遇到些问题。坦克第176团下午3点左右开始发展胜利，但误入罗马尼亚军队布设的雷区，行动发起时的28辆坦克损失了24辆：19辆T-34和3辆T-70被地雷炸毁，1辆T-34和1辆T-70被反坦克炮火击毁。[95]

德军第29摩步师在纳里曼附近击败苏军步兵第169师和坦克第90旅后，莱泽的坦克和装甲掷弹兵还将坦克第13军机械化第62旅的坦克第163团打得措手不及，重创该团和支援该团的摩托化步兵第1营，以及步兵第169和第422师的一些步兵部队。最新出版的俄罗斯军事史勉强提及第29摩步师的凶猛反击，但对其造成的损失避而不谈：

> 11月20日晚，［第29摩步师］对I.K.莫罗佐夫上校的步兵第422师发起反突击，当时第422师已将纳里曼夺取。与优势敌军展开一场激战后，来自远东的士兵们被迫弃守该镇。"三月八日"国营农场附近也爆发了激烈的战斗。遵照集团军司令员的命令，坦克第13军前调，以击退敌人的反突击。11月20日—21日一整晚，该军辖下的各个旅与步兵部队相配合，击退了敌人的猛烈冲锋。参加遏止这场反突击的士兵和其他摩托化步兵使德军坦克兵没能完成他们受领的任务。[96]

第29摩步师与坦克第13军随后展开的拉锯战持续了一整晚，直到莱泽接到返回北面并加入第6集团军的命令。尽管如此，第29摩步师又于11月21日晨以其主力和全部坦克向切尔夫连纳亚河北面发起一场反突击，支援并解救被困的罗马尼亚第20步兵师，并为第297步兵师的右翼提供掩护，该师正忙着击退苏军第64集团军重新发起的进攻。最后，苏军坦克第13军逼近中的机械化第17旅和坦克第44团，在步兵第422和第169师步兵单位的支援下，设法稳定住切尔夫连纳亚河南面的态势。没等莱泽师向南打击苏军机械化第4军，魏克斯便于11月21日晚将该师调回斯大林格勒包围圈。直到这时，苏军坦克第13军才将残余部队集结起来，恢复了推进，但速度已大为减缓。

11月20日的战斗结果是，托尔布欣第57集团军粉碎、并在很大程度上歼灭了罗马尼亚第2步兵师，重创罗马尼亚第20步兵师的一个团。正如这场战斗的一份历史记述中所说的那样："第4装甲集团军的记录中写道，罗马尼亚军解体得如此之快，致使阻止溃兵的一切举措全然无效。傍晚时，集团军得出结论，罗马尼亚第6军当日上午已不具备任何值得一提的战斗力。"[97]霍特将军的参谋长范戈赫尔上校的说法支持了这一判断："数周的努力毁于一旦，在许多地段，罗马尼亚人根本没有实施抵抗——他们已沦为'一种难以形容的坦克恐慌症'的受害者。"[98]

随后，第51集团军近卫步兵第15师和第57集团军步兵第143师将罗马尼亚第2步兵师包围、歼灭在萨尔帕湖以西地域。获得第29摩步师坦克的救援后，该师寥寥无几的残部向北退却，加入罗马尼亚第20步兵师设在瓦尔瓦罗夫卡、切尔夫连纳亚河东岸的新防御阵地。

第51集团军的突击

斯大林格勒方面军第51集团军作战地域的能见度更好些，因而按计划于7点30分发起炮火准备。但气候条件还是不太好，战机无法加入这场炮击，薄雾也使炮兵无法观察并调整他们的炮火。进攻发起前，集团军司令员特鲁法诺夫将军待在他的观察所里，斯大林格勒方面军军事委员会委员尼基塔·谢尔盖耶维奇·赫鲁晓夫、方面军副司令员M.M.波波夫中将、机械化第4军军长瓦西里·季莫费耶维奇·沃利斯基和骑兵第4军军长T.T.沙普金也来到这里。拟制进攻计划时，特鲁法诺夫故意将集团军两个地面突击的时间错开，以此混淆罗马尼亚人对其主要突击地域的判断。因此，他打算于8点30分从集团军右翼的萨尔帕湖与察察湖之间地域发起突击，8点45分再从集团军左翼的察察湖与巴尔曼察克湖之间地域遂行进攻。右（北）翼，K.I.瓦西连科少将的近卫步兵第15师将与独立坦克第125营相配合，从谢姆金和沙利莫夫村附近的阵地发起进攻，突破罗马尼亚第6军第18步兵师第1、第2营的防御。左（南）翼，E.F.马卡尔丘克上校的步兵第302师和D.S.库罗帕坚科上校的步兵第126师，将在坦克第254旅的支援下，突破罗马尼亚第6军第1步兵师第93团第1营和第75团第1、第2营的防御。在最后时刻，特鲁法诺夫还命令沃利斯基将军的机械化第4军以独立坦克第55团支援步兵第302师, 以坦克第158团支援步兵第126师——这又是一个明显违背机械化和坦克部队使用原则的例子。[99]

第51集团军的北突击群(瓦西连科的近卫步兵第15师和为其提供支援的坦克)8点30分发起进攻, 轻而易举地突破了罗马尼亚第18步兵师两个营的防御, 残敌向西和西北方逃去。瓦西连科的近卫步兵和提供支援的坦克转向西北方, 18点前推进了11公里, 几乎没有遭遇到抵抗, 并在卡缅斯基村附近与第57集团军步兵第143旅的步兵会合。苏军已将罗马尼亚第2步兵师主力和第18步兵师约半数力量包围, 近卫步兵第15师报告, 日终前俘虏/缴获2500名敌军士兵、550支步枪、50挺机枪、15门火炮、13门迫击炮和其他装备。[100]

第51集团军左翼攻势的发展与右翼同样顺利, 尽管突击部队遭遇到罗马尼亚军队几个支撑点更加顽强的抵抗。在这里, 步兵第302和第126师8点45分投入进攻, 各自获得坦克第254旅(28辆坦克)约半数力量的支援。进攻发起后不久, 机械化第4军派坦克第55和第158团(各有40辆坦克)支援两个突击步兵师, 以加快他们的推进速度, 并率领机械化第4军的后续发展。A.A.阿斯拉诺夫中校的独立坦克第55团沿步兵第302师的推进路线而行, F.V.切尔内中校的独立坦克第158团穿过步兵第302师的作战队形。苏军步兵的突击轻而易举地突破了罗马尼亚第1步兵师设在察察湖与巴尔曼察克湖之间6公里宽的防线。罗马尼亚人的防御极其松散, 毫无连贯性, 纵深也只有4—5公里, 达成突破后, 苏军突击部队向西疾进, 13点前取得10公里进展。

苏军进攻部队遭遇到的唯一顽强抵抗发生在罗马尼亚防御前沿以西7公里处的87.0高地。据守该高地的是罗马尼亚第1步兵师预备第2营和第85团, 据说还有2个德军88毫米高射炮连。由于87.0高地坐落在步兵第302和第126师的结合部, 因而这两个师的部队和支援他们的坦克都试图以正面进攻和包围的方式夺取该高地。薄雾终于在10点消散, 但罗马尼亚人继续坚守他们的支撑点, 直到苏军独立坦克第55和第158团11点赶至。随后, 经过一场20分钟的战斗, 守军放弃该高地并后撤, 据称, 他们混乱地向西逃窜。[101]方面军副司令员波波夫将军在第57集团军的观察所里注视着战斗的进展, 他打电话给叶廖缅科, 汇报了集团军取得的战果, 并获准命令沃利斯基的机械化第4军和沙普金的骑兵第4军发起进攻, 穿过突破口。攻克87.0高地后, 步兵第126师和提供支援的坦克向西疾进，而步兵第302师主力前出至出发阵地以西10公里处的扎哈罗夫农场郊区。[102]

虽然11点20分已接到发起进攻的命令，但沃利斯基机械化第4军的两个先遣机械化旅直到13点左右才离开他们的出发阵地。苏联方面的评述将这一延误归咎于几个因素：该军高级指挥人员缺乏经验，前进接敌训练不足；由东向西的某些道路被运送伤员和战俘离开战场的车辆堵塞；在机械化第59旅的作战地域，需要肃清罗马尼亚人布设的地雷。

另外，机械化第4军还把150辆卡车移交给第51集团军辖下的步兵师，以加快他们的前进速度，致使该军许多摩托化步兵只能步行或搭乘坦克向前推进。这场延误造成了极大的麻烦和混乱，方面军政委赫鲁晓夫亲自赶到A.G.卡拉佩强中校的机械化第60旅（位于机械化第4军右路纵队），设法弄清并解决问题，并对该旅旅长"大加责备"。[103]在这场近2小时的延误期间，步兵第302和第126师继续前进，后者夺取了出发阵地以西12公里处的别西洛夫（Bessilov），前者到达巴尔曼察克湖西岸的卡祖韦耶夫（Kazuveev）接近地。

13点，沃利斯基将军的机械化军终于发起推进，卡拉佩强的机械化第60旅居右，V.F.斯坚申斯基上校的机械化第59旅居左，M.I.罗季奥诺夫中校的机械化第36旅位于第59旅身后。该军的任务是纵深突破至顿河畔卡拉奇东南方18公里处的苏维埃茨基村附近，在那里同西南方面军的快速部队会师。第51集团军辖内其他部队的任务是沿顿河和阿克赛河构设合围对外正面，阻止德军从东南方向斯大林格勒发起反突击。

尽管沃利斯基的机械化军终于发起了推进，但前进速度太过缓慢，这是因为罗马尼亚人布设的地雷、缺乏像样的道路，以及穿越大致平坦但遍布峡谷和冲沟的地形时所遭遇的困难。到达战役纵深后，机械化第4军向西发展，赶往其前进集结区以西20公里处的普洛多维托耶（Plodovitoe），最前方的机械化第36旅基本沿一条行军路线向前推进。该旅逼近普洛多维托耶时，罗季奥诺夫派N.A.多罗什克维奇少校的坦克第26团在行进间夺取该镇。可是，据守该镇的是罗马尼亚第18步兵师的侦察营和工兵营，并得到至少一个德军88炮连的支援，他们实施了顽强抵抗。机械化第36旅和坦克第26团与镇内意志坚定的守军展开一场激战，机械化第4军的部队最终于11月21日清晨以合围的方式攻占了普洛多维托耶镇。该军辖下的主力旅20点前进入普洛多维托耶地域，但是，这与他们的既定目标，西北方48公里处的上察里岑斯基（Verkhne-Tsaritsynskii）相距甚远。

11月20日—21日夜间，没等普洛多维托耶的战斗结束，第51集团军司令员特鲁法诺夫便命令沃利斯基将机械化第60旅和坦克第21团派往西北方20公里外的京古塔车站，派机械化第59旅、坦克第20团和独立坦克第55团向西赶往20公里外的"74公里"会让站和阿布加涅罗沃车站。他们应夺取这两座火车站，切断从萨利斯克（Sal'sk）北延至斯大林格勒的铁路线。特鲁法诺夫要求沃利斯基的部队立即出发，通过夜间强行军夺取目标。奉命行事的机械化第59和第60旅从北面和南面绕过普洛多维托耶，在夜色中向前推进，消灭或俘虏了沿途遇到的罗马尼亚散兵游勇，11月21日拂晓夺取了两个目标。该军向京古塔车站推进时，包围并消灭了罗马尼亚第2步兵师试图从萨尔帕湖地域向西逃窜的一个团，缴获大批武器装备。日终前，沃利斯基的200辆坦克损失了50辆，其中20辆被敌军火力击毁，其他的发生了机械故障。[104]

由于机械化第4军投入第51集团军突破口的行动有所延误，沙普金骑兵第4军辖下的骑兵第61和第81师直到11月20日22点才得以加入发展行动。投入战斗后，两个骑兵师跟随机械化第4军赶往普洛多维托耶。骑兵第81师向西疾驰，冲向阿布加涅罗沃车站，以切断萨利斯克—斯大林格勒铁路线，而骑兵第61师开始夺取普洛多维托耶西南方18公里处的阿布加涅罗沃镇。该骑兵军的总体任务是掩护机械化第4军的左翼，阻挡敌预备队逼近，最终前出至集团军左翼的顿河河段。

尽管沃利斯基的机械化第4军遭遇到一些困难，但第51集团军的突击取得了出色的战果。他们重创了罗马尼亚第1、第18步兵师，包围并俘虏了对方大部分士兵，随后又将罗马尼亚第2步兵师切断并俘虏了其大部分残部，该师当时正企图逃离第57集团军从萨尔帕湖西北方发起的进攻。罗马尼亚第6军的预备队——第6"龙骑兵"团第2机械化中队和1个摩托化105毫米炮兵连——试图发起反冲击，但这一尝试失败了，第6"龙骑兵"团的一部遭到包围后悉数就歼。11月20日日终时，罗马尼亚第6军已不再是一个有效的军事组织。第51集团军快速部队前方的道路敞开了，他们可以完全不受阻碍地向前推进。

第28集团军

作为斯大林格勒方面军进攻首日遂行的军事行动的组成部分，V.F.格拉西缅科中将规模较小的第28集团军的任务是固守方面军位于阿斯特拉罕地域和卡尔梅克草原的左翼，并同高加索地区的苏军保持松散的联系（参见地图18）。11天前的11月9日，格拉西缅科集团军奉命对德军第16摩步师位于胡尔胡塔镇（Khulkhuta）及其周边的先遣部队展开行动，该镇位于乌塔（Utta）以东40公里处，与该师设在埃利斯塔的主基地相距175公里。[105]

根据这一指示，格拉西缅科11月13日下达了9号令，要求他的集团军向西推进，肃清胡尔胡塔、乌塔和埃利斯塔公路之敌。I.I.古巴列维奇少将的近卫步兵第34师，将在独立坦克第565营、步兵第248师第905团搭乘卡车的1个快速营、近卫迫击炮第76团的支援下，沿乌塔公路向西实施集团军的主要突击，并夺取胡尔胡塔镇。独立步兵第152旅沿与近卫步兵第34师平行、但稍稍偏南的路线推进，负责夺取相齐克村（Siantsik），并派一个加强连火速向前，攻占德军设在乌塔镇的机场。北面，步兵第248师第899团将从100公里外的萨尔帕地域攻向乌塔镇。

第28集团军的初步推进以失败而告终，德军第16摩步师第60团第2营的一个摩托化战斗群和第116装甲营，在通往乌塔镇主公路南面的一条道路上拦截并消灭了独立步兵第152旅的先遣支队（获得加强的第4营）。只有4名红军士兵在战斗中生还，红军总参谋部为此严厉申斥了格拉西缅科。[106]第28集团军其他地段的行动同样进展甚微，德军摩托化步兵利用其机动性挡住了苏军的推进。

遵照斯大林格勒方面军的最新指示，11月19日2点，格拉西缅科为"天王星"行动的初期阶段向辖内部队下达了52号令：

1. 遵照52号作战令，11月19日—20日夜间展开行动。

2. 对敌发起进攻：

a. 近卫步兵第34师1942年11月20日3点投入进攻。

b. 近卫坦克第6旅，以其摩托化步兵营和独立步兵第152旅的1个营，1942年11月20日3点投入进攻，余部应于1942年11月20日6点前出至相齐克村。

c. 独立步兵第152旅（欠摩托化步兵营），在一个摩托化步兵连的加强下，应于1942年11月20日3点占领乌塔机场，余部应于1942年11月20日6点前出至相齐克村。[107]

　　根据这道命令，第28集团军辖内部队对胡尔胡塔镇发起进攻。据守该镇的是第16摩步师第60摩步团，11月17日，该团刚刚接替了师里的第156摩步团。古巴列维奇的近卫步兵第34师将对德军防御发起正面冲击，而坦克和步兵旅将绕过该镇，分别从北面和南面攻向胡尔胡塔镇西面公路上的相齐克村。另外，步兵旅辖下的快速连将完成对乌塔机场的突袭，步兵第248师第899团则从北面赶往乌塔镇。此时，德军第156摩步团的一个营守卫着相齐克村，另一个营在第116装甲营30—40辆坦克的支援下据守亚什库利（Iashkul'），第60摩步团则以15—20辆坦克守卫着胡尔胡塔镇。[108]

　　一场空中突击后，11月19日16点至20点，第28集团军各部队前进接敌，11月20日3点30分至4点到达突击阵地。接下来便是一场持续一整天的激战，在

地图18 第28集团军的作战地区

此期间，近卫步兵第34师占领胡尔胡塔镇东郊，德军第16摩步师第156摩步团的一部解救了镇内守军。11月20日—21日夜间，格拉西缅科命令辖内部队晨时恢复进攻，可没等他们再度发起冲击，什未林将军便命令第60摩步团撤退，将该镇丢给苏军第28集团军。

A集团军群在11月21日的作战日志中称，第156摩步团差一点被彻底包围在胡尔胡塔镇，最终被第60摩步团解救：

> 16点，第16步兵师（摩托化）师长冯·什未林少将报告，驻守在胡尔胡塔镇附近的团昨日差一点被包围。当晚，第二个团（第60装甲掷弹兵团）发起救援，这才避免了一场包围。三个连（包括其装备）被消灭。俄国人没有发起追击。他（冯·什未林）打算在乌塔留下一支后卫部队（他也在那里），将师主力撤至亚什库利附近的既设阵地。[109]

经过这场突击，第28集团军的部队11月21日占领了胡尔胡塔镇，迫使第16摩步师一路退至亚什库利附近更加坚固的筑垒地域，并留下一支小股部队守卫乌塔镇。

第28集团军为胡尔胡塔镇的胜利付出了高昂的代价：近卫步兵第34师报告，阵亡680人，800人负伤；步兵第152旅阵亡91人，82人负伤；近卫坦克第6旅损失9辆坦克，其中5辆发生机械故障，另外4辆被烧毁。[110]德军在这场战斗中的伤亡情况不明。虽说付出了高昂的代价，但第28集团军踏上了赶往埃利斯塔的征途，而德军第16摩步师跨过贫瘠的卡尔梅克草原，开始了一路向西的漫长撤退。

总 结

对德国第4装甲集团军而言，斯大林格勒方面军11月20日的攻势不啻为一场灾难。叶廖缅科的突击基本上歼灭了罗马尼亚第6、第7军，在此过程中摧毁了B集团军群大半个右翼。虽然第29摩步师的突然出现令前进中的第57集团军和方面军司令部猝不及防，但事实证明，该师的介入效果很短暂。德方观点坚信，如果批准莱泽继续遂行反突击，第29摩步师也许能重创第57集团军的坦克第13军和第51集团军的机械化第4军，但以此来彻底挫败斯大林格勒方面军的攻势纯属妄想，原因有以下几个。

首先，莱泽师赢得重大胜利是因为塔纳希申坦克军没能将其全部力量投入战斗，德军装甲部队和摩托化步兵在苏军进攻首日迎战的是坦克第13军不到半数力量——3个机械化旅中的2个，5个坦克团只投入了2个，约90辆坦克。塔纳希申剩余的力量，1个机械化旅和3个坦克团，100余辆坦克，直到11月20日晚或21日晨才到达战场，加强并恢复了该军的进军势头。尽管如此，塔纳希申此后的推进速度远比叶廖缅科和托尔布欣希望的要慢。

其次，第29摩步师遂行反突击的背景情况使该师赢得的显著胜利全然无效，也使其影响变得非常短暂。第一天的战斗结束时，第57和第51集团军的攻势已重创罗马尼亚第6、第7军，导致莱泽的装甲掷弹兵几乎是在战场上孤身奋战。反过来看，罗马尼亚军队的崩溃也使霍特别无选择，只能将莱泽师撤往西北方，掩护罗马尼亚第20步兵师后撤，从而确保德国第4军脆弱的右翼。德军第29摩步师和罗马尼亚第20步兵师安全撤离的唯一方向是西北方，进入即将形成的斯大林格勒包围圈。

至于罗马尼亚第6军，苏军发起进攻不到24小时，该军辖下第2和第18步兵师的大部分士兵便被击毙或俘虏。幸存者跟随罗马尼亚第1步兵师支离破碎的残部逃向西南方。为挽救态势，罗马尼亚第7军将第5、第8骑兵师之一部（第4"龙骑兵"团、第3摩托化"轻骑兵"团、第2骑炮兵团的1个营）作为一支机动预备队派至阿克赛地域。这股微薄的力量，加上罗马尼亚第2、第18步兵师的残部，是轴心国守卫从顿河东延至阿克赛地域70公里宽的防线唯一可用的兵力。

东南方更远处，罗马尼亚第7军辖下的第4步兵师和第5骑兵师，据守着从小杰尔别特和萨多沃耶（Sadovoe）南延至奥比利诺耶（Obil'noe）55公里宽的防区，德军第16摩步师掩护着亚什库利和埃利斯塔的接近地，而第2"轻骑兵"团不得不守卫奥比利诺耶与第16摩步师之间80多公里宽的地域。简言之，德国第4装甲集团军在斯大林格勒南面的防御极其脆弱，这意味着阿克赛和科捷利尼科沃地域很快将成为B集团军群（霍特装甲集团军的实力已所剩无几）与斯大林格勒方面军争夺的重点。

注释

1. 许多资料证实了11月19日晨的恶劣气候，其中包括红军总参谋部的每日作战摘要；苏军保密的作战行动研究报告，例如克拉夫钦科的《斯大林格勒反攻中，坦克第5集团军的进攻行动，1942年11月19日—25日》，第26页；作战行动分析报告，例如罗科索夫斯基的《伏尔加河畔的伟大胜利》，第261页；第6集团军生还者的记述；主要基于德方资料的专著，例如齐姆克和鲍尔的《从莫斯科到斯大林格勒：东线决战》，第468页；还包括一些更受欢迎的著作，例如安东尼·比弗的《斯大林格勒：决定命运的围攻，1942—1943年》（纽约：维京出版社，1998年），第239页。苏军刻意选择恶劣的天气发起进攻，从而使罗马尼亚人和德国人丧失了他们通常都很致命的空中支援。

2. 例如，顿河方面军第65集团军辖下的步兵第304师11月10日实施了一场战斗侦察，据该师报告，他们从罗马尼亚第1骑兵师抓获了31名俘虏。两天后，步兵第24师发起突袭，据说俘虏了德军第376步兵师的30名士兵。参见巴托夫的《在行军和战斗中》，第180—181页。巴托夫称，由于这些和另外一些侦察行动，他的情报处和顿河方面军情报部确定了德军坦克和步兵集结在第6集团军左翼后方的上布济诺夫卡地域。他明确指出："11月13日获得的情报［表明］40辆坦克（第14装甲师）位于齐姆洛夫斯基和奥列霍夫斯基［克列茨卡亚南面和东南面15公里处］，30辆坦克位于洛戈夫斯基［克列茨卡亚以东15公里处］，12辆坦克位于奥辛基［克列茨卡亚东南偏东20公里处］，锡罗茨基和卡梅申卡各有10辆坦克。11月14日—16日，侦察行动确定第14装甲师第32团从伏尔加河调至上布济诺夫卡。"虽说这些报告存在某些错误之处，一些德军坦克被重复统计，但报告表明第6集团军最终将第14装甲师调至上布济诺夫卡地域。当时，该师第36装甲团（巴托夫误判为第32团）共有50—55辆坦克，但这些坦克并非都能随时投入战斗。

3. 罗科索夫斯基，《伏尔加河畔的伟大胜利》，第260—261页。

4. 克拉夫钦科，《斯大林格勒反攻中，坦克第5集团军的进攻行动，1942年11月19日—25日》，第26页。

5. 罗科索夫斯基，《伏尔加河畔的伟大胜利》，第261页。

6. 同上，第260—262页。

7. 《红军总参谋部1942年11月20日8点的324号作战概要摘录》（*Izvlechenie iz operativnoi svodkoi No. 324 General'nogo shtaba Krasnoi Armii na 8.00 20.11. 42 g*），V.A.日林（主编）的《斯大林格勒战役：编年史、真相和人物，两卷本》，第二卷；档案引自*TsAMO RF, f. 16, op. 1072ss, d. 11,11.* 第125—131页。

8. V.E.塔兰特，《斯大林格勒：对这场痛苦的剖析》（伦敦：利奥·库珀出版社，1992年），第105页，作者没有提及信息的来源。

9. 对苏军突击行动的详细阐述及其时间表，可参阅罗科索夫斯基的《伏尔加河畔的伟大胜利》，第261—265页；克拉夫钦科的《斯大林格勒反攻中，坦克第5集团军的进攻行动，1942年11月19日—25日》，第26—29页；奇斯佳科夫的《奉祖国之命：伟大卫国战争中近卫第6集团军的战斗历程》，第36—38页；马克·阿克斯沃西等人合著的《第三轴心第四盟友：欧战中的罗马尼亚军队，1941—1945年》，第89—92页。11月19日—21日及之后的详细作战地图，可参阅戴维·M. 格兰茨的《斯大林格勒战役地图集：红军的攻势，1942年11月19日—1943年2月2日》（宾夕法尼亚州卡莱尔：自费出版，2000年）。

10. 瓦尔特·格尔利茨，《保卢斯与斯大林格勒：陆军元帅弗里德里希·保卢斯传，他的笔记、书信和文件》，第201页；海因茨·施勒特尔，《斯大林格勒》（纽约：百龄坛出版社，1958年），第61—62页。施勒特尔是派驻第6集团军的一名记者，1948年撰写了该书，但这本著作被认为不太可信。

11. 参见第48装甲军作战处26 775/2文件中的《第48装甲军每日报告，1942年11月18日21/22点签发》（Tagesmeldung, XXXXVIII Pz. K., 18.11.1942 2100/2200 Uhr）。关于罗马尼亚第1装甲师的实力，不同的数字可参阅马克·阿克斯沃西等人合著的《第三轴心第四盟友：欧战中的罗马尼亚军队，1941—1945年》，第89页。海姆的报告收录在瓦尔特·格尔利茨《保卢斯与斯大林格勒：陆军元帅弗里德里希·保卢斯传，他的笔记、书信和文件》一书第199页，报告中称，第22装甲师只有40辆坦克，包括5辆捷克制38(t)型，罗马尼亚第1装甲师有108辆坦克，包括87辆38(t)型。实际上，罗马尼亚人的坦克大多为R-2型，这是按照T-35(t)的生产许可证制造的。

12. 第14装甲师的坦克数量也是个颇具争议的话题。例如，瓦尔特·格尔利茨在《保卢斯与斯大林格勒：陆军元帅弗里德里希·保卢斯传，他的笔记、书信和文件》一书第199页引用海姆的报告，称第14装甲师有51辆坦克；马克·阿克斯沃西等人合著的《第三轴心第四盟友：欧战中的罗马尼亚军队，1941—1945年》，第89页指出该师只有36辆坦克；而第6集团军的报告则指出，该师11月18日尚有55辆坦克：5辆二号、9辆三号短身管、17辆三号长身管、5辆四号短身管、12辆四号长身管、5辆三号75毫米主炮、2辆指挥坦克，参见《第6集团军作战日志附件册，第一卷，1942年9月14日至11月24日》，第296页，第51军晨报，1942年11月18日6点签发（Morgenmeldung L I . A.K. A.O.K. 6,1.a, 0600 Uhr, 18.11-42）。

13. 与希特勒商讨后，11点50分，蔡茨勒将这道命令发给B集团军群，要求第48装甲军停止前进，立即转身向左。参见第48装甲军作战处26 775/2文件中的《B集团军群作战处致第48装甲军，1942年11月19日11点50分签发》（HGr B/Ia an XXXXVIII Pz. K. vom 19.11.1942, 1150 Uhr）。

14. 第21集团军进攻行动的详情，可参阅奇斯佳科夫的《奉祖国之命：伟大卫国战争中近卫第6集团军的战斗历程》，第36—37页；A.M.萨姆索诺夫，《斯大林格勒战役》，第371页；马克·阿克斯沃西等人合著的《第三轴心第四盟友：欧战中的罗马尼亚军队，1941—1945年》，第91页。

15. K.K.罗科索夫斯基，《军人的天职》，第200页。

16. P.I.巴托夫，《在行军和战斗中》，第190页。

17. 克拉夫钦科，《斯大林格勒反攻中，坦克第5集团军的进攻行动，1942年11月19日—25日》，第27页。

18. 对于坦克第157旅旅长究竟是谁这个问题，苏联方面的资料较为混乱。官方保密资料《1941—1945年，伟大卫国战争期间苏联武装力量军、师级指挥员》（Komandovanie korpusnogo i divizionnogo zvena Sovetskikh vooruzhennykh sil perioda Velikoi Otechestvennoi voiny, 1941—1945 gg., 莫斯科：苏联国防部总干部部，1964年），第448页指出，1942年6月6日至12月8日，该旅旅长是A.S.舍夫佐夫少校。但是，M.F.帕诺夫编撰的坦克第26军军史，《在主要突击方向上》（Na napravlenii glavnogo udara, 莫斯科：谢尔宾卡出版社，1995年），第14—20页指出，I.I.伊万诺夫中校在进攻发起前夕替代了舍夫佐夫，11月19日—20日夜间，该旅对乌斯季梅德韦季茨基北面8公里的86号国营农场发起突击，伊万诺夫死于德军炮火，该旅参谋长P.S.马胡尔少校接替了他。

19. A.M.萨姆索诺夫，《斯大林格勒战役》，第368页，引自档案TsAMO SSSR, f. 331, op. 5041, d. 20,1. 第31页。

20. 据守布利诺夫斯基村支撑点的据说是罗马尼亚的两个炮兵团和罗马尼亚第14步兵师的一个预备步兵营，参阅克拉夫钦科的《斯大林格勒反攻中，坦克第5集团军的进攻行动，1942年11月19日—25日》，第27页。

21. 同上。据瓦尔特·格尔利茨在《保卢斯与斯大林格勒：陆军元帅弗里德里希·保卢斯传，他的笔记、书信和文件》一书第200页称，海姆将军报告，守卫布利诺夫斯基村（德国人称之为布利夫）的是罗马尼亚第9步兵师第36团，该师炮兵单位据守着东面的支撑点。海姆还指出，第22装甲师的反坦克单位13点到达佩夏内地域，下午晚些时候与苏军坦克第1军交火，罗马尼亚第7骑兵师的先遣部队从普罗宁地域向前部署，对近卫步兵第47师位于布利诺夫斯基村的部队发起反冲击，但只是短暂地封锁了该村，随后便被迫退却。

22. 乌斯季梅德韦季基国营农场是一座庞大的农庄，位于佩夏内村北面约2—5公里处。

23. 瓦尔特·格尔利茨，《保卢斯与斯大林格勒：陆军元帅弗里德里希·保卢斯传，他的笔记、书信和文件》，第200页。

24. 马克·阿克斯沃西等人合著的《第三轴心第四盟友：欧战中的罗马尼亚军队，1941—1945年》，第91—92页。

25. 奇佳科夫，《奉祖国之命：伟大卫国战争中近卫第6集团军的战斗历程》，第36—37页。

26. I.A.普利耶夫，《在近卫军的旗帜下》（Pod gvardeiskim znamenem，奥尔忠尼启则：Ir出版社，1976年），第120页。与20世纪70年代的许多苏联回忆录一样，普利耶夫将军经常夸大他的军取得的战果和德国人遭受的损失。

27. 同上，第121页。

28. 海姆将军的报告收录在瓦尔特·格尔利茨的《保卢斯与斯大林格勒：陆军元帅弗里德里希·保卢斯传，他的笔记、书信和文件》一书第199—200页，这份报告准确地总结了罗马尼亚军队在克列茨卡亚地域的作战行动："第1骑兵师19日全天据守着他们的阵地，当日下午转隶第6集团军。第13步兵师的防线上，第87步兵团7点被迫退却，但其残部很快停止了后退，并再次投入战斗。第1步兵团死守阵地，最终与'拉斯卡尔'集群一同被包围［在克列茨卡亚西面］。19日，第13步兵师在防线上击毁25辆敌坦克。第15步兵师的反冲击最终被敌坦克［坦克第4军］击退，但依然控制着通过反冲击重新夺回的高地。第15步兵师在格罗姆基西面据守着分配给该师的第二道防御阵地，抗击敌人发起的后续冲击。14点，25辆敌坦克到达格罗姆基，不久后，少量敌坦克前出至卡尔梅科夫［谢拉菲莫维奇西南方30公里处］。罗马尼亚第4军（第14装甲师当日调派给该军）无力采取任何有效的反击措施。19日晚，第13步兵师的残部转隶第6、第15步兵师，克列茨卡亚—叶夫斯特拉托夫斯基一线以东的所有部队转隶第6集团军。敌人在18公里宽的战线上成功达成7—8公里深的突破。另外，在格罗姆基地域，罗马尼亚人的防线已被突破，目前尚不清楚这一突破的范围。"

29. 马克·阿克斯沃西等人合著的《第三轴心第四盟友：欧战中的罗马尼亚军队，1941—1945年》一书第91页描述了克列茨卡亚地域的作战行动，书中指出，15辆苏军坦克转身向西，试图进入第6步兵师后方，西翁将军的第15步兵师也击毁了其中的8辆。根据这一记述，罗马尼亚人75毫米野战炮发射的穿甲弹很可能被苏军坦克直接弹飞了。

30. 伊萨耶夫，《斯大林格勒：伏尔加河后方没有我们的容身处》，第317页。伊萨耶夫的著作是1991年苏联解体以来对斯大林格勒战役描述得最完整、最准确的一部。

31. 普利耶夫，《在近卫军的旗帜下》，第124页。

32. 同上，第125页；《1941—1945年，伟大卫国战争期间苏联武装力量军、师级指挥员》，第367页。布里克利担任代理师长，1943年1月1日才被正式任命为师长。1944年2月22日，他晋升为少将，并在战争后期获得"苏联英雄"称号。

33. 在谢利瓦诺夫村和弗拉索夫村战斗的罗马尼亚步兵和坦克显然是沃伊库上校的支队，该支队当时编有第15步兵师1个团的残部、第13步兵师的一部、1个摩托化100毫米榴弹炮营，可能还有罗马尼亚第1装甲师派出的一些R-2坦克。参见马克·阿克斯沃西等人合著的《第三轴心第四盟友：欧战中的罗马尼亚军队，1941—1945年》，第93页。

34. 奇斯佳科夫，《奉祖国之命：伟大卫国战争中近卫第6集团军的战斗历程》，第38页。

35. A.M.萨姆索诺夫，《斯大林格勒战役》，第405—407页，引自I.维德尔的《伏尔加河上的灾难》（Katastrofa na Volge，莫斯科：军事出版社，1965年），这是约阿希姆·维德尔《斯大林格勒的悲剧：一名幸存者的回忆录》（Die Tragödie von Stalingrad. Erinnerungen eines Überlebenden，西德：德根多尔夫出版社，1955年）一书的俄文版。

36. 实际上，B集团军群命令第48装甲军停止前进，转向北面和西北面，是因为魏克斯接到了陆军总参谋长蔡茨勒的命令，蔡茨勒已同希特勒商讨过这个问题。参见B集团军群作战处发给第48装甲军，1942年11月19日11点50分签发（H.Gr. B, Ia an XXXXVIII. Pz.K. vom 19.11.1942, 1150 Uhr），收录在第48装甲军作战处的作战日志，BA-MA, RH 26 775/2。此时的希特勒身兼二职，既是国防军最高统帅，又是陆军总司令。

37. 保罗·卡雷尔，《斯大林格勒：德国第6集团军的败亡》，第159页。卡雷尔的著作严重倾向于德国一方，经常夸大德军取得的胜利，阅读时需要特别留意。虽然他在书中指出第22装甲师有20辆坦克，但很可能接近30辆。

38. 蔡茨勒引述希特勒的话（第三手），可参阅西摩·弗里丁和威廉·理查森（合编）的《致命的决定》（纽约：威廉·斯隆联合出版社，1956年），第155页；霍斯特·布格、尤尔根·弗斯特、约阿希姆·霍夫曼等，《德国与第二次世界大战，全球战争：冲突扩大为世界大战及战争主动权的转移，1941—1943》，第1123—1124页；齐姆克和鲍尔，《从莫斯科到斯大林格勒：东线决战》，第471页。另可参阅弗雷德里希·舒尔茨的《南翼的逆转，1942—1943年》，军事研究T-15号（美军欧洲司令部），第25—30页。最后一份资料有些可疑，不仅是在事后写就的，而且显然打算将整场失败归咎于希特勒。

39. G.德尔，《进军斯大林格勒》（Pokhod na Stalingrad，莫斯科：军事出版社，1957年），第69页。这是汉斯·冯·德尔《斯大林格勒战役》（Der Feldzug nach Stalingrad，西德，达姆施塔特：E.S.米特勒&泽恩股份有限公司，1955年）一书的俄文译本。苏德战争爆发时，冯·德尔是一名上校，先后担任第52军参谋长、派驻罗马尼亚第4集团军第二联络组主任、第384步兵师师长、第17军参谋长，1943年8月任派驻西班牙马德里的武官，在那里一直待到战争结束，德尔的最终军衔为少将。

40. 海因茨·施勒特尔，《斯大林格勒》，第62页。

41. B集团军群司令部发给第6集团军的急电，1942年11月19日21点30分（KR-Fernschreien an AOK.6," Oberkommando der Heeresgruppe B, 19.11.1942 21.30 Uhr）刊登在《第6集团军作战日志附件册，第一卷，1942年9月14日至11月24日》，第302页。

42. 同上，第300—301页。

43. A.M.萨姆索诺夫，《斯大林格勒战役》，第378页，引自威廉·亚当《艰难的决定》（东柏林：1965年）一书的俄文版。第6集团军司令部内的这番商讨源自保卢斯副官的记述。

44. 齐姆克和鲍尔，《从莫斯科到斯大林格勒：东线决战》，第470页。

45. V.亚当，《艰难的决定：德国第6集团军一名上校的回忆录》（*Trudnoe reshenie: Memuary polkovnika 6th Germanskoi armii*，莫斯科：军事出版社，1967年），第167—168页。这是威廉·亚当《艰难的决定》一书的俄文译本。由于亚当在斯大林格勒被苏军俘虏，战后居住在东德，因而他的记述受到苏联和俄罗斯历史学家们的青睐。与大多数描述这场战役的德国历史学家相比，亚当对苏联人的态度较为友善，对保卢斯也不乏赞誉之词，但对希特勒的批评较为激烈。

46. A.M.萨姆索诺夫，《斯大林格勒战役》，第378页。

47. 没有标题的电报，刊登在《第6集团军作战日志附件册，第一卷，1942年9月14日至11月24日》，第300—301页。

48. 詹森·D. 马克，《烈焰之岛：斯大林格勒"街垒"火炮厂之战，1942年11月—1943年2月》（澳大利亚悉尼：跳跃骑士出版社，2006年），第256页。

49. 同上，第257页。

50. G.德尔，《进军斯大林格勒》，第69页。

51.《斯大林格勒战役：编年史、真相和人物，两卷本》，第二卷，第36页，《325号作战概要摘录》（*Izvlechenie iz operativnoi svodkoi No. 325*），档案引自*TsAMO RF, f. 16, op. 1072ss, d. 11,11.*第132—136页。

52. 第6集团军司令部作战处发给第11军军部的急电，1942年11月20日0点55分签发（*KR-Fernschreiben an Gen. Kdo. XI. A.K. nachr: O.Q./AOK. 6, Armee-Oberkommando 6, Abt. Ia, A.H.Qu., 20.11.1942 00.55 Uhr*），刊登在《第6集团军作战日志附件册，第一卷，1942年9月14日至11月24日》，第302页。

53. 罗马尼亚第5军发给第14装甲师转隶第6集团军第11军的电报，1942年11月20日2点签发（*Funkspruch an 14. Pz. Div. bei XI. A. K. über AOK. 6, rum. V. A. K., 20.11.1942 02.00 Uhr*），同上，第303页。

54. 同上。这里所说的卡尔梅科夫斯基，不能与另一个名为卡尔梅科夫斯基的村子相混淆，后者位于谢拉菲莫维奇西南方30公里处、坦克第5集团军的作战地域内。

55. 瓦尔特·格尔利茨，《保卢斯与斯大林格勒：陆军元帅弗里德里希·保卢斯传，他的笔记、书信和文件》，第201—202页，海姆将军的报告中指出，造成第48装甲军混乱的原因是该军11月19日和20日接到相互矛盾的命令。但最终结果没什么不同：11月20日—23日，该军在佩夏内地域遂行了决定性战斗。

56. 第11军发给第6集团军作战参谋的晨报，1942年11月20日6点（*Morgenmeldung XI. A.K. 0600 Uhr, A.O.K. 6 Ia., 20.11.1942*），刊登在《第6集团军作战日志附件册，第一卷，1942年9月14日至11月24日》，第304页。

57. 同上。

58. 罗马尼亚第4军发给第6集团军的电报，1942年11月20日签发（*Funkspruch an AOK. 6, rum. IV. A.K., 20.11.1942*），同上，第306页。

59. 第6集团军司令部作战处日间报告，1942年11月20日7点50分签发（*Zwischenmeldung,*

Armee-Oberkommando 6, Abt. Ia., A.H.Qu., 20.11.1942, 0750 Uhr），同上，第307—308页。

60. 第51军作战参谋发给"什未林"集群，1942年11月20日9点45分【*LI. AK/Ia an Gruppe Schwerin vom 20.11.1942 0945 Uhr (79. ID/Ia, 33077/2)*】，詹森·D. 马克，《烈焰之岛：斯大林格勒"街垒"火炮厂之战，1942年11月—1943年2月》，第258页。

61. 对第22装甲师11月19日—24日的编成和战斗情况最详细的描述莫过于罗尔夫·施托弗斯的《第22装甲师，第25装甲师，第27装甲师和第233预备装甲师：组建、编制和使用》，第53—66页。11月19日，该师编有师部、第140装甲侦察连、第204装甲团（4个装甲连）、第129装甲掷弹兵团（2个营）、第24摩托车营、第140装甲炮兵团（3个混编炮兵营）、第289摩托化高射炮营（2个88炮连和1个混编高炮连）、第140装甲侦察营（3个连）、第140装甲猎兵营（4个连）、第140装甲工兵连（5个排和1个多管火箭炮排）和各种小规模支援单位。

62. 克拉夫钦科，《斯大林格勒反攻中，坦克第5集团军的进攻行动，1942年11月19日—25日》，第30—31页，详细描述了坦克第5集团军11月20日的作战行动。

63. 罗尔夫·施托弗斯，《第22装甲师，第25装甲师，第27装甲师和第233预备装甲师：组建、编制和使用》，第56页。

64. 克拉夫钦科，《斯大林格勒反攻中，坦克第5集团军的进攻行动，1942年11月19日—25日》，第31页。

65. 佩列拉佐夫斯基之战的详情，可参阅帕诺夫的《在主要突击方向上》，第22页；以及克拉夫钦科的《斯大林格勒反攻中，坦克第5集团军的进攻行动，1942年11月19日—25日》，第31页。

66. 帕诺夫，《在主要突击方向上》，第22—23页。

67. 拉斯卡尔将军是一名经验丰富、作风顽强的战地指挥官，曾在塞瓦斯托波尔围困战期间获得德国人颁发的骑士铁十字勋章。参见马克·阿克斯沃西等人合著的《第三轴心第四盟友：欧战中的罗马尼亚军队，1941—1945年》，第95页。

68. 同上，第94页。

69. 同上。

70. 克拉夫钦科，《斯大林格勒反攻中，坦克第5集团军的进攻行动，1942年11月19日—25日》，第48页。

71.《坦克第5集团军快速部队在突破期间的行动》（*Deistviia podvizhnoi gruppy 5 Tankovoi armii v proryve*），刊登在《战争经验研究资料集》，第6期，第57页。这是红军总参谋部撰写的报告，机密级。

72. 克列茨卡亚地域11月20日的态势，可参阅萨姆索诺夫的《斯大林格勒战役》，第374—376页；罗科索夫斯基的《伏尔加河畔的伟大胜利》，第268—269页；马克·阿克斯沃西等人合著的《第三轴心第四盟友：欧战中的罗马尼亚军队，1941—1945年》，第92—93页。

73. 马克·阿克斯沃西等人合著的《第三轴心第四盟友：欧战中的罗马尼亚军队，1941—1945年》，第92—93页。

74. 同上。

75. 普利耶夫，《在近卫军的旗帜下》，第126页。考虑到罗马尼亚人的实力，这个数字很可能夸大了。

76. 格罗姆基之战的详情，可参阅奇斯佳科夫的《奉祖国之命：伟大卫国战争中近卫第6集团军的战斗历程》，第39—40页。扩大克列茨卡亚突破口前，奇斯佳科夫将突破登陆场称为一块"松软的糕点"，因为敌人此时的防御已过度延伸，很容易被彻底消灭。

77. 第65集团军11月19日的行动，可参阅巴托夫的《在行军和战斗中》，第193—195页。

78. 同上，第196—202页。描述第65集团军快速集群突袭行动的其他资料甚少提及其细节。例如，罗科索夫斯基在回忆录中确认了巴托夫对阿尼莫夫突袭行动的记述，但未提供细节，他在《伏尔加河畔的伟大胜利》一书中也没有详细阐述。德国一方，第6集团军和第11军11月21日和22日的态势图，以及第65集团军发起进攻的部分情况，可参阅第6集团军司令部作战处发给B集团军群的电报，1942年11月20日7点10分的晨报（*Fernspruch an Heeresgruppe B, Morgenmeldung, 0710 Uhr, Armee-Oberkommando 6 Abt. Ia, A.H.Qu., 20.11.1942*）、第6集团军司令部作战处发给B集团军群的电传电报，1942年11月20日7点50分的日间报告（*Fernschreiben an Heeresgruppe B, Zwischenmeldung, 0750 Uhr, Armee-Oberkommando 6 Abt. Ia, A.H.Qu., 20.11.1942*）、第6集团军司令部作战处发给B集团军群的电传电报，1942年11月20日21点55分的夜间报告（*Fernschreiben an Heeresgruppe B, Tagesmeldung. 2155 Uhr, Armee-Oberkommando 6 Abt. Ia, A.H.Qu., 20.11.1942*），均收录在《第6集团军作战日志附件册，第一卷，1942年9月14日至11月24日》，第306—307、第314页。

79. 马克·阿克斯沃西等人合著的《第三轴心第四盟友：欧战中的罗马尼亚军队，1941—1945年》，第94页。

80. 罗尔夫·格拉姆斯，《第14装甲师，1940—1945年》，第56页。

81. 参见第6集团军司令部作战处发给第14装甲军部、第51军部、第8军部、第11军部的电传电报，转呈第8航空军，1942年11月20日14点45分签发（*Fernschreiben an Gen. Kdo. XIV. Pz.K, Gen. Kdo. LI. A.K., Grn.Kdo. VIII. A.K., Gen. Kdo. XI. A.K., nachr.: VIII. Fliegerkorps, 1445 Uhr, Armee-Oberkommando 6, Abt. Ia, A.H.Qu., 20.11.1942*），收录在《第6集团军作战日志附件册，第一卷，1942年9月14日至11月24日》，第311—312页。

82. 詹森·D. 马克，《烈焰之岛：斯大林格勒"街垒"火炮厂之战，1942年11月—1943年2月》，第262页。

83. 红军总参谋部1942年11月20日8点的324号作战概要摘录（*Izvlechenie iz operativnoi svodkoi No. 324 General'nogo shtaba Krasnoi Armii na 8.00 20.11. 42 g*），V.A.日林（主编）的《斯大林格勒战役：编年史、真相和人物，两卷本》，第二卷，第29—31页；档案引自*TsAMO RF, f. 16, op. 1072ss, d. 11,11.* 第125—131页。

84. 同上，第36页，《红军总参谋部1942年11月21日8点的325号作战概要摘录》（*Izvlechenie iz operativnoi svodkoi No. 325*）。

85. 关于斯大林格勒方面军进攻行动的详情，可参阅罗科索夫斯基的《伏尔加河畔的伟大胜利》，第268—270页；萨姆索诺夫的《斯大林格勒战役》，第382—385页；A.I.叶廖缅科的《斯大林格勒：方面军司令员笔记》（*Stalingrad: Zapiski kornanduuishchevo frontoni*，莫斯科：军事出版社，1961年），第325—351页。

86. 第64集团军突击行动的详情，可参阅萨姆索诺夫的《斯大林格勒战役》，第384页；D.A.德拉贡斯基（主编）的《从伏尔加河到布拉格》，第42—43页；马克·阿克斯沃西等人合著的《第三轴心第四盟友：欧战中的罗马尼亚军队，1941—1945年》，第101—102页。

87. 第57集团军突击行动的详情，可参阅罗科索夫斯基的《伏尔加河畔的伟大胜利》，第270页；萨姆索诺夫的《斯大林格勒战役》，第384页。对坦克第13军作战行动的详情，可参阅V.F.托卢布科和N.I.巴雷舍夫的《在南翼：近卫机械化第4军的征途，1942—1945年》，第49—57页。

88. 伊萨耶夫在《斯大林格勒：伏尔加河后方没有我们的容身处》一书第326页称，第57集团军9点30分实施炮火准备，10点30分发起地面突击。

89. 从哈拉乌松到大恰普尔尼基西南方3公里处这片15公里宽的地域上，罗马尼亚第2步兵师从左至右部署着第2营和第1营，第1步兵团以第1、第2营，第26步兵团以1个步兵连守卫着左侧的铁路地域，参见第6军1942年11月14日的作战态势图。

90. 伊萨耶夫，《斯大林格勒：伏尔加河后方没有我们的容身处》，第325页。

91. 关于坦克第13军计划和进攻的详情，可参阅V.F.托卢布科和N.I.巴雷舍夫的《在南翼：近卫机械化第4军的征途，1942—1945年》，第52页。

92. 伊萨耶夫在《斯大林格勒：伏尔加河后方没有我们的容身处》一书第328页称，坦克第13军13点30分投入行动。这种差异可能反映出该军先遣部队和主力投入行动的时间差，因为后者过了几个小时才发起进军。

93. 德国和苏联方面对德军第29摩步师反突击行动的描述差异较大。例如，罗科索夫斯基在《伏尔加河畔的伟大胜利》一书第270页指出，德军第29摩步师只是"延缓了该军［坦克第13军］向纳里曼的推进"，这一说法基本正确，但掩盖了坦克第13军遭遇挫败的程度。相比之下，坦克第13军军史（托卢布科和巴雷舍夫的《在南翼：近卫机械化第4军的征途，1942—1945年》，第56—57页）则对这场交战持更加乐观的态度，尽管书中称这场战斗发生在21日，而不是20日（同样参见副卷附录5K）。通过关注11月21日的战斗，托卢布科和巴雷舍夫掩盖了坦克第13军11月20日遭遇的挫败。

94. 伊萨耶夫，《斯大林格勒：伏尔加河后方没有我们的容身处》，第327页。苏联方面的记录表明，步兵第422师11月20日阵亡7人、负伤129人，步兵第143旅阵亡7人、负伤174人。

95. 同上。

96. V.A.佐洛塔廖夫（主编），《伟大卫国战争1941—1945：军事历史调查，四卷本，第二册：转折点》，第59页，此后简称为VOV。书中错误地认为夺取纳里曼的是步兵第422师，夺取该镇的其实是叶廖缅科上校的步兵第169师。

97. 齐姆克和鲍尔，《从莫斯科到斯大林格勒：东线决战》，第470页。

98. 曼弗雷德·克里希，《斯大林格勒：战役分析和相关文件》，第148页。马克·阿克斯沃西等人合著的《第三轴心第四盟友：欧战中的罗马尼亚军队，1941—1945年》一书第103页支持了这一说法，书中指出，罗马尼亚第6和第7军的态势已呈"灾难性"，罗马尼亚第18和第2步兵师的主力被包围在京古塔与京古塔车站之间，"次日在很大程度上被以下步兵师歼灭……第6军辖下尚属完好的部队是位于包围圈外、驻扎在通杜托沃周围第1步兵师最南侧的团，该团将防线调整为面朝北方，并击退了局部进攻，另外还有第4步兵师，该师未遭到攻击。"

99. 伊萨耶夫，《斯大林格勒：伏尔加河后方没有我们的容身处》，第325页。

100. 第51集团军进攻行动的详情，可参阅S.M.萨尔基西扬的《第51集团军》，第101—102页；A.M.萨姆索诺夫的《从伏尔加河到波罗的海》，第40—45页。

101. A.M.萨姆索诺夫，《从伏尔加河到波罗的海》，第40页，书中称苏军进攻87.0高地期间，2辆

T-34被烧毁，另外两辆被击毁。高地上的大部分守军最后举手投降。

102. 伊萨耶夫在《斯大林格勒：伏尔加河后方没有我们的容身处》一书第325页指出，独立坦克第158团报告，11月20日他们消灭了8门火炮和23个暗堡（及守军），独立坦克第55团称，他们消灭了12门火炮和42个暗堡，大多位于87.0高地上。另外，两个团还报告击毁敌人18门反坦克炮，其中包括数门88炮。第158团报告，损失8辆T-34（5辆被烧毁，3辆被地雷炸毁），4辆T-70和6辆T-34陷入沼泽地。第55团报告，2辆T-34和3辆T-70被敌人击毁，另外3辆坦克陷入沼泽地。

103. A.M.萨姆索诺夫，《从伏尔加河到波罗的海》，第43页。一些德方资料称，沃利斯基推延进攻是因为他担心坦克第13军的进攻取得胜利后，德军第29摩步师会转身向南，对他的军发起打击。但是，机械化第4军的延误（从11点20分推延到13点）发生在德军第29摩步师投入行动前，因而上述解释不太可信。

104. 同上，第46页。

105. 关于第28集团军作战行动的详情，可参阅奥列格·舍恩的《伟大卫国战争中不为人知的战线》（Neizvestnyi front Velikoi Otechestvennoi，莫斯科：亚乌扎-艾克斯摩出版社，2009年）。

106. 该先遣支队拥有2门45毫米反坦克炮、6支反坦克步枪、2挺重机枪和3门82毫米迫击炮。次日，该步兵旅在战场上找到50名死者和2名伤员。德军的实力为200名士兵、13辆坦克和8—10辆装甲运兵车。这场战斗的详情可参阅奥列格·舍恩的《伟大卫国战争中不为人知的战线》，第166—167页；红军总参谋部的申斥可参阅佐洛塔廖夫的《总参谋部1942》，第393页。

107. 奥列格·舍恩，《伟大卫国战争中不为人知的战线》，第170页。

108. 同上，第171页。据苏联方面的档案记载，第16摩步师有43辆坦克：8辆二号、23辆三号、11辆四号和1辆指挥坦克。第28集团军共计47891人、1196门火炮/迫击炮和80辆坦克。

109. 威廉·蒂克，《高加索和石油：1942—1943年高加索地区的苏德战事》，约瑟夫·G. 威尔士译（温尼伯：J.J.费多罗维奇出版社，1995年），第134—135页。

110. 奥列格·舍恩，《伟大卫国战争中不为人知的战线》，第185页。根据苏德双方的资料，舍恩对11月20日的战斗所做的描述非常详细。